Imke Deistler & Angelika Vogler

# Einführung in die Dissoziative Identitätsstörung – Multiple Persönlichkeit

## Therapeutische Begleitung von schwer traumatisierten Menschen

Mit einem Vorwort von
Michaela Huber



Junfermann Verlag • Paderborn
2002

Satz: La Corde Noire – Peter Marwitz, Kiel

Die Deutsche Bibliothek – CIP-Einheitsaufnahme
**Deistler, Imke:**
Einführung in die Dissoziative Identitätsstörung. Multiple Persönlickeit. / Imke Deistler, Angelika Vogler. – Paderborn: Junfermann, 2002.
ISBN 3-87387-497-0

ISBN 3-87387-497-0

# Inhalt


Vorwort von Michaela Huber ..... 8
Danksagung ..... 10

**I. Einleitung** ..... 12

**II. Überlegungen zum Konstrukt „Multiple Persönlichkeit"** (Imke Deistler) ..... 15
1. Ist die Multiple Persönlichkeit iatrogen bedingt? ..... 19
2. Die Multiple Persönlichkeit als Persönlichkeitsstörung ..... 30
3. Die Multiple Persönlichkeit als komplexe Posttraumatische Belastungsstörung ..... 33
4. Die Multiple Persönlichkeit als Dissoziative Störung ..... 37

**III. Phänomenologie und Diagnostik der Dissoziativen Identitätsstörung** (Imke Deistler) ..... 39
1. Die Dissoziation ..... 42
2. Klassifikation der Dissoziativen Störungen ..... 48
3. Die Diagnose Dissoziative Identitätsstörung ..... 52
4. Phänomenologie der DIS ..... 57

**IV. Überlegungen zur Ätiologie der DIS** (Imke Deistler) ..... 63
1. Ätiologie der Posttraumatischen Belastungsstörung ..... 66
2. Verlauf der Posttraumatischen Belastungsstörung ..... 80
3. Ätiologie der DIS ..... 88

**V. Die DIS aus Sicht der Gestalttherapie und der Integrativen Therapie** (Angelika Vogler) ..... 93
1. Entstehungsbedingungen der DIS aus Sicht der Gestalttherapie und der IT ..... 97
   1.1 *Gesellschaft als Produzent von psychischen Traumatisierungen* ..... 100
   1.2 *Lebenswelt und direktes Umfeld* ..... 101

1.3 *Individuelle Voraussetzungen zur Entwicklung einer DIS* ............... 105
2. Aspekte der DIS aus der klinischen Krankheitslehre der IT ............... 106
2.1 *Das entwicklungstheoretisch begründete Struktur-Modell* ............... 108
2.2 *Archaische Abwehrmechanismen* ............... 111
3. Diagnostik und phänomenologische Erfassung der DIS ............... 116
3.1 *Phänomene der Ko-respondenz bei der DIS* ............... 117
3.2 *Das Modell gestörter Kontakt-Zyklen* ............... 120
3.3 *Grobrasteranalyse der Gesamtsituation der KlientIn* ............... 122
3.4 *Die fünf Säulen der Identität* ............... 124
3.5 *Gestalttherapeutische Grundprinzipien für die Arbeit mit traumatisierten Menschen* ............... 131

**VI. Die ambulante Psychotherapie mit multiplen KlientInnen**
(Imke Deistler) ............... 135
1. Die Ziele in der Therapie und die innere Haltung der PsychotherapeutIn .. 139
2. Das therapeutische Setting in der ambulanten Psychotherapie ............... 148
3. Phasenmodelle des Therapieverlaufs ............... 151
3.1 *Das Phasenmodell nach Temminghoff* ............... 151
3.2 *Phasenmodelle der Traumatherapie* ............... 153
4. Einzelne Aspekte und Interventionen in der therapeutischen Arbeit ....... 157
4.1 *Der Aufbau von Vertrauen und das Teilen der Diagnose* ............... 157
4.2 *Der Prozeß der Ko-respondenz: Die Beziehung zwischen TherapeutIn und KlientIn* ............... 160
4.3 *Der Prozeß der Ko-respondenz: Die Beziehungen der einzelnen Teilpersönlichkeiten untereinander* ............... 168
4.4 *Ausarbeitung von Verträgen* ............... 169
4.5 *Erstellung einer inneren Landkarte* ............... 173
4.6 *Möglichkeiten zur psychischen Stabilisierung* ............... 174
4.7 *Arbeit mit Täterintrojekten und VerfolgerInnen* ............... 189
4.8 *Bearbeitung psychischer Traumata* ............... 197
5. Die Integrations- und die post-integrative Phase ............... 212

**VII. Therapeutische Begleitung im Rahmen des betreuten Wohnens**
(Angelika Vogler) ............... 217
1. Der Rahmen der „Therapeutischen Wohngruppen für traumatisierte Frauen“, Lotta e.V. ............... 220
2. Möglichkeiten und Grenzen der therapeutischen Begleitung im betreuten Wohnen ............... 225

2.1 *Die vier Wege der Heilung in der Integrativen Therapie* ................ 226
2.2 *DIS und die vier Wege der Heilung* ................................ 232
2.3 *Einzelne Aspekte der therapeutischen Begleitung* ...................... 237

**VIII. Sekundäre Traumatisierung** (Angelika Vogler & Imke Deistler) ........ 261

**IX. Abschließende Bemerkungen** (Angelika Vogler & Imke Deistler) ........ 269

Literatur ........................................................ 273
Personen- und Stichwortregister ........................................ 281

# Vorwort

Es ist mir eine Freude, Ihnen mit einigen Sätzen Appetit auf dieses rundum gelungene Sachbuch zu machen. Wie schön, dachte ich beim Lesen, daß es jetzt eine neue Generation von engagierten und wissenschaftlich interessierten Feministinnen gibt, die sich um adäquate Unterstützung für multiple Persönlichkeiten bemühen. Und die dabei gleich eine ganze Reihe von Vorurteilen widerlegen, welche in der wissenschaftlichen und therapeutischen Gemeinde gern gepflegt werden: etwa daß feministische Beraterinnen und Therapeutinnen mangelnde Professionalität, mangelnde Distanz zu ihrer Klientel oder Bezugslosigkeit zu wissenschaftlichem und formal strukturiertem Arbeiten kennzeichne. Woher auch immer solche Vorurteile stammen – auf diese beiden Autorinnen treffen sie nicht zu, ebenso wenig auf die Mitarbeiterinnen des Kieler „Notrufs“ sowie auf die Einrichtung für betreutes Wohnen traumatisierter Frauen „Lotta e.V.“, deren Arbeit hier u. a. beschrieben wird.

Mir ist es stets ein Vergnügen, die Kolleginnen aus solchen Einrichtungen in Fortbildung und Supervision zu begleiten, denn sie repräsentieren die Basis, auf der viele KlinikerInnen in ihrer stationären und ambulanten Arbeit aufbauen und auf die sie zurückverweisen können. Wer dieses Buch gelesen hat, weiß, wie respektvoll und einfühlend, aber auch pragmatisch und abgegrenzt – und eben auch sorgfältig wissenschaftlich und supervisorisch begleitet die Kolleginnen diese Arbeit tun.

Sexualisierte Gewalt wird zu 90 Prozent von Männern ausgeübt, die Opfer sind zu 80 bis 90 Prozent Mädchen und Frauen. Das ist die bittere statistische Wahrheit. Multiple Persönlichkeiten haben alles, oder doch fast alles, durchgemacht, was sich Menschen – vergewaltigende Väter, vernachlässigende Mütter und weitere gewalttätige Familienmitglieder, Pornoringe und andere organisierte Kriminelle – an Qualen und Zurichtungen für Kinder ausdenken können, einschließlich der sexuellen Gewalt. Sie hätten unter den Qualen auch sterben oder psychotisch zerfallen können. Doch sie konnten auf eine besondere Fähigkeit zurückgreifen, die bei ihnen stark ausgeprägt ist: Sie können gut dissoziieren, also sich gut „wegbeamen“, sich innerlich „leer machen“, Unangenehmes und gar Traumatisches so weit in ihr Innerstes „wegdrücken“, als wäre es nie geschehen. Der Preis dieses dissoziativen „Wegdrückens“ ist bei ihnen eine Aufspaltung der Identität. Gewalt kann eine Persönlichkeit also buchstäblich in Stücke reißen. Eine Zeitlang mag es ihnen danach sogar ganz gut damit gehen, immer nur im „Hier und Jetzt" zu leben. Doch wenn sie professionelle Hilfe benötigen, geht es ihnen meist sehr schlecht: Sie bekommen ihr Leben im wahrsten Sinne des Wortes nicht „auf die Reihe", weil sie immer wieder „vergessen", was vorhin war. Sie können nicht aus ihren Traumatisierungserfahrungen lernen, weil sie diese nicht zugänglich haben – dafür aber bekommen sie zahlreiche Wiedererlebens-„Flashs", haben häufig den Druck, sich selbstverletzen zu müssen, fürchten sich vor sozialen Beziehungen, weil sie immer wieder gesagt bekommen, sie verhielten sich „so komisch, so ganz anders" etc. Deistler und Vogler verwenden hier den Begriff des „Hauses mit vielen Zimmern" – wir alle könnten uns so betrachten, denn wir alle haben viele Seiten (Zimmer). Doch eine multiple Persönlichkeit wird das Gefühl haben, ein Ein-Zimmer-Appartement zu bewohnen – die anderen Zimmer im Haus kennt sie nicht, bestenfalls hat sie eine Ahnung, daß „da noch etwas ist".

Wer Frauen mit dieser schweren Beeinträchtigung angemessene Hilfs- und Unterstützungs- sowie Therapieangebote machen will, muß zum einen erst einmal verstehen, was die dissoziative Identitätsspaltung eigentlich ist und wie eine Frau sich damit fühlt. Zum anderen muß sie erfahren, daß vieles anders ist, als sie es gelernt hat. Die beiden Autorinnen beschreiben zum Beispiel, wie schwierig es sein kann, einer so zersplitterten Persönlichkeit ein heilsames Bindungsangebot zu machen, ihre Stabilisierung zu fördern, den Umgang mit destruktiven Persönlichkeitsanteilen zu erlernen und sich dem abgespaltenen Traumamaterial auf schonende und strukturierte Weise zu nähern. Ihr gestalttherapeutischer Hintergrund wird dabei konstruktiv für die Arbeit nutzbar – und das Buch stellt seinerseits eine Erweiterung des gestalttherapeutischen Ansatzes dar, die auf diese Therapierichtung zurückwirken wird. Wie anders und auch wieder besonders die Arbeit in einer Betreuten Wohngruppe mit dieser Klientel sein muß, wird den LeserInnen ebenfalls anschaulich geschildert.

Apropos anschaulich: Das Buch ist ausgezeichnet verständlich geschrieben, viele kleine Fallvignetten erläutern das Gesagte, tabellenartige Zusammenfassungen und Stichworte tragen ebenfalls zum raschen Erfassen der Gesamtzusammenhänge bei. Und so bin ich denn sicher, daß nicht nur viele Kolleginnen, sondern auch viele männliche Kollegen für die Arbeit – auch mit männlichen Klienten – enorm von diesem Buch profitieren können, das einen wichtigen Beitrag zum Verständnis der multiplen Persönlichkeiten darstellt.

Kassel/Göttingen im Februar 2002<br>

*Michaela Huber*

# Danksagung

11.00 Uhr morgens in einem Kieler Café, vor uns ein üppiges Frühstück, zwei hohe Stapel bedrucktes Papier und zwei Gläser Sekt. Zeit, die letzten Monate noch einmal Revue passieren zu lassen und denen zu danken, die uns bei dieser Arbeit unterstützt haben: Für die liebevolle und intensive Begleitung unseres privaten und beruflichen Weges danken wir Uschi, Rose und Jelle, sowie unseren „Gestalt-Geschwistern" und „Gestalt-Eltern" Inge und Friedhelm Matthies für ihre warmherzige Unterstützung.

Einen Dank auch an unsere Supervisorin Adelheid Deingruber, die mit ihrer Offenheit, ihrem Humor und ihrem guten Blick für Menschen so manchen Knoten in unseren Köpfen gelöst hat.

Meinem Team der „Therapeutischen Wohngruppen für traumatisierte Frauen" möchte ich (Angelika) für die Auseinandersetzungen und Diskussionen danken, die mir den Weg zu mehr Klarheit gewiesen haben. Besonders Gisela danke ich für ihre Korrekturarbeit. Einen großen Dank spreche ich an meine Lehrtherapeutin Brigitte Stöwsand aus, die mich in turbulenten Zeiten liebevoll begleitet hat. Und nicht nur ein Glas Sekt möchte ich mit allen meinen FreundInnen trinken, die geduldig und verständnisvoll hinnahmen, daß sie mich viel zu selten gesehen haben. Sigrid, Gudrun, den Susannes und Michael möchte ich dabei besonders danken, da sie mir stets den Rücken gestärkt haben. Die Herausforderung, die Unterstützung und die freundschaftliche Verbundenheit waren Kennzeichen der lustvollen Zusammenarbeit mit Imke. Ich danke dir!

Ich, Imke, möchte mich zunächst bei meinem Team vom Kieler Frauennotruf für die angenehme und fruchtbare Zusammenarbeit bedanken. Mein besonderer Dank gilt meiner Kollegin Barbara Noll für die fachliche und emotionale Unterstützung, die ich in den Jahren meiner Arbeit erfahren habe und auf die ich mich immer verlassen konnte. Für den so notwendigen fachlichen Austausch danke ich ebenfalls meinen Supervisions-KollegInnen Brigitte Vornfeld, Gudrun Saftig und Christian Dankert. Ein dickes Dankeschön auch an Carola Krause für ihre Fähigkeit, eine müde Supervisandin regelmäßig voller Energie, Neugier und Arbeitslust aus ihren Stunden zu entlassen. Besondere Unterstützung erfuhr ich auch von meiner Familie und von meinen FreundInnen, die meinen PC-bedingten sozialen Rückzug verständnisvoll hinnahmen. Insbesondere bei Turan, Ymke, Karen, Klaus, Lutz, Katrin, Gesa, Patricia, Sigrid, Kristiane und Sybille möchte ich mich an dieser Stelle ausdrücklich bedanken. Durch all diese Menschen fühle ich mich bereichert und beschenkt.

In erster Linie danke ich natürlich dir, Angelika. Für unsere interessanten Diskussionen und für den Spaß, den ich mit dir bei der Erstellung dieses Buches hatte. Mit dir durch unsere blühende Landschaft zu wandern war und ist eine sehr schöne Erfahrung.

Zum Schluß möchten wir all jenen danken, die sich seit Jahren für die Anerkennung der Dissoziativen Identitätsstörung und die Verbesserung der Lebens- und Therapiebedingungen schwer traumatisierter Menschen einsetzen: dem Verein „VIELFALT e.V.", Michaela Huber, Luise Reddemann, Arne Hofmann und vielen anderen.

*Kiel, im August 2001*

# I. Einleitung

***Imke Deistler & Angelika Vogler***

Erst seit Beginn der 90er Jahre findet die „Dissoziative Identitätsstörung“ (ehemals „Multiple Persönlichkeitsstörung“) in Deutschland zunehmendes Interesse in der Öffentlichkeit. Vielleicht weil die Symptome dieses Störungsbildes etwas sonderbar und zuweilen bizarr anmuten, berichten die Medien inzwischen häufiger über Menschen mit einer Dissoziativen Identitätsstörung (DIS). Leider entsprechen die meisten Darstellungen in den Medien in keiner Weise der Realität. Beispielsweise tauchte vor einiger Zeit in einer sogenannten „Daily Soap“ eines privaten deutschen TV-Senders eine Frau mit einer Multiplen Persönlichkeit auf, die sich und ihre Umgebung so lange in die Verzweiflung trieb, bis sie schließlich in die Psychiatrie eingeliefert wurde – so daß die Menschheit nun vor ihren „bösen Anteilen“ sicher sein kann. Diese Art der Darstellung kann den Betroffenen nur schaden. Sie bestätigt das in unserer Gesellschaft multiplen Menschen gegenüber verbreitete „Dr. Jekyll/Mr. Hyde“-Image und hat zur Folge, daß ihnen z.T. mit Furcht und/oder mit voyeuristischer Faszination begegnet wird.

Die teilweise praktizierte Mystifizierung der Dissoziativen Identitätsstörung sowie auch gesellschaftspolitische Interessen (vgl. Kap. II.1) führen allerdings dazu, daß teilweise auch in der Fachwelt sehr emotional diskutiert wird (Psychologie heute, 1996). Die Meinungen reichen von „die Prävalenzrate der DIS wurde bisher um ein Vielfaches unterschätzt“ bis „das Krankheitsbild der DIS existiert gar nicht“. Da diese Kontroversen nach wie vor andauern, wird der Frage, ob die Multiple Persönlichkeit iatrogen bedingt ist, d.h. durch die Behandlung selbst hervorgerufen wird, und der Frage der Prävalenz der DIS in der Bevölkerung in einem eigenen Abschnitt nachgegangen.

Parallel zur wissenschaftlichen Diskussion um die DIS suchen PsychotherapeutInnen und psychosoziales Fachpersonal nach Wegen des Umgangs mit multiplen Menschen. Viele Fachleute behandeln multiple Menschen allerdings nicht bzw. nicht ihrer Diagnose entsprechend, denn die Verunsicherung unter KlinikerInnen besteht sowohl in Bezug auf die Diagnostik der DIS und deren Abgrenzung von anderen Störungsbildern als auch in Bezug auf die Behandlung der DIS.

Die Meinungen über die adäquate Behandlung multipler Menschen gehen weit auseinander, insbesondere bezüglich der Frage, in welchem Ausmaß die unterschiedlichen „Personen" einer multiplen KlientIn als eigenständige Anteile zu betrachten sind.

Dieses Buch soll einen Beitrag leisten, das Störungsbild näher zu beleuchten und Behandlungsmöglichkeiten aufzuzeigen. Dabei geht es uns nicht um das Aufzeigen des „richtigen" Therapieansatzes, sondern um die Darstellung unserer therapeutischen Arbeit mit multiplen Frauen, die wesentlich von den Modellen der klassischen Gestalttherapie und der Integrativen Therapie[1] beeinflußt ist.

Zunächst erfolgt eine Betrachtung der kontroversen Diskussion um die Iatrogenität der Multiplen Persönlichkeit. Hierzu gehört auch eine Erläuterung der historischen Wurzeln dieses Störungsbildes. Anschließend werden verschiedene Konzepte im Zusammenhang mit der Dissoziativen Identitätsstörung aus unterschiedlichen Perspektiven näher erläutert. Das dritte Kapitel ist wichtigen diagnostischen und ätiologischen Aspekten der DIS gewidmet. Im Zusammenhang damit wird auf das Erscheinungsbild und den Verlauf der Posttraumatischen Belastungsstörung näher eingegangen. Darüber hinaus werden diagnostische und ätiologische Ansätze aus der Integrativen Therapie und zum Teil der klassischen Gestaltterapie vorgestellt. Der ambulanten Psychotherapie sowie auch der therapeutischen Begleitung multipler Menschen in Wohngruppen sind zwei eigene Kapitel gewidmet. Den Schluß bildet eine Auseinandersetzung mit dem Phänomen der sogenannten „sekundären Traumatisierung" bei HelferInnen.

Zu der von uns verwendeten Terminologie möchten wir an dieser Stelle noch folgendes anmerken:

a. In der Literatur werden die Begriffe *„Dissoziative Identitätsstörung (DIS)"* und *„Multiple Persönlichkeitsstörung (MPS)"* synonym verwendet. Während das DSM-IV (American Psychiatric Association, 1994) den noch im DSM-III-R verwendeten Begriff „Multiple Persönlichkeitsstörung" zugunsten des Terminus „Dissoziative Identitätsstörung" aufgegeben hat, wurde die Bezeichnung „Multiple Persönlichkeitsstörung in der ICD-10 (Dilling et al., 1993) weiterhin beibehalten-den. Unseres Erachtens liefert die Bezeichnung DIS eine korrektere Beschreibung des Störungsbildes, weil sie klarstellt, daß sich natürlich nicht reale Personen zusammen einen Körper teilen, sondern daß sich verschiedene Anteile eines Menschen als so sehr voneinander getrennt erleben, daß sie jeweils über eine eigene Identität verfügen. Darüber hinaus geht in die neuere Bezeichnung die für die DIS

1 Gemeint ist hier die von Petzold (1999) begründete Integrative Therapie, die ihre Wurzeln in der klassischen Gestalttherapie hat, jedoch über diese hinausgeht, indem verschiedene Ansätze aus anderen Therapierichtungen wie z.B. der Psychoanalyse und dem Psychodrama integriert wurden.

zentrale Bewältigungsstrategie mit ein, nämlich der Abwehrmechanismus der Dissoziation.

Dennoch sprechen wir in dieser Arbeit nicht durchgehend von „Menschen mit einer dissoziativen Identitätsstörung“, sondern bezeichnen sie als „multiple Menschen“. Dies geschieht zum einen zur sprachlichen Vereinfachung, zum anderen, weil der Begriff *„multipel“* am besten die subjektive Realität der Betroffenen wiedergibt, die sich selbst als „multipel“ oder als „viele“ bezeichnen.

Obgleich wir aus Gründen der Einheitlichkeit eine Formulierung gewählt haben, die beide Geschlechter einschließt (z.B. KlientInnen, TherapeutInnen etc.), gilt unsere Betrachtung in erster Linie *multiplen Frauen,* da wir beide in unseren jeweiligen Berufsfeldern ausschließlich mit Frauen arbeiten, die in ihrer Lebensgeschichte sexualisierte Gewalt[2] erfahren haben.

Bei der Betrachtung der verschiedenen Persönlichkeitsanteile eines multiplen Menschen verwenden wir die Begriffe *„(Teil)Identität“*, *„Teilpersönlichkeit“*, *„Person“* und *„Alter-Person“* bzw. *„Alter“* (für alternierender Persönlichkeitsanteil) synonym. In der Literatur finden sämtliche Bezeichnungen Verwendung.

b. Wir verwenden, wenn wir im diagnostischen Zusammenhang von der DIS bzw. MPS sprechen, den Terminus *„psychische Störung“* und schließen uns hiermit dem allgemein üblichen Sprachgebrauch an. Dennoch möchten wir an dieser Stelle unsere Einstellung zur Verwendung dieses Begriffes erläutern: Alle multiplen Frauen, denen wir begegnet sind, haben Gewalt in einem wirklich unvorstellbaren und unaushaltbaren Ausmaß erfahren. Ein Ausmaß an Gewalt, das nur ein Mensch überleben kann, der die Fähigkeit bzw. die „Gnade“ besitzt, außerordentlich gut dissoziieren zu können. Gerade an der Dissoziativen Identitätsstörung wird deutlich, wie buchstäblich lebensrettend psychische Bewältigungsstrategien eingesetzt werden. Wir betrachten also die DIS als eine kreative Anpassungsleistung, die mit der Isolierung von komplexen Persönlichkeitsbereichen einhergeht, welche die Erfahrung von unbegreifbaren, unvorstellbaren Traumatisierungen in sich tragen. Lediglich das subjektive Leid, das durch die Isolation dieser Persönlichkeitsanteile für die Betroffenen selbst (und oft auch für die soziale Umgebung) entsteht, sowie die Habituierung und Dysfunktionalität verschiedener Überlebensstrategien im Alltag multipler Menschen, lassen den Begriff „Störung“ angemessen erscheinen.

---

2 Wir verwenden den Begriff *sexualisierte Gewalt* statt sexueller Gewalt, weil hierdurch hervorgehoben wird, daß bei einem sexuellen Übergriff nicht die Sexualität, sondern die Ausübung von Macht und Aggression gegenüber einem Opfer im Vordergrund steht. Die Sexualität dient hier dem Täter lediglich als besonders wirksames Mittel zur Ausübung von Gewalt.

# II

# Überlegungen zum Konstrukt „Multiple Persönlichkeit“

*Imke Deistler*

Verschiedene AutorInnen (z.B. Ross, 1989; Putnam, 1989; Huber, 1995) wiesen bereits darauf hin, daß das Vorliegen einer Dissoziativen Identitätsstörung von TherapeutInnen häufig übersehen wird, und die KlientInnen stattdessen eine andere Diagnose erhalten. In einer amerikanischen Untersuchung von Putnam und seinen Mitarbeitern zeigte sich beispielsweise, daß dort der Zeitraum bis zur korrekten Diagnose durchschnittlich 6,8 Jahre beträgt (Putnam, Guroff, Silberman, Barban & Post, 1986). Diese Untersuchung ist vor 14 Jahren durchgeführt worden, die Bedingungen haben sich jedoch bis heute nicht grundlegend verändert. Neuere Studien im europäischen Raum weisen ebenfalls darauf hin, daß KlientInnen mit einer DIS bereits etwa sechs bis acht Jahre Kontakt zu psychosozialen und psychiatrischen Einrichtungen haben, bevor die korrekte Diagnose gestellt wird (Gast, 2000).

Obwohl viele deutsche Kliniken beginnen, sich intensiver mit den Folgen psychischer Traumatisierungen auseinanderzusetzen, ja es inzwischen schon fast zum „guten Ton" einer Klinik gehört, traumatisierte PatientInnen als Zielgruppe einzubeziehen, gibt es auch in der Bundesrepublik weiterhin Kliniken, in denen das Störungsbild der Dissoziativen Identitätsstörung nicht diagnostiziert wird, weil die MitarbeiterInnen die DIS entweder für nicht existent oder für subsummierbar unter andere psychische Störungen halten. Außerdem weisen multiple Menschen oft die vielfältigsten Symptome auf, so daß dadurch oft die „dahinter liegende Multiplizität" verdeckt wird (Huber, 1995). Es ist also zu vermuten, daß noch immer viele multiple Menschen fehldiagnostiziert werden.

Gerade aufgrund des wieder neu entstandenen Interesses an der DIS ist allerdings davon auszugehen, daß einige Menschen fälschlicherweise die Diagnose „Dissoziative Identitätsstörung" bekommen, weil diese von anderen psychischen Störungen, wie beispielsweise der Borderline-Störung, oft schwer zu unterscheiden ist, insbesondere bei KlientInnen mit zusätzlich stark histrionischen und/oder narzißtischen Charakterzügen. Zur Zeit wird davon ausgegangen, daß ca. 10 Prozent aller DIS-Klient-Innen fehldiagnostiziert werden und eher den Störungsbildern der histrionischen oder der narzißtischen Persönlichkeitsstörung zuzuordnen sind (Huber, 2000, mündliche Mitteilung).

In Fachkreisen werden derzeit im Zusammenhang mit der Multiplen Persönlichkeit hauptsächlich drei Konzepte diskutiert:

- Die Multiple Persönlichkeit als Persönlichkeitsstörung (emotional instabile bzw. Borderline-Persönlichkeit);
- die Multiple Persönlichkeit als komplexe Posttraumatische Belastungsstörung;
- die Multiple Persönlichkeit als Dissoziative Störung.

Da die Existenz der Multiplen Persönlichkeit auch heute noch umstritten ist, wird zunächst auf den Vorwurf der Iatrogenität und die historischen Wurzeln des Konstruktes Multiple Persönlichkeit eingegangen, bevor die Konzepte im einzelnen vorgestellt werden.

# 1. Ist die Multiple Persönlichkeit iatrogen bedingt?

Ist die Multiple Persönlichkeit ein „esoterisches Wahnbild", wie die ZEIT noch 1997 schrieb? Ist sie die „größte Fehldiagnose dieses Jahrhunderts", wie manche PsychotherapeutInnen behaupten? Einige Fachleute gehen nach wie vor davon aus, daß das Krankheitsbild der Multiplen Persönlichkeit *iatrogen* bedingt ist, d.h., daß es in der und durch die klinische Behandlung einer KlientIn entsteht (vgl. z.B. Dunn et al., 1994). Selbst in der aktuellen Ausgabe des Diagnosemanuals ICD-10 formulieren die Autoren ihre Zweifel über die Existenz der Multiplen Persönlichkeit: „Sollte die multiple Persönlichkeit nicht nur kulturspezifisch oder iatrogen existieren ..." (Dilling et al., 1993. S. 31) bzw.: „Diese Störung ist selten, und es wird noch kontrovers diskutiert, in welchem Ausmaß sie iatrogen oder kulturspezifische ist" (a.a.O., S. 182). Dennoch wurde die Multiple Persönlichkeit offiziell in der ICD-10 wie auch im DSM IV als psychische Störung aufgenommen.

Hypnotische Techniken, aber auch gestalttherapeutische Interventionen, wie z.B. die Arbeit mit Identifikation und Dialog, stehen im Verdacht, dazu beizutragen, daß KlientInnen sich als multipel erleben. Falls unter dem Einfluß von Hypnose erstmals andere „Identitäten" einer KlientIn auftauchen, ist auf jeden Fall Vorsicht geboten, denn hypnotische Techniken sind für diagnostische Zwecke nachweislich nicht geeignet. Die International Society for the Study of Dissociation ISSD schreibt in ihren Richtlinien zur Behandlung von DIS, die TherapeutIn solle „sich darüber im Klaren sein, daß normale Trance-Phänomene manchmal fälschlicherweise für dissoziierte Persönlichkeitsanteile gehalten werden können. Daher sollte die TherapeutIn, wenn eine KlientIn vorher von einer anderen TherapeutIn als dissoziativ diagnostiziert wurde, nachfragen, wann die KlientIn zum ersten Mal dissoziative Symtome bei sich entdeckt hat (ISSD, 1997, S. 2)."

Interessant in der Diskussion um die Iatrogenität der DIS ist, daß bisher auf keine psychische Erkrankung das Kriterium „durch Hypnose erzeugbar" angewandt wurde. Schließlich ist davon auszugehen, daß es z.B. ohne weiteres möglich ist, eine KlientIn durch Hypnose oder Suggestion depressiv werden zu lassen. Dennoch würde niemand auf die Idee kommen, das Krankheitsbild an sich anzuzweifeln.

Vermutlich liegt der Grund für den gerade bei der Dissoziation vorhandenen Verdacht der Iatrogenität in der zum Teil unklaren Zuordnung dissoziativer und hysterischer Symptome. Viele der ursprünglich als hysterisch bezeichneten Symtome, wie z.B. psychogene sensorische oder motorische Beeinträchtigungen, werden heute den dissoziativen Störungen zugeordnet. Darüber hinaus gelten sowohl Menschen mit einer hysterischen (histrionischen) Persönlichkeitsstruktur als auch Menschen mit einer DIS als überdurchschnittlich suggestibel. Könnte es da nicht sein, daß es sich bei der Multiplen Persönlichkeit um eine hysterische Einbildung handelt? Mentzos beschreibt eine hysterische Person als einen Menschen, der sich innerlich (dem Erleben nach) und äußerlich (dem Erscheinungsbild nach) in einen Zustand versetzen kann, „der ihn sich selbst quasi anders erleben und in den Augen der umgebenden Personen anders, als er ist, erscheinen läßt" (Mentzos, 1986, S. 75). Dadurch käme es beim hysterischen Menschen zu einer „veränderten Selbstrepräsentanz", die sich u.a. im Mechanismus der Konversion (vgl. Kap. III. 2) ausdrücken könne (Freyberger et al., 1999). Letztere zählt zu den klassischen hysterischen Symptomen und ist im Diagnosemanual ICD-10 unter den Dissoziativen Störungen eingeordnet.

Allerdings fanden Ellason et al. (1996) bei stark dissoziierenden ProbandInnen keine bedeutsame Komorbidität mit der histrionischen Persönlichkeitsstörung. Dies spricht gegen die Hypothese, bei der DIS handele es sich lediglich um eine bestimmte Ausprägung der histrionischen Persönlichkeitsstörung.

In verschiedenen Studien, in denen experimentell untersucht wurde, ob durch Suggestion oder Hypnose in einem Menschen eigene Identitäten erschaffen werden können, zeigte sich, daß dies zwar durchaus möglich ist, die erschaffenen „Personen" jedoch nur sehr kurzfristig aufrecht zu erhalten sind und dann wieder „zerfallen". In keinem der Experimente gelang es, eine Versuchsperson über einen längeren Zeitraum „multipel" werden zu lassen (Huber, 1995; Temminghoff, 1999).

In der Diskussion um die Iatrogenität der DIS werden von den Menschen, die eine DIS für ein Phänomen halten, das lediglich von aufmerksamkeitsbedürftigen bzw. hysterischen KlientInnen produziert wird, häufig bestimmte Einzelfälle herangezogen, um die Nichtigkeit der Diagnose zu bestätigen. Beispielsweise ist das Buch „Sybil" von Wilbur und Schreiber (1976), eines der ersten Bücher über die DIS, in Verruf geraten, weil Zitate im Buch angeblich gefälscht und die verschiedenen „Personen" für das Buch inszeniert worden seien (ZEIT, 1997). Auch wenn dies so sein sollte, läßt sich hieraus keine Schlußfolgerung über die Existenz oder Nicht-Existenz der DIS ziehen. Die Diskussion um das Buch wird jedoch gern als Argument gegen die DIS herangezogen.

Eine andere gängige Aussage lautet: „Die Multiple Persönlichkeit kann es nicht geben, denn ich habe noch nie einen multiplen Menschen in meiner Praxis gesehen, und ich praktiziere schon xy Jahre." Abgesehen davon, daß wir nur wahrnehmen, was wir in der Lage sind wahrzunehmen, spricht auch dieses Argument weder für noch gegen die Existenz der DIS.

Klaus Dörner, der sich maßgeblich für die Verbesserung der Verhältnisse in psychiatrischen Kliniken eingesetzt hat, vertrat in einem Interview (SPIEGEL, 1995) die Ansicht, daß es sich bei der DIS um eine Mode-Diagnose handle und es dieses Krankheitsbild in Wirklichkeit gar nicht gäbe. Dem ist entgegenzuhalten, daß auch Eßstörungen oder Angststörungen aufgrund ihrer zunehmenden Verbreitung in der Bevölkerung als „Mode-Diagnosen" angesehen werden können. Sind sie dadurch weniger ernst zu nehmen?

Eine mögliche Ursache für die vermehrte Vergabe der Diagnose DIS, liegt in dem zunehmenden Ausmaß der sexualisierten und insbesondere der rituellen Gewalt. Letzteres beruht auf der Ausweitung des organisierten Verbrechens (Pornographie, Frauen- und Kinderhandel). Vor vierzig Jahren waren Porno-Ringe und satanische Sektenorganisationen noch nicht in dem Maße organisiert und weltweit vernetzt wie dies heute der Fall ist. Diejenigen Kinder, die rituelle Gewalt überleben, haben sich mit hoher Wahrscheinlichkeit dissoziative Bewältigungsstrategien angeeignet, und einigen wenigen gelingt es vielleicht, als Erwachsene eine Beratungsstelle oder eine TherapeutIn aufzusuchen.[3] Zusätzlich ist davon auszugehen, daß die Diagnose DIS auch deswegen in den letzten Jahren häufiger gestellt wird, weil sich die Diagnostik und das klinische Verständnis für frühkindliche Traumatisierungen verbessert haben (Overkamp, 1998).

Amerikanische Studien (z.B. Ross et al., 1991) fanden in klinischen Populationen bereits in den 80er Jahren auf allgemeinen psychiatrischen Stationen eine Prävalenzrate von ca. fünf Prozent. Aufgrund der oben genannten Faktoren ist die Inzidenzrate der DIS-Diagnosen in den letzten zwanzig Jahren in den USA und auch in der Bundesrepublik stark angestiegen. Leider liegen für die Bundesrepublik wenig empirische Forschungsergebnisse vor. Neuere Studien legen bei uns eine Prävalenzrate der DIS von ein bis sechs Prozent in der psychiatrischen PatientInnenpopulation nahe (Gast, 2000).

Fest steht, daß die KlientInnen, die heute die Diagnose „Dissoziative Identitätsstörung" erhalten, früher – oft zahlreiche – andere Diagnosen bekommen haben. Boon

3 Nähere Ausführungen zur rituellen Gewalt würden an dieser Stelle den Rahmen sprengen, eine gute Darstellung der Thematik findet sich zum Beispiel in den Büchern von Fröhling (1996), Smith (1994) und Huber (1995).

und Draijer berichten bei ihrer niederländischen Stichprobe von durchschnittlich mehr als drei Vordiagnosen (Boon & Draijer, 1993). Zu den häufigsten Vordiagnosen gehörten Persönlichkeitsstörungen, affektive Störungen, Schizophrenie, Angststörungen, Ess- und Somatisierungsstörungen und Suchterkrankungen (vgl. auch Gast, 2000). Neben dem Übersehen dissoziativer Symptome spielen bei Vordiagnosen auch Fehlinterpretationen von Symptomen eine Rolle. Nach wie vor erhalten multiple Menschen auch in der Bundesrepublik häufig Fehldiagnosen wie *uni-* oder *bipolare affektive Störungen, Borderline-Störung, Schizophrenie* sowie *Impuls-Kontroll-Störungen.* Die Dissoziative Identittätsstörung ist also keine kulturspezifische Mode-Erscheinung, sondern es gab die zugehörigen Symptome schon immer, sie wurden nur anders benannt bzw. nicht als DIS erkannt.

## Historische Wurzeln des Konstruktes „Multiple Persönlichkeit“

Die historische Betrachtung der Multiplen Persönlichkeit hängt eng zusammen mit der Entwicklung und Anerkennung der Begriffe „Dissoziation“, „psychisches Trauma“, „sexueller Mißbrauch“ und „Posttraumatische Belastungsstörung“.

Bereits 1646 beschrieb Paracelsus einen Fall der Multiplen Persönlichkeit (Temminghoff, 1999), aber erst Ende des 19. Jahrhunderts beschäftigte sich Pierre Janet ausführlich mit dem Phänomen der „Persönlichkeitsspaltung“ bzw. mit der *Fragmentierung des Bewußtseins,* die seiner Ansicht nach als eine Reaktion auf reale Traumatisierungen erfolgt[4]. Janet entwickelte damals ein Behandlungskonzept für Traumatisierungen, in dem er drei Stufen unterschied (vgl. van der Hart et al., 1995):

1. Eindämmung, Stabilisierung und Symptomreduktion
2. Modifikation traumatischer Erinnerungen
3. Integration der Persönlichkeit und Rehabilitation

Dieses Modell weist eine erstaunliche Übereinstimmung mit modernen Phasenmodellen (vgl. Kap. VI. 3) auf, war jedoch lange Zeit in Vergessenheit geraten.

4 Neben Pierre Janet beschäftigen sich in den 80er Jahren des 19. Jahrhunderts auch andere Kliniker wie z.B. Jean-Martin Charcot oder Fredric Meyers (in England) mit dem Phänomen der Dissoziation (van der Kolk, van der Hart, Marmar, 2000). Janet stellte allerdings das umfassenste und detaillierteste Behandlungskonzept auf, ein Konzept, das in der heutigen Zeit wieder Verwendung findet, wenn auch in modifizierter Form.

Morton Prince, ein Zeitgenosse Janets, beschrieb, angeregt durch Janets Erkenntnisse, erstmals den Zusammenhang zwischen frühen Inzesterfahrungen und einer späteren Dissoziativen Identitätsstörung. In seiner Fallbeschreibung der Miss Beauchamp führte Prince den Begriff der *multiplen* bzw. *alternierenden Persönlichkeit* ein (Fiedler, 1997). Ross (1989) vertritt im übrigen die These, daß die in den von Breuer und Freud 1895 verfaßten „Studien über die Hysterie" erwähnte Anna O. ebenfalls an einer DIS litt.

Während am Ende des 19. Jahrhunderts noch ein großes Interesse an dieser seltsam erscheinenden Erkrankung bestand, begann es in den folgenden Jahren merklich abzuflauen. Hinzu kamen Eugen Bleulers Beschäftigung mit dem Mechanismus der Spaltung im Rahmen seiner Erforschung der Schizophrenie (Freyberger, 1999) sowie sprachliche Begriffsverwirrungen, die schließlich dazu führten, daß die DIS unter die *Schizophrenie* (schizo = gespalten, phren = Geist) subsummiert wurde.

Ein weiterer Grund für das Verschwinden des Dissoziations-Konzeptes aus dem Blickpunkt der Psychotherapie war wohl die fachliche Konkurrenz zwischen Janet und Freud, der um die Jahrhundertwende das Konzept der *Verdrängung* einführte (Huber, 1995).

### Freud

In seinen ursprünglichen Überlegungen war Freud davon ausgegangen, daß die hysterischen Symptome seiner Patientinnen Reaktionen auf sexuelle Traumatisierungen zurückzuführen waren und stellte die sogenannte *Verführungstheorie* auf: „Die Hysterie spitzt sich immer mehr zu als Folge von Perversionen des Verführers; die Heredität immer mehr als Verführung durch den Vater." (Freud, 1985, S. 223). Wenngleich die verharmlosende Formulierung der „Verführung" suggeriert, daß das kindliche Opfer den Inzest zumindest teilweise gewollt hat, schreibt Freud die Verantwortlichkeit und die „Perversion" in seiner Verführungstheorie klar dem Täter zu. Allerdings war auch Freud nicht frei von einer Verdrehung der Täter-Opfer-Verhältnisse und hat sich und seine ärzlichen Kollegen teilweise entlastet, indem er bei eindeutigem therapeutischen oder ärztlichen Fehlverhalten seinen hysterischen Patientinnen die Verantwortung zuschrieb (Krutzenbichler, 2000).

Schon damals verdrehten Zeitgenossen Freuds die Täter-Opfer-Relation in Bezug auf die „Verführung" (Hirsch, 1993). Abraham (1971) beispielsweise ging 1907 davon aus, daß das Kind den Erwachsenen „triebhaft" (!) dazu bringe, es zu mißbrauchen, so daß das Erleiden eines Inzests als eine Form kindlicher Sexualbetätigung zu sehen sei.

Freud selbst widerrief später seine Verführungstheorie, indem er nun postulierte, daß kleine Mädchen sich Sexualität mit ihrem Vater „wünschen" und somit Berichte seiner

Patientinnen nicht als reale Mißbrauchserfahrungen, sondern als Ausdruck ihrer inzestuösen Wünsche anzusehen seien. Diese neue Auffassung ist als *Theorie des Ödipuskomplexes* in die Geschichte der Psychoanalyse eingegangen (Hirsch, 1993) und beeinflußte den Umgang von PsychotherapeutInnen mit sexuell mißbrauchten KlientInnen nachhaltig.

Offensichtlich haben mehrere Faktoren Freud zur Aufgabe seiner Verführungstheorie bewegt. Zum einen befand er sich in dem Dilemma, daß viele seiner Patientinnen die Töchter seiner Bekannten waren, die er unmöglich der „Perversion gegen Kinder" beschuldigen konnte (Huber, 1995). Nicht nur private Beziehungen, sondern auch seine berufliche Existenz standen hier auf dem Spiel. Zum anderen war der öffentliche Druck, der auf die Ärzte ausgeübt wurde, die einen Zusammenhang zwischen Inzest und den Symptomen ihrer Patientinnen sahen, enorm. Sie ernteten ein Ausmaß an Ablehnung bei ihren Kollegen, daß hier bereits von einer ersten *False Memory Bewegung* gesprochen werden könnte.

Außerdem war Freud bewußt, wie weit verbreitet die „weibliche Hysterie" war. Wenn die Berichte seiner Patientinnen tatsächlich wahr waren und seine Theorie der Hysterie als Folge von Traumatisierungen stimmte, würde dies auf ein für ihn unvorstellbares und undenkbares Maß an Kindesmißbrauch hinweisen (ebd.). Krüll (1979) weist zusätzlich auf den Zusammenhang von Freuds Verwerfung der Verführungstheorie mit dessen nach dem Tode seines Vaters begonnenen Selbstanalyse hin, bei der Freud zu dem Ergebnis kam, daß sein eigener Vater „einer von den Perversen" gewesen sei und die Hysterie seines Bruders und einiger jüngerer Schwestern verschuldet habe. Freud war also in seiner eigenen persönlichen Entwicklung an einem Punkt angelangt, an dem er seinen Vater für seine eigenen neurotischen Symptome verantwortlich machen mußte. Nach Krüll hat Freud mit dem Ödipuskomplex „die Verantwortung für die Wut auf den Vater auf die eigenen Schultern genommen, (hat) den Vater entlastet, ganz analog übrigens, wie ein jedes Opfer sich in der Identifikation mit dem wirklich Schuldigen selbst die Schuld zuschreibt" (Hirsch, 1993, S. 110). Nach dieser Hypothese ist Freud bei seiner Aufgabe der Verführungstheorie der von Ferenczi (1933) erstmals ausführlich beschriebenen Abwehrstrategie der „Identifikation mit dem Aggressor" (vgl. Kap. IV.1 und Kap. VI.4.7) erlegen. Als Folge davon wurde fast ein ganzes Jahrhundert lang KlientInnen nicht mehr geglaubt, wenn sie von sexualisierten Gewalterfahrungen in der Kindheit berichteten. Stattdessen wurden ihre Erinnerungen von TherapeutInnen als Phantasien und inzestuöse Wünsche abgetan (Herman, 1993; Huber, 1995).

### Janet

Ende der 70er Jahre erfuhr Janets Konzept der Dissoziation eine Renaissance. Von großer Bedeutung waren im Zusammenhang mit dieser Entwicklung die Frauenbewegung und die Langzeitfolgen des Vietnamkrieges: Als zahlreiche Veteranen schwer traumatisiert aus dem Vietnamkrieg zurückkamen, wurden ihre Symptome nicht mehr, wie in früheren Kriegen, als „Gefechtsneurosen" belächelt. In den USA setzte nun eine verstärkte Beschäftigung mit dem Phänomen der Traumatisierung und somit auch bald mit dem der Dissoziation ein.

In ihrem Buch „Die Narben der Gewalt" weist Judith Herman darauf hin, daß Männer vorwiegend in Kriegen, Frauen dagegen in erster Linie zu Hause traumatisiert werden (Herman, 1993). Letzteres konnte allerdings erst jetzt, da die Existenz realer Traumatisierungen und die Folgen hiervon als *Posttraumatische Belastungsstörung (PTBS)* anerkannt wurden, gesellschaftlich diskutiert werden[5]. Die Frauenbewegung führte sowohl in den USA als auch in der Bundesrepublik zur Gründung von Frauennotrufen, Frauentherapie- und Frauengesundheitszentren, deren Mitarbeiterinnen (vgl. Brownmiller, 1978; Kavemann & Lohstöter, 1984) auf das massive Ausmaß sexualisierter Gewalt sowie auch auf die in diesem Zusammenhang gesellschaftlich verbreiteten Vorurteile aufmerksam machten.

Aufgrund der starken Tabuisierung des Themas ist das Ausmaß sexualisierter Gewalt in unserer Gesellschaft sehr schwer zu schätzen. Erschwerend kommt hinzu, daß der Gewaltbegriff in vielen Studien unterschiedlich ausgelegt wird. Aus neueren Untersuchungsergebnissen geht hervor, daß ca. jedes dritte bis fünfte Mädchen und jeder siebte bis neunte Junge von sexualisierter Gewalt betroffen sind. Eine sehr umfangreiche und sorgfältige Studie legten Pfeiffer und Wetzels (1995) vor. Sie kamen zu dem Ergebnis, daß in der bundesdeutschen Bevölkerung ca. jede siebte Frau mindestens einmal in ihrem Leben sexualisierte Gewalt im strafrechtlichen Sinne erfährt. Zum Zeitpunkt der Untersuchung galt noch das alte Strafrecht, in dem einzig die Penetration (und z.B. nicht die orale Vergewaltigung) als Vergewaltigung nach § 175 StGB geahndet wurde. Legt man die aktuellen Paragraphen des StGB zugrunde, liegen die Zahlen noch höher (vgl. auch Wetzel, 1997).

## DIS in Klassifikationssystemen

Die vermehrte Beschäftigung und die Anerkennung des Phänomens der Traumatisierung und später auch der Dissoziation führte in den USA schließlich dazu, daß das Störungsbild „Multiple Personality" im DSM-III (APA, 1980) erstmals als eine offizi-

5 Hier wird ein weiteres Mal die männliche Orientierung in der Diagnostik und Forschung deutlich. Die ursprünglichen Kriterien für die PTBS im DSM basieren nicht etwa auf Erfahrungen in Friedenszeiten, sondern auf Beobachtungen von Kardiner (1941), der seine Definition der traumatischen Neurose aus der Behandlung von männlichen Veteranen des ersten Weltkrieges abgeleitet hat (vgl. Brett, 2000).

elle eigene Kategorie in einem der geläufigsten Klassifikationssysteme für psychische Störungen aufgenommen wurde.

ICD-10! angucken

In der neuesten Auflage der International Classification of Deseases ICD-10 (Dilling et al., 1993) drücken die Autoren zwar noch deutlich ihre Skepsis gegenüber der MPS als eigenständige Diagnose aus, aber auch hier ist die Störung, ebenso wie in das DSM-IV (APA, 1994), offiziell aufgenommen worden. Warum also ist die Zahl der SkeptikerInnen in Bezug auf die DIS trotz der inzwischen offiziellen Anerkennung weiterhin so groß?

***Erstens*** dauert es erfahrungsgemäß etwa 10-15 Jahre, bis ein neu formuliertes Störungsbild in die offiziellen Diagnosemanuale aufgenommen wird und bei KlinikerInnen eine breite Anerkennung erfährt. Auch die diagnostische Kategorie der Borderline-Störung wurde beispielsweise lange Zeit angezweifelt (vgl. Dulz & Schneider, 1995).

***Zweitens*** erfahren auch wir in unserer Arbeit, daß KlientInnen zuweilen verunsichert auf die gestalttherapeutische Technik der Identifikation mit verschiedenen inneren Anteilen reagieren und uns fragen, ob sie denn „multipel“ seien, wenn sie in sich verschiedene Persönlichkeitsanteile vorfinden und diesen vielleicht sogar Namen geben. Hier ist es sehr wichtig, den Begriff „multipel“ nicht inflationär zu verwenden, sondern sich eng an die Kriterien der Diagnose zu halten (vgl. Kap. III.3). Diese darf nur gestellt werden, wenn der TherapeutIn bereits mehrere vollständige „Identitäten“ innerhalb der Therapiesitzungen begegnet sind, wenn diese auch im Alltag (und nicht nur in der Therapie!) auftauchen, und wenn eine teilweise oder vollständige Amnesie für die Handlungen anderer Persönlichkeitsanteile besteht. Die nicht in die augenblickliche Handlung involvierten Persönlichkeitsanteile können sich also später nicht erinnern, was in diesem Moment geschehen ist, sie „verlieren Zeit“. Dieses Phänomen hat wenig mit dem Hervorheben einzelner Persönlichkeitsanteile zu tun wie es z.B. in der Gestalttherapie oder in der Arbeit mit dem „inneren Kind“ (z.B. Chopich & Paul, 1995, 1995a) üblich ist.

***Drittens*** haben sicherlich äußerst suggestiv vorgehende TherapeutInnen die wissenschaftliche Anerkennung einer tatsächlich vorliegenden Multiplen Persönlichkeitsstörung bzw. Dissoziativen Identitätsstörung sehr erschwert.

***Viertens*** geht es bei der Erstellung diagnostischer Kategorien immer um Modelle, die in Abhängigkeit vom kulturellen Kontext existieren. Mit der Erstellung diagnostischer Manuale wie dem DSM oder der ICD wird versucht, eine „Landkarte“ zu erstellen, welche die „Landschaft" derjenigen kognitiven und emotionalen Vorgänge einschließlich der hieraus folgenden Handlungsstrategien, die bei Menschen subjektives Leid erzeugen, möglichst optimal abbildet und ordnet. Die Auseinandersetzungen um die Dissoziative Identitätsstörung betreffen also vielfach die Frage nach der „optimalen Landkarte", d.h. die Frage nach derjenigen Karte, die sich zu einer gegebenen Zeit in einem gegebenen Kontext als am brauchbarsten erweist.

In der Diskussion um die DIS wird die Frage nach der „optimalen Landkarte" und die Frage nach der „Wahrheit" leider allzu oft verwechselt. Temminghoff (1999) unterscheidet in Bezug auf die Betrachtung des Phänomens „Multiplizität" die ExpertInnengruppen der „Negierer", der „Zweifler", der „Geneigten" und der „Überzeugten". Sie weist darauf hin, daß der Widerstreit zwischen den „Überzeugten" auf der einen Seite und den „Negierern" auf der anderen Seite kaum lösbar scheint, weil es sich um einen Widerstreit im Sinne eines realistischen bzw. ontologischen Verständnisses handelt, nach dem die „Dinge an sich so sind" bzw. „an sich nicht so sind". Temminghoff hält die Diskussion auf dieser Ebene für wenig fruchtbar. Aus einem konstruktivistischen Blickwinkel heraus „kann eine Konstruktion nicht wahrer sein als eine andere, übrig bleibt immer nur die Frage nach der subjektiven Wahrheit, und die Frage, ob eine Konstruktion viabel ist und damit der Zielerreichung dient" (Temminghoff, 1999, S. 244).

***Fünftens*** ist die Diskussion um die DIS immer auch eine politische und eine ethisch-moralische Diskussion. Denn die DIS ist mit der Posttraumatischen Belastungsstörung und inzwischen auch der Borderline-Störung die einzige Diagnose, die in direktem Zusammenhang mit traumatischem Gewalterleben gesehen wird.[6] Wenngleich psychische, körperliche und/oder sexualisierte Gewalt natürlich auch zu anderen psychischen Störungen führen kann, scheint der Zusammenhang dort nicht derart eng zu sein. Im Zusammenhang mit der DIS bedeutet jede Diagnosestellung gleichzeitig die Feststellung eines Verbrechens (vgl. Gast, 2000).

Und so finden wir unter den Gegnern der DIS immer auch Anhänger der sogenannten „False Memory-Bewegung" (vgl. z.B. Fröhling, 1997). Letztere betonen, daß es sexualisierte Gewalt entweder gar nicht gäbe oder zumindest nicht in dem Maße, in dem TherapeutInnen (und insbesondere feministisch arbeitende Therapeutinnen) davon berichten würden. Sie vertreten stattdessen die Ansicht, daß sich die KlientInnen ihren

---

6 Korrekterweise sind hier noch die *Akute Belastungsreaktion*, die unmittelbar nach einer Traumatisierung diagnostiziert werden kann, und die *Andauernde Persönlichkeitsveränderung nach Extrembelastung* zu nennen. Letztere kann auch die Beschreibung von langfristigen Inzest-Folgen einschließen. Allerdings ist diese Diagnose nur in der ICD-10 vorgesehen und die Kriterien sind derart eng, daß sie die Langzeitfolgen früher und andauernder Traumatisierungen nur unzureichend abbilden.

sexuellen Mißbrauch ausdächten bzw. ihn von ihren TherapeutInnen suggeriert bekämen und sich folglich „falsch erinnern“ würden. So würden „verantwortungslose Therapeuten“ zur „Zerstörung des Lebensglücks unschuldiger Eltern“ beitragen[7]. Diese Haltung ist leider auch heute noch – oder vielleicht gerade heute? – auch bei Fachleuten keine Seltenheit. „Sie sind nicht mißbraucht worden, Sie wollen sich nur wichtig machen.“ Derartige Bemerkungen von ÄrztInnen oder PsychologInnen sind nach wie vor übliche Erfahrungen von traumatisierten PatientInnen.

Wenn die Gesellschaft die Diagnose der DIS anerkennt, dann muß sie im gleichen Atemzug das Ausmaß der psychischen, körperlichen, sexualisierten und rituellen Gewalt anerkennen, das täglich ausgeübt wird.

In den Jahren, in denen wir in unserer Beratungsstelle „Notruf und Beratung für vergewaltigte Mädchen und Frauen“ mit multiplen Frauen arbeiten, sind uns sehr verschiedene Klientinnen begegnet:

- Frauen, die mit anderen Diagnosen kamen und bei denen sich im Laufe der psychotherapeutischen Begleitung herausstellte, daß sie multipel sind;
- Frauen, denen schon bewußt war, daß sie multipel sind, als sie uns aufsuchten und bei denen sich die Diagnose bestätigte;
- Frauen, die Stein und Bein schworen, nicht multipel zu sein, die jedoch permanent „Zeit verloren“, während uns andere „Personen“ gegenüber saßen und uns vom Gegenteil überzeugten;
- Frauen, die uns laufend Switches („Personen“-Wechsel) demonstrierten, während unser Gefühl blieb, daß die Wechsel und Zeitverluste, aus welchen Gründen auch immer, vorgetäuscht waren;
- Frauen, die über ein so großes Autosuggestionsvermögen verfügten, daß es ihnen gelang, sich selbst so zu fühlen, als seien sie multipel, ohne daß wir diese Diagnose teilen konnten.

Es wurde bereits darauf hingewiesen, daß wahrscheinlich ca. 10 Prozent der als multipel diagnostizierten KlientInnen tatsächlich eine ausgeprägte histrionische oder narzißtische Persönlichkeitsstörung aufweisen. Vorsicht ist beispielsweise geboten, wenn eine KlientIn einem allzu perfekten Bild einer Multiplen Persönlichkeit entspricht,

7 Einen guten Überblick über die Forschungsergebnisse zur Zuverlässigkeit und Beeinflußbarkeit von Erinnerungen gibt Bowman (1996a). Chu et al. (1996) liefern eine ausführliche Betrachtung u.a. der psychophysiologischen Komponente traumatischer Erinnerungen. Die AutorInnen weisen darauf hin, daß einmalig und komplex traumatisierte Menschen deutliche Unterschiede in der Erinnerungsleistung bezüglich eines erlebten Traumas aufweisen.

wenn der Wechsel von einer Teilpersönlichkeit in eine andere mühelos oder besonders demonstrativ – vollzogen wird, wenn die Teilpersönlichkeiten ständig quasi „wie Pilze aus dem Boden schießen“, oder wenn aus der Diagnose „Multiple Persönlichkeit“ ein so starker narzißtischer Gewinn gezogen wird, daß die KlientIn die Diagnose wie eine Fahne vor sich her trägt. Dies alles müssen nicht, können aber Hinweise auf eine simulierte Dissoziative Identitätsstörung sein. Relativ häufig kommt es auch vor, daß Klientinnen zu uns kommen, bei denen bereits eine „Multiple Persönlichkeitsstörung“ bzw. „Dissoziative Identitätsstörung“ diagnostiziert wurde, die jedoch eindeutig unter die Kategorie der „Nicht näher bezeichneten Dissoziativen Störungen“ (DDNOS) zu fassen sind (vgl. Kap. III. 2).

Festzuhalten bleibt auf jeden Fall die besondere Bedeutung einer sorgfältigen und professionellen Differenzialdiagnostik, für die uns heute verschiedene diagnostische Instrumente wie z.B. der Fragebogen zu dissoziativen Symptomen (FDS) von Freyberger et al. (1999), das diagnostische Interview DDIS (Dissociative Disorders Interview Schedule) von Ross (1989) oder auch das Structural Clinical Interview for Dissociative Disorders SCID-D (Steinberg, 1993; dt.: Gast, Oswald und Zündorf, 1999) zur Verfügung stehen. Im folgenden wird näher auf wichtige differenzialdiagnostische Fragen eingegangen und verschiedene Konzepte der Multiplen Persönlichkeit erläutert.

Fragebogen!?

# 2. Die Multiple Persönlichkeit als Persönlichkeitsstörung

Früher ordnete man die Multiple Persönlichkeit in die Gruppe der Persönlichkeitsstörungen ein. Auch heute wird davon ausgegangen, daß es sich bei der Multiplen Persönlichkeit um eine der *Borderline-Persönlichkeit* verwandte Störung handelt. Zum Teil wird auch die Ansicht vertreten, MPS sei unter diese subsummierbar (Dulz und Lanzoni, 1996), zumal auch Menschen mit einer Borderline-Störung häufig über ein hohes Dissoziationsvermögen verfügen. Die enge Beziehung zwischen beiden Störungsbildern wird auch in Peter Joraschkys Beschreibung der Borderline-Symptomatik deutlich: „Im Selbstgefühl entwickelt sich keine Grundstabilität. Verschiedene Selbstzustände stehen nebeneinander bzw. wechseln sich ab und können nicht zu einem kohärenten Selbstgefühl bzw. Selbstbild integriert werden. Die Selbstspaltung führt zu Fremdheitserlebnissen und zu wechselnden Ich-Zuständen" (Joraschky, 2000, S. 143).

In verschiedenen Untersuchungen der letzten zehn Jahre zeigte sich in der Tat eine starke Überschneidung der Symptome bei Menschen mit einer Borderline- und einer Multiplen Persönlichkeitsstörung (vgl. z.B. Boon und Draijer, 1993). Offensichtlich weisen bis zu 70 Prozent der multiplen KlientInnen eine Borderline-Störung als Komorbidität auf (Overkamp, 1998), die sich allerdings nicht in allen Alter-Personen manifestieren muß.

Sowohl die Borderline-Störung als auch die Multiple Persönlichkeit werden zu den *frühen Störungen* im tiefenpsychologischen Sinne gerechnet. Beide KlientInnengruppen bedienen sich in erster Linie der sogenannten „frühen" bzw. „primitiven" Abwehrmechanismen wie beispielsweise der Verleugnung und Spaltung. Des Weiteren finden wir bei beiden Störungen ein sehr rudimentäres Ich-Gefühl.

Kernberg (1993) postuliert in seinem Konzept der frühkindlichen Spaltung, daß ein Kind in den ersten beiden Lebensjahren Selbst-Objekt-Repräsentanzen lediglich in „ganz gut" und „ganz böse" einteilt. Dieser frühe Mechanismus würde bei einer Entwicklungsstörung fixiert und als Abwehrmechanismus eingesetzt werden. Die Borderline-Symptomatik sei demnach auf das entwicklungsbedingte *Strukturniveau*[8] der betroffenen Person zurückzuführen (Votsmeier, 1999).

Im Gegensatz dazu geht Votsmeier davon aus, daß die Symptombildungen nicht die Folge einer sehr frühen Fixierung seien, sondern vielmehr eine Folge *kumulativer Kindheitstraumata*, die Einfluß auf die Struktur der Persönlichkeit nähmen. Votsmeiner betrachtet damit die Symptome einer Borderline-KlientIn als Auswirkungen einer dissoziativen Verarbeitung früher Traumatisierungen (Votsmeier, 1999), die in jeder kindlichen Entwicklungsphase stattgefunden haben können. Diese Theorie deckt sich mit den Ergebnissen neuerer Studien, die ergaben, daß zwischen 60 und 90 Prozent der Menschen mit einer stationär behandlungsbedürftigen Borderline-Störung gravierende Traumatisierungen in der Kindheit und Jugend aufweisen (Reddemann und Sachsse, 1999).

Herman und van der Kolk haben 1987 den Zusammenhang zwischen Persönlichkeitsstörungen und Gewalterfahrungen in der Kindheit untersucht (Herman & van der Kolk, 1987; van der Kolk, 1999). Sie fanden eine hohe Korrelation zwischen dem Ausmaß der Persönlichkeitsstörung und dem Ausmaß der Gewalterfahrung. Allerdings korrelierte nur die Borderline-Störung mit schwerem Mißbrauch. Diese KlientInnen berichteten sehr viel häufiger von schwerem und früh einsetzendem Mißbrauch, sowie von schwerer Vernachlässigung als KlientInnen mit einer antisozialen oder narzißtischen Persönlichkeit.

Van der Kolk (1999) vermutet, daß sich Traumatisierungen in unterschiedlichen Entwicklungsstadien auf einen Menschen unterschiedlich auswirken. Während eine Traumatisierung im Erwachsenenalter in erster Linie zu einer Posttraumatischen Belastungsstörung führen kann, führt eine Traumatisierung im frühen Kindesalter potentiell zu einem Entwicklungsstillstand auf der jeweiligen Entwicklungsstufe: „Menschen, die etwa als Dreijährige traumatisiert wurden, können fortfahren, heftige Emotionen ebenso wie ein Dreijähriger zu verarbeiten. Wenn jemand in einem reiferen Entwicklungsstadium traumatisiert worden ist, dann ermöglicht ihm das, früher erworbene Fertigkeiten zu mobilisieren, mit der traumatischen Situation fertigzuwerden, und das führt zu einem sehr unterschiedlichen langfristigen Anpassungsergebnis" (van der Kolk, 1999, S. 25). Ein ähnliches „Eingefrorensein" in einem bestimmten Entwicklungsstadium vor dem Hintergrund eines Traumas erleben wir bei verschiedenen Identitäten einer Multiplen Persönlichkeit.

van der Kolk

8 In der Tiefenpsychologie wird davon ausgegangen, daß bei Menschen mit *strukturellen Störungen* die Integration ihrer psychischen Struktur beeinträchtigt ist. Neurotische Konflikte sind hier eher von sekundärer Bedeutung, da sie auf einem höheren Entwicklungsniveau stattfinden. Aus diesem Grund werden die psychische Struktur betreffende Störungen in der Tiefenpsychologie als *frühe Störungen* bezeichnet (Mentzos, 1984).

Obgleich die Borderline-Störung und die Multiple Persönlichkeit offensichtlich über einen ähnlichen ätiologischen Hintergrund verfügen, unterscheiden sie sich in wesentlichen Aspekten ihres Erscheinungsbildes. Insbesondere die amnestischen Barrieren, die eine multiple KlientIn aufweist, spielen hier eine Rolle: Wenn bei einer KlientIn innerhalb einer therapeutischen Sitzung mehrfach Persönlichkeitsanteile mit der TherapeutIn in Kontakt treten, die sich jeweils nicht an das erinnern, was kurz zuvor zwischen TherapeutIn und KlientIn besprochen wurde (so daß die TherapeutIn sich der KlientIn u.U. mehrfach innerhalb einer Sitzung vorstellen muß, weil die anderen Persönlichkeitsanteile sie noch nie gesehen haben und vielleicht auch nicht wissen, daß sie sich in einer Therapiestunde befinden bzw. was Therapie überhaupt ist), dann hat dies unmittelbare Konsequenzen für das Setting und die Interventionen in der Therapie[9].

In der ICD-10 werden Persönlichkeitsstörungen bezeichnet als „tief verwurzelte, anhaltende Verhaltensmuster, die sich in starren Reaktionen auf unterschiedliche persönliche und soziale Lebenslagen zeigen" (Dilling et al., 1993, S. 225). Es geht hierbei um lang anhaltende Zustandsbilder und Verhaltensmuster, die im Rahmen eines therapeutischen Prozesses nur eine langsame Veränderung erfahren. Im Gegensatz hierzu kann sich das innere „System" einer multiplen KlientIn während der Bearbeitung traumatischer Erfahrungen grundlegend verändern. Wenn nämlich ein bestimmtes Trauma emotional und kognitiv so verarbeitet wird, daß es für die Psyche nicht mehr so bedrohlich ist, daß die Erfahrung einer anderen Identität, einem „Nicht-Ich", zugeordnet werden muß, dann besteht oft für diese eigenständige Identität keine innere Notwendigkeit mehr und sie „fusioniert" mit anderen Persönlichkeitsanteilen. Diese Tatsache spricht ebenfalls gegen eine diagnostische Einordnung der Multiplen Persönlichkeit in die Persönlichkeitsstörungen.

Während die meisten Studien in erster Linie das komorbide Auftreten der Borderline-Störung untersucht haben, erweiterten Ellason et al. (1996) den Blick auch auf andere Persönlichkeitsstörungen, die multiple Menschen ebenfalls aufweisen können. Besonders interessant an ihren Untersuchungsergebnissen ist, daß gerade die histrionische Persönlichkeitsstörung nur eine sehr niedrige Komorbidität aufwies.

Insgesamt ist davon auszugehen, daß die Multiple Persönlichkeit nicht grundsätzlich mit einer klassischen Persönlichkeitsstörung einhergehen muß, es aber zu Problemen in der Persönlichkeitsentwicklung kommen kann (Overkamp et al., 1998).

9 Differenzialdiagnostisch ist es wichtig zu wissen, daß auch Menschen mit einer Borderline-Störung beim Auftreten von sehr starken Affekten anschließend amnestisch für das gerade Geschehene sein können. Dies ist wahrscheinlich darauf zurückzuführen, daß die Art der Informationsverarbeitung sich unter extremen Streß verändert (vgl. Kap. IV.1).

# 3. Die Multiple Persönlichkeit als komplexe Posttraumatische Belastungsstörung

In den letzten Jahren hat sich ein wissenschaftlicher Zweig etabliert, der als „Psychotraumatologie“ (Fischer & Riedesser, 1999; van der Kolk et al., 2000) bezeichnet wird. Die VertreterInnen dieser Richtung kritisieren das im DSM-IV und in der ICD-10 aufgeführte Konstrukt der „Posttraumatischen Belastungsstörung“ (PTBS), da es ihrer Ansicht nach zu eng umgrenzt sei und bei mehrfach traumatisierten Menschen zu kurz greife[10]. Für die Erstellung der Diagnose *Posttraumatische Belastungsstörung* setzt das DSM-IV (vgl. APA, 1994) die Erfüllung der folgenden sechs Kriterien voraus:

**A.** Die Person wurde mit einem traumatischen Ereignis konfrontiert, das außerhalb der üblichen menschlichen Erfahrung liegt und das für fast jeden Menschen belastend wäre (z.B. drohender Tod oder Gefahr ernsthafter Verletzungen).

**B.** Das traumatische Ereignis wird ständig auf verschiedene Arten wiedererlebt (z.B. in Träumen, Erinnerungen, Flashbacks).

**C.** Die Person vermeidet Stimuli, die mit dem Trauma in Verbindung stehen, oder die allgemeinen Reagibilität ist abgeflacht (z.B. soziale Isolierung, dissoziative Amnesie).

**D.** Es liegen anhaltende Symptome eines erhöhten Erregungsniveaus vor.

**E.** Die Dauer der Störung beträgt mindestens einen Monat.

**F.** Das Störungsbild verursacht in klinisch bedeutsamer Weise Leiden oder Beeinträchtigungen.

10 Wie bereits erwähnt ist die in der ICD-10 vorgesehenen *Andauernden Persönlichkeitsveränderung nach Extrembelastung* ebenfalls unzureichend.

Die VertreterInnen der Psychotraumatologie kritisieren, daß die Diagnose der PTBS sich lediglich bei einmaligen traumatischen Erfahrungen bewähre, wie z.B. dem Erleben einer Naturkatastrophe, einer Geiselnahme oder einer Vergewaltigung. Wenn Menschen allerdings über Jahre hinweg traumatisierenden Umweltbedingungen ausgesetzt sind, bilden sie Bewältigungsstrategien aus, die durch das Konzept der PTBS nur sehr unzulänglich erfaßt werden. Judith Herman (1993) schlägt daher das Konzept der *„komplexen Posttraumatischen Belastungsstörung"* vor, üblicherweise *DESNOS (Disorder of Extreme Stress not otherwise specified)*[11] genannt. Für das DESNOS postuliert sie sechs Symptombereiche (vgl. Hofmann, 1999):

1. Störungen der Affektregulierung und anhaltende dysphorische Verstimmung (z.B. Dysphorie, Ausagieren extremer Wut, Selbstaggression).
2. Störungen des Bewußtseins (z.B. Amnesie, Hypermnesie, Dissoziation).
3. Störungen der Selbstwahrnehmung (z.B. Hilflosigkeits- und Ohnmachtsgefühle, Scham, Schuld).
4. Veränderung in der Wahrnehmung der Täter[12], (z.B. Idealisierung des Täters, dauernde Rachegedanken, Identifikation mit dem Aggressor).
5. Störungen in den Beziehungen zu anderen Menschen (z.B. Isolation und Rückzug, Suche nach einem Retter, Probleme sich selbst zu schützen).
6. Veränderung des Wertesystems (Verlust von Sinn und Hoffnung im Leben).

Die von Herman postulierte komplexe Posttraumatische Belastungsstörung ist zum Teil von anderen AutorInnen variiert und ergänzt worden. Van der Kolk und Saporta (1993) nennen beispielsweise in ihrem Konzept des *DES (Disorders of Extreme Stress)* zusätzlich zu den von Herman genannten sechs Faktoren noch folgende Aspekte (nach Gurris & Wenk-Ansohn, 1997):

---

11 Andere Bezeichnungen, die auf ähnlichen Konzepten beruhen, sind z.B. *Störungen durch Extrembelastungen* oder *Trauma vom Typ II* im Gegensatz zur Reaktion vom Typ I auf eine einmalige Traumatisierung (Terr, 1995).

12 Bei dem Begriff des Täters bzw. der Täter weichen wir von der in dieser Arbeit ansonsten verwendeten, beide Geschlechter berücksichtigenden Terminologie ab, da wir nicht verschleiern wollen, daß nach wie vor ca. 90 Prozent der sexuell mißbrauchenden Erwachsenen Männer sind. Wir möchten jedoch betonen, daß auch Frauen sexuell mißbrauchen. Gerade multiple KlientInnen berichten nicht selten, sowohl von Männern als auch von Frauen sexuell mißbraucht worden zu sein. Eine nähere Betrachtung von Frauen als Täterinnen findet sich z.B. in Elliot (1995) und Heyne (1993).

- Schwierigkeiten im Umgang mit Wut und Ärger,
- selbstzerstörerisches und suizidales Verhalten,
- impulsives Risikoverhalten,
- Tendenz zu erneuter Viktimisierung (sich selbst und anderer),
- Schwierigkeiten, sich selbst und anderen zu vertrauen,
- chronische Schmerzzustände (psychosomatische Beschwerden).

Zur Zeit wird diskutiert, die Borderline-Störung und die Dissoziative Identitätsstörung unter das Konzept des DESNOS bzw. DES zu fassen, und zwar als zwei unterschiedliche Erscheinungsformen in der Reaktion auf komplexe traumatische Erfahrungen, die bereits in der frühen Kindheit ihren Ursprung haben.

Von verschiedener Seite wird derzeit angestrebt, das DESNOS in die offiziellen Klassifikationssysteme DSM und ICD aufzunehmen. Dies war zwar schon für das DSM-IV diskutiert worden, ist jedoch zum einen an der rein phänomenologischen und bewußt atheoretischen Ausrichtung des DSM gescheitert (Overkamp et al., 1998), zum anderen bedarf es noch weiterer Studien bezüglich des Zusammenhangs zwischen der Posttraumatischen Persönlichkeitsstörung und der Multiplen Persönlichkeitsstörung (Dissoziativen Identitätsstörung).

In einschlägigen amerikanischen Studien (z.B. Putnam et al., 1986; Putnam, 1989; Ross, 1991) berichten zwar ca. zwischen 88 und 97 Prozent der multiplen ProbandInnen massive Gewalterfahrungen in der Kindheit, es lassen sich allerdings bei einigen der bisherigen Untersuchungen deutliche methodische Mängel erkennen. Die epidemiologische Erfassung sexualisierter und physischer Gewalterfahrungen in der Kindheit gestaltet sich aus verschiedenen Gründen äußerst schwierig. Die meisten Studien sind verständlicherweise retrospektiv angelegt und daher nur von eingeschränkter Aussagekraft (vgl. z.B. Ernst, 1997). Hinzu kommt die Schwierigkeit, daß ohnehin bei Gewalterfahrungen eine hohe Dunkelziffer existiert und Opfer auch eine dissoziative Amnesie für eine traumatische Gewalterfahrung entwickeln können. Diese tauchen folglich in den Statistiken nicht auf.[13]

13 In einer Langzeitstudie gelang es Williams (1992) nachzuweisen, daß sich erwachsene Frauen z.T. nicht mehr an sexuelle Gewalterfahrungen erinnern. Neuere Erkenntnisse weisen darauf hin, daß durch sexuellen Mißbrauch in der Kindheit ausgelöste Amnesien sowohl vom Alter als auch von der Intensität der Traumatisierung abhängen: Je jünger ein Mensch zur Zeit des Traumas war und je länger die traumatische Situation andauerte (z.B. Jahre oder Jahrzehnte), desto größer ist die Wahrscheinlichkeit, daß das Opfer für den Mißbrauch eine Amnesie entwickelt. Einen ausführlichen Überblick über die Erkenntnisse zu Erinnerungen an sexuellen Mißbrauch in der Kindheit liefert z.B. Bowman (1996).

Etwa drei bis zwölf Prozent (je nach Studie) der untersuchten multiplen ProbandInnen nannten keine physischen oder sexualisierten Gewalterfahrungen sondern andere belastende Erfahrungen (vgl. Fiedler, 1997) wie extreme Vernachlässigung und/oder eine außerordentlich strikte Erziehung mit erheblichem Anpassungsdruck.

*„Zusammenfassend muß man aufgrund der gegenwärtigen Ergebnisse davon ausgehen, daß schwere dissoziative Störungen und insbesondere die dissoziative Identitätsstörung regelhaft als eine spezifische Folge von schweren aggressiven und sexuellen Mißhandlungen in der Kindheit auftreten" (Eckhardt-Henn & Hoffmann, 2000, S. 268).*

Festzuhalten bleibt also der Zusammenhang zwischen schwerer Traumatisierung und dissoziativen Störungen, der nach heutigen Erkenntnissen allerdings nicht 100 Prozent beträgt. Offensichtlich kann die Entwicklung einer Dissoziativen Identitätsstörung vereinzelt auch durch andere Belastungsfaktoren begünstigt werden.

Wir, die Autorinnen, arbeiten in Institutionen, deren Zielgruppe Frauen mit sexualisierten Gewalterfahrungen sind. Aufgrund dieser eingeschränkten Stichprobe haben wir bisher in unseren Einrichtungen keine multiple Frau ohne physische und sexualisierte Gewalterfahrungen in der Kindheit kennengelernt. Allerdings stellen wir ohne Ausnahme fest, daß sowohl die Dauer als auch das Ausmaß und die Häufigkeit der zudem noch sehr früh einsetzenden Traumatisierungen bei multiplen Klientinnen extrem ausgeprägt sind, so daß in unserer praktischen Arbeit der Zusammenhang zwischen komplexer PTBS und DIS evident ist. Daher erweist sich das Konzept des DESNOS bzw. DES unseres Erachtens zur Zeit als das brauchbarste.

# 4. Die Multiple Persönlichkeit als Dissoziative Störung

Seit dem Erscheinen der neuesten Auflagen des DSM und der ICD wird die Multiple Persönlichkeit den Dissoziativen Störungen zugeordnet. Hierzu werden im DSM-IV folgende Störungsbilder gerechnet:

**Dissoziative Störungen**
- Dissoziative Amnesie
- Dissoziative Fugue
- Depersonalisation und Derealisation
- *Dissoziative Identitätsstörung*
- Nicht Näher Bezeichnete Dissoziative Störungen

Eine etwas andere, differenziertere Einteilung wird in der ICD-10 vorgenommen. Zur Kategorie der Dissoziativen Störungen (F 44) zählen hier:

**Dissoziative Störungen**
- Dissoziative Amnesie
- Dissoziative Fugue
- Dissoziativer Stupor
- Trance- und Besessenheitszustände
- Dissoziative Störungen der Bewegung und der Sinnesempfindungen (im DSM als Konversionsstörungen[14] bezeichnet)
- Krampfanfälle
- Andere Dissoziative Störungen (z.B. Ganser Syndrom[15], *Multiple Persönlichkeitsstörung*)
- Nicht Näher Bezeichnete Dissoziative Störungen

14 Hier existiert leider derzeit eine unglückliche Begriffsverwirrung in den Diagnosemanualen: Während in der ICD-10 die dissoziativen Störungen unter der Oberkategorie „dissoziative Störungen (Konversionsstörungen)" zusammengefasst sind, fallen im DSM-IV nur die pseudoneurologischen Symptome, die den Bewegungsapparat oder die Sinnesorgane betreffen, unter den Begriff des Konversionssyndroms. Es ist zu hoffen, daß diese Diskrepanz in den zukünftigen Manualen behoben sein wird.

15 Als *Ganser Syndrom* wird eine psychische Störung bezeichnet, die u.a. durch „Vorbeiantworten" gekennzeichnet ist.

Ein weiterer Unterschied zwischen dem anglo-amerikanisch geprägten DSM-IV und der eher europäisch beeinflußten ICD-10 besteht in der Zuordnung der Depersonalisation und Derealisation, die im DSM zu den dissoziativen Störungen gerechnet werden, in der ICD jedoch im Rahmen der Ich-Störungen unter „sonstige neurotische Störungen" behandelt werden (Freyberger et al., 1999).

Die im DSM-IV aufgeführten dissoziativen Störungen werden im folgenden Kapitel ausführlich erläutert und ihr Bezug zur Dissoziativen Identitätsstörung verdeutlicht.

# III

# Phänomenologie und Diagnostik der Dissoziativen Identitätsstörung

*Imke Deistler*

Im folgenden Kapitel wird auf das Phänomen der Dissoziation näher eingegangen und verschiedene Formen der Dissoziation werden vorgestellt. In diesem Zusammenhang werden sowohl alltägliche dissoziative Erscheinungsformen als auch die von den gängigen diagnostischen Manualen als dissoziative Störungen aufgeführten Phänomene beschrieben. Die letzten beiden Abschnitte dieses Kapitels sind der Diagnose *Dissoziative Identitätsstörung* und ihrem Erscheinungsbild gewidmet.

# 1. Die Dissoziation

Was ist unter dem psychischen Mechanismus der *Dissoziation* zu verstehen? Dissoziation bedeutet im ursprünglichen Sinne Trennung, Zerfall, Abspaltung. Ein zusammengehöriger psychischer Vorgang zerfällt in seine einzelnen Teile. Das dabei aus dem Gesamterleben Herausgeratene ist nicht (mehr) oder nicht (mehr) voll bewußtseinsfähig (Tölle, 1994).

Das DSM-IV (APA, 1996, S. 543) formuliert Dissoziation als „die Unterbrechung der normalerweise integrativen Funktionen

- des Bewußtseins,
- des Gedächtnisses,
- der Identität oder
- der Wahrnehmung.“

Betrachtet man das Gehirn als eine große Bibliothek, könnte der Mechanismus der Dissoziation dazu führen, daß wir ein Buch (bzw. eine ganze Buchreihe) entweder gar nicht erst inventarisieren oder es so weit in einem abgelegenen Gang lagern (und es auch nicht in unser Bücherverzeichnis aufnehmen), daß es mit sehr hoher Wahrscheinlichkeit nicht mehr aufgefunden wird – es sein denn, unser Ich verirrt sich wider Erwarten dorthin, z.B. aufgrund eines äußeren Auslösers.

Die Strategie der Dissoziation kann als der Gegenpol zur Strategie der Assoziation angesehen werden (Ross, 1989) und ist wie diese eine bestimmte Art, Informationen zu organisieren. Beide Strategien verwenden wir in unserem Alltag laufend, um unsere Umgebung ordnen und begreifen zu können. Wir organisieren unsere Wahrnehmung, indem wir permanent „Figuren“ bilden, die wir in den Vordergrund unseres Bewußtseins holen, während andere Phänomene in den Hintergrund treten. Wenn ich einen Baum sehe, verknüpfe (assoziiere) ich diese Wahrnehmung mit Repräsentanzen anderer Bäume in meinem Gedächtnis, um ihn so als Baum erkennen und einordnen zu können.

Ebenso wesentlich ist es, Informationen, die mich überfordern würden, von mir fern zu halten. Im einfachen Falle heißt das, daß ich z.B. gerade nicht bewußt wahrnehme, wie ich auf meinem Stuhl sitze, nicht auf die taktilen Empfindungen achte, die durch das Berühren der Tastatur entstehen, und daß ich auch die akustischen Signale in meiner Umgebung (Vogelgezwitscher, Straßenlärm etc.) nicht in meine Wahrnehmung hinein nehme, da mich diese vielen Informationen davon abhalten würden, mich zu konzentrieren. Zu den dissoziativen Phänomenen zählen auch Tagträume und leichte Amnesien nach automatisierten Handlungen wie z.B. die Erfahrung, sich am Ende einer Autofahrt an bestimmte Streckenabschnitte nicht mehr erinnern zu können, wenn man mit dem Auto eine sehr vertraute Route gefahren ist. Auch Situationen der Übermüdung oder Streßsituationen begünstigen dissoziative Vorgänge. Viele Menschen kennen die Erfahrung des „spacing out", das kognitive Weggehen aus einer Situation in einem scheinbar neutralen Zustand. Im übrigen scheint es so, daß sich die Fähigkeit, Informationen integrieren zu können, erst im Laufe der Jahre entwickelt. Kinder dissoziieren physiologisch bedingt stärker als Erwachsene (Eckhardt-Henn & Hoffmann, 2000) und nutzen diese Fähigkeit zur Verarbeitung von Erlebnissen in Spiel- und Phantasietätigkeit. Mit zunehmendem Alter nimmt die Dissoziationsfähigkeit offenbar ab (Gast, 2000).

## Dissoziation und Traumatisierung

Der psychische Mechanismus der Dissoziation greift jedoch nicht nur in alltäglichen Situationen, sondern er schützt uns auch vor Informationsüberflutung in traumatischen Situationen, so daß sich die verschiedenen Ausprägungsgrade der Dissoziation auf einem Kontinuum[16] abbilden lassen. Dieses Kontinuum reicht von alltäglichen Erfahrungen, wie z.B. Tagträumen, über das Abspalten von körperlichen Sensationen, Gefühlen oder Erinnerungen bis hin zu anderen Bewußtseinszuständen, wie z.B. beim Schlafwandeln, oder bei ausgeprägten Trance-Phänomenen[17] und im Extremfall dem Abspalten vollständiger Identitäten. So ist es ein dissoziatives Phänomen, wenn ein kleines Mädchen das Gefühl hat, aus ihrem Körper herauszugehen und an der Decke zu schweben, während der Vater sie sexuell mißbraucht (peritraumatische Dissoziation bzw. Depersonalisation), oder wenn sie sich als erwachsene Frau an diesen sexuellen Übergriff nicht mehr erinnert (dissoziative Amnesie). Verschiedene Studien (z.B. Chu & Dill, 1990; van der Kolk et al., 1991) weisen auf einen starken Zusammenhang

16 Die hier vorgeschlagene „Kontinuumshypothese" ist nicht unumstritten. Waller et al. (1996) gehen beispielsweise davon aus, daß es zwei Formen der Dissoziation gebe, eine nicht-pathologische kontinuierlich verteilte und eine diskrete pathologische Form.

17 In schamanischen Kulturen wird z.B. ganz bewußt mit dissoziativen Zuständen gearbeitet.

zwischen Traumatisierungen oder auch extremer Vernachlässigung in der Kindheit und dissoziativem Verhalten hin. Kirby et al. (1993) fanden in ihrer Untersuchung von 59 PatientInnen, die in ihrer Kindheit sexualisierte und/oder physische Gewalt erlebt hatten, daß die Dissoziations-Scores der ProbandInnen umso höher ausfielen und die dissoziativen Symptome umso ausgeprägter waren, je schwerer der Mißbrauch war und je jünger die PatientInnen zu Beginn des Mißbrauchs waren. Diese Ergebnisse wurden in späteren Studien bestätigt[18] (z.B. Swett und Halpert, 1993).

Teegen (1997) geht davon aus, daß während einer Traumatisierung eine Spaltung zwischen teilnehmenden/erlebenden und beobachtenden Ich-Instanzen einsetzt. Körperempfindungen und Affekte werden dissoziiert, und die distanzierte Beobachtung des Geschehens tritt in den Vordergrund. Das Ich überflutende Körperempfindungen (z.B. extreme Schmerzen) und Affekte werden somit gedämpft und die Wachsamkeit intensiviert. Dies führt zur Minderung des hohen Erregungsniveaus und geht in der Regel mit einer Veränderung des vertrauten Selbst- und Umwelt-Erlebens einher (Depersonalisation und Derealisation).

Menschen unterscheiden sich in ihrer Fähigkeit, dissoziieren zu können. Wahrscheinlich spielen hier sowohl genetische als auch umweltbedingte Faktoren eine Rolle. Bei langjährigen Gewalterfahrungen lernt ein Kind, den dissoziativen Mechanismus gezielt anzuwenden:

*„Sobald ich merkte, daß er anfing zu trinken, bereitete ich mich vor: Ich schaltete mich total ab, beamte ich mich weg. Ich war weg und etwas anderes war da. Eine Puppe, eine leere Hülle, die nichts fühlte und nichts dachte." (Klientin)*

Eckhardt-Henn und Hoffmann sprechen von der Entwicklung eines „dissoziierten Kind-Selbst", d.h. es kommt

*„zu einer spezifischen Organisation von Selbst- und Objektrepräsentanzen, die zu den Mißbrauchserlebnissen gehören und die affektiven, kognitiven, physiologischen und phantasierten Ausgestaltungen dieser Ereignisse in einem abgespaltenen Ich-Zustand enthalten, der für die übrige Persönlichkeit nicht zugänglich ist. Dieses dissoziierte Selbst ermöglicht es dem übrigen Selbst ... relativ unauffällig zu funktionieren" (Eckhardt-Henn & Hoffmann, 2000, S. 263).*

Für die Psychotherapie von Inzest-Überlebenden bedeutet dies, daß das „dissoziierte Kind-Selbst", d.h. die dissoziierten Persönlichkeitsanteile mit der hiermit

18 Einen ausführlichen Literaturüberblick über retrospektive und prospektive Studien zum Zusammenhang zwischen Traumatisierungen und dissoziativem Verhalten geben Eckhardt-Henn und Hoffmann (2000).

verbundenen Ich-Organisation und den internalisierten Objektbeziehungen, direkt in die Therapie einbezogen werden muß (ebd.).

Im Zusammenhang mit einer psychischen Traumatisierung lassen sich grundsätzlich drei Formen der Dissoziation unterscheiden (nach van der Kolk, van der Hart, Marmar, 2000):

**1. Primäre Dissoziation**
Sie bezeichnet den Vorgang des besonderen Informationsverarbeitungsprozesses während einer psychischen Traumatisierung (vgl. Kap. IV.1). Das Erlebnis ist für den menschlichen Organismus derart überwältigend, daß es vom Bewußtsein nicht integriert werden kann und vom gewöhnlichen Bewußtsein isoliert bleibt. Diese Fragmentierung geht mit Bewußtseinszuständen einher, die sich vom normalen Bewußtseinszustand unterscheiden und gelten als typisches Symptom der Posttraumatischen Belastungsstörung.

**2. Sekundäre Dissoziation**
Wenn ein Mensch sich erst einmal in einem dissoziierten Geisteszustand befindet, kann eine weitere Desintegration der Elemente des persönlichen Erlebens stattfinden: eine Dissoziation zwischen beobachtendem Ich und erlebendem Ich (s. o. die Beschreibung von Teegen). Das Opfer distanziert sich so stark vom Geschehen, daß es das Ereignis aus einer ZuschauerInnenperspektive wahrnimmt. Die Sekundäre Dissoziation wird teilweise in der Literatur auch als „peritraumatische Dissoziation" bezeichnet.

**3. Tertiäre Dissoziation**
Aufgrund fortschreitender Traumatisierungen können Menschen voneinander unabhängige Ich-Zustände (Ego States) entwickeln (vgl. Kap. IV.3), die traumatische Erfahrungen beinhalten. Diese Ich-Zustände können im Extremfall so ausgeprägt sein, daß sie eigenständige komplexe Identitäten darstellen.

## Dissoziation und Verdrängung

Inzwischen wurde von verschiedener Seite der Versuch unternommen, das Konstrukt der *Dissoziation* vom tiefenpsychologischen Konzept der *Verdrängung* abzugrenzen. Eckhardt-Henn und Hoffmann (2000) definieren beispielsweise die Verdrängung als einen Mechanismus, der bewußte von unbewußten Inhalten trennt, während bei der Dissoziation das Ich in verschiedene Zustände geteilt wird, die unabhängig voneinander existieren. Die in der Literatur recht zahlreich vorhandenen Definitions- und

Abgrenzungsversuche der Dissoziation und Verdrängung fallen sehr unterschiedlich aus, sind teilweise sehr kompliziert und weisen unweigerlich auf die Schwierigkeiten bei der Differenzierung beider Konzepte hin. Einige Autoren wie z.B. Sullivan (1980) sprechen sich aufgrund des im Vergleich zu dem der Dissoziation relativ unspezifischen Konzeptes der Verdrängung sogar dafür aus, letzteres ganz fallen zu lassen und es durch das Konzept der Dissoziation zu ersetzen. Freud selbst verwendete den Begriff der Dissoziation in seinen früheren Schriften relativ häufig, setzte jedoch in seinen späteren Arbeiten – vermutlich wegen seiner Rivalität mit Janet – immer dort den Begriff der Verdrängung ein, wo er früher von Dissoziation gesprochen hatte (Hoffmann & Eckhardt-Henn, 2000).

Um eine bessere Abgrenzung zwischen dem Konzept der Dissoziation und dem der Verdrängung zu erreichen, wird in der Literatur teilweise auf die von Kohut (1976) eingeführte Unterscheidung zwischen *horizontaler Spaltung* und *vertikaler Spaltung* zurückgegriffen. Leider ergeben sich hier neue Unklarheiten, da verschiedene AutorInnen diese beiden Formen der Spaltung durchaus unterschiedlich definieren. Während beispielsweise Shengold (1995) postuliert, daß die „vertikale Spaltung" einem „Nebeneinander von Denken und Wahrnehmung im Ich" entspricht, grenzt Rothen (in Temminghoff, 1999) die „Spaltung von Verstand, Körper und Gefühl" von der von ihr als „horizontale Abspaltung" bezeichneten Dissoziation ab.

Wie Rothen zählen auch Fischer und Riedesser (1999) die Dissoziation zu den „horizontalen", die Verdrängung dagegen zu den „vertikalen Kontrolloperationen". Die Autoren gehen davon aus, daß bei vertikalen Kontrolloperationen eine Negation des Selbstbezuges (Verdrängung) und eine Fraktionierung des (Beziehungs-)Schemas geschieht, während beim horizontalen Prinzip die traumatische Gesamterfahrung in einzelne, gegeneinander möglichst separat gehaltene Szenen und „Abteile einer Drehbühne" zerlegt wird.

Nach Schneider (1994) liegt das abgewehrte Material im Falle der Verdrängung (vertikale Spaltung) unter dem unmittelbar zugänglichen Bewußtsein, in dem es sich „vertieft". Das Material wird aktiv vom Bewußtsein ferngehalten, so daß es nicht an die Oberfläche gelangen kann. Im Falle der horizontalen Spaltung wird das Material neben dem Primärbewußtsein angesiedelt, hierzu muß es sich unumgänglich durch Teilung „verbreitern".

Im Gegensatz zu Fischer und Riedesser oder Schneider nehmen Person und Klar (in Wurmser, 2000) sowie auch Temminghoff (1999) und Gast (2000) eine genau umgekehrte Definition der Spaltungsmechanismen vor. Sie bezeichnen die Dissoziation als „vertikale", die Verdrängung hingegen als „horizontale Spaltung". Ausgehend von der Beschreibung der Verdrängung anhand der bekannten Metapher vom Eisberg in der Antarktis, von dem wir allein seine Spitze wahrnehmen, weil der Rest des Berges – das

Unbewußte und Vorbewußte – sich unterhalb der Wasseroberfläche befindet, erscheint diese Auffassung weitaus anschaulicher, da hier der „Schnitt“ durch den Berg horizontal angesetzt wird, um das Unbewußte vom Bewußtsein fernzuhalten, d.h. zu verdrängen. Im Falle der Dissoziation dagegen stehen hier ursprünglich zusammengehörige Informationen (z.B. Wahrnehmungen und Gefühle) abgespalten nebeneinander. Im Extremfall der Dissoziativen Identitätsstörung ist eine bestimmte Innenperson in dem Moment, in dem sie „draußen“ bzw. „vorn“ ist, mit den von ihr erfahrenen Traumatisierungen anwesend und sichtbar, d.h. diese sind der „Person“ unmittelbar zugänglich – nicht jedoch die traumatischen und nicht-traumatischen Informationen der übrigen Alter-Personen.

Wenn wir uns den Menschen mit seinen gesammelten, dem Bewußtsein zugänglichen und nicht zugänglichen Erfahrungen als ein Haus vorstellen, dann würde der Mechanismus der Verdrängung nach dieser Definition bewirken, daß diesem Menschen bestimmte Dinge, die sich im Keller befinden, nicht zugänglich sind. Der Mechanismus der Dissoziation würde hingegen bewirken, daß ihm nicht zugänglich ist, was sich in den anderen Zimmern des Hauses befindet. Und – um diese Metapher noch etwas stärker zu strapazieren – eine extrem verdrängende KlientIn würde sich vielleicht gar nicht darüber im Klaren sein, daß das Haus überhaupt unterkellert ist, eine extrem dissoziierende KlientIn würde vielleicht davon ausgehen, daß sie in einer Ein-Zimmer-Wohnung wohnt, daß also das Zimmer, in dem sie wohnt, ihr Haus ist.

Die Dissoziation führt also sowohl in der Auseinandersetzung mit der Umwelt als auch in der Auseinandersetzung mit dem eigenen Selbst zu einem „Zerfallen der wahrgenommenen Gestalt“ (in obiger Metapher des Hauses). Mit multiplen Frauen zu arbeiten heißt daher auch, die KlientIn dabei zu unterstützen, die inneren Puzzle-Teile, die fragmentierten „Gestalten“ in Verbindung zueinander zu bringen und schließlich zusammenzufügen, das heißt zu integrieren.

# 2. Klassifikation der Dissozativen Störungen

Bei den dissoziativen Symptomen werden fünf Hauptsymptome unterschieden: Amnesie, Depersonalisation, Derealisation, Identitätsunsicherheit und Identitätswechsel (Gast, 2000). Die im DSM-IV aufgeführten „Dissoziativen Störungen" (s.o.) sind dem Ausprägungsgrad der Dissoziation gemäß zumindest grob auf einem Kontinuum abbildbar. In der folgenden Aufzählung wird von der in den Diagnosemanualen vorgegebenen Reihenfolge abgewichen und stattdessen die Störungsbilder in Rangfolge ihres angenommenen Schweregrades vorgestellt. Bei allen hier aufgeführten Störungsbildern wird im übrigen davon ausgegangen, daß keine hirnorganischen Ursachen vorliegen.

***Dissoziative Amnesie*** bedeutet die Unfähigkeit, sich an wichtige persönliche Informationen zu erinnern, die zumeist traumatischer oder belastender Natur sind. Die Amnesie bezeichnet also kein gewöhnliches Vergessen. Bei der Dissoziativen Amnesie werden verschiedene Untergruppen unterschieden:

Beispiel 1: Eine Person kann sich an die ersten zehn Jahre ihres Lebens nicht mehr erinnern (*lokalisierte Amnesie*).

Beispiel 2: Eine Person kann sich an einen in der Vergangenheit geschehenen sexuellen Übergriff nicht erinnern (*lokalisierte Amnesie*).

Beispiel 3: Eine Person kann sich an einige, aber nicht an alle Details einer Vergewaltigung erinnern (*selektive Amnesie*).

Beispiel 4: Eine Person kann sich an bestimmte Kategorien von Informationen nicht erinnern, z.B. an das Gesicht oder die Person des Täters, der sie als Kind sexuell mißbraucht hat (*systematische Amnesie*).

Beispiel 5: Eine Person hat von einem bestimmten Zeitpunkt an (meist nach einem sehr belastenden Erlebnis) bis zur Gegenwart keine Erinnerung (*kontinuierliche Amnesie*).

Beispiel 6: Eine Person hat „ihr Gedächtnis verloren“ (*generalisierte Amnesie*).[19]

Bei allen Kategorien Dissozoziativer Amnesie kann es sowohl zu Spontanremissionen als auch zu einem chronischen Verlauf kommen, d.h. die „verlorene Zeit“ wird nicht erinnert.

Heutige Modelle des menschlichen Gedächtnisses unterscheiden zwischen einem *deklarativen (expliziten) Gedächtnis* und einem *prozeduralen (impliziten) Gedächtnis.* Beide Gedächtnisformen sind offenbar in unterschiedlichen Gehirnzentren repräsentiert. Vom deklarativen Gedächtnis, das unserem Bewußtsein zugänglich ist und dessen Informationen sprachlich vermittelbar sind, wird angenommen, daß hierfür in erster Linie der Hippocampus und die Amygdala (vgl. Kap. IV.1) zuständig sind. Beim deklarativen Gedächtnis wird zusätzlich differenziert zwischen dem *semantischen Gedächtnis*, das in erster Linie unser Wissen speichert, und dem *episodischen Gedächtnis*, das biographische Erinnerungen speichert. Bei der Dissoziativen Amnesie ist vornehmlich das episodische Gedächtnis beeinträchtigt. Menschen, die z.B. eine generalisierte Amnesie haben, sind daher trotz des Gedächtnisverlustes weiterhin in der Lage, bestimmte, von ihnen bereits gelernte Handlungen und Bewegungen (Autofahren, Radfahren, Sportarten etc.) durchzuführen, da das prozedurale Gedächtnis, das Handlungsabläufe speichert, in der Regel nicht beeinträchtigt ist.

***Depersonalisation/Derealisation (in der ICD-10 unter den „sonstigen neurotischen Störungen“ eingeordnet):*** Die Bezeichnung „Depersonalisation“ bezieht sich auf die eigene Person und bedeutet ein Gefühl des Losgelöstseins vom eigenen Körper, das Gefühl, neben sich zu stehen oder wie ein Roboter zu funktionieren. Typisch ist auch ein Mangel an emotionalen Reaktionen und das Gefühl, die eigenen Handlungen bzw. die eigene Sprache nicht vollständig kontrollieren zu können.

Die „Derealisation“ bezieht sich auf die wahrgenommene Umgebung und meint das Gefühl, die Umwelt wie durch einen Schleier oder durch einen Nebel zu sehen oder sie als irgendwie unwirklich wahrzunehmen.

19 Die Beschreibung dieses Phänomens ist zwar in Krimis sehr beliebt, kommt jedoch in der Realität sehr selten vor.

Anders als bei psychotischen Erfahrungen bleibt der Realitätskontakt sowohl bei der Depersonalisation als auch bei der Derealisation intakt.

***Konversionssyndrom (im DSM-IV unter den „Somatoformen Störung" eingeordnet):*** meint das Auftreten von pseudoneurologischen (motorischen oder sensorischen) Symptomen, die im allgemeinen als „hysterische Phänomene" bezeichnet werden und keine körperlichen Ursachen haben.

> Beispiel 1: Schlechtes Sehen bzw. Blindheit oder schlechtes Hören bzw. Taubheit.
>
> Beispiel 2: Lähmung in den Beinen oder Armen.

***Dissoziative Fugue***[20] bedeutet ein plötzliches Weggehen von zu Hause oder vom gewohnten Arbeitsplatz, verbunden mit einer Dissoziativen Amnesie für den Zeitraum des Weggehens. Die Fugue kann von einigen Stunden bis zu drei Monaten dauern. Währenddessen besteht eine Desorientierung bezüglich der persönlichen Identität. Oft nimmt der betreffende Mensch am neuen Ort teilweise oder vollständig eine andere Identität an. Nach der Rückkehr besteht eine reziproke Amnesie, d.h. es wird nicht erinnert, was in dieser Zeit vorgefallen ist.

***Dissoziative Identitätsstörung*** bedeutet, daß mindestens zwei unterschiedliche Identitäten in einem Menschen vorhanden sind. Ohne adäquate Behandlung verläuft die Störung chronisch. Die Kriterien für die Erstellung der Diagnose werden im Ahschnitt III.3 näher ausgeführt.

***Nicht näher Bezeichnete Dissoziative Störung:*** In diese Restkategorie, auch als DDNOS (Dissociative Disorder not otherwise specified) bezeichnet, werden alle Störungsformen eingeordnet, die nicht die vollständigen Kriterien für die oben genannten Kategorien aufweisen.

> Beispiel: Jemand hat das Gefühlt, sehr stark voneinander abgegrenzte „Personen" in sich zu haben, erlebt aber keinen „Zeitverlust", d.h. er/sie kann sich später erinnern, was in der Zeit des Kontaktes des anderen Persönlichkeitsanteils mit der Umwelt geschehen ist.

---

20 Die deutsche Übersetzung von Fugue ist „Flucht".

In der ICD-10 sind unter den dissoziativen Störungen noch weitere Kategorien wie der *Dissoziative Stupor* (Stupor ohne körperliche Ursache) oder *Trance- und Besessenheitszustände* aufgeführt. Es ist davon auszugehen, daß die Kategorien der Dissozativen Störungen in den folgenden Jahren noch weiter ausdifferenziert bzw. verändert werden[21]. Gerade die Zwischenformen und Vorstufen, die unter die Diagnose DDNOS fallen, kommen in der Praxis zu häufig vor, als daß sie lediglich in eine Restkategorie einzuordnen wären.

21 Es gab bei der Erstellung des DSM-IV die Überlegung, auch die PTBS den dissoziativen Störungen zuzuordnen. Diese Klassifikation hat sich zumindestens für das DSM-IV nicht durchgesetzt, so daß die PTBS zur Zeit weiterhin den Angststörungen zugerechnet wird. Eine nähere Erläuterung dieser Diskussion findet sich bei Brett (2000).

# 3. Die Diagnose Dissoziative Identitätsstörung

Das DSM-IV (vgl. APA, 1994) sieht vier Kriterien vor, um die Diagnose DIS zu stellen:

**A.** Die Anwesenheit von zwei oder mehr *unterscheidbaren Identitäten* oder Persönlichkeitszustände (jeweils mit eigenen relativ überdauernden Mustern der Wahrnehmung von, der Beziehung zur und dem Denken über die Umgebung und das Selbst).

**B.** Mindestens zwei dieser Identitäten *übernehmen wiederholt die Kontrolle* über das Verhalten der Person.

**C.** Es bestehen *„Zeitverluste“*, d.h. verschiedene wichtige persönliche Informationen und Erlebnisse werden nicht erinnert.

**D.** Die Störung ist *nicht körperlich* verursacht (z.B. durch Alkohol, Drogen oder durch neurologische Ausfälle).

Die International Society for the Study of Dissociation empfiehlt die dem DSM und der ICD gegenüber etwas verschärften NIMH-Kriterien des National Institute of Mental Health zur Diagnose der DIS (Overkamp et al., 1998):

- ➡ Eine Person (z.B. die TherapeutIn) muß an mindestens zwei bis drei verschiedenen Gelegenheiten Kontakt mit mindestens zwei verschiedenen Persönlichkeitszuständen gehabt haben;
- ➡ und diese wiedererkannt haben;
- ➡ die Persönlichkeitszustände zeigten sich also in einer kontinuierlichen/konstanten Form.

## Dissoziative Identitätsstörung und Schizophrenie

Eine der häufigsten Fehldiagnosen bei Menschen mit einer DIS ist die Diagnose der *Schizophrenie.* In verschiedenen Untersuchungen zeigte sich, daß die für Schizophrenie typischen Symptome, die *Schneiderschen Symptome ersten Ranges,* und *pseudopsychotische (Positiv-)Symptome* bei multiplen KlientInnen häufiger vorkommen als bei den schizophrenen KlientInnen selbst (!), so daß Ross und Joshi (1992) zu dem Schluß kommen, daß die Schneiderschen Symptome ersten Ranges eher für die DIS charakteristisch sind als für die Schizophrenie.[22]

Zu den Schneiderschen Symptomen ersten Ranges zählen „Gedankenlautwerden, Hören von Stimmen in Form von Rede und Gegenrede, Hören von Stimmen, die das eigene Tun mit Bemerkungen begleiten, leibliche Beeinflussungserlebnisse, Gedankenentzug und andere Gedankenbeeinflussung, Gedankenausbreitung, Wahnwahrnehmung, sowie alles von anderen Gemachte und Beeinflußte auf dem Gebiet des Fühlens, Strebens (der Triebe) und des Willens“ (Tölle, 1994, S. 207).

In einer Studie (1987) von 303 multiplen KlientInnen fand Kluft, daß *jede* der untersuchten ProbandInnen die Schneiderschen Symptome ersten Ranges aufwies. Dieses Ergebnis wurde in verschiedenen Folgeuntersuchungen (vgl. Ross, 1989) bestätigt, so daß sich diese primären Symptome zur Unterscheidung von Schizophrenie und DIS eindeutig als ungeeignet erwiesen haben.

Bei multiplen Menschen kann zum Beispiel der Eindruck des „Gedankenabrisses“ entstehen, wenn ein innerer „Personen“-Wechsel (switch) stattfindet oder auch der Eindruck, „von einer fremden Macht beherrscht“ zu sein. Auch berichten schizophrene wie multiple KlientInnen häufig, daß sie Stimmen hören. Differenzialdiagnostisch ist es hier besonders wichtig zu erfahren, wie die KlientIn die berichteten Symptome erlebt. Schizophrene Menschen beschreiben die gehörten Stimmen häufig als außerhalb ihres Kopfes, während multiple Menschen die Stimmen eher innerhalb ihres Kopfes ansiedeln und sie oft auch deutlicher verstehen können. Bei den Stimmen im Kopf einer multiplen Person handelt es sich in der Regel um Kommentare einzelner „Innenpersonen“, also Persönlichkeitsanteile, die gerade nicht „draußen“ sind.

Weiterhin nehmen auch schizophren erkrankte Menschen manchmal eine andere Identität an, weshalb die Schizophrenie im landläufigen Sprachgebrauch auch völlig irreführend *„Gespaltene Persönlichkeit“* genannt wird. Bei multiplen Menschen bleibt jedoch der Realitätskontakt stets intakt – wobei natürlich einzelne Identitäten zusätzlich psychotisch sein können.

22 Umgekehrt zeigte sich auch, daß schizophrene KlientInnen in den Diagnoseinstrumenten zu dissoziativen Symptomen z.T. sehr hohe Scores aufwiesen.

Im Unterschied zur Schizophrenie entsteht bei Menschen mit einer DIS eine neue „Person" während einer traumatischen Situation. Sie wird also im Rahmen einer Abspaltung „geboren" und existiert von diesem Zeitpunkt an. Wenn ein Mensch allerdings erst einmal diese effektive Überlebensstrategie für sich entdeckt hat, wird er sie immer häufiger in belastenden Situationen anwenden, so daß bei der DIS später auch andere Auslösefaktoren zum Abspalten von Teilpersönlichkeiten führen können.

Da die DIS das äußerste Ende auf dem Dissoziations-Kontinuum darstellt, berichten multiple KlientInnen i.d.R. auch von fast allen anderen oben genannten Formen des Dissoziierens. Das Dissoziieren ist sozusagen die Bewältigungsstrategie ihrer Wahl. Multiple Menschen weisen zahlreiche Dissoziative Amnesien auf, wobei hier nicht nur das semantische, sondern auch das prozedurale Gedächtnis betroffen ist. Die Amnesien sind zum Teil so umfassend, daß zum Beispiel kindliche Teilpersönlichkeiten nicht Radfahren, Autofahren, Schreiben oder ähnliches können. Darüber hinaus berichten DIS-Klientinnen häufig die Erfahrung, sich plötzlich an völlig anderen Orten zu finden (Dissoziative Fugue), und für viele multiple Menschen gehören Depersonalisations- und Derealisationserlebnisse zu ihrem Alltag.

Falls bei einer KlientIn also der Verdacht auf eine DIS besteht, ist es immer ratsam, das gesamte Spektrum des Dissoziationsvermögens zu erfragen, z.B. mit speziell hierfür erstellten diagnostischen Fragebögen zu dissoziativen Phänomenen wie beispielsweise der *DES (Dissociative Experience Scale),* die von Bernstein und Putnam (1986) als Selbstbeurteilungsinstrument entwickelt wurde. Die DES wird häufig als Screening-Verfahren angewandt und wurde inzwischen in verschiedenen Versionen in die deutsche Sprache übersetzt, unter anderem in erweiterter Form als *FDS (Fragebogen zu dissoziativen Symptomen)* von Freyberger et al. (1999). Das etwas differenziertere diagnostische Interview *DDIS (Dissociative Disorders Interview Schedule)* von Ross (1989) sowie auch das Structural Clinical Interview for Dissociative Disorders SCID-D (Steinberg, 1993) gehören in den USA zu den Standardverfahren und werden in der Bundesrepublik ebenfalls häufig als diagnostisches Meßinstrument für dissoziative Störungen eingesetzt. Das halbstrukturierte Interview SCID-D, das sich eng an die DSM-Kriterien anlehnt, liegt inzwischen wie die DES in der deutschen Bearbeitung vor (Gast, Oswald & Zündorf, 1999).

diagnostische Fragebögen!

## Alters, States und Fragments

Nur die umfassendsten Abspaltungen fallen unter den Terminus *„Identitäten" bzw. „Alter-Personen"*. Die weniger vollständigen Abspaltungen werden als sogenannte *„States"* bezeichnet. Hiermit sind Bewußtseinszustände gemeint, die relativ stereotyp auf einen bestimmten Außen- oder Innenreiz erfolgen. Ein Beispiel: Immer, wenn eine KlientIn die spezifische Geruchsmischung aus altem Zigarettenrauch und Urin wahrnimmt, reagiert sie auf dieselbe Art und Weise, z.B. mit Schweißausbrüchen, Atemnot, Brechreiz und Fluchtimpulsen. Sie verläßt so schnell wie möglich ihre derzeitige Umgebung und findet sich Minuten bis Stunden später an einem ihr völlig unbekannten Ort wieder.

Nur wenn eine KlientIn neben States auch über eigenständige Teilidentitäten, d.h. Alters verfügt, kann die Diagnosse „Dissoziative Identiätsstörung" gestellt werden. In allen anderen Fällen sind andere Diagnosen wie z.B. die „DDNOS" (Dissociative Disorder not otherwise specified) zu stellen. Leider werden Alters und States in der Diagnostik häufig nicht genügend differenziert. So kommt es zu Aussagen wie z.B. daß eine multiple KlientIn über ca. 800 „Personen" verfügt. In diesen Fällen ist davon auszugehen, daß es sich bei vielen der vermeintlichen Alters eigentlich um States handelt.[23]

Noch weniger komplex als die „Alters" und die „States" sind die *„Fragments"*, sehr kleine, abgespaltene Fragmente, die zu einer bestimmten Situation gehören. Fragments begegnen uns in der Regel nur im Rahmen der therapeutischen Trauma-Arbeit. Anhand des folgenden Fallbeispiels können die Unterschiede zwischen den Organisationsformen der Spaltung verdeutlicht werden:

> Ein sechsjähriges Mädchen wird in einen Keller geführt, sie wird auf eine Art Operationstisch gelegt, und zwei Männer rammen ihr einen Eisenhaken in die Vagina. Anschließend stellt sich ein anderer Mann auf sie und urinierte auf ihr, während ein vierter Mann sie oral vergewaltigt. Danach wird sie in eine Holzkiste zu Insekten und Spinnen gesperrt, und ihr wird gesagt, sie habe sich nicht genug Mühe gegeben, sei böse und müsse nun sterben. Erst nach vielen Stunden wird sie wieder aus der Kiste herausgeholt.

Es kann nun sein, daß das gesamte Trauma von einer bestimmten „Identität", einem „Alter" durchlebt wird, es kann sein, daß sich verschiedene Alter-Personen das Trauma aufteilen. Wenn sich das Trauma mehrfach zu verschiedenen Zeitpunkten wiederholt, kann es auch sein, daß dieses Traumas in einem Alter als eine einzelne „Sequenz" (State) abgespeichert wird, so daß diese Alter-Person vielleicht immer in einen anderen Bewußtseinszustand gerät, wenn sie einen Kaminhaken sieht. Es kann weiterhin sein, daß einzelne Aspekte des Traumas vollkommen separat für sich abgespalten werden.

23 Über diese Klassifizierung hinaus werden inzwischen Versuche unternommen, verschiedene Typen der Dissoziativen Identitätsstörung zu identifizieren. Michaela Huber (mündliche Mitteilung) schlägt beispielsweise eine Unterscheidung zwischen der „fluiden" und der „dintincten" DIS vor. Bei der fluiden Form stehen häufige Switches im Vordergrund, während bei Menschen mit einer distincten DIS die Alters stärker ausgeprägt sind und Switches weniger häufig auftauchen. Beide Formen erfordern ein unterschiedlichen Vorgehen in der Therapie.

Wenn in der Therapie so ein „Fragment" auftaucht, gibt es keinen gegenwärtigen Kontext, kein Ich, keinen Raum, keine Zeit. Es ist, als würde der traumatische Moment gerade jetzt geschehen. Wenn solch eine Situation innerhalb einer therapeutischen Sitzung auftaucht, ist es wichtig, die KlientIn sehr konkret ins Hier und Jetzt zurückzuführen bzw., im Rahmen der Traumabearbeitung, die KlientIn dabei zu unterstützen, einen Kontext für sich herzustellen und das Fragment in Zusammenhang mit dem Rest des Traumas zu stellen.

Bei der Diagnostik zu beachten sind auch die zahlreichen anderen Symptome, die multiple KlientInnen aufweisen. Diese sind zwar nicht spezifisch für DIS, ihr gemeinsames Auftreten legt aber zumindest nahe, daß eine komplexe posttraumatische Belastungsstörung (DESMOS) vorliegt:

- Psychosomatische Symptome (Kopfschmerzen, Magenschmerzen, Rückenschmerzen, Unterbauchschmerzen etc.);
- Panikanfälle;
- Depressionen;
- Eßstörungen;
- Schlafstörungen;
- Selbstverletzende Verhaltensweisen;
- Alkohol- und Drogenmißbrauch;
- Sexualstörungen;
- Zwangsstörungen;
- Impuls-Kontrollstörungen;
- Konversionssymptome;
- Akustische Halluzinationen;
- Flashbacks;
- Suizidalität.

Gast (2000, S. 186) nennt vier unspezifische diagnostische Hinweise, die das Vorliegen einer DIS oder einer anderen Dissoziativen Störung nahelegen:

- traumatische Erfahrungen in der Kindheit;
- Mißlingen vorheriger Behandlungen;
- drei oder mehr Vordiagnosen, insbesondere als atypische Störungen (Depressionen, Persönlichkeitsstörungen, Angststörungen, Schizophrenie, Anpassungsstörungen, Substanzmißbrauch, Somatisierungs- oder Eßstörungen);
- selbstverletzendes Verhalten, gleichzeitiges Auftreten von psychiatrischen und psychosomatischen Symptomen, starke Schwankungen und Fluktuationen in Symptomatik und Funktionsniveau.

# 4. Phänomenologie der Dissoziativen Identitätsstörung

Wenn ein Mensch nicht mehr über ein kohärentes Selbst verfügt, sondern in sich verschiedene „Ichs" wahrnimmt, dann können sich diese einzelnen „Ichs" u.a. in folgenden Aspekten unterscheiden:

- Alter (Säuglinge, Kinder, Erwachsene),
- Handschrift,
- Sprache (unterschiedliche Sprachniveaus, Dialekte, Nationalsprachen),
- Bildungsniveau,
- Interessen und Hobbys,
- soziale Bezüge (Freunde, Bekannte),
- sexuelle Identität (Frau/Mädchen, Mann/Junge),
- sexuelle Orientierung (heterosexuell, lesbisch, schwul, bisexuell),
- subjektives Körperschema (Haarfarbe, Größe, Augenfarbe etc.),
- physiologische Meßwerte (EEG, Pulsrate etc.).

Jede „Person" würde in Bezug auf das in der Integrativen Therapie verwendete „Fünf-Säulen-System der Identität" (vgl. Kap. V.3.4) ganz eigene Angaben machen.

Die Integrative Therapie und die Gestalttherapie stellen als humanistische Therapierichtungen die subjektive Realität der KlientIn in den Mittelpunkt der Behandlung: Wie erlebt eine multiple KlientIn sich und ihre Umwelt? Was bedeutet es für sie, „nicht allein zu sein?"

Es bedeutet für sie zum Beispiel:

- sich an Orten wiederzufinden, ohne zu wissen, wie sie dorthin gekommen ist;
- von Leuten auf der Straße gegrüßt zu werden, die sie noch nie gesehen hat;
- mitten in einer Unterhaltung mit einem anderen Menschen „wach zu werden" und keine Orientierung von Zeit und Raum zu haben;

- die Umwelt als eine Art Minenfeld zur erleben und in ständiger Angst zu leben, weil jederzeit ein bestimmter innerer oder äußerer Reiz zu einem Personenwechsel (Switch) führen kann;
- im Tagebuch Eintragungen mit fremder Handschrift vorzufinden;
- Kleidungsstücke im Schrank zu finden, die überhaupt nicht dem eigenen Geschmack entsprechen;
- bestraft oder gerügt zu werden für etwas, woran sie sich nicht erinnern kann, es getan zu haben;
- als notorische LügnerIn beschimpft zu werden, weil sie abstreitet, etwas getan zu haben;
- permanente Einigungsprozesse mit den übrigen „Personen“ im „System“[24] über ganz alltägliche Dinge zu vollziehen (z.B. darüber, was für eine Mahlzeit gekocht wird oder wie der Tag zeitlich eingeteilt wird).

Eine multiple Frau beschreibt ihre Welt zum Beispiel als eine Serie von Theaterstücken:

*„Scheinbar ohne Zusammenhang beginnt mein Auftritt, und ich kann mich nicht erinnern, den Text gelesen zu haben. Ich orientiere mich an den anderen Schauspielern. Sie agieren sicher, souverän. Sie scheinen das Stück zu kennen. Wenn ich gut improvisiere, fällt es vielleicht nicht auf. Denn irgendwie denken alle, ich müßte meinen Text auch kennen, ihn gelernt haben. Ich werde von einem Theaterstück ins nächste katapultiert, bis zum Umfallen“ (Wildwasser Bielefeld, 1994).*

Klientinnen vergleichen ihr System z.B. mit einem auseinandergefallenen Puzzle, einem in tausend Scherben zerbrochen Glas, einem übervollen Zugabteil oder einem unübersichtlichen, aber doch streng organisierten Ameisenhaufen.

Die neunjährige Alterperson Ronja der Klientin Sonja P. stellt sich ihr System wie ein großes Haus vor und erklärt, wie es ist, als multipler Mensch morgens den Tag zu beginnen:

*„Stell' dir ein großes Haus mit zwei kleinen Fenstern vor, wo man nur durchsehen kann, und eine Tür, wo nur einer, ob groß oder klein, durchpasst. Das Haus ist unser Körper. In dem Haus leben ca. 30 Menschen. Nun mach' doch mal deine Augen zu und stell' dir das Haus vor, wenn ein Tag beginnt: Das große Gedränge an den Fenstern, der Kampf an der Tür. Wer es schafft, durchzukommen, hat Glück und kann die Zeit bestimmen. Sagen wir mal, ich bin das, dann kann ich die Klamotten aussuchen. Dabei muß man die Ohren zuklappen,*

24 Die multiplen KlientInnen sprechen häufig über sich selbst als *System*, das aus einzelnen „Personen“ besteht.

*sonst platzt einem der Kopf. Viele schreien und meckern, alle wollen was anderes, besonders die Großen. Die Sachen müssen heile, sauber und warm sein oder so... Ohren zu, und dann habe ich mich angezogen. Da klopft schon ein anderer: eine Große macht Druck, weil sie einen Termin hat. ‚Mach schnell', hallt es im Kopf, ‚ich muß los!' – ‚Nein!' – ‚Doch!' Mir wird schwindelig. Kein Schreien, kein Strampeln hilft, ich schlafe wieder ein. Das Haus ist fast immer wach, nur immer wieder andere gucken aus den Fenstern und/oder kommen aus der Tür. Man ist nie alleine, hat nie seine Ruhe. Und doch bin ich alleine. So richtig Reden geht nur selten, da zwischen fast jeder Persönlichkeit eine unüberwindbare Mauer steht, und es ist viel zu laut und zu durcheinander."*

Ein multipler Mann vergleicht sein System mit dem Internet: Es wird von verschiedenen Usern benutzt, die sich unabhängig voneinander einloggen können. Sie können z.T. miteinander kommunizieren, begegnen sich jedoch nie („Auf der Suche nach dem verlorenen Ich", Radiofeature von Roswitha Krausz, 1999).

Eine andere multiple Frau betrachtet ihr System als eine Art „Firma", in der die Angestellten verschiedene Aufgaben haben und in unterschiedlichen Abteilungen arbeiten. Da gibt es z.B. die Abteilung für Öffentlichkeitsarbeit, die Informationen nach außen gibt. Es gibt die Abteilung für Erinnerung, die Versorgungsabteilung, die sich um die kindlichen „Personen" kümmert, die Abteilung für Schutz und Sicherheit usw. (Temminghoff, 1999).

An der letzten Analogie wird deutlich, was für eine hohe Anpassungsleistung die Entwicklung einer Dissoziativen Identitätsstörung bedeutet. Was auf der einen Seite sehr chaotisch wirkt (und es für die Betroffenen auch ist), bedeutet auf der anderen Seite, sehr genau und differenziert auf Anforderungen reagieren zu können. Genau wie „simple" Menschen auf ihrer „Lebensbühne" mit der Einnahme bestimmter Rollen auf Umweltbedingungen reagieren, treten bei multiplen Menschen bestimmte „Personen" in den Vordergrund.

Üblicherweise werden die Alter-Personen innerhalb eines multiplen Systems verschiedenen Kategorien zugeordnet (vgl. Smith, 1994): Man unterscheidet eine *Außenperson (GastgeberIn)* und verschiedene *Innenpersonen,* die durch innere oder äußere Auslöser „nach draußen" kommen können, und die ansonsten „drinnen" sind und dort entweder „schlafen" oder im Hintergrund mithören. Es gibt auch die Möglichkeit, daß Innenpersonen sich in einer Art Zwischenbereich aufhalten und von dort, obwohl sie nicht direkt mit der Außenwelt in Kontakt treten, mitagieren können, z.B. indem sie durch die Person, die gerade vorn ist, „hindurch sprechen".

**Beispiele für Aufgaben verschiedener Alter-Personen** (vgl. Smith, 1994, Huber, 1995):

***GastgeberIn:***
Die vordergründige Aufgabe der GastgeberIn besteht darin, das Funktionieren des multiplen Systems im Alltag zu sichern. Meistens entspricht ihr Alter in etwa dem physischen Alter, die sexuelle Identität entspricht dem physischen Geschlecht. Oft weiß die GastgeberIn wenig bis gar nichts von den anderen Anteilen und hat große Gedächtnislücken. Die GastgeberIn gilt in der Regel als sehr zuverlässig, ihre Grundstimmung ist üblicherweise depressiv gefärbt.

***BeobachterIn(nen):***
In so gut wie jedem System gibt es mindestens eine BeobachterIn, die alles mitbekommt, d.h. keinen Zeitverlust erlebt. Die BeobachterIn reagiert stets rational und zeigt so gut wie keine Gefühle, denn sie braucht große Distanz zu der inneren und äußeren Welt, da sie sonst ihrer Aufgabe nicht mehr gerecht werden könnte. Aus diesem Grunde kommt eine BeobachterIn auch üblicherweise nicht „nach vorn", kann sich aber mit anderen im System in Verbindung setzen.

***BeschützerInnen/WächterInnen:***
Beschützende Innenpersonen kommen nach vorn, wenn einzelne Alter-Personen bzw. das gesamte System sich bedroht fühlt. Die BeschützerInnen können sehr aggressiv auftreten, und es ist wichtig, sie in ihrer schützenden Funktion wahrnzunehmen und wertzuschätzen.

***Täteridentifizierte Alter-Personen:***
Diese Persönlichkeitsanteile identifizieren sich (noch) mit dem Täter(kreis) und dessen Wertevorstellungen. Oft haben sie die Aufgabe, andere Alter-Personen zu bestrafen (z.B. durch selbstverletzendes Verhalten), die den Täterkontakt abbrechen wollen oder z.B. in einer Therapiesitzung erzählen wollen, in welcher Situation die KlientIn sich befindet. Falls noch Täterkontakt besteht, leiten täteridentifizierte Personen u.U. direkt an die Täter weiter, was gerade in der Therapiestunde geschehen ist – oft ohne daß andere Personen des Systems dies mitbekommen. Bei näherem Kontakt stellen sich diese Innenpersonen häufig als sehr „bedürftig" heraus (Huber, 1995) und erklären sich – manchmal nach langen Kämpfen – bereit, mit den übrigen Anteilen des Systems zu kooperieren.

***„Eingefrorene" Kinder und Jugendliche:***
Kinder gibt es so gut wie in jedem multiplen System. Sie sind in einer bestimmten Zeit „eingefroren". Einige Kinder behalten ihr subjektives Lebensalter über eine langen Zeitraum bei, andere wachsen und werden älter. Es kommt auch vor, daß über eine lange Zeit altersmäßig stagnierende Innenpersonen plötzlich beginnen zu altern.

Es ist leicht vorstellbar, welche Anstrengung es für ein multiples System bedeutet, all diese Anteile mit ihren individuellen Motivationen „unter einen Hut zu bringen". Das Erarbeiten von Möglichkeiten, den Umgang der Teilpersönlichkeiten untereinander zu verbessern, nimmt einen wesentlichen Raum in der Therapie mit multiplen KlientInnen ein.

# IV

# Überlegungen zur Ätiologie der DIS

*Imke Deistler*

In nahezu allen ätiologischen Modellen der DIS werden die Auswirkungen von psychischen Traumatisierungen als der zentrale Faktor unter den Entstehungsbedingungen genannt, so daß die DIS als eine mögliche Verlaufsform der Posttraumatischen Belastungsstörung betrachtet werden kann, die das Erleben kumulativer Traumata in der Biographie zur Voraussetzung hat. Dies wird durch Untersuchungen in den USA bestätigt, die ergaben, daß etwa 95 Prozent aller multiplen KlientInnen schwere und langanhaltende frühkindliche Traumatisierungen erfahren haben (Ross, 1989; Putnam et al., 1986; Overkamp et al., 1998). Die Dissoziative Identitätsstörung wird demnach offenbar von Kindern mit hohen dissoziativen Fähigkeiten als Überlebensstrategie während extremer körperlicher, sexualisierter und zum Teil auch ritualisierter Gewalterfahrungen ausgebildet.

Wenn wir also einen Einblick in die vielfältigen Entstehungsbedingungen einer Dissoziativen Identitätsstörung bekommen wollen, ist es unabdingbar, die Ätiologie und den Verlauf der Posttraumatischen Belastungsstörung zu verstehen. Aus diesem Grunde folgen in den nächsten Abschnitten allgemeine Überlegungen zu der kurz- und langfristigen Verarbeitung eines Traumas, bevor näher auf die spezifischen ätiologischen Faktoren der Dissoziativen Identitätsstörung eingegangen wird.

# 1. Ätiologie der Posttraumatischen Belastungsstörung

Aufgrund der von uns angenommenen konzeptionellen Nähe der Posttraumatischen Belastungsstörung (PTBS) zur DIS soll an dieser Stelle noch etwas näher auf den teilweise recht überstrapazierten Begriff des psychischen Traumas eingegangen werden:

> Unter einem *psychischem Trauma* verstehen wir das Ergebnis psychischer Prozesse, die auf ein *traumatisierendes Ereignis* folgen. *Traumatische Erfahrungen* sind mit Ereignissen verbunden, die außerhalb des Rahmens normaler menschlicher Erfahrungen liegen und die für fast jeden Menschen seelisch sehr belastend und qualvoll sind. Wenn also eine Erfahrung so extrem und existenziell bedrohlich ist, daß unsere normalen psychischen Schutzmechanismen nicht mehr ausreichen, um dieses Erlebnis zu bewältigen und zu verarbeiten, entsteht ein psychisches Trauma.

Fischer und Riedesser sprechen von einem „*vitalen Diskrepanzerlebnis* zwischen bedrohlichen Situationsfaktoren und individuellen Bewältigungsmöglichkeiten, das mit Gefühlen von Hilflosigkeit und schutzloser Preisgabe einhergeht und so eine dauerhafte Erschütterung von Selbst- und Weltverständnis bewirkt“ (Fischer und Riedesser, 1999, S. 79). Die Autoren betonen in diesem Zusammenhang die Unterscheidung zwischen einem *traumatischen Ereignis* und einem *Trauma*. Letzteres müsse sowohl objektiv wie subjektiv definiert werden: „‚Trauma‘ ist keine Qualität, die einem Ereignis inhärent ist, noch aber einem Erlebnis als solchem. Entscheidend ist vielmehr die Relation von Ereignis und erlebendem Subjekt. Im Mittelpunkt steht also die Beziehung des Subjekts zum Objekt oder zur Umwelt“ (a.a.O., S. 59).

## Die Dialektik des Traumas

Eine traumatische Erfahrung geht stets einher mit dem Erleben intensiver Ohnmacht und Hilflosigkeit. Das für ein psychisches Trauma typische Erleben von absolutem Kontrollverlust entsteht, wenn eine Situation durch drei gleichzeitig auftretende Faktoren gekennzeichnet ist:

1. Informationsüberflutung mit aversiven Reizen;
2. keine Möglichkeit der Gegenwehr;
3. keine Fluchtmöglichkeit.

Michaela Huber (1995) spricht in diesem Zusammenhang auch von einer *Trauma-Zange.*

In bedrohlichen Situationen sind wir analog zu anderen Säugetieren biologisch gut darauf vorbereitet, uns entweder zu wehren („fight") oder die Flucht zu ergreifen („flight"). Ist jedoch keine der beiden Reaktionen erfolgversprechend, bleibt uns nur die Möglichkeit des Totstellens, der Erstarrung („freeze"), bzw. das innere Aussteigen aus der Situation (peritraumatische Dissoziation). Für solche Situationen, in denen wir uns als absolut hilflos erleben, scheinen wir Menschen biologisch weniger gut gerüstet zu sein als für Situationen, in denen Kampf oder Flucht möglich sind.

Peter Levine (1998) vermutet, die „Immobilitätsreaktion" eines Opfers während einer lebensgefährlichen Situation führe dazu, daß die zuvor für Flucht oder Kampf mobilisierte Energie im Organismus gebunden werde und die Rückstände dieser erstarrten Energie später posttraumatische Symptome hervorriefen. Tiere würden solche Symptome vermeiden, indem sie im Anschluß an eine Gefahrensituation begännen, zu zittern und sich zu schütteln. Hierdurch würde die Erstarrung aufgelöst und das Opfer regelrecht „auftauen".

Untersuchungen der letzten Jahre weisen darauf hin, daß die mit absoluter Hilflosigkeit einhergehende Erstarrung und peritraumatische Dissoziation die mittel- und langfristige psychische Verarbeitung eines Traumas erheblich erschwert: Das Ausmaß der peritraumatischen Dissoziation gilt als ein wesentlicher Prädiktor für die spätere Entstehung einer PTBS (vgl. Fischer & Riedesser, 1998).

Der Prozeß der psychischen Verarbeitung eines Traumas wird durch den anhaltenden Widerspruch zwischen dem Wunsch nach Vergessen, der mit starkem Vermeidungsverhalten verbunden ist, und dem Wunsch nach Aussprechen und Erinnern bestimmt (Herman, 1993). Die beiden Komponenten *Wiedererleben bedrängender Erfahrungen* und *Vermeidungsverhalten* treten häufig phasenweise abwechselnd auf und werden als

*Dialektik des Traumas* bezeichnet. Sie stellen einen Zirkel dar, der durch ein erhöhtes Erregungsniveau aufrechterhalten wird. Langfristig verhindern die Vermeidungsstrategien eine Verarbeitung und Integration der Erlebnisinhalte und tragen zu einem chronisch erhöhten Erregungsniveau bei.

Diese drei Komponenten finden ihre Entsprechung in den Kriterien B-D der Posttraumatischen Belastungsstörung im DSM-IV (das A-Kriterium bezieht sich auf das traumatisierende Ereignis selbst). Unter dem B-Kriterium werden verschiedene Arten des Wiedererlebens, unter dem C-Kriterium verschiedene Arten des Vermeidungsverhaltens aufgeführt. Das D-Kriterium faßt verschiedene Symptome zusammen, die mit erhöhtem Erregungsniveau einhergehen.

**Kriterien für die Posttraumatische Belastungsstörung im DSM-IV:**

**A. Die Person wurde mit einem traumatischen Ereignis konfrontiert, bei dem die beiden folgenden Kriterien vorhanden waren:**

(1) Die Person erlebte, beobachtete oder war mit einem oder mehreren Ereignissen konfrontiert, die tatsächlichen oder drohenden Tod oder ernsthafte Verletzung oder eine Gefahr der körperlichen Unversehrtheit der eigenen Person oder anderer Personen beinhalten.

(2) Die Reaktion der Person umfaßte intensive Furcht, Hilflosigkeit oder Entsetzen.

**B. Das traumatische Ereignis wird beharrlich auf mindestes eine der folgenden Weisen wiedererlebt:**

(1) Wiederkehrende und belastende eindringliche Erinnerungen an das Ereignis, die Bilder und Gedanken oder Wahrnehmungen umfassen können.

(2) Wiederkehrende, belastende Träume von dem Ereignis.

(3) Handeln oder Fühlen, als ob das traumatische Ereignis wiederkehrt (beinhaltet das Gefühl, das Ereignis wiederzuerleben, Illusionen, Halluzinationen und dissoziative Flashback-Episoden).

(4) Intensive psychische Belastung bei der Konfrontation mit internalen oder externalen Hinweisreizen, die einen Aspekt des traumatischen Ereignisses symbolisieren oder an Aspekte desselben erinnern.

(5) Körperliche Reaktionen bei der Konfrontation mit internalen oder externalen Hinweisreizen, die an einen Aspekt des traumatischen Ereignisses erinnern.

**C. Anhaltende Vermeidung von Reizen, die mit dem Trauma verbunden sind, oder eine Abflachung der allgemeinen Reagibilität (vor dem Trauma nicht vorhanden). Mindestens drei der folgenden Symptome liegen vor:**

(1) bewußtes Vermeiden von Gedanken, Gefühlen oder Gesprächen, die mit dem Trauma in Verbindung stehen;
(2) bewußtes Vermeiden von Aktivitäten, Orten oder Menschen, die Erinnerungen an das Trauma wachrufen;
(3) Unfähigkeit, einen wichtigen Aspekt des Traumas zu erinnern;
(4) deutlich vermindertes Interesse oder verminderte Teilnahme an wichtigen Aktivitäten;
(5) Gefühl der Losgelöstheit oder Entfremdung von anderen;
(6) eingeschränkte Bandbreite des Affekts;
(7) Gefühl einer eingeschränkten Zukunft.

**D. Mindestens zwei der folgenden Symptome liegen vor:**

(1) Schwierigkeiten, ein- oder durchzuschlafen,
(2) Reizbarkeit oder Wutausbrüche,
(3) Konzentrationsschwierigkeiten,
(4) übermäßige Wachsamkeit (Hypervigilanz),
(5) übertriebene Schreckreaktion.

**E. Das Störungsbild dauert länger als einen Monat.**

**F. Das Störungsbild verursacht in klinisch bedeutsamer Weise Leiden oder Beeinträchtigungen in sozialen, beruflichen oder anderen wichtigen Funktionsbereichen.**

Sowohl die intrusiven Wiederholungen als auch die Verleugnung und emotionale Erstarrung können entweder gleichzeitig auftreten oder in Phasen nacheinander ablaufen. Eine allgemeine Zusammenfassung dieser Prozesse findet sich in dem sehr bekannt gewordenen Modell von Horowitz (1997). Der Autor beschreibt in diesem Modell sowohl „normale Reaktionsphasen" auf eine Traumatisierung als auch alternative „pathologische Reaktionsphasen". Nach diesem Modell ist es eine normale Reaktion auf eine Extrembelastung, entweder mit einem „Aufschrei" oder mit gefühlsmäßiger Erstarrung zu reagieren. Nach Abklingen dieser emotionalen und körperlichen Reaktion durchleben Menschen unterschiedliche Verläufe (vgl. auch Kap. IV.2), die Horowitz folgendermaßen zusammengefaßt hat:

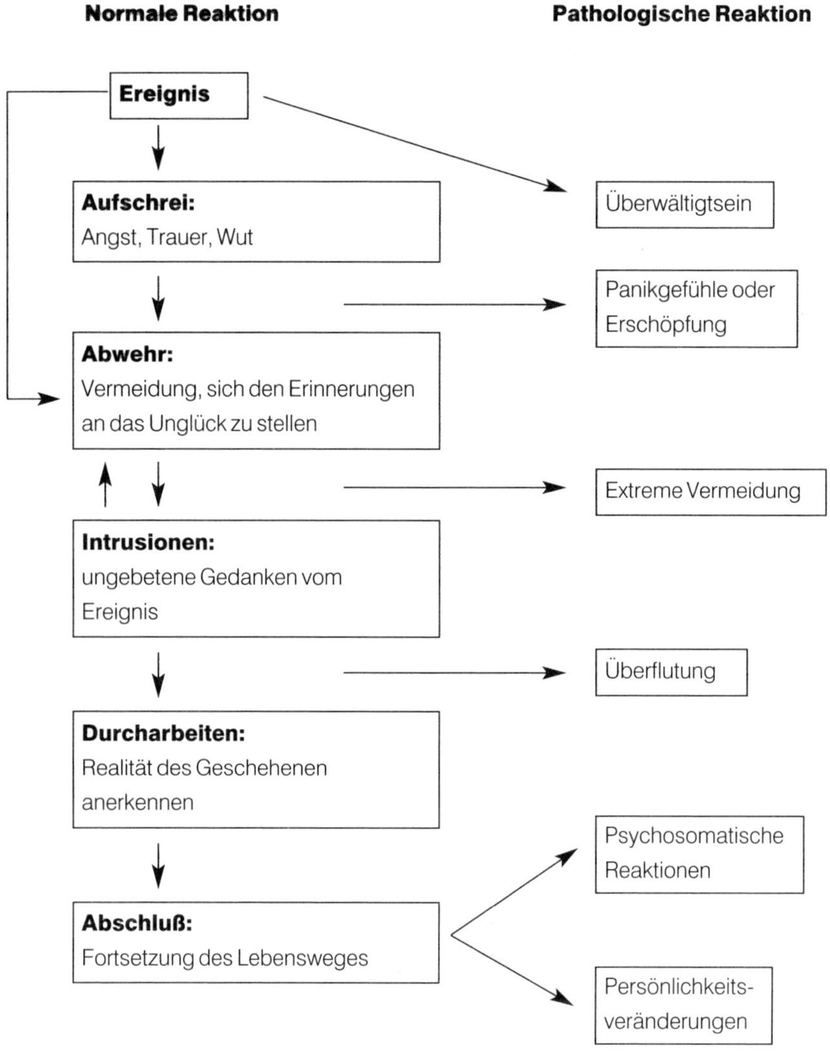


*Abb. 1:* Das Modell normaler und pathologischer Phasen posttraumatischer Reaktionen nach Horowitz (1997, S. 147)

Ob Menschen in einer extremen Belastungssituation eher eine „normale" oder eine „pathologische" Reaktion zeigen, hängt sowohl von individuellen als auch von situativen Faktoren ab, auf die später noch näher eingegangen wird. Auf jeden Fall scheint das Ausmaß der sozialen Unterstützung ein zentraler Faktor in Bezug auf die Bewältigung eines traumatischen Erlebnisses zu sein. Auf weitere Überlegungen zum Verlauf der PTBS wird im Abschnitt III.2 eingegangen.

## Tiefenpsychologische Überlegungen zum Erleben und zur Verarbeitung eines Traumas

Eine tiefenpsychologische Betrachtung der psychodynamischen Vorgänge während einer traumatischen Situation liefern Lorke und Ehlert (1987). Ihre Überlegungen beziehen sich speziell auf die Situation eines Vergewaltigungsopfers während eines Übergriffes.

Während einer Vergewaltigung spürt eine Frau absolute Hilflosigkeit, Ohnmacht und für sie völlig unkontrollierbare und das Ich überflutende Todesangst. Gleichzeitig erlebt sie ihre Abhängigkeit vom Verhalten des Täters, den sie in dieser Situation als allmächtig erlebt. Dies führt zu einer erzwungenen *Reinfantilisierung* des Opfers, da die Frau sich so abhängig, klein und ausgeliefert fühlt wie zum Zeitpunkt ihrer frühesten Kindheit. In dieser Situation sucht sie nach einer Person, die ihr Schutz bietet und die Situation zum Guten wenden kann. Dies kann in diesem Moment nur der Täter sein, denn er ist der einzige, der in der Lage ist, die traumatische Situation für die Frau zu beenden. So erlebt sie ihn zwangsläufig als einzigen potentiellen Beschützer und Garanten für ihr Überleben. Daher hofft die Frau paradoxerweise mehr oder weniger bewußt auf Rettung, Versöhnung und Trost durch den Täter.

Durch die Reinfantilisierung und die Verwischung der Ich-Grenzen sowie auch um das Gefühl des totalen Kontrollverlustes zu beenden, identifiziert sich das Opfer mit dem Täter und vollzieht die sogenannte *Identifikation mit dem Aggressor* (Ferenczi, 1933). Denn in dieser Situation absoluter Hilflosigkeit, in der das Überleben des Opfers allein vom Verhalten des Täters abhängt, ist es am wichtigsten, sich in den Täter hineinversetzen zu können. Geradezu „seismographisch" (Reddemann, 1998) muß das Opfer Stimmungen, Bewegungen, Wortwahl des Täters aufnehmen, um wenigstens etwas Berechenbarkeit erreichen zu können. Einfühlungsvermögen und Identifikation sind also in solch einer Situation die wesentlichen Garanten für das eigene Überleben. Durch diese Identifizierung verschwindet der Angreifer als äußere Realität und wird intrapsychisch statt extrapsychisch (Reddemann, 1998). Es entstehen sogenannte *Täterintrojekte*.

Dieser Mechanismus der Introjektion führt dazu, daß die Frau auch das Bild, das der Täter von ihr entwirft, übernimmt und internalisiert, d.h. sie fühlt sich minderwertig, benutzt, schmutzig und schuldig[25]. Neben der Sichtweise des Täters introjiziert das

25 Wenn die Frau nach der Vergewaltigung in ihrem sozialen Umfeld keine Unterstützung erfährt, sondern von ihren Bezugspersonen nicht ernst genommen oder gar beschuldigt wird („Was mußtest du auch diesen Mann in deine Wohnung nehmen/in diese Disco gehen/nachts durch die Straßen gehen/dir das kurze Kleid anziehen."), werden die Kognitionen, die durch die Identifikation mit dem Aggressor entstanden sind, bestätigt und verfestigt: Es kommt zur sogenannten „sekundären Viktimisierung" des Opfers.

Opfer auch die (verleugneten) Schuldgefühle des Täters (Hirsch, 2000). Die Bearbeitung derartiger Introjekte spielt in der Therapie von sexuell traumatisierten Menschen eine zentrale Rolle.

*„Wenn ich mich erinnere, sehe ich immer nur seine Augen. Und irgendwann sehe ich dann mich durch seine Augen. Ich sehe dieses vor Angst flatternde Wesen, dieses hilflose Etwas, diesen wertlosen Gegenstand, dieses Stück Dreck, das ordentlich durchgefickt werden muß" (Klientin).*

Der Abwehrmechanismus der „Identifikation mit dem Aggressor" wurde erstmals 1933 von Ferenczi in seiner Arbeit „Sprachverwirrung zwischen dem Erwachsenen und dem Kind – Die Sprache der Zärtlichkeit und der Leidenschaft" beschrieben, in der er den inneren Konfklikt des kindlichen Inzestopfers aufzeigt und hier an Freuds von diesem selbst bereits verworfene „Verführungstheorie" anknüpft:

*„Schwer zu erraten ist das Benehmen und das Fühlen von Kindern von solcher Gewalttätigkeit. Der erste Impuls wäre: Ablehnung, Haß, Ekel, kraftvolle Abwehr. ‚Nein, nein, das will ich nicht, das ist mir zu stark, das tut mir weh. Laß' mich.' Dies oder ähnliches wäre die unmittelbare Reaktion, wäre sie nicht durch eine ungeheure Angst paralysiert. Die Kinder fühlen sich körperlich und moralisch hilflos, ihre Persönlichkeit ist noch zu wenig konsolidiert, um auch nur in Gedanken protestieren zu können, die überwältigende Kraft und Autorität des Erwachsenen macht stumm, ja sie beraubt oft der Sinne. Doch dieselbe Angst ... zwingt sie automatisch, sich dem Willen des Angreifers unterzuordnen, jede seiner Wunschregungen zu erraten und zu befolgen, sich selbst ganz vergessend sich mit dem Angreifer vollauf zu identifizieren. Durch die Identifizierung, sagen wir Introjektion des Angreifers verschwindet dieser als äußere Realität und wird intrapsychisch, statt extra ... Doch die bedeutsamste Wandlung, die die ängstliche Identifizierung mit dem erwachsenen Partner im Seelenleben des Kindes hervorruft, ist die Introjektion des Schuldgefühls des Erwachsenen" (Ferenczi, 1933, S. 308 ff.).*

Ferenczi beschreibt hier, wie die Introjektion dem kindlichen Opfer nicht nur ermöglicht, exakt die Wünsche des Erwachsenen zu erahnen, sondern darüber hinaus, die für es lebensnotwendige Beziehung zur erwachsenen Bezugsperson aufrechtzuerhalten, indem es die Schuld „in sich hinein nimmt" und der Erwachsene schuldlos und gutes Objekt bleibt.

Nicht nur eine Vergewaltigung, sondern auch andere traumatische Erlebnisse im Erwachsenalter wie Folter oder KZ-Haft führen offenbar zu einer einer erzwungenen Reinfantilisierung, in der die vorher erworbenen erwachsenen Ich-Funktionen außer Kraft gesetzt werden, so daß das Trauma nicht adäquat verarbeitet werden kann und das Ich weiterhin von den traumatischen Inhalten überflutet wird (Hirsch, 2000). Als einziger, früher Mechanismus zur Eindämmung der Überflutungszustände steht daher bei Kindern wie bei Erwachsenen der psychische Abwehrmechanismus der Abspaltung zur Verfügung. Die Dissoziation kann sowohl bereits in der Vergewaltigungssituation einsetzen (Abspaltung von Gefühlen, Körperempfindungen o.ä.) als auch nach Beendigung des Traumas. Die betroffene Frau versucht dann, die Vergewaltigung zu vergessen, zu ignorieren und aus ihrem Bewußtsein abzuspalten. So bleibt das Trauma als psychischer Fremdkörper unverarbeitet und „unverdaut“ in der Psyche erhalten.

## Gestalttherapeutische Überlegungen zum Erleben und zur Verarbeitung eines Traumas

In der Gestalttherapie wird davon ausgegangen, daß Menschen sich, wie alle anderen lebenden Organismen auch, auf natürliche Weise selbst regulieren, solange sie nicht daran gehindert werden (vgl. Kap. V). Menschen haben biologische oder emotionale Bedürfnisse („Störungen“) und streben aktiv nach der Erfüllung dieser Bedürfnisse, und damit nach einem Zustand des Gleichgewichts („Homöostase“). Eine Person wird also wechselweise von beiden Polen des Kontinuums zwischen Störung und Balance angezogen (Clarkson & Mackewn, 1995). Diese sind Elemente des Wachstums und der Selbstverwirklichung. Perls, Hefferline und Goodman (vgl. ebd.) haben diesen *Kontaktprozeß* des Organismus mit der Umwelt in vier Phasen aufgeteilt, die allerdings nicht voneinander getrennt gesehen werden können. Im folgenden werden diese Phasen kurz vorgestellt, und anschließend wird der Kontaktprozeß während einer Traumatisierung skizziert.

**1. Vorkontakt:**

In dieser Phase erlebt eine Person ein biologisches oder emotionales Bedürfnis wie beispielsweise eine Erregung oder Hunger. Auch das Beenden eines Reizes (z.B. Lärm) kann ein Bedürfnis des Organismus sein.

**2. Kontaktaufnahme:**

Wenn das Bedürfnis, z.B. der Hunger oder das Beenden des Lärms, der Person bewußt wird, aktiviert sie Ressourcen, um eventuelle Hindernisse aus dem Weg räumen und dem Bedürfnis nachgehen zu können.

**3. Kontaktvollzug:**

In der Phase des Kontaktvollzugs läßt die Person sich voll auf den Kontakt mit dem ein, was sie zur Befriedigung ihres Bedürfnisses gewählt hat. Alles andere tritt in diesem Moment in der Hintergrund. „Für einige Momente wird die lebhafte Figur zur einzigen Gestalt, die es gibt, und erfüllt das Hier-und-Jetzt mit dem Reichtum und der Klarheit, die Wahrnehmung, Bewegung und Emotion in einer einheitlichen Erfahrung vereinigen, sei es der Ausdruck von Kummer, lustvolles Essen oder sexueller Höhepunkt“ (Clarkson und Mackewn, 1995, S. 74).

**4. Nachkontakt:**
Nach dem vollständigen Kontaktvollzug erlebt die Person eine tiefe Befriedigung. In diesem Stadium vollzieht sich nach Perls Wachstum. Der Mensch assimiliert, er „verdaut" die Erfahrung. Die eben noch vordergründige Figur tritt in den Hintergrund, und die Person zieht sich in einen Zustand der Ruhe und des Gleichgewichts zurück, bevor der Zyklus von neuem beginnt.

So viel zu einem befriedigenden, vollständig durchlaufenen Kontaktprozeß. Wenn einem Menschen jedoch keine Möglichkeit bleibt, eine ihn überflutende aversive Situation zu beenden, er also in eine „Trauma-Zange" gerät, wird der Kontaktprozeß an verschiedenen Stellen gestört. Nehmen wir als Beispiel die Beschreibung einer Inzest-Situation, bei der die Klientin Anja K. acht Jahre alt war:[26]

**Vorkontakt:**
Anja liegt bereits im Bett, es ist abends. Ihr ist leicht übel. Papa hat wieder getrunken. Schon jetzt weiß sie, daß er gleich kommen wird.

**Kontaktaufnahme:**
Die Übelkeit verstärkt sich, als sie hört, wie er ihr Zimmer betritt. Was tun? Der Papa hat gesagt, was passiert, wenn sie sich umdreht (flight), oder seine Hand wegschiebt (fight). Er wird dann immer wütend und dann tut es noch mehr weh. Ihr Körper wird starr und leblos (freeze). Sie stellt sich schlafend, wie so oft, obwohl es noch nie genützt hat. Vielleicht dreht er sich ja diesmal um und geht?

**Kontaktvollzug:**
Die Übelkeit verschwindet. Sie spürt nur, wie sein schwerer Körper auf die Bettkante sinkt, spürt seine Blicke auf ihr ruhen. Sie riecht seinen Atem, hört seine strengen, gedämpften Worte, fühlt seine Hände – nichts von alldem kann sie verhindern. In dem Moment, als er in sie eindringt, konzentriert sie sich auf eine kleine Blüte im Tapetenmuster. Sie spürt keine Schmerzen, keine Angst, keine Verwirrung. Sie stellt auf „Durchzug" und verschwindet in der kleinen Blüte. Die Tapete wird für einige Momente zur einzigen Figur, zur einzigen Gestalt, die es gibt. Die Dissoziation ist die einzige Möglichkeit, der vom Vater erzwungenen überwältigenden, schmerzhaften Konfluenz zu entfliehen.

---

26 Zur Vereinfachung wird hier davon ausgegangen, daß das kleine Mädchen nur ein Bedürfnis wahrnimmt, nämlich die Beendigung des Kontaktes. Gerade durch die ambivalenten Gefühle des Kindes, die Abwehr aber auch der Wunsch nach Zuwendung und Zärtlichkeit, entstehen im Kind massive und komplexe Konflikte, die eine psychische Verarbeitung der Situation weiter erschweren.

**Nachkontakt:**
Als der Vater endlich geht, schiebt sie das Geschehene in den letzten Winkel ihrer Seele, auf daß es ihr nie wieder begegne. Als sie am nächsten Morgen in die Schule geht, hat sie es schon „vergessen"...

In diesem Beispiel unterbricht das Mädchen an verschiedenen Stellen einen begonnenen Kontaktzyklus und geht stattdessen mit etwas anderem in Kontakt, z.B. mit der Blüte in der Tapete. Wenn keine Handlungsmöglichkeit besteht, wenn die aversive Überflutung ertragen werden muß, dann kann in der Phase des Nachkontaktes keine (vollständige) Verarbeitung und „Verdauung" des Erlebnisses stattfinden. Setzt die Dissoziation bereits während des Geschehens ein (peritraumatische Dissoziation), wird der Kontaktprozeß schon in den früheren Kontaktphasen gestört. In jedem Falle lernt das Kind einen bestimmten Ablauf eines Kontaktprozesses, der sich grundlegend und nachhaltig auf seine zukünftige Art, den Kontakt zu sich und seiner Umwelt zu gestalten, auswirkt. Es lernt, daß Kontakt schmerzhaft ist, daß Zuwendung Grenzüberschreitung beinhaltet, daß seine Bedürfnisse im Kontakt nicht berücksichtigt werden, und es lernt, daß es der Umwelt ohnmächtig und hilflos ausgeliefert ist.

## Neurophysiologische Überlegungen zum Erleben und zur Verarbeitung eines Traumas

Eine weitere Erklärung für die „Unverdaulichkeit" traumatischer Erlebnisinhalte liefern auch neurophysiologische Modelle.

Im Alltag verarbeiten wir kontinuierlich alle Informationen und Sinneseindrücke auf verschiedenen hierarchischen Ebenen unseres Gehirns. Die Informationen werden nach Wichtigkeit geordnet, gefiltert und ausgewählt. Wesentlich beteiligt an diesen Vorgängen ist das sogenannte Limbische System. In erster Linie sind wahrscheinlich folgende Gehirnzentren für die Aufnahme und das Abrufen von Informationen verantwortlich[27] (Hofmann, 1999):

1. Der *Thalamus:* Er gilt als Schaltstelle für eintreffende sensorische Sinneseindrücke.
2. Der *Hippocampus* (Seepferdchen): Er sorgt für den Zugriff auf räumlich und zeitlich geordnete Eindrücke und bildet das Archiv für sachliche und erzählbare Informationen ohne große Affekte (Emotionen).

27 Die Darstellung neurophysiologischer Vorgänge kann hier nur sehr vereinfacht geschehen.

3. Die *Amygdala* (Mandelkern): Sie ist zuständig für die Bewertung der Wichtigkeit einer Information und ist wesentlich an der Verarbeitung der Emotionalität von Erinnerungen beteiligt. In einer sehr schnellen Kopplung sind hier Angst, Flucht- und Kampfbereitschaft („fight or flight“) zu mobilisieren.

4. Der *Frontallappen:* Er sorgt für die Integration von Information auf einer höheren Ebene und ermöglicht die Planung zukünftiger Handlungen.

Der natürliche Verarbeitungsprozeß, an dem diese verschiedenen Gehirnzentren beteiligt sind, wird in einer traumatischen Situation abrupt unterbrochen. Unser Organismus setzt, evolutionär äußerst sinnvoll, in einer lebensbedrohlichen Situation andere Prioritäten: Enorme Mengen an Neurohormonen (z.B. Adrenalin, Noradrenalin, Cortisol etc.) werden ausgeschüttet, um den Organismus in Flucht- bzw. Kampfbereitschaft zu versetzen.

Nach heutigen Erkenntnissen verläuft die Informationsverarbeitung unter Beteiligung der oben aufgeführten neuroanatomischen Zentren: Wir nehmen ein Ereignis zunächst mit unseren Sinnesorganen wahr, deren Informationen an den Thalamus weitergeleitet werden. Ein Teil der Informationen wird hier bereits integriert. Anschließend werden die sensorischen Rohinformationen zur weiteren Auswertung an die Amygdala weitergeleitet. Die Amygdala interpretiert den emotionalen Gehalt der Information und versieht diese mit einer emotionalen Bedeutung. Die nun bewertete Information wird an bestimmte Gebiete des Hirnstammes, u.a. den Hippocampus, weitergeleitet. Der Hippocampus organisiert die Information und integriert sie in bereits im Gehirn vorhandene, ähnliche, Informationsstrukturen. Die Bewertung der sensorischen Information durch die Amygdala geschieht in weniger als einer halben Sekunde, lange bevor wir einen Reiz bewußt erkennen und einordnen.

Bei der Informationsverarbeitung scheinen die Amygdala und der Hippocampus in einer umgekehrt U-förmigen Beziehung zueinander zu stehen: Je bedeutsamer die Information von der Amygdala eingestuft wurde, desto mehr Aufmerksamkeit bekommt die Information vom Hippocampus und desto ausgeprägter wird die Erinnerung. Dadurch können wir uns in der Regel an für uns relevante Informationen besser erinnern als an subjektiv unwichtige Inhalte. Ist die Aktivierung der Amygdala aber zu stark, wird die Informationsweiterleitung und die Auswertung in den hippocampalen Strukturen beeinträchtigt oder gar verhindert. Dies führt dazu, daß wir z.B. im Anschluß an eine mündliche Prüfung nicht mehr oder nur noch rudimentär wissen, was Inhalte des Prüfungsgespräches waren. Neben Erinerungslücken kann es aber auch zu kleinen „Mini-Flashbacks“ kommen. Wir spulen die Prüfungssituationen immer wieder durch, haben immer wieder die gleichen Szenen vor Augen, die gleichen Worte im Ohr. Dasselbe kann uns passieren, wenn wir frisch verliebt vom ersten Date zurückkehren und uns beim besten Willen nicht mehr erinnern, über was wir eigentlich gesprochen haben.

Besondere Beeinträchtigung erfährt die Zusammenarbeit von Amygdala und Hippocampus in einer traumatischen Situation, wenn wir von aversiven Reizen überflutet werden. Die unvollständige Informationsverarbeitung führt dazu, daß die Informationen nicht in eine zeitliche und räumliche Ordnung gebracht werden können und so als Erinnerungen zeitlos und isoliert bleiben (van der Kolk, 2000).

Van der Kolk (ebd.) hat bei traumatisierten Menschen hirnphysiologische Prozesse mittels eines Positronen-Emissions-Tomographen (PET) untersucht. Mit dieser Technik läßt sich feststellen, in welchen Bereichen des Gehirns eine Erhöhung des Glucose-Verbrauchs stattfindet. Hieraus kann geschlossen werden, welche Hirnareale stärker und welche schwächer aktiviert sind. In van der Kolks Studie sollten sich traumatisierte Menschen an ein persönliches Trauma erinnern. Dabei wiesen sie gegenüber der Kontrollgruppe, die sich an ein mäßig belastenden Lebensereignis erinnerte, eine besonders starke Aktivierung der Amygdala, der Insula, des medialen Temporallappens und des rechten visuellen Kortex auf.

Insgesamt war während der Erinnerung an traumatische Fragmente besonders die rechte Gehirnhälfte aktiviert *(Lateralisierung)*. Parallel hierzu kam es zu einer Verminderung der Aktivierung in der linken Hemisphäre, insbesondere im Bereich des linken inferioren Frontallappens und dem Broca-Areal, das an der Sprache beteiligt ist. Van der Kolk schlußfolgert aus diesen Ergebnissen, daß aktuelle, das Trauma aktivierende Trigger[28] vom Gehirn nicht wie andere Stimuli vollständig eingeordnet und verstanden werden können, weil das für die sprachliche Einordnung zuständige Broca-Zentrum gehemmt ist. Traumatisierte Menschen neigen dazu, von diffusen Emotionen, die als Trigger wirken, emotional überwältigt zu werden, wissen jedoch häufig nicht, worauf sich ihre starken emotionalen Reaktionen eigentlich beziehen. Dies macht ein adäquates Verhalten in derartigen Situation für die Betroffenen sehr schwierig.

Bei mehrfach und komplex traumatisierten Menschen zeigte sich in Untersuchungen (z.B. Bremner et al.; 1995, Shin et al., 1999) sogar teilweise eine Schrumpfung des Hip-

28 Als *Trigger* werden diejenigen Stimuli bezeichnet, die bei der KlientIn eine traumatische Erinnerung auslösen. Externe Trigger können z.B. bestimmte Sinneseindrücke, Worte oder Verhaltensweisen anderer Menschen sein, ein interner Trigger kann z.B. eine bestimmte Körpersensation sein oder, bei multiplen Menschen, ein Verhalten einer Teilpersönlichkeit, das bei einer anderen Alter-Person traumatische Erinnerungen hervorruft.

pocampus und eine generelle Übererregung des Gebietes um die Amygdala.[29] Adler (1999) berichtet in seiner Beschreibung einer Fallstudie, die Tom Fahy am Maudsley Hospital in London vorgenommen hat. Fahy hat zahlreiche Schnittaufnahmen vom Gehirn einer multiplen Patientin anhand des fRMI (functional resonance magnetic imaging) vorgenommen. Ein fRMI-Scanner ist in der Lage, Hunderte von Einzelbildern von Gehirnarealen innerhalb einer Sekunde aufzunehmen und sehr genau darzustellen, an welchen Orten des Gehirns die Gehirnaktivität (d.h. der Sauerstoffverbrauch) zunimmt bzw. abnimmt. Fahy fand bei der schwer traumatisierten Klientin einen extrem geschrumpften Hippocampus, während die anderen Gehirnareale normale Größe aufwiesen. Des Weiteren führte Fahy Schnittaufnahmen des Gehirns durch, während die Probandin von einer Teilidentität in die andere „switchte". Zur Kontrolle wurden ebenfalls Aufnahmen gemacht, wenn die Probandin sich nur vorstellte, sie sei der andere Persönlichkeitsanteil, ohne einen Switch zu vollziehen. Aus den Aufnahmen ist zu erkennen, daß sich bei einem Switch die Aktivität des Hippocampus und im umgebenen Temporalcortex verändert, während sich die Aktivität nicht veränderte, solange sich die Probandin nur vorstellte, eine andere Teilpersönlichkeit zu sein.

Da es sich hier um eine Fallstudie handelt, sind die Ergebnisse mit Vorsicht zu behandeln und weitere Untersuchungen notwendig. Allerdings können die Ergebnisse als ein weiterer Hinweis dafür angesehen werden, daß die großen Mengen an Glucocorticoiden und Steroiden, die der Organismus unter extremem Streß produziert, im Hippocampus Zellfunktionen unterbinden und bei langanhaltendem Streß sogar strukturelle Veränderungen in dieser Region bewirken (Adler, 1999).

Wenn traumatische Erfahrungen nicht in erster Linie sprachlich, sondern über Körpererinnerungen, Gerüche und Geräusche gespeichert werden, müssen folglich für eine Reaktion auf Reize wie z.B. bestimmte Körpererinnerungen (spezielle Körperberührungen, Frieren), Gerüche (von Alkohol oder Urin) oder Geräusche (bestimmte Motorengeräusche, Treppenstufen, Schreie) nicht unbedingt semantische Gedächtnisinhalte vorliegen (Overkamp et al., 1998). Während das narrative Gedächnis integrativ und anpassungsfähig ist, scheinen traumatische, d.h. nicht-narrative Erinnerungen, unflexibel, automatisch durch bestimmte Reize auslösbar und von der normalen Erfahrung losgelöst (dissoziiert) zu sein. Diese Losgelöstheit traumatischer Erinnerungen erklärt, warum diese nicht verblassen, sondern ihre ursprüngliche Kraft bewahren (Chu et al. 1996). Sie werden zu „Parasiten der Seele" (van der Hart et al., 1995. S. 36).

---

29 Van der Kolk (2000) schildert zahlreiche psychophysiologische, neurohormonelle, neuroanatomische und auch immunologische Effekte. Dies zeigt, wie umfassend und langfristig der Organismus auf eine psychische Traumatisierung reagiert. Des Weiteren weisen Untersuchungen darauf hin, daß der Organismus bei der Konfrontation mit extremem Streß endogene Opiate erzeugt. Offensichtlich werden während eines Flashbacks ebenfalls körpereigene Opiate freigesetzt.

Insgesamt führt die Traumatisierung bei den Opfern auf der physiologischen Ebene zu einer

*„**Entkopplung wichtiger Funktionsbereiche des Gehirns:** Die linke, überwiegend analytische, sequentiell und kategorial verarbeitende, mit Worten und Symbolen operierende Hemisphäre scheint zumindest teilweise unterdrückt zu sein, während die rechte überwiegend non-verbale, ganzheitlich und dynamisch repräsentierende Hemisphäre zentral von Impulsen aus den Strukturen um die Amygdala, die emotionale Signifkanz wie z.B. Furcht verarbeiten, dominiert zu werden scheint" (Hofmann, 1999, S. 8).*

Die Informationen bleiben also in bestimmten Gehirnstrukturen stecken und verursachen von dort – wie es bereits Janet 1889 in seinem Konzept der Dissoziation postulierte – schließlich oft lebenslang anhaltende Symptome wie z.B. Hypermnesie, Flashbacks und Hyperaktivität, die Hofmann als *Zuviel-Symptomatik* bezeichnet, und Symptome wie z.B. Amnesie, emotionale Taubheit (numbing) und Vermeidungsverhalten, die Hofmann als *Zuwenig-Symptomatik* bezeichnet (Hofmann, 1999).

Physiologische Modelle können erklären, warum traumatisierten Menschen in ihren Erinnerungen oft keine zeitliche Einordnung gelingt und sie das Geschehene nicht als Erinnerung erleben, sondern als passiere es gerade in diesem Moment. Die Modelle erklären auch, warum die alleinige Anwendung herkömmlicher Therapiemethoden, die ja meist mit der Sprache arbeiten, in Bezug auf die Verarbeitung von Traumata oft wenig effektiv ist. Nach Hofmann (1999) muß eine effektive Psychotherapie sowohl das explizite, narrative Gedächtnis (das hauptsächlich der linken Gehirnhälfte zugeordnet wird), als auch das implizite Gedächtnis, das sinnliche und emotionale Informationen repräsentiert (und überwiegend in der rechten Gehirnhälfte angesiedelt ist), berücksichtigen. „Was zur Zeit noch im impliziten Gedächtnis ist, muß zu explizitem, autobiographischem Gedächtnis werden" (van der Kolk et al., 2000, S. 321). Oder wie es Reddemann und Sachsse (1997, S. 119) formulieren: „Wo Intrusionen sind, sollen Erinnerungen werden."

# 2. Verlauf der Posttraumatischen Belastungsstörung (PTBS)

Carmen H. hatte es sich gerade in ihrem Wohnzimmer gemütlich gemacht, als ihr Ex-Freund, der noch einen Schlüssel von der Wohnung besaß, gemeinsam mit einem Freund in ihre Wohnung eindrang. Er beschimpfte sie, schlug sie, bezeichnete sie als „herumhurendes Flittchen" und vergewaltigte sie gemeinsam mit seinem Freund in ihrem Schlafzimmer. Nachdem die Männer noch verschiedene Gegenstände zerschlagen hatten, verließen sie die Wohnung wieder und Frau H. blieb wie versteinert zurück. Sie war nicht in der Lage, die Polizei zu rufen oder sich bei einer Freundin Hilfe zu holen und tat dies auch in der folgenden Zeit nicht. Zunächst ließ sie sich eine Woche krank schreiben, ging dann aber wieder in ihr Büro, weil sie befürchtete, sonst den Anschluß an den normalen Alltag zu verlieren. Die nächsten Monate nahm sie ihre Umwelt wie im Nebel wahr. Sie empfand einen tiefen Graben zwischen sich und anderen Menschen. Selbst ihre beste Freundin und ihr neuer Partner schienen ihr Meilen weit entfernt. Sie schämte sich so für das, was geschehen war, daß sie niemandem davon erzählen konnte. Schließlich mußte sich Carmen H. erneut krank schreiben lassen, weil sie sich auf ihre Arbeit nicht konzentrieren konnte. In ihrer Wohnung fühlte sie sich nicht sicher, bei jedem Geräusch schreckte sie hoch. Sie schlief kaum noch und wenn, hatte sie Alpträume. Immer wieder quälten sie Schuldgefühle. Warum hatte sie nicht stärker darauf gedrungen, daß Martin ihr den Wohnungsschlüssel zurückgibt? Warum hatte sie eine neue Beziehung begonnen, wo sie doch wußte, wie eifersüchtig Martin war? Diese Beziehung ging bald darauf in die Brüche, weil Frau H. die körperliche Nähe ihres Partners nicht ertragen konnte. Kurze Zeit später zog sie in eine neue Wohnung, um nicht dauernd an die Vergewaltigung erinnert zu werden. Ein halbes Jahr später bekam Frau H. solche Depressionen, daß sie ärztliche Hilfe in Anspruch nehmen mußte. Ihr Hausarzt riet ihr, sich an den Notruf für vergewaltigte Frauen zu wenden. Erst hier gelang es Carmen H., über das, was geschehen war und über ihre Schuldgefühle zu sprechen. Obwohl sie auch heute noch unter depressiven Verstimmungen leidet, hat Frau H. inzwischen wieder das Gefühl, am Leben teilzunehmen und lebt seit einigen Monaten in einer neuen Beziehung.

Fischer und Riedesser (1999) haben ein allgemeines zeitliches Verlaufsmodell der psychischen Reaktion auf ein traumatisches Ereignis entwickelt, in dem sie drei Phasen unterscheiden:

***1. Die Schockphase:***
Sie dauert eine Stunde bis eine Woche. Charakteristisch ist ein Gefühl der Unbeweglichkeit, später erfolgt häufig eine Verleugnung, das Opfer kann nicht glauben, was geschehen ist. Kennzeichen der Schockphase sind z.B. die Veränderung des Zeiterlebens oder eine veränderte Wahrnehmung (z.B. Tunnelsicht), sowie Derealisation und Depersonalisation (vgl. Kap. III.2).

***2. Die Einwirkungsphase:***
Sie beginnt einige Zeit nach dem traumatischen Ereignis und kann bis zu zwei Wochen dauern. Charakteristisch für diese Phase sind z.B. Ärger, Selbstzweifel, Selbstanklagen, häufig auch Depressionen, Gefühle der Hoffnungslosigkeit und Ohnmacht, Einschlafstörungen, Hypervigilanz (Überwachheit), Konzentrationsschwierigkeiten, Gedächtnisstörungen und Intrusionen (Alpträume, Flashbacks).

***3. Die Erholungsphase:***
Sollten die oben geschilderten Symptome auch nach der Einwirkungsphase andauern, ist es ratsam, sich fachliche Hilfe zu holen. Nach Fischer und Riedesser ist es in dieser Phase wichtig, soziale Unterstützung zu mobilisieren, Alkohol und Drogen zu vermeiden und sich räumlich aus der traumatischen Situation zu entfernen, um eine Retraumatisierung zu vermeiden.

Die Autoren betonen die starken individuellen Unterschiede beim Verlauf der drei Phasen. Allerdings sind neben den individuellen auch situative Besonderheiten zu berücksichtigen. Zum Beispiel wird die Verarbeitung einer Traumatisierung durch ein Erdbeben anders verarbeitet als eine sexuelle Traumatisierung durch eine nahe Bezugsperson. Sexualisierte Übergriffe werden auch als *man made desaster,* d.h. von Menschen herbeigeführte Traumatisierungen wie z.B. auch Folter oder Geiselhaft, bezeichnet und von durch Naturkatastrophen (*natural desaster*) oder durch technisches Versagen (*technical desaster*) ausgelösten psychischen Traumatisierungen unterschieden. Es hat sich gezeigt, daß durch menschliche Einwirkung herbeigeführte Traumata offensichtlich sehr viel schwieriger zu verarbeiten sind als Natur- oder technische Katastrophen. Breslau (1998) hat in einer Studie Inzidenzraten der Posttraumatischen Belastungsstörung in Abhängigkeit von der Art der Traumatisierung erhoben. Aus den Ergebnissen ihrer Erhebung schließt er, daß das Risiko, eine PTBS zu entwickeln bei einer Vergewaltigung 49 Prozent beträgt, bei einem Unfall oder einer Verletzung 17 Prozent, bei Feuer, Erdbeben oder anderen Naturkatastrophen 3,8 Prozent und bei einem schwerwiegenden Autounfall 2,3 Prozent.

Berücksichtigt werden müssen ebenfalls gesellschaftliche Faktoren wie die Tabuisierung sexualisierter Gewalt. Des Weiteren gibt es geschlechtsspezifische Unterschiede in der Reaktion auf traumatische Ereignisse. Männern bzw. Jungen fällt es in der Regel noch schwerer als Frauen oder Mädchen, sich nach einer sexuellen Traumatisierung Hilfe zu holen, da es für sie noch viel weniger mit ihrer Identität zu vereinbaren ist, Opfer sexualisierter Übergriffe zu sein. Oft haben Jungen auch Angst, nun vielleicht schwul zu sein oder für schwul gehalten zu werden. Ein weiterer geschlechtsspezifischer Unterschied besteht in der unterschiedlichen Konfliktverarbeitung von Männern und Frauen. Während Frauen eher dazu neigen, Konflikte intrapsychisch (z.B. psychosomatisch, autoaggressiv) zu verarbeiten, neigen Männer eher dazu, Konflikte zu externalisieren, d.h. zum Beispiel gewalttätig zu werden.

## Das Verlaufsmodell von Lorke und Ehlert

Lorke und Ehlert (1987) haben ein Verlaufsmodell entwickelt, das sich speziell auf die Verarbeitung eines Vergewaltigungstraumas bezieht und aus fünf Phasen besteht. Das Modell beruht auf den Verlaufsbeobachtungen weiblicher Klientinnen und findet in unserer Arbeit mit vergewaltigten Klientinnen immer wieder Bestätigung.

Nach Lorke und Ehlert steht die traumatisierte Frau zunächst unter Schock *(1. Phase)*. Die akute psychische Desintegration und das Erleben von Kontrollverlust stehen im Vordergrund. Diese Phase kann einige Stunden bis zu einigen Wochen dauern, bevor die Frau versucht, wieder die Kontrolle über ihr Leben zu erlangen *(2. Phase)*.

5-Phasen-Modell

Meistens kommt es zu einem deutlich wahrnehmbaren Bruch zwischen der ersten und der zweiten Phase, in der die Frau beginnt, in ihren Alltag zurückzukehren und versucht, das Erlebte zu vergessen bzw. zu bagatellisieren. Da die Schwere der Erschütterung verleugnet wird, weist die Frau in der zweiten Phase oft jedes Hilfsangebot zurück. Häufig sind die Betroffenen in dieser Zeit symptomfrei.

Psychische und/oder körperliche Beeinträchtigungen entwickeln sich erst in der *3. Phase.* Allerdings können die zweite und dritte Phase auch parallel verlaufen. Die Symptome, die Vergewaltigungsopfer in dieser Zeit entwickeln, sind meist als direkte Folgen des Übergriffes erkennbar. Typische Beeinträchtigungen sind z.B. diffuse Ängste, Schlafstörungen und depressive Verstimmungen.

In der *4. Phase* kommt es zur Generalisierung der zuvor relativ umgrenzten Symptome. Langsam und für die betroffene Frau oft unmerklich verändert sich ihre Lebenseinstellung. Sie vermeidet bestimmte Situationen oder Gedanken und richtet sich ihre Lebenssituation so ein, daß sie möglichst nicht an das vergangene Trauma erinnert wird. Zum Beispiel kann eine Frau sich sozial isolieren oder in Beziehungen übervorsichtig sein. Da sich die äußere Anpassung an die Umgebung konsolidiert, wird diese

Phase häufig mit einer endgültigen Verarbeitung des Traumas verwechselt. Viele Frauen, z.B. sehr viele der in den Weltkriegen vergewaltigten Frauen[30], bleiben in dieser Phase gefangen, und das Trauma wird nie wirklich verarbeitet.

Erst in der *5. Phase*, die oft vier bis fünf oder mehr Jahre später einsetzt, beginnt die betroffene Frau zu vermuten, vielleicht doch nicht alles verarbeitet zu haben und entwickelt den Wunsch, sich noch einmal mit dem Geschehenen auseinanderzusetzen. Diese Auseinandersetzung ermöglicht schließlich die Integration des Vorfalls in den eigenen Lebensentwurf (Röhling, 1999).

Auf welche Art und in welcher Zeit ein Mensch ein traumatisierendes Ereignis kognitiv und emotional verarbeitet, wird durch verschiedene externe und interne Merkmale bestimmt (ebd.):

- Merkmale der traumatischen Situation,
- Schwere, Dauer, Ausmaß erlebter Kontrolle;
- Alter und Entwicklungsstand, vorher entwickelte Pathologie;
- Fähigkeiten und Bewältigungskompetenzen des Individuums;
- Umweltreaktionen;
- Bewertung der Erfahrungen durch die soziale Umwelt, Ausmaß von Schutz und Unterstützung durch Bezugspersonen, die soziale Gemeinschaft und professionelle HelferInnen.

Wenn für einen Menschen besonders ungünstige innere und äußere Voraussetzungen vorliegen, steigt die Wahrscheinlichkeit, eine Posttraumatische Belastungsstörung zu entwickeln. Für die psychische Verarbeitung einer Traumatisierung scheinen vor allem die beiden Faktoren „Ausmaß sozialer Unterstützung" und die „Möglichkeit, die erlebte Traumatisierung in ein Sinnsystem einzuordnen" von zentraler Bedeutung zu sein. Dies entspricht im übrigen den von Antonovsky (1997) aufgestellten *salutogenetischen Prinzipien*. Antonovsky postuliert drei gesundheitsfördernde Faktoren, die den Menschen im Umgang mit Stress immunisieren: Das Erleben von *Kohärenz* (d.h. die Möglichkeit, sich ein Ereignis erklären und es in einen Gesamtzusammenhang einzuordnen), von *Sinngebung*, sowie die Möglichkeit, sich einen *Handlungsspielraum*[31] zu

30 An unsere Beratungsstelle wenden sich u.a. auch ältere Frauen, die in einem der Weltkriege von Soldaten vergewaltigt worden sind. Sehr häufig haben sie noch niemals mit irgendeinem Menschen darüber gesprochen. Nicht einmal die Partner wissen von der Vergewaltigung, dabei leiden die Frauen noch heute schwer unter den Folgen. Besonders Frauen aus den neuen Bundesländern war es nicht möglich zu erzählen, daß ein („guter") Russe sie vergewaltigt hat. Doch auch im westlichen Nachkriegsdeutschland wurde verleugnet und verschwiegen, und es schmerzt zu sehen, daß sich in letzter Zeit genau diese Situation in anderen Staaten wiederholt.

31 Die Notwendigkeit eines Handlungsspielraums spiegeln auch Ergebnisse aus Studien wider, die sich mit dem „Locus of Control" befassen.

verschaffen. Es ist unschwer zu erkennen, wie konträr entgegengesetzt diese Prinzipien den oben erwähnten Merkmalen der „Trauma-Zange" sind.

Unter diesem Gesichtspunkt, nämlich dem Versuch einer Einordung und Sinngebung („Es ist passiert, weil ich so schlecht bin/ weil ich mich falsch verhalten habe"), sowie auch dem Versuch, wieder handlungsfähig zu werden („Wenn ich schlecht bin/ mich falsch verhalten habe, werde ich von nun an versuchen, gut zu sein/mich richtig zu verhalten.") sind auch die immensen Schuldgefühle sexuell traumatisierter Menschen zu sehen. Das Gefühl von Schuld ist daher in der Therapie unbedingt als eine Bewältigungsstrategie des Opfers einzuordnen und anzuerkennen.

Nach Röhling (1999) steigt die Wahrscheinlichkeit, eine PTBS zu entwickeln, wenn:

- das traumatisierende Ereignis auf Handlungen von Menschen zurückgeht;
- das Ereignis lange anhält;
- das Ereignis mit hoher Lebensbedrohung verbunden ist (Nahtod-Erfahrung);
- moralische Konflikte eine Rolle spielen (Schuldgefühle der Überlebenden, unterlassene Hilfeleistung);
- die soziale Umwelt die Traumatisierung ignoriert bzw. das Opfer ablehnt oder für die erlittenen Erfahrungen entwertet.

Multiple KlientInnen berichten in der Regel von unzähligen traumatischen Erlebnissen, in denen all diese Komponenten vorhanden sind.

## Das Verlaufsmodell von Petzold

Ein sehr umfassendes Verlaufsmodell der Verarbeitung von traumatisierenden und stark belastenden Erlebnissen, das die Entstehung der PTBS und DIS einbezieht, liefern Petzold et al. (2000). Die AutorInnen betonen, daß es sich bei dem Modell um eine „Verlaufsheuristik eines integrativen Trauer- und Bewältigungstrajektes"[32] nach Verlust und schweren Belastungserfahrungen handelt. Einzelnen Phasen (hier: Trajektstrecken) können unterschiedliche Charakteristiken aufweisen, sowohl stärker als auch schwächer ausgeprägt sein oder auch gänzlich fehlen. Der Vorteil dieses Modells liegt unter anderem darin, daß hier sowohl positive als auch negative Entwicklungen im Zusammenhang mit der psychischen Bearbeitung eines traumatischen Erlebnisses Berücksichtigung finden (Petzold et al., 2000, S. 502/503, leicht verändert):

32 Der Begriff *Trajekt* ist ein veraltetes Wort für Überfahrt und leitet sich aus dem mathematischen Gebrauch des Wortes „Trajektorien" ab. Petzold et al. verwenden den Ausdruck Trajekt, um die variierbare Verlaufsbahn des Modells zu kennzeichnen.

*Trauma, Verlust, Belastung* trifft auf die *Persönlichkeit* (Selbst, Ich, Identität) – stabil bzw. Vulnerabel) in gegebenem *Kontext/Kontinuum* (mit Problemen, Ressourcen, Potentialen) und führt zu ⇒

1. *Schock*
   physische und/oder psychische Extremsituation mit folgenden Möglichkeiten:

1a. Verleugnung
Die Faktizität des schmerzauslösenden oder bedrohlichen Ereignisses wird nicht angenommen: „Das kann nicht wahr sein!"
⇒ Negativentwicklung: somatoforme Störungen;

1b. Dissoziation
Die Realität oder die emotionale Resonanz auf belastende Ereignisse werden abgespalten, ihre Verarbeitung, Konnektivierung mit anderen Erfahrungen des Selbst, Integration in das Selbst verhindert: „Das hat nichts mit mir zu tun!"
⇒ Negativentwicklung: PTBS, Dissoziative Störung, DIS;

1c. Übererregung-Hyperarousal
Eine Situation permanenter Überforderung und Übererregung mit psychophysiologischen Streßreaktionen entsteht: „Das kann ich nicht mehr aushalten. Ich dreh durch!"
⇒ Negativentwicklung: psychot. Dekompensation, PTBS, Borderline-Störung;

1d. Apathie-Numbing
Ein Zustand der Resignation und Abstumpfung kommt auf: „Mir ist alles egal. Ich fühle eh nichts mehr!"
⇒ Negativentwicklung: PTBS, chronischer Verlauf;

2. *Kontrolle*
   physisch und/oder psychisch gesteuerte Belastungssituation mit folgenden Möglichkeiten:

2a. Das Individuum versucht, durch Willensanstrengung, seine Gefühle und Äußerungen „in den Begriff zu bekommen", den „Locus of Control[33]" bei sich zu behalten.
⇒ Negativentwicklung: Somatisierung, Ängste, Depressionen, Zwänge;

2b. Das Individuum versucht, seine Umgebung zu kontrollieren.
⇒ Negativentwicklung: Somatisierung, Ängste, Depressionen, Zwänge;

---

33 Mit dem *Locus of Control* ist die subjektive Kontrollüberzeugung gemeint. Die Höhe des internen LoC kennzeichnet, in welchem Maße ein Mensch glaubt, selbst Einfluß auf ein Geschehen nehmen zu können, die Höhe des externen LoC drückt aus, inwieweit ein Mensch sich von äußeren Gegebenheiten abhängig fühlt. Der LoC läßt sich sowohl in Bezug auf eine bestimmte Situation als auch als generelle subjektive Überzeugung erheben.

2c. Das Individuum versucht, seine Ressourcen zu mobilisieren und zu nutzen.
⇒ Negativentwicklung: bei Erfolg keine Negativentwicklung;

2d. Das Individuum nutzt äußere Rituale und Verhaltensklischees, die Notwendigkeit des Alltags und die Potentiale sozialer Unterstützung werden wirksam.
⇒ Negativentwicklung: bei Erfolg keine Negativentwicklung;

*3. Turbulenz*
physisch und/oder psychisch labilisierte Belastungssituation mit folgenden Möglichkeiten:

3a. Ausbruch in Vorwurf
⇒ Negativentwicklung: Fixierung: Hader, Haß, Negativismus;

3b. Ausbruch in Verzweiflung
⇒ Negativentwicklung: Fixierung: Resignation, Verbitterung, Ohnmacht, Hilflosigkeit;

3c. Ausbruch in Schmerz
⇒ Negativentwicklung: Fixierung: Depression, Antriebs- u. Willenlosigkeit, Somatisierung

3d. Willensentscheidung, zu überwinden, Abschied zu nehmen
⇒ Negativentwicklung: keine; keine Fixierung

*4. Restitution*
(physisch und psychisch neu regulierte Situation):

4a. Annahme der Faktizität des Verlustes, emotionaler Vollzug des Abschieds, Aussöhnung/Versöhnung;

4b. Kognitive Überschau über die verbleibenden Möglichkeiten und ihre Vernetzung;

4c. Situationsneuinterpretation, Bewußtwerden der daraus folgenden Konsequenzen, Neuentwürfe;

4d. Willensentscheidung zur Neuorientierung und deren Umsetzung.

*Abb. 2:* Die variable Verlaufsheuristik von Belastungsverarbeitungs- und Trauerprozessen nach Petzold (2000, S. 502/503).

Die AutorInnen betonen die äußerst variablen Verlaufsmöglichkeiten, die von kulturellen Faktoren, von persönlichen Bedingungen, Vulnerabilitäten, Bindungsintensitäten, Copingerfahrungen, kognitiven Problemlösungsmustern, emotionaler Tragfähigkeit und volitionaler[34] Kraft, von sozialer Unterstützung, Ressourcen und Potentialen etc. abhängen können. Sämtliche hier genannten Faktoren müssen auch in der therapeutischen Arbeit mit multiplen KlientInnen Berücksichtung finden.

---

34 den Willen betreffend.

# 3. Ätiologie der DIS

Menschen mit einer Dissoziativen Identitätsstörung verwenden die Strategie der Dissoziation als zentralen psychischen Abwehrmechanismus. Bestimmte Faktoren vergrößern die Wahrscheinlichkeit, gerade diesen Mechanismus als zentrale Strategie einzusetzen (vgl. Huber, 1995):

- die Fähigkeit, sich in eine Art Trance und raum-zeitlose Ungewißheit zu versetzen;
- die Fähigkeit zu depersonalisieren/ aus dem Körper zu gehen;
- bestimmte rituelle Abläufe einer Situation werden zu Auslösern (Trigger);
- die traumatisierenden Situationen geschehen über einen längeren Zeitraum immer wieder;
- in den wiederkehrenden Situationen entstehen bestimmte Reiz-Reaktions-Verbindungen.

Während der Traumatisierung blendet ein hoch dissoziationsfähiges Kind seinen normalen Bewußtseinszustand völlig aus und geht in eine Art Trance. Das Geschehene wird hinter eine amnestische Barriere gebannt und als *Fragment* abgespalten. Zusätzlich spielen klassische und operante Konditionierungsprozesse eine Rolle. Wenn eine traumatische Situation immer wieder auftritt, also typische Reiz-Reaktions-Muster entstehen, kann das abgespaltene Fragment durch bestimmte Auslöser, die mit der ursprünglichen Situation verbunden sind, erneut „hervorgeholt“ werden. Ein alternierender Bewußtseinszustand *(State)* entsteht (Overkamp et al., 1998). Mit der Zeit und der Übung steigert sich die Dissoziationsfähigkeit. Unter extremen Bedingungen können aus diesen States dissoziierte Teilpersönlichkeiten *(Alters)* entstehen. Das Kind lernt schließlich, in wiederkehrenden Situationen nur noch mit bestimmten Anteilen bzw. Alters zu reagieren, es existiert kein integriertes Ich mehr.

Da die Bewältigungsstrategie der Dissoziation wie jede andere Strategie auch, wenn sie erfolgreich ist, häufiger und einfacher angewandt wird, können im weiteren Verlauf der Biographie eines multiplen Menschen auch Alter-Personen entstehen, deren Existenz nicht direkt an ein Trauma geknüpft ist, sondern die eine bestimmte Funktion für das multiple System haben, z.B. indem sie eine bestimmte soziale Rolle verkörpern oder bestimmte Aufgaben übernehmen.

Neben der durch die soziale Umgebung zwar erzwungenen, aber intrinsisch bedingten Motivation, andere Persönlichkeitsanteile zu erschaffen, gibt es im Zusammenhang mit rituellem Mißbrauch die von außen bewußt provozierte Erschaffung bestimmter Teilpersönlichkeiten. In Täterkreisen aus satanischen Kulten oder Porno-Ringen werden die Opfer schon als Kinder (z.T. schon als Babys) immer wieder in Nahtodes-Situationen gebracht, d.h. die Opfer werden so gefoltert und gequält, daß sie kurz vor dem Sterben sind. In dieser Situation, in der sich die Opfer in einem anderen Bewußtseinszustand befinden, wird ihnen dann immer wieder und sehr stereotyp eingetrichtert, sie seien jemand anderes. Erst kurz vor dem realen Sterben werden die Opfer wieder ins Leben zurückgeholt. Auf diese Art erschaffen Täter sich ihnen hörige „Personen", die jeweils bestimmte Eigenschaften aufweisen.

„Abrichtung"

Menschen, die schon als kleine Kinder ritueller Gewalt ausgesetzt waren und diese überlebten, haben unserer Erfahrung nach grundsätzlich eine extrem hohe Dissoziationsfähigkeit entwickeln müssen. Die Erschaffung anderer Identitäten war hier oft die einzige Möglichkeit, die Gewalt zu überleben. Huber (1995) zitiert eine Studie von Young, der mit seinen MitarbeiterInnen Anfang der 90er Jahre 37 rituell mißbrauchte PatientInnen einer amerikanischen Klinik nach ihren Gewalterfahrungen befragte. Die PatientInnen berichteten u.a. von folgenden Erlebnissen (in Huber, 1995, S. 98):

- sexuelle Mißhandlung (100%);
- körperliche Mißhandlung/Folter am eigenen Leib bzw. zusehen müssen, wie andere gefoltert werden (100%);
- bei Verstümmelungen bzw. Tötungen von Tieren dabei sein bzw. assistieren müssen(100%);
- mit dem Tode bedroht werden (100%);
- gezwungen werden, Drogen zu nehmen (97%);
- bei der „Opferung" (Tötung) von Kindern und Erwachsenen zusehen und assistieren müssen (83%)
- erzwungener Kannibalismus (81%);
- mit „Satan" verheiratet werden (78%);
- lebendig in Särgen oder Gräbern begraben werden (72%);
- erzwungene Schwängerung und Opfern des eigenen Kindes (60%).

Diese Angaben decken sich mit den Erlebnissen von rituell mißbrauchte Klientinnen, die unsere Beratungsstelle aufsuchen. Jedoch nicht nur rituelle, sondern auch extreme innerfamiliäre Gewalt kann zur Abspaltung von komplexen Identitäten führen.

Michaela Huber (ebd., S. 148) beschreibt bei multiplen KlientInnen folgende Merkmale:

- Der Traumatisierungsbeginn lag zwischen 0–6 Jahren;
- 80–90% der Menschen mit einer DIS sind Frauen;
- 95–100% der KlientInnen haben sexualisierte Gewalt erfahren;
- In 100% der Fälle liegen physische und psychische Gewalt vor;
- Niemand half. Es existierte kein „gutes Objekt" in der unmittelbaren Umgebung (z. B. extremes double-bind-Verhalten enger Bezugspersonen);
- Individuelle Dispositionen:
  - hohe Dissoziationsfähigkeit;
  - gut ausgebildete Gedächtnisfähigkeiten;
  - stark ausgeprägte Kreativität.

Es ist davon auszugehen, daß ein Mensch nur eine DIS ausbilden kann, wenn der Beginn der Traumatisierung in der frühen Kindheit liegt, einem Zeitpunkt, zu dem die Entwicklung der eigenen Identität noch „in den Kinderschuhen steckt". Ist die Identität erst einigermaßen stabil, können in traumatisierenden Situationen zwar dissoziative Strategien angewendet werden, die allerdings nicht bis zur stabilen Bildung einer neuen „Person" im Sinne einer DIS führen.

Hinzu kommt, daß bei jüngeren Kindern die Grenzen zwischen Realität und Phantasie noch fließend sind. Viele Kinder erschaffen sich sogenannte „imaginäre Spielgefährten", mit denen sie reden und spielen. Mädchen und Jungen, die extremer Gewalt und/oder Deprivation ausgesetzt sind, nutzen diese Fähigkeit und identifizieren sich auf eine Weise mit den imaginären Gefährten, daß daraus eigenständige Identitäten entstehen können: „Wenn niemand da ist. Wenn niemand hilft. Wenn nur der Schwanz da ist. Dann spaltest Du Dich auf. Dann schaffst Du Dir jemanden. Und der ist dann da" (Klientin).

Da die Entwicklung einer DIS in unmittelbarem Zusammenhang mit dem wiederholten Erleben psychischer, körperlicher und sexualisierter Gewalt steht, verwundert es nicht, daß überwiegend Frauen betroffen sind. Allerdings wird angenommen, daß die Dunkelziffer multipler Männer, ähnlich wie bei der Borderline-Störung, relativ hoch ist, da Männer aufgrund ihrer tendenziell stärker auf die Umwelt gerichteten Impulse oft eher im forensischen als im klinischen Bereich anzutreffen sind. Dennoch ist der hohe Prozentsatz traumatisierter Frauen unbestritten und kann als ein Hinweis auf die enge Verbindung zwischen Traumatisierung und der Ausbildung einer Dissoziativen Störung gesehen werden.

Neben komplexen Traumatisierungen gelten auch extrem widersprüchliche Beziehungsangebote enger Bezugspersonen als ätiologischer Faktor für die Ausbildung einer

DIS. Oftmals gehen beide Faktoren miteinander einher wie in dem folgenden Beispiel, in dem die multiple Frau Elisabeth und ihr Bruder Gottfried die Beziehung zu ihrem Vater schildern:

***Gottfried:*** *„Ich hab zwei Väter gehabt: Einen, der war Pastor, und der war gut. Der strahlte nach außen, der war gütig, nachsichtig, verständig. Und dann den Vater der Familie. Der war unerbittlich, bösartig, strafend. Heute sag ich immer: ‚Der kam noch vorm lieben Gott.‘ Der hat alle Gesetze gemacht. Wie's sein soll – und er selber hat sich nicht dran gehalten.“*

***Elisabeth:*** *„Damals in der Kindheit war es ein Sturm, ein Herbststrum, wo ich dachte, daß die Welt untergeht. Und unser Vater drohte auch immer mit dem Gericht, wo wir dann alle in die Hölle kommen. ‚Den jüngsten Tag‘, so hieß das damals. Und ich dachte: ‚Nun ist es soweit.‘ Der Schornstein krachte runter, und da hab' ich gedacht: ‚Jetzt ist es aus, jetzt kommst du in die Hölle und wirst ewig braten.‘ Dann bin ich zu meinem Vater gerannt, in sein Studierzimmer, und hab' ihm gesagt, ich wüßt' jetzt, daß die Welt untergehen würde gleich, und ich wollte aber vorher noch beichten, damit ich in den Himmel komme. Und er war so lieb und hat mich auf den Schoß genommen. Und ich hatte das Gefühl, zum ersten Mal das Gefühl: ‚Jetzt hab' ich den Vater, den ich mir immer gewünscht habe.‘ Er war so was von lieb. Und ich hab' ihm erzählt, was ich gemacht hatte, so im Kinderleben: mal nicht ganz die Wahrheit sagen, 'n Stückchen Süßigkeit ... vom Bäcker mitgenommen haben. Und ich fühlte mich so leicht und kostbar und richtig gut. Und er hat mir alles verziehen. Und dann haben wir gemeinsam gebetet, und er sagte ‚Amen.‘ Und dann sagte er: ‚Und jetzt bin ich nicht mehr der Pastor, der dir deine Sünden vergibt, jetzt bin ich wieder dein Vater. Und als dein Vater muß ich dich für das, was du da Schlimmes gemacht hast, bestrafen.‘ Und dann schlug er mich. Und das war diese eine Schlüsselsituation, wo ich richtig merkte, wie eine andere Elisabeth entstand. Die entstand richtig in dem Augenblick. Und ich selber hab mich sozusagen gewissermaßen nach hinten katapultiert, und ich hab gedacht: ‚Du kriegst mich nicht. Du kannst diese ... diese Mirjam, die kannst du haben. Und die ist genauso, wie du willst. Und das machen wir dir formvollendet vor.‘ Das Wort hab ich damals nicht benutzt, aber ich hab' so gedacht, das weiß ich noch: ‚Und du kannst tun und lassen, was du willst, aber mich kriegst du nicht – nie im Leben.‘“*

*(Auszüge aus dem Radiofeature: „Auf der Suche nach dem verlorenen Ich“ von R. Krausz, 1999)*

Dieses Beispiel verdeutlicht, wie das über einen langen Zeitraum widersprüchliche Verhalten einer Bezugsperson sich im Innern des Kindes widerspiegelt. Das Mädchen Elisabeth hat gelernt, auf die verschiedenen Rollen des Vaters mit der Erschaffung einer „formvollendeten Rolle“, einer neuen Identität, zu reagieren.

# V

# Die DIS aus Sicht der Gestalttherapie und der Integrativen Therapie

*Angelika Vogler*

Welche Konzepte bieten die Gestalttherapie und die Integrative Therapie (IT) an, um die Dissoziative Identitätsstörung (DIS) zu verstehen? Auf der Grundlage eines humanistischen Menschenbildes und als Gestalttherapeut arbeitet Butollo (vgl. Butollo et al., 1998) mit Menschen, die durch Gewalt von Menschen schwer traumatisiert wurden. Er verfaßte gestalttherapeutische Grundprinzipien, therapeutische Arbeitsprinzipien und Interventionen für den therapeutischen Umgang mit Überlebenden von schweren Traumatisierungen, die für diese Betrachtung der DIS wertvoll sind. Ferner wird im folgendem das gestalttherapeutische Kontaktprozeßmodell von Zinker (1982) kurz vorgestellt und in die Auseinandersetzung eingearbeitet.

Die IT ist aus der klassischen Gestalttherapie, dem Psychodrama, der Psychoanalyse und anderen Therapierichtungen entstanden und entwickelte sich systematisch weiter. Unter anderem wurden entwicklungstheoretische und klinische Modelle in der IT mit einbezogen und unter der besonderen gestalttherapeutischen Menschen- und Weltsicht betrachtet. Petzold erweiterte in der Integrativen Therapie die von Perls aufgestellten Prinzipien wie zum Beispiel Figur/Grund, Hier-und-Jetzt-Prinzip, Ganzheit und Prägnanz und betrachtete in seinen Arbeiten auch die Sozialisation und Enkulturation des Organismus im Umweltfeld. Auch eine intensive Auseinandersetzung mit dem Übertragungskonzept der Psychoanalyse führte bei Petzold zu einer größeren Differenzierung in der Betrachtung der menschlichen Interaktion und Kommunikation vor entwicklungstheoretischem Hintergrund. Übertragungs-/ Gegenübertragungsphänomene im Sinne von Petzold als repetitive Projektion einer alten Beziehung und als empathisches Resonanzphänomen spielen bei der therapeutischen Arbeit mit einer KlientIn, die frühe und anhaltende Gewalt erlebt hat, eine wichtige Rolle (vgl. Petzold, 1999).

Das Verstehen der KlientIn und die Schaffung einer gemeinsamen Realität zwischen TherapeutIn und KlientIn würde bei dieser KlientInnengruppe ohne die Ebene der Biographie und der gesellschaftlichen Dimension sehr begrenzt bleiben. Ein umfassendes, heilendes „Sich-Verstanden-Fühlen" der KlientIn würde ausbleiben.

Ein weiterer heilender Faktor, die Sinngebung für das, was ist und was war, kann die KlientIn ohne Blick auf ihre Geschichte nicht leisten. Rahm u.a. (1993, S. 115) schreiben dazu, daß der „Mensch ... ohne seine Lebenswelt und ohne seine zeitliche/historische Perspektive nicht denkbar" ist.

Die Gestalttherapie und die IT bieten Konzepte für die therapeutische Begleitung von DIS-KlientInnen an, die vor allem in Verbindung miteinander fruchtbar für die therapeutische Arbeit sind.

Um sich den Phänomenen und der Diagnostik der DIS annähern zu können, ist es notwendig, die Entstehungsbedingungen zu erfassen. Wie kann es sein, daß ein Mensch

Dissoziation in einem derart ausgeprägten Maß als Bewältigungsstrategie wählt, so daß nicht nur Persönlichkeitsbereiche, wie etwa die Wahrnehmung des eigenen Körpers, abgespalten werden, sondern auch Bereiche derart getrennt werden, daß jeder Bereich für sich ein „Ich bin“ formulieren kann?

# 1. Entstehungsbedingungen der DIS aus Sicht der Gestalttherapie und der IT

Die Gestalttherapie sieht die Entstehung von Störungen und Eigenarten in der *Beziehung zwischen Person und Umwelt,* wo sie auch ihren Ausdruck finden. Sie können also auch nur in und durch Beziehungen wahrnehmbar und dadurch veränderbar werden (vgl. Butollo et al., 1998).

Traumatisierende Szenen aus der Biographie der KlientIn wirken als *unabgeschlossene Gestalten* in der Gegenwart weiter und drängen nach Abschluß. Bei fixierten unabgeschlossenen Gestalten werden immer wieder Beziehungen so gestaltet, daß ein erneuter Lösungsversuch möglich wird. Jedoch setzen gleichzeitig *Schutz- und Bewältigungsstrategien* ein, die sich ebenfalls manifestiert haben. Sie unterbrechen den *Kontaktprozeß* auf dysfunktionale Weise, so daß die Gestalt nicht abgeschlossen werden kann. Diese Beziehungsgestaltung der KlientIn wird in der therapeutischen Beziehung für die TherapeutIn erlebbar und dadurch im therapeutischen Prozeß bearbeitbar.

Votsmeier (1999) beschreibt die Manifestierung der Bewältigungsstrategie der Dissoziation nach Gewalterfahrungen: In gefährlichen Situationen (z.B. sexueller Mißbrauch) liegt eine existenzielle Bedrohung vor. Der Organismus ist bestrebt, die gefährliche Situation zu beenden. Da sie im Umfeld nicht geändert werden kann (z.B. durch Flucht aus der Mißbrauchssituation), wird sie durch einen Kontaktabbruch im inneren Erleben beendet. Dies ist nach Votsmeier nur durch Introjektion und Dissoziation der Erfahrung möglich. Das Kind reagiert zum Beispiel dissoziativ mit einer Depersonalisation, etwa durch eine Abspaltung des Körperempfindens, oder mit Derealisation, indem es die Situation unwirklich macht. Der Erfahrungsbereich, der mit der traumatischen Situation zusammenhängt, und mit ihm entsprechende Persönlichkeitsteile, werden abgespalten, isoliert und sind nicht mehr eingebettet in die Gesamtheit der Person. Sie sind abgespalten vom Hintergrund der übrigen Prozesse.

Introjektion bezeichnet die Übernahme von Fremden ohne Prüfung oder Verarbeitung durch den Organismus. Das Kind introjiziert zum Beispiel die Sicht des Täters von dem Kind und von der Situation. So kann es dem Geschehen Sinn geben und die

Diskrepanzen im Verhalten des Täters ( z.B.: geliebter Vater – mißbrauchender Vater) ertragen.

In einem Gespräch stellte eine Klientin ihre Beziehung zu ihrem Vater folgendermaßen dar:

*„Mein Vater ist ein lieber Mensch. Er arbeitet sehr hart, um uns allen ein gutes Leben zu ermöglichen. .... Wenn er getrunken hatte, dann wurde er komisch. Ich hatte immer Angst dann, weiß nicht warum. Manchmal habe ich Träume – da sehe ich sein rotes, aufgedunsenes Gesicht direkt über meinem – irgendwie in einem dunklen Raum. .... Das sind nur Träume! .... Wenn er mich schlug, sagte er immer, daß ich eine Hure und böse bin und daß ich schuld daran bin, daß er das alles mit mir tun müsse. .... Ich bin schmutzig und böse in meinem Innern. Ich versuche immer gut zu sein, aber das ist alles Maske – in Wirklichkeit müßten alle doch sehen, wie schlecht ich bin.“*

Diese Gesprächssequenz verdeutlicht, wie isoliert die Erfahrungsbereiche der Klientin in Bezug auf ihren Vater sind. Dadurch kann die Diskrepanz zwischen dem schlagenden, mißbrauchenden und dem lieben Vater ertragen werden. Zusätzlich sind ganze Erlebensbereiche (Mißbrauch) nur durch Intrusionen erlebbar. Den Gewalttätigkeiten des Vaters gibt die Klientin Sinn, indem sie sich selbst die Schuld zuschreibt. Eine Verbindung zwischen den abwertenden Äußerungen des Vaters und ihrem Selbstbild stellt die Klientin nicht her.

In der Folgezeit können sich diese Schutz- und Bewältigungsmechanismen manifestieren und fixieren, besonders wenn weiterhin erneute gefährliche Situationen auftauchen.

Parallel zur Gefahr aus dem Umfeld entsteht Angst vor der Erschütterung bei der Reaktivierung vergangener Erfahrungen. Daraus bilden sich Vermeidungsreaktionen, die eine schützende Funktion haben, indem sie verhindern, daß die existenzbedrohende, „unabgeschlossene Gestalt in Form des isolierten Erfahrungsbereiches wieder ins Bewußtsein tritt und eine erneute Erschütterung bewirken könnte“ (Votsmeier, 1999, S. 725).

Andere Mittel zur Kontaktunterbrechung, wie zum Beispiel Projektion (Eigenes wird anderen zugeschrieben), Retroflektion (Wendung von Bedürfnissen an bzw. gegen sich selbst, statt an andere) oder Konfluenz (Vermischung und Verschmelzung von Bedürfnissen und Persönlichkeitsaspekten verschiedener Personen) können neben den Strategien der Dissoziation und der Introjektion hierbei ebenfalls zur Anwendung kommen (vgl. Kapitel V.2.2). Sie dienen dem Schutz und unterstützen die subjektive Wahrung von Grenzen der KlientIn und in Bezug auf ihr Umweltfeld.

Wie betrachtet die Integrative Therapie die Entstehung von Störung und Krankheit? Ebenso wie in der klassischen Gestalttherapie stellt die IT die Beziehung zwischen

Mensch und Umweltfeld in den Mittelpunkt. Wobei es in der IT zuerst darum geht, die Symptomatik einer KlientIn in ihrer Einzigartigkeit möglichst weitgehend zu verstehen. Klassifizierende Erklärungen werden abgelehnt, weil jeder Mensch seine persönliche Symptomatik mit ganz individuellen Bedeutungszusammenhängen im Laufe seines Lebens in seinem spezifischen Umweltfeld entwickelt. Über das Erforschen der persönlichen Struktur und Lebensgeschichte der KlientIn, und durch das Erleben und Bewußt-Werden von TherapeutIn und KlientIn im *Ko-respondenzprozeß* (vgl. Kapitel V.2), entwickelt die KlientIn mit der TherapeutIn ein Bild vom komplexen Ursachengeflecht der eigenen Symptomatik. Gemeinsam können sie die Sinnhaftigkeit und die heutige Angemessenheit der Symptomatik ergründen. Die KlientIn kann auf dieser Grundlage neue, für sie aktuell angemessene Handlungsmöglichkeiten erproben und für sich erschließen.

Rahm u.a. (1993, S. 271) beschreiben grundlegende Thesen zur Krankheitsentstehung:

1. Entwicklungen, die zu einer psychischen Erkrankung führen, sind niemals eindimensional-ursächlich zu verstehen. Sie sind komplex. Bei der Entwicklung von Krankheit sind im allgemeinen somatische, psychische und soziale Faktoren beteiligt, die in ihrer Interdependenz gesehen werden müssen.

2. Bei jeder pathogenen Entwicklung spielt die genetische (vererbte) Disposition eine bedeutsame Rolle. Inwieweit ihr Einfluß entscheidend war, ist oft schwer zu bestimmen und auch unter ExpertInnen in vielen Fällen strittig (Oerter/Montada, 1987).

3. Ein traumatisierendes Ereignis allein, auch in der Kindheit, führt in aller Regel nicht zu einer Erkrankung. Es müssen negative Ereignis-Ketten, permanente negative Milieus/Atmosphären/Beziehungen vorliegen.

4. Zu einer Erkrankung kommt es nur dann, wenn langfristig keine Kompensationsmöglichkeiten gegeben sind, und

5. Wenn die vergangenen Erfahrungen und die gegenwärtige Lebenswelt zu weitgehend negativen Erwartungen für die Zukunft führen.

6. Schädigungen, die zu seelischen und psychosomatischen Störungen führen, können in jedem Lebensalter wirksam werden, wenn sie schwer und chronisch sind. Chronische Schädigungen in der Kindheit wirken sich in der Regel nachhaltiger aus, weil das Kind weniger Abwehr- und Kompensationsmöglichkeiten hat.

In der IT richtet sich der Blick also auf Gesellschaft, direktes Umfeld und das Individuum, in deren *Kontext und Kontinuum* als komplexes Wirkgeflecht, aus dem heraus und in dem Störungen und Krankheit entstehen.

Die Sicht der Traumatherapie hat sich in den letzten Jahren der Gestalttherapie und der IT angenähert. Die subjektive Bezogenheit von Opfer und traumatischer Situation mit individuellen Voraussetzungen, momentaner Lebenswelt und Biographie des Opfers, dem aktuellen Beziehungsgeschehen in der therapeutischen Beziehung und Ressourcenorientierung wurde von der Traumatherapie vermehrt in den Mittelpunkt gehoben.

Im Folgendem werden die Bedingungen dargestellt, in denen multiple KlientInnen aufwuchsen und die den Hintergrund für die aktuelle Beziehungsgestaltung der KlientIn und die Entstehung einer DIS bilden.

## 1.1 Gesellschaft als Produzent von psychischen Traumatisierungen

Betrachten wir kurz unserer Gesellschaft in Bezug auf die Entwicklung einer DIS: Reddemann und Sachsse (1997) gehen davon aus, daß *eine DIS auf der Grundlage von langandauernden, schweren traumatischen Ereignissen* entsteht. Besonders schwer wiegen nach Butollo u.a. (1999) von Menschen an Menschen begangene Traumatisierungen, wobei diejenigen von Bezugspersonen die schwersten und andauerndsten Störungen hervorrufen.

Traumatische Ereignisse sind Bestandteile unserer gesellschaftlichen Geschichte und aktuellen gesellschaftlichen Realität. Unter patriarchalen Bedingungen, wie sie in Europa über Jahrhunderte herrschen, sind es vor allem Frauen und Kinder, die besonders mit unterdrückenden, traumatisierenden Verhältnissen konfrontiert sind und darunter leiden.

De Mause (1980) belegte die traumatisierenden Faktoren für Kinder vom frühen Mittelalter bis ins 19. Jahrhundert. Traumatische Ereignisse wie zum Beispiel Tod, Hunger, Gewalt, Krieg, Vergewaltigung und sexueller Mißbrauch bildeten den Alltag von Kindern. In der jüngeren Geschichte finden wir zum einen systematische Traumatisierungen im nationalsozialistischen Deutschland, stalinistischen Ostblock, im Franco-Spanien, im ehemaligen Jugoslawien und vielen anderen Ländern (vgl. Graessner et al.,1996).

Zum anderen belegen Statistiken und Untersuchungen, daß sexueller Mißbrauch, Vergewaltigung und Gewalt gesellschaftliche Realität im heutigen Deutschland sind.

Kinder sind die schwächsten Glieder im Machtgefälle unserer Gesellschaft. Dadurch sind sie häufig Opfer von Gewalt, Deprivation und sexuellem Mißbrauch. Abhängig von Erwachsenen und oft ohne Unterstützung beim Einfordern und Durchsetzen ihrer Rechte, müssen sie in der Regel alles hinnehmen, was ihre Umwelt ihnen an

Bedingungen anbietet. Kinder klagen, alleine schon durch ihre Abhängigkeit von Erwachsenen, nicht an und konzentrieren sich stillschweigend auf ihr Überleben.

So manifestiert sich das „Recht des Stärkeren“, das besagt, daß man mit Schwächeren alles machen kann, bis ein Stärkerer einen daran hindert. Und die Biographien von DIS-KlientInnen belegen eindrücklich, welche Gewaltformen in unserer Zeit an Kindern und Jugendlichen möglich sind und ausgeübt werden.

Vielleicht liegt in diesen gesellschaftlichen Bedingungen eine Ursache dafür, wie wenig sich Täter ihrer Schuld und Verantwortung bewußt sind und wie sehr sie sich oftmals im Recht fühlen. Für das Opfer bedeutet dies in der Regel, daß Täter ihre Schuld an das Opfer delegieren und generell ihre eigene Schuld und oftmals sogar die Taten verleugnen. Hierfür finden die Täter zusätzlich Rückhalt in der Gesellschaft. Das zeigt sich schon im geringen Strafmaß bei Gewalt in der Ehe, Vergewaltigung und sexuellen Mißbrauch.

Hinzu kommt die von unserer Gesellschaft weitgehend verleugnete Existenz extremer satanischer und faschistischer Kulte und den ebenfalls weitgehend verleugneten Praktiken von organisierten Porno-Ringen, die zum Teil sehr lukrative Allianzen geschlossen haben.

## 1.2 Lebenswelt und direktes Umfeld

Ein Teil unserer Gesellschaft ist die Lebenswelt und das direkte Umfeld einer KlientIn. Hier erfährt sie Grenzen und Freiheiten, baut ihr Selbstbild unter anderem durch die Spiegelung anderer Menschen auf, erlebt wie Beziehungen sein können, wie die Welt funktioniert und vieles mehr.

Das Bild einer DIS-KlientIn von sich, von anderen Menschen, von der Welt und ihrer aktuellen Realität wird durch eine lange Kette schwerster Traumatisierungen, die Menschen ihres Umfeldes verursacht haben, geprägt.

Eine DIS entsteht durch die Form des intersubjektiven Kontaktes und wirkt sowohl in den Kontakt zu sich selbst, wie auch in die Kontakte zu anderen Menschen hinein. Dies ist für die TherapeutIn/Begleiterin erlebbar durch das So-Sein in der therapeutischen Beziehung, die Selbstbilder, die Menschenbilder und durch die erinnerten Fragmente der Geschichte der KlientInnen.

Die Geschichte der Betroffenen nennt Temminghoff (1999) ein „Leben im Trauma/ Leben mit dem Trauma“. Betroffene schildern retrospektiv „als ursächliche Bedingung der Dissoziation ... übereinstimmend massive Gewalt- und Mißbrauchserfahrungen in verschiedenen Formen“ (ebd., S. 100). Ab frühester Kindheit sind sie etwa Mordversuchen, sexuellem Mißbrauch, massiver Vernachlässigung, dem Miterleben des gewaltsamen Todes naher Angehöriger, ritualisierten extremen Gewalterfahrungen, Folter etc. ausgesetzt (nach Marya, 1999; Huber, 1995; Fröhling, 1996).

Die Gestalttherapie geht davon aus, daß psychische Störungen durch die Beziehung zwischen Person und Umwelt entstehen und in Beziehungen ihren Ausdruck finden. Gerade in dem Bereich der von Menschen an Menschen begangenen Traumatisierungen wird diese Aussage der Gestalttherapie besonders offensichtlich. Besonders in der Kindheit, einem Lebensabschnitt, in dem der Mensch sehr verletzlich und abhängig von anderen Menschen ist, stellen die Beziehungen zu diesen Menschen Gefahr, Bedrohung, Verlassen-Sein, Mißbrauch, kurz massive Verletzungen der Integrität und das Ausnutzen der Abhängigkeit des Kindes dar.

Die daraufhin entstehenden psychischen Störungen und Erkrankungen sind auf lebensnotwendige Blockaden und Störungen im Kontaktprozeß (z.B. Dissoziation) zwischen Organismus (Mensch) und Umweltfeld zurückzuführen.

Wie sehen Kontaktprozesse aus? Dies wird in kurzer Form anhand des *Kontaktprozeßmodells von Zinker* (1982), eine erweiterte Variante des Kontaktprozeßmodells von Perls, dargestellt.

Ein Mensch ist im permanenten, wechselseitigen Austausch mit seinem Umfeld. Er nimmt aber nicht alles bewußt wahr, was in ihm und außerhalb von ihm vorhanden ist. In der Einheit des Organismus-Umwelt-Feldes bildet sich eine Figur heraus, die in den Vordergrund tritt, prägnant und zur Gestalt wird. Dieser Kontakt wird als Prozeß verstanden, der einen idealtypischen Ablauf aufweist:

**Kontaktprozeßmodell** (*Zinker*)

1. **Empfindung**
   *Beispiel:* Während ich (Autorin) mich mit dem Thema Kontaktprozeßmodell auseinander setze, empfinde ich ein flaues Gefühl in meinem Magen.

2. **Gewahrsein – awareness**
   *Beispiel:* Das flaue Gefühl im Magen identifiziere und differenziere ich als Hungergefühl nach einem warmen Essen.

3. **Mobilisierung von Energie**
   *Beispiel:* Ich entscheide mich dafür, dem Bedürfnis nach einem warmen Essen nachzugehen, und mir fällt die Pizza in meinem Kühlschrank ein, die ich so gerne esse.

4. **Handlung – Bewegung**
   *Beispiel:* Ich stelle den Backofen auf 220° C, hole die Pizza und backe sie 15 Minuten im Ofen.

5. **Kontakt**
   *Beispiel:* Während ich die Pizza esse, genieße ich die Wärme, die sich in meinem Magen ausbreitet und natürlich den leckeren Käse, die Pilze und den typischen Pizzageruch.

6. **Rückzug**
   *Beispiel:* Das wohlige Gefühl der Sättigung lasse ich eine Zeit nachklingen, beglückwünsche mich, daß ich mich zu diesem Zeitpunkt im Arbeitsprozeß für die Mahlzeit entschieden habe. Ich bemerke, wie ich diesen Vorgang mit dem Kontaktprozeßmodell zu erklären versuche.

Damit ist die Gestalt geschlossen, ich bin gesättigt, habe neue Energie und befinde mich schon im nächsten Kontaktprozeß.

An jeder Stelle des Kontaktprozesses kann eine Unterbrechung stattfinden. Ist die Unterbrechung oder Blockierung gewohnheitsmäßig und fixiert, tritt eine Störung auf.

Multiple KlientInnen wenden als Grundabwehrmechanismus vor schädigenden Umweltbedingungen die Dissoziation an. Wo siedeln GestalttherapeutInnen am ehesten die Unterbrechung des Kontaktprozesses bei der Bewältigungsstrategie der *Dissoziation* an?

Zinker (1982) ordnet Dissoziation bei der Unterbrechung *zwischen Rückzug und Empfindung* ein. Weit zurückgezogen will oder kann die Dissoziierende keinen Kontakt zur Umwelt und zu sensorischen Hinweisen aus ihrem Körper aufnehmen.

Dagegen sieht Teschke (1999, unveröffentlichtes Manuskript) den Zeitpunkt der Unterbrechung des Kontaktprozesses bei einer Spaltung *zwischen Empfindung und Gewahrsein.* Eine aufkommende Erregung (Empfindung) oder eine Erregung werden als bedrohlich erlebt, abgespalten, fehlgedeutet oder unkontrolliert ausgelebt.

Dieser idealtypische Ablauf einer Gestaltbildung stellt nicht „die Wahrheit" über den Kontaktprozeß einer KlientIn dar, sondern verhilft dazu, Arbeitshypothesen für den therapeutische Prozeß zu finden und erzählt etwas darüber, wie die KlientIn gelernt hat, die früher malignen Beziehungen zu bewältigen und wie sie sie heute gestaltet. Entdeckt die TherapeutIn eine Unterbrechung des Kontaktprozesses, so kann diese situations- und beziehungsangemessen sein. Wiederholt die KlientIn in ihrem Leben unbewußt immer wieder spezifische Unterbrechungen in ihren Kontaktprozessen, so wird von einer Blockierung oder Störung ausgegangen. Diese Unterbrechung stellt eine früher kreative Bewältigung von häufigen, schwierigen Situationen dar.

Sind diese Unterbrechungen fixiert, so findet sie auch in der therapeutischen Beziehung statt und wird somit für die TherapeutIn und die KlientIn identifizierbar und bearbeitbar.

*Eine Klientin wechselte jedesmal, wenn ein Thema ihr „heiß" wurde, die im Vordergrund befindliche Alter-Person war kaum noch ansprechbar. Mit der Zeit wurde deutlich, daß schon eine diffuse Empfindung, wenn ein Thema nur atmosphärisch im Raum stand, für die Klientin nicht aushaltbar war. Durch den Wechsel der Alter-Personen oder durch Depersonalisation unterbrach sie den Kontakt zum Thema und zu ihrer Therapeutin.*

*Da diese Kontaktunterbrechungen bei allen Menschen in ihrem Umfeld und bei sehr vielen Themen einsetzte, war es für die Klientin nicht möglich intensivere Beziehungen zu anderen Menschen aufzubauen.*

*Hinzu kam, daß wichtige Themen durch diese Unterbrechungen auch nicht im System der Klientin besprochen und bearbeitet werden konnten. Die Klientin schilderte sich als Hamsterschar in einem Käfig. Jeder Hamster rennt in seinem eigenen Rad so schnell wie nur irgend möglich. So kann kein Hamster richtig die Berührungen mit seinem Rad spüren und vor lauter rennen auch die anderen Hamster nicht richtig wahrnehmen.*

Auch Rahm u.a. stellen Krankheit als eine Rettung vor sonst unerträglichen Bedingungen dar, die nicht anders kompensiert werden können. „Wenn ein Kind, vor allem ein sehr junges Kind, solchen Situationen bzw. Beziehungen über längere Zeit ausgesetzt ist, ....(bilden sie sich) in der sich entwickelnden Persönlichkeit des Kindes als „innere Strukturen" ab. Dieses sind dann seine Erlebens- und Verhaltensstrukturen, mit denen es seiner künftigen Welt begegnet" (Rahm et al., 1993, S. 273). Haben sich diese Strukturen verfestigt, so wird die ehemals sinnvolle Bewältigungs- und Überlebensstrategie selbst zur Krankheitsursache, da sie nicht mehr kontrollierbar für die Betroffene ist und nicht mehr nur als sinnvolles Notfallprogramm in bestimmten Situationen auftaucht. Sie bekommt eine Art Eigenleben, das sich selbst perpetuiert.

Diese Aussage wird durch die Geschichte der Betroffenen und die Manifestierung ihrer Störung auf dramatische Weise bestätigt. Wie geschildert, ist die Hauptüberlebens- und Hauptbewältigungsstrategie von Betroffenen die Dissoziation. Aufgrund der extremen Erfahrungen ohne jegliche Hilfs- und Kompensationsmöglichkeiten weisen die Dissoziationen ein extremes Maß auf. Durch die lange Dauer (über viele Jahre hinweg) entwickelt die KlientIn eine innere Struktur, die auf Dissoziation basiert und auch nach Loslösung aus dem zerstörerischen Lebensumfeld bestehen bleibt. Das früher sinnvolle Notfallprogramm hat sich verselbständigt.

*So erlebt eine Klientin ihre häufigen Derealisationen in Form von optischen Verzerrungen des Umfeldes und ihre häufigen Depersonalisationen, in denen ihr Körper völlig unabhängig von ihr selbst zu agieren scheint, als sehr beängstigend. Hinzu kommt, daß sie durch die dissoziativen Zustände und durch ihre Angst massive Einschränkungen in ihrem jetzigen Leben hinnehmen muß. Sie traut sich dann zum Beispiel nicht auf die Straße, da sie sich ihrer selbst nicht sicher sein kann. Kontrolle über ihre dissoziativen Zustände kann sie zur Zeit nicht erlangen. Das löst wiederum Angst aus und fördert ein erneutes Auftreten dieser dissoziativen Zustände.*

## 1.3 Individuelle Voraussetzung zur Entwicklung einer DIS

In seine Lebenswelt und sein direktes Umfeld ist das Individuum mit seinen Fähigkeiten, Möglichkeiten und Dispositionen eingebettet.

In Kapitel IV.2 findet sich eine Beschreibung von notwendigen individuellen Dispositionen zur Ausbildung einer DIS. Wie dort dargestellt, weisen die überlebenden Betroffenen eine große Fähigkeit zu dissoziieren auf. Ob dies hauptsächlich eine in großer Not erlernte und ausgebaute Fähigkeit oder eine hauptsächlich anlagenbedingte Fähigkeit ist, läßt sich nicht eindeutig klären. Belegt ist, daß manche Menschen diese „schlimmen Lebenswelten" (Rahm u.a., 1993, 270) nicht überleben. Warum überleben andere Betroffene?

Die geschilderten individuellen Dispositionen, hohe Dissoziationsfähigkeit, gut ausgebildete Gedächtnisfähigkeiten und stark ausgeprägte Kreativität sind offenbar die Voraussetzungen für ein Überleben in einem sonst unerträglichen Umfeld. Zum einen werden traumatische Erlebnisse, die nicht verarbeitbar sind, abgespalten. Zum anderen stellt vielleicht die Erschaffung eines eigenen, inneren „Du" eine Kompensationsmöglichkeit für fehlende, beschützende und fördernde Beziehungen dar. Eine Klientin wies zum Beispiel schon in relativ früher Kindheit eine Alter-Person auf, die erwachsen und fürsorglich war und einen Ersatz für die emotional abwesende, extrem unzuverlässige leibliche Mutter darstellte.

Auf jeden Fall stellen die Überlebens- und Bewältigungsstrategien eine kreative Leistung der KlientIn dar. Sowohl die Kreativität, wie auch die Leistung, diese Strategien erlernt und durchgehalten zu haben, zeigen die Kraft und den Überlebenswillen der KlientIn.

# 2. Aspekte der DIS aus Sicht der klinischen Krankheitslehre der IT

Die klinische Krankheitslehre der Integrativen Therapie sieht die Erklärung für die Krankheitsentstehung im Einzelfall in Einflüssen aus *Kontext und Kontinuum*. Der Kontextbezug betrachtet die KlientIn im Hier-und-Jetzt im Kontakt und in der sich wechelseitig beeinflussenden Beziehung mit ihrem Umfeld. Mögliche Störungen im Kontakt und im Austauschprozeß zwischen einem Individuum und seinem Umweltfeld beschreibt das *beziehungstheoretisch begründete Streßmodell*. Die historische Perspektive, also den Bezug zum Kontinuum einer KlientIn, stellt das *entwicklungs-theoretische Strukturmodell* dar.

Beide Modelle sind nicht voneinander zu trennen. So wie eine KlientIn heute den Kontakt mit sich und ihrer Umwelt gestaltet, so ist sie durch ihre Anlagen, durch ihre Anpassung und Bewältigung an ihr früheres Umfeld und ihre vom Umfeld gebotenen Entwicklungsmöglichkeiten geworden.

Das *beziehungstheoretische Streßmodell* als ein Krankheitsmodell der IT arbeitet mit Grundfaktoren der *Ko-respondenz*: „Der Begriff Ko-respondenz bezeichnet die fundamentale Tatsache, daß wir in Beziehung stehen zu unserer Umwelt und vor allem zu unseren Mitmenschen, daß wir uns ohne sie nicht entwickeln, nicht überleben könnten und darüber hinaus ohne sie gar nicht zu verstehen wären“ (Rahm u.a., 1993, S. 79).

Die vier Grundfaktoren der Ko-respondenz, also dem Austauschprozeß zwischen Organismus und Umweltfeld, sind nach Rahm (1993, S. 275):

1. die Bedürfnisse des Menschen,
2. das Entgegenkommen der Umwelt,
3. die Bewältigungsfähigkeit des Menschen und
4. die Anforderungen der Umwelt.

Bei Menschen mit DIS traten in der Kindheit in allen vier Grundfaktoren massive Störungen auf, die extremen Streß für das Kind bedeuteten. Die *Bedürfnisse des Kindes* wurden systematisch und frühzeitig ignoriert und/oder fehlinterpretiert und bewußt für eigene Bedürfnisse der Bezugspersonen mißbraucht.

Eine Klientin schildert ihr Bedürfnis nach Nähe zur Mutter, die darauf jedoch oftmals mit Schlägen oder Wegsperren des Kindes in eine Kiste reagierte. Kurz davor konnte es sein, daß die Mutter sich Trost für ihr eigenes Leben bei der Tochter holte.

Der Vater schenkte seiner Tochter ein flauschiges Kuscheltier, das er nachts, als er sie mißbrauchte, aufschlitzte und ihr drohte, das auch mit ihr zu tun. Diese Szenen drücken die Nichtbeachtung der Bedürfnisse und die Unberechenbarkeit von nahen Bezugspersonen der Klientin aus.

Diese Klientin schilderte auch, daß sie mit knapp 3 Jahren fast verhungert wäre. Ihre Mutter mußte für einige Zeit in ein Krankenhaus. In dieser Zeit war der Vater fast nie zu Hause und gab dem Kind nichts zu essen. Nur durch das Eingreifen einer Tante konnte die Klientin dem Tode nah in eine Klinik gebracht werden und überlebte. Von einem *Entgegenkommen der Umwelt* kann bei dieser Art von Szenen nicht gesprochen werden.

Die *Bewältigungsfähigkeit* und -strategie der Klientin lag hauptsächlich im Dissoziieren, da Ausdruck, Kampf oder Flucht nicht als mögliche Wege offen standen. Die *Anforderungen der Umwelt* waren für diese Klientin immens groß. Sie wurde über lange Zeit schädigenden Stimulierungen ausgesetzt:

**Permanente Überstimulierungen** durch Mißbrauch, Gewalt, Tod nahestehender Personen, eigene Nah-Tod-Erfahrungen etc.

**Regelmäßige Unterstimulierungen** durch stunden- oder tagelanges Einsperren in dunklen Kisten oder Räumen ohne Kontakt zu einem Menschen etc.

**Dauerhafte inkonstante und uneindeutige Stimulierungen**, wie etwa extreme Stimmungswechsel bei der Mutter, verbunden mit massiven Folgen für die Tochter (Tröste mich, Tochter, und wenn du mir nahe kommst, schlage ich dich vielleicht kaputt!).

**Konträre Stimulierungen,** z.B. durch Gewalt und Mißbrauch durch eine nahe Bezugsperson. Vater wurde geliebt und gehaßt gleichzeitig. Der Sektenanführer lobte die Klientin für ihr Tun und ihre bedingungslose Gefolgschaft und unterzog diese Klientin kurz danach unvorstellbaren Qualen.

Unter diesen frühen, lang andauernden Streßbedingungen treten nachhaltige Schädigungen auf, die sich in den Grundstrukturen der Betroffenen eingraben. Entsprechend sind die aktuellen Beziehungsstrukturen dieser Klientin durch extremes Mißtrauen gegenüber ihrer Umwelt und gegenüber sich selbst geprägt. Es fällt ihr schwer, eigene Bedürfnisse zu erkennen, und sie versucht intensiv, sich den von ihr angenommenen Bedürfnissen anderer Menschen anzupassen. Bei angenommener Gefahr und bei ersten Anzeichen leiblicher Enge versucht sie den Kontakt zum Mitmenschen sofort zu unterbrechen (z.B.: Switches; sagen, was die Therapeutin hören will; in Krise abtauchen etc.).

Von dieser Perspektive aus betrachtet, kann die Entwicklung einer DIS als Organisation des Kontaktes nach innen und nach außen gesehen werden, die das Überleben in massivsten Streßsituationen, die Aufrechterhaltung der Funktionstüchtigkeit und des scheinbaren Kontaktes nach außen ermöglicht.

Keine andere Stressbewältigungs-Strategie erlernt

## 2.1 Das entwicklungstheoretisch begründete Struktur-Modell

Das entwicklungstheoretisch begründete Strukturmodell geht von einem Modell der inneren Strukturen aus, die mit der Entwicklung von Leib-Selbst, Rollen-Selbst, des Ich und der Identität beschrieben werden.

Die retrospektiven Schilderungen von DIS-KlientInnen sind eine nicht endendwollende Beschreibung von Notfallprogrammen, die zur Bewältigung der Anforderungen des damaligen Umfeldes kreiert werden mußten. Entsprechend wurden die Entwicklungen von Leib-Selbst, Rollen-Selbst, des Ich und der Identität, also der inneren Strukturen, massiv gestört.

Im Strukturmodell der IT umfaßt der Begriff *Leib-Selbst* die organismische Basis und alle leiblich fundierten Prozesse der Persönlichkeit. Das Leib-Selbst schließt Wahrnehmung, Ausdruck, Gedächtnis, Denken und Handlung, also auch Rollen-Selbst, Ich und Identität mit ein.

Der Begriff *Rollen-Selbst* beschreibt die verdichteten Interaktionserfahrungen eines Menschen, die sich als Interaktionsmuster im Leib-Selbst verfestigt haben. So kann sich etwa die Erfahrung, daß Frauen nur geschätzt werden, wenn sie sich Männern unterordnen, nicht nur zu unterwürfigem Verhalten, sondern auch zu einer sich verkleinernden Körperhaltung oder einem gebeugten Kopf in Anwesenheit von Männern führen.

Bewußtsein und Kontakt sind Charakteristika des *Ich*. Bewußtes Wahrnehmen, Erinnern, Handeln und Integrieren sind dem Ich zugeordnet. Die Strukturen des Ich sind die durch Reifung und Erfahrungen entwickelten Konzepte, Grundschemata, Rollen,

Konstrukte und Handlungsstrategien, also die Art, wie das Individuum die Welt ordnet und individuelle Bewältigungsstrategien entwickelt.

Die *Identität* wiederum ist das Bild und das Gefühl, das der Mensch von sich selber hat. Es bildet sich aus dem, wie der Mensch sich selber sieht und wie er von anderen gesehen wird. Wir entwickeln in der Regel ein Gefühl von Sich-Selbst-Ähnlich-Sein, und andere spiegeln uns ein Ich-erkenne-dich-wieder. Die Identität ist die stärkste integrative und stabilisierende Kraft des Menschen (vgl. Rahm et al., 1993).

Die organismische Basis einer multiplen KlientIn ist schwer gestört. Wie schon im Kapitel II.3 und II.4 beschrieben, sind die Selbstwahrnehmung und die Wahrnehmung anderer verzerrt bzw. gestört. Alle Ebenen des Leib-Selbst, also auch Rollen-Selbst, Ich und Identität sind stark beschädigt und zersplittert.

Die *Schädigungen des Leib-Selbst* zeigen sich zum Beispiel in leiblicher Entfremdung, Haß auf den eigenen Körper, chronifizierten Zuständen von Engung durch Angst, Gefühle von Leere und Sinnlosigkeit, massive Verzerrungen des Körperbildes und vielem mehr.

Das Besondere bei der DIS ist, daß diese Schädigungen sich oft auf unterschiedliche Alter-Personen verteilen. Auch chronische Grundstimmungen, wie etwa Euphorie, Panik, depressive Verstimmung haben sich durch Abspaltung, die wiederum ein Zeichen für Schädigung des Leib-Selbst ist, innerhalb des Systems auf verschiedene Alter verteilt.

Die Spaltung der DIS-KlientIn geht durch ihr Leib-Selbst hindurch. Das subjektive Erleben der Alter-Personen ist, daß jede eine eigene Wahrnehmung, einen eigenen Ausdruck, ein eigenes Gedächtnis und Denken, eine eigene Handlungsbandbreite oder -enge, also auch ein eigenes Rollen-Selbst, Ich und eine eigene Identität hat. Auch wenn alle Alters von außen betrachtet einen einzigen Körper haben, so erleben sie das nicht so. So glaubten zum Beispiel einige Alters einer Klientin, daß sie, wenn sie sich selbst töten, die anderen Alter-Personen des Systems nicht sterben würden. Eine ausführlichere Beschreibung des Selbsterlebens einer Klientin findet sich im Kapitel V.3.4 „Die fünf Säulen der Identität".

Naheliegend sind auch die *Störungen des Rollen-Selbst*, da Rollen verdichtete Interaktionserfahrungen sind, wobei bei der DIS die mangelnde Rollenflexibilität und Rollendifferenzierung gerade durch das Viele-Sein gleichzeitig als inkonsistentes Verhaltensschema auftritt. Die einzelnen Alter-Personen können extrem unflexibel in ihrem Rollen-Selbst sein, während gleichzeitig die Gesamtperson entsprechend den Anforderungen der Umwelt und innerer Vorgänge durch Wechsel in den Alter-Personen eine extreme Flexibilität aufweist. Dies ist eine lebensrettende Strategie gewesen, die jedoch zur festen Struktur geworden, wiederum Leid erzeugt.

Hinzu kommt bei DIS-KlientInnen, die in Sekten groß geworden sind, daß sie in zwei unterschiedlichen Welten mit sehr unterschiedlichen und unvereinbaren Rollenvorbildern lebten. Nur Spaltung in mindestens zwei, möglichst unverbundene Rollenbereiche ( Sekte, Alltagsleben) kann diesen Konflikt lösen.

Die *Schädigungen des Ich* zeigen sich in der relativen Bewußtheit in Bezug auf:

- *Wahrnehmung* (Welches Alter nimmt überhaupt und was wahr und wie geht diese Wahrnehmung als solche in die Gesamtpersönlichkeit ein?);
- *Erinnerung* (Welches Alter erinnert sich an was, was wird von allen Alters erinnert und welche Bereiche werden von keinem Alter erinnert?);
- *Handeln* (Welches Alter weiß, was es wann tut, wie bewußt ist das Handeln der anderen Alter-Personen, und welches Handeln entzieht sich dem Bewußtsein jedes Alters?);
- und *Integrieren* (Findet im Gesamtsystem so etwas wie Integrieren überhaupt statt, oder finden sich nur bei einzelnen Alters Ansätze von Integrieren?).

Diese Schädigungen zeigen sich besonders in für die KlientIn nicht bewußt, ständigem Wechsel von Themen, Gefühlen, usw. Sie nehmen durch die Wechsel der Alter-Personen ein sehr umfassendes Ausmaß an.

Die *Störung der Identität* wird deutlich durch die Betrachtung des Gefühls „sich selbst ähnlich sein“: Auch wenn die Alter-Personen zum Beispiel nach mehrjähriger Therapie miteinander im Kontakt sind, so kann sich etwa die 5jährige Anna nicht ähnlich dem 30jährigen Kai fühlen. Beide fühlen sich als eigenständige Personen, die nur eben in einem Körper leben. Dabei haben beide ein völlig unterschiedliches Bild von ihrem Körper, sie haben unterschiedliche Fähigkeiten, Grundstimmungen, Erinnerungen, Reifegrade, Bewältigungsstrategien und Formen, mit anderen Menschen in Kontakt zu treten. Letzteres spricht das „Ich-Erkenne-Dich-Wieder“ von anderen Menschen an. Begegnet mir Anna, dic nicht schreiben kann, gerne spielt, Tiere liebt und panische Angst vor Unbekannten und Blitzen hat, so wird mich das verwirren, wenn bald darauf ein abgeklärter Kai auftaucht, der mir die Chaos-Theorie erklärt, Tiere haßt und kein Gefühl von Angst kennt, aber manchmal ganz unerklärlich unter Depersonalisation leidet. Beide treten auch anders mit mir in Kontakt und ich kann nie wissen, wem ich begegne, welcher Art der Kontakt sein wird und welcher gemeinsame Raum für Korespondenz schon geschaffen wurde.

Durch die lange Dauer der Traumatisierungen – eine Klientin lebte von 0 bis 18 Jahren, andere noch länger in diesen zerstörerischen Umfeldern – verfestigten sich die Notfallprogramme zur Struktur in Bezug auf die Beziehungen zu sich selbst, zu anderen Menschen und zur Welt.

„Ein Verhalten, das bisher seine (des Klienten) Angst erleichtert und ihm leidlich gute Beziehungen ermöglicht hat, die Strategie der Anpassung nämlich, ist nun Quelle von Gefährdung" (Rahm et al., 1993, S. 297). Auch die Dissoziation von Affekten bis hin zur Abspaltung von Alter-Personen bietet erst einmal relative Sicherheit und Stabilität in den frühen Beziehungen. Als Struktur werden sie jedoch zur Quelle von Leid, Verunsicherung, sozialer Isolation, Süchten jeglicher Art, Unfähigkeit zur Lebensplanung und vielem mehr.

Bei DIS-KlientInnen ist sowohl der Kontakt nach außen (eingeschränkte Aktions- und Ko-respondenzfähigkeit), sowie der Kontakt nach innen (Gefühl innerer Konsistenz und Umgang mit sich selbst) gestört. Alle Grundstrukturen sind bei DIS-KlientInnen massiv beschädigt. Zum Erhalt von lebensnotwendigen Funktionen mußten sie Bewältigungsstrategien entwickeln, die sich jedoch zu eingeschliffenen, chronischen Strukturen und Strategien (Abwehrmechanismen) entwickelt haben.

## 2.2 Archaische Abwehrmechanismen

Das Modell der archaischen Abwehrmechanismen ist ein spezifischer Teil des entwicklungstheoretisch begründeten Struktur-Modells. Da der Beginn der traumatisierenden Lebenswelt bei KlientInnen, die eine DIS entwickelt haben, bei 0–6 Jahren liegt (vgl. Kapitel IV.2), sind die entwickelten Abwehrmechanismen sehr frühe, archaische Abwehrstrategien (vgl. Rahm et al.,1993). Diese Strategien stehen den meisten Menschen schon im vorsprachlichen Lebensalter zur Verfügung. Sie stellen eine sinnvolle „Ausrüstung" des Menschen dar, um mit schwierigen Situationen umgehen zu können.

Petzold arbeitete vier Formen der archaischen Abwehrstrategien heraus (Reihenfolge entsprechend der Thematik verändert):

**1. Die archaische Spaltung:** Die Strategie der Spaltung ( Dissoziation) ist etwa für ein krankes Kleinkind sinnvoll, das unter Schmerzen leidet. Dauert dieser Schmerz zu lange an und ist er zu groß, kann er abgespalten werden und damit die Situation erträglicher werden. Ist die Situation beendet und hat sich das Kind erholt, wird es wieder Schmerz empfinden können.

Wenn aber ein Kind ständig massiven Doppelbindungen durch seine Bezugspersonen ausgesetzt ist, kann es die nicht zu vereinbarenden und ängstigenden Ereignisse in seinem Fluß der Ich-Entwicklung dauerhaft abzweigen. Sie können dann nicht wirklich verdrängt, aber auch nicht integriert werden. So ist zum Beispiel ein Vater, der sein Kind nachts vergewaltigt oder seinem Bekannten als Benutzungsobjekt verkauft, tagsüber der vorbildliche Vater, der mit seinem Kind im Garten spielt.

Abgespaltene Anteile tauchen als Stimmung (z.B. depressive Stimmung versus aggressive Stimmung), als diffuse Ängste (z.B. Panikattacken), Träume, Bilder (z.B. Flashbacks), als Selbst-Zustände (Borderline-Persönlichkeitsstörung) oder als innere Personen (DIS) wieder auf. Sie sind dem Bewußtsein sehr nahe, ohne daß eine Verbindung oder sogar eine Integration dieser Anteile in die Gesamtpersönlichkeit von der betroffenen Frau hergestellt werden kann. Sie können dadurch ihre Bedrohlichkeit nicht wirklich verlieren. Schon ein „kleiner" Auslöser (Trigger) kann den abgespaltenen Teil aktivieren.

DIS-KlientInnen leiden in der Regel unter allen erwähnten Phänomenen, wobei diese Phänomene in ihrer Intensität unterschiedlich sind und zusätzlich unterschiedliche Alter-Personen in unterschiedlichem Maß darunter leiden. Dies zeigt sich insbesonders in einer extremen Trennung von abgespaltenen Alter-Personen, die von anderen System-Personen, bzw. von traumatisierenden Situationen in ihrem Leben nichts wissen und anderen Alters, die sich immer noch eingefroren direkt im Trauma erleben.

**2. Archaische Anästhesierung:** Da eine archaische Spaltung in extremer Form bis zur Bildung von Innen-Personen möglich ist, ist es naheliegend, daß die Betroffenen als Kinder in der Lage waren, eine archaische Anästhesierung hervorzurufen. Die Betäubung besteht vor allem in einem Abschalten der eigenleiblichen Empfindungen und Gefühle.

Auch hier liegt die Sinnhaftigkeit dieses „Werkzeugs" auf der Hand. Muß sich ein Kind jedoch dauerhaft wiederkehrend anästhesieren, um die körperlichen Schmerzen, die Angst und die Wut durch sexuellen Mißbrauch, Gewalt oder massive Vernachläßigung nicht zu spüren, entsteht eine tiefe Entfremdung vom eigenen Leib und oft ein Nicht-mehr-Erinnern. Das Selbst-Gefühl wird gestört. Der *perzeptive* (wahrnehmende), der *memorative* (sich erinnernde) und dadurch meist auch der *expressive* (sich ausdrückende) Leib werden gehemmt. In schweren Fällen bleibt nur noch das funktionierende Selbst übrig.

Im Falle der Entwicklung einer DIS bleiben der perzeptive, der memorative und der expressive Leib unter der Einschränkung der zum Teil totalen Fragmentierung weitgehend erhalten. Bei einer Klientin existiert zum Beispiel eine Alter-Person, die derart betäubt ist, daß sie vom System als tot angesehen wird. Ein anderes Alter liebt die Wahrnehmung von Regen auf ihrer Haut, während bei einem dritten Alter die Wut auf ihre Mutter im Vordergrund steht. Ihre Gastgeberin (vgl. Kapitel III.4) dagegen ist im Alltag funktionstüchtig, weist allerdings Merkmale einer blassen Depressivität auf, mit dem Eindruck von Leere in Beziehungen, Mangel an sinnlichen Empfindungen und Mangel an Lebenssinn, welche Rahm u.a. den Erscheinungen der archaischen Anästhesierung zuordnen.

**3. Die archaische Retroflexion:** Die Retroflexion ist eine Rücklenkung von Gefühlen und Impulsen, die eigentlich auf eine andere Person gerichtet waren, auf das eigene Selbst. Eine archaische Retroflexion ist eine Rücklenkung von noch undifferenzierten und diffusen Gefühlen, wie sie ein Säugling oder Kleinkind empfindet.

„Seine noch ganz undifferenzierte Wut, die eher eine allgemeine Erregung ist, wird blockiert, entweder weil sie niemand zur Kenntnis nimmt und beruhigt, oder weil sie aktiv (z.B. durch Schläge oder Erstickungsversuche) zum Schweigen gebracht wird" (Rahm et al., 1993, S. 310).

Szenen aus der Biographie einer Betroffenen, die unterschiedliche Alter-Personen von ihr berichteten, sind etwa tagelange Isolierung in einer Abstellkammer im Keller und vorausgegangene Mordversuche durch ihren Vater und ihre Mutter. Durch diese Isolation bleibt für den Ausdruck von Wut und Angst nur noch der eigene Körper und das eigene Selbst, gegen die sich die Klientin richten kann. Sowohl Selbstverletzung, wie auch negative Kognitionen („Ich bin Schuld, daß sich meine Eltern so verhalten!") sind die Folge. Die Klientin verletzt sich aktuell schon bei geringer Unsicherheit oder Erregungssteigerung selbst.

Gefühle und Impulse wurden sehr früh im Verlauf des Kontaktzyklus blockiert, so daß sie nicht differenziert und entwickelt werden konnten. Bleiben die Erregungszustände unklar, so kann kein passender Handlungs- und Bewältigungsplan entworfen werden. Dies sehen Rahm u.a. als eine häufige Ursache für psychosomatische Erkrankungen und es ist eine der Ursachen für selbstverletzendes Verhalten (z.B. Schnippeln). Beide Bewältigungsformen weisen KlientInnen mit einer DIS in der Regel auf. Die Identifizierung von unklaren Erregungszuständen stellt somit eine wichtige Aufgabe in Therapie und Begleitung dar.

Hierbei sind bei den verschiedenen Alter-Personen sehr unterschiedliche Niveaus der Gefühlsidentifizierung und der Entwicklung von Handlungsplänen bis zu deren Umsetzung zu erleben. Dabei muß jedoch beachtet werden, daß verschiedene Alter-Personen unterschiedliche Erinnerungen, unterschiedliches Erleben von sich, von anderen Menschen und von der Welt haben.

Entsprechend fühlt z.B. ein männliches Alter, das 10 Jahre alt ist und mit Papa immer fischen ging, keine Blockierung seines expressiven Leibes. Allerdings findet die Blockierung, besser der Abbruch des Kontaktprozesses durch massive Dissoziation statt, da die Übergriffe vom selben Vater und die damit verbundenen Gefühle von

Angst, Wut und Hoffnungslosigkeit ein oder mehrere andere Alter-Personen durchleben mußten.

**4. Die archaische Regression:** Die archaische Regression ist ein Rückzug aus der schädigenden Außenwelt in das totale Versorgtwerden. Außenreize jeglicher Art werden ausgeblendet. Daraus resultierende Konfluenz-Tendenzen können sich zu einer total erlebten Abhängigkeit mit panischen Ängsten vor dem Verlassen-Werden und eventuell zu einer Verwischung von „Ich" und „Du" bis in die Psychose führen.

Zum einen gibt es bei DIS-KlientInnen innersystemische Regressionen, in denen sich einige Alter-Personen in einem embryonalen Zustand befinden und sich von anderen Alter-Personen aus dem System total versorgen lassen. Einzelne Alter-Personen können psychotische Zustände mit deutlicher Verwischung von „Ich" und „Nicht-Ich" entwickeln.

Sobald sich die therapeutische Beziehung auf einem relativ stabilen Boden befindet, tauchen regelmäßig sehr starke Abhängigkeitsgefühle mit panischer Angst vor Verlassen-Werden und extreme Konfluenz-Tendenzen auf.

Ist erst einmal ein Mensch gefunden, der dauerhaft im Kontakt bleibt, egal was die Klientin anstellt, um diese Beziehung abzubrechen, und der grenzen-achtend, unterstützend der Klientin begegnet, können und müssen diese Abwehrformen auch nach außen verlagert werden. So entsteht oft der Wunsch nach einer 24 Stunden Betreuung mit hoher Konfluenz, wie zwischen einer Mutter und ihrem Baby.

Gleichzeitig bleiben das massive Mißtrauen der KlientIn (des Systems) gegenüber anderen Menschen und die existenzielle Angst vor Abhängigkeit bestehen. Oftmals wird diese Angst durch einzelne Alter-Personen erlebt und ausgedrückt.

Die Abhängigkeitsgefühle finden ihren Ausdruck nach außen und stellen gleichzeitig weitere Versuche der Kontaktvermeidung dar. Konfluenz findet auch in der Identifikation mit den TäterInnen statt.

In der Klientin bestehen also gleichzeitig noch immer das frühe, diffuse Bedürfnis von Babys nach heiler, fördernder Konfluenz mit ihren nahen Bezugspersonen, die sie niemals erlebt hat, und das Bedürfnis nach massiver Abwehr jeder Form von Abhängigkeit fort. Diese unabgeschlossenen Gestalten wirken in der Gesamtpersönlichkeit wie eingefroren weiter und veranlassen sie unter anderem dazu, über viele Jahre hinweg nach Menschen zu suchen, die diese Bedürfnisse befriedigen, und gleichzeitig vor ihnen zu fliehen.

Daraus ergibt sich in der therapeutischen Beziehung die Gratwanderung zwischen fördernder Nachbeelterung, Unterstützung des Self-Support, Verdeutlichen von

Kontaktabbrüchen im Ko-respondenzprozeß und Übernahme der Verantwortung der KlientIn für sich und ihre Handlungen.

Die tiefe Störung der Grundstrukturen und die Schwere der Kontaktstörung zu sich selbst und zu anderen Menschen verdeutlichen, daß sich die therapeutische Arbeit intensiv mit der Wahrnehmung von grundlegenden Empfindungen und Bedürfnissen, und der Identifikation von Erregungszuständen beschäftigen muß. Die basale Erfahrung der KlientIn von dem, was und wie sie empfindet, und wie der Kontakt zu anderen Menschen ist, stellen die Grundlage für ihre weitere Auseinandersetzung mit sich und ihrer Umwelt dar.

Der Weg führt in der Regel über das Erkennen, wie diffus und ängstigend Erregungszustände sind, über die Möglichkeit, Empfindungen und Bedürfnisse zu identifizieren und explizit auszudrücken, hin zu einem Durchlaufen eines vollständigen Kontaktprozesses.

# 3. Diagnostik und phänomenologische Erfassung der DIS

In der Gestalttherapie sind Diagnose und Therapie nicht voneinander zu trennen. Beide Prozesse beschäftigen sich mit der Verbindung zwischen dem, was ist (Wahrnehmen und Erkennen), und dem, was sein soll (aktive Handlung in eine gewünschte Richtung).

Aus Sicht der Gestalttherapie ist der therapeutische Prozeß eine Hilfe zum bewußten Wahrnehmen, zum Kontakt mit dem, was ist, und Anleitung zur Entscheidung, was selbst verantwortet und wie es erreicht werden kann (vgl. Müller, 1999). Dabei ist Diagnostik der gemeinsame Blick von KlientIn und TherapeutIn auf den sich prozeßhaft verändernden Ort, an dem sich die KlientIn befindet. Dieser Blick ist notwendig, um Hypothesen für ein weiteres therapeutisches Handeln aufstellen und gegebenenfalls verwerfen zu können.

Die Diagnostik in der IT besteht in der Zuordnung der Phänomene, die die KlientIn der TherapeutIn anbietet, um die KlientIn mit ihren Problemen und Fähigkeiten besser zu verstehen. KlientIn und TherapeutIn sind in einem Dialog, in dem vor allem die KlientIn die Möglichkeit erhält wahrzunehmen, zu erfassen, zu verstehen und zu erklären, was ist. In dem Moment, in dem KlientIn und TherapeutIn einen gemeinsamen Konsens über die Diagnose erreicht haben, ist ein wichtiger Teil des therapeutischen Prozesses geschafft.

Diagnostik dient als Hilfsmittel, um förderliche Fragestellungen im therapeutischen Prozeß zu finden, das therapeutische Geschehen in eine Ordnung zu bringen, im Dialog sinnvolle Zusammenhänge zwischen Vergangenheit, Gegenwart und Zukunft zu erarbeiten und gemeinsame Ziele für den therapeutischen Prozeß zu finden. Diagnostische Manuale wie das DSM und die ICD dienen dabei nur als grobe Orientierungshilfen und als nützliches Kommunikationsmittel zwischen ExpertInnen verschiedener Schulen. Sie liefern systematische, klassifizierende Beschreibungen psychischer Phänomene (vgl. Müller, 1999). Um Handlungshypothesen und -strategien entwickeln zu können, benötigt die TherapeutIn andere diagnostische Hilfsmittel.

Im Rahmen der Diagnostik nimmt die TherapeutIn erstens bewußt die Ko-respondenzprozesse zwischen sich und der KlientIn wahr, während sie zweitens auf Abbrüche im Kontakt-Zyklus achtet und drittens gleichzeitig ein Grobraster für die Analyse der Gesamtsituation der KlientIn im Kopf behält. Die „Säulen der Identität" differenzieren viertens die stützenden und hemmenden Bereiche und Strategien der KlientIn. Die TherapeutIn ordnet diese Phänomene in ihr Begriffssystem, in ihr subjektives und objektives Theorieraster (vgl. Rahm et al., 1993).

Diagnostik ist in der Gestalttherapie und der Integrativen Therapie ein Prozeß, der den gesamten therapeutischen Prozeß hindurch andauert und bei dem das Beziehungsgeschehen zwischen KlientIn und TherapeutIn immer im Auge behalten wird.

## 3.1 Phänomene der Ko-respondenz bei der DIS

Das erste diagnostische Instrument einer TherapeutIn ist ihre Wahrnehmung der KlientIn und ihre eigene Resonanz, die sie im Kontakt mit der KlientIn wahrnimmt. Dies sind Phänomene – also das, was sich den Sinnen und im Empfinden der TherapeutIn als Resonanz auf die KlientIn zeigt – und die im Dialog, im therapeutischen Prozeß, auch in die Bewußtheit der KlientIn gehoben werden. Sie erzählen ebenso wichtige Teile der Geschichte und der momentanen Lebenssituation der KlientIn, wie der von der KlientIn gesprochene Inhalt. Wichtig sind auch die Teile, die fehlen. Erzählt zum Beispiel eine KlientIn von einem traurigen Ereignis ohne jede Gefühlsregung, so kann die TherapeutIn Hypothesen überlegen, was die KlientIn davon abhält, ihre Emotionen zu zeigen, zu fühlen oder wahrzunehmen. Entsprechend wird die TherapeutIn im weiteren Therapieprozeß auf dieses Phänomen achten und gemeinsam mit der KlientIn nach der Bedeutung und einer Erklärung suchen.

Dies setzt voraus, daß sich die TherapeutIn sowohl involvieren (Beteiligtsein am Gespräch, an der Interaktion), zentrieren (Bei-sich-selbst-Sein) und ihre Exzentrizität wahren (Beobachten, Erklären) muß (vgl. Rahm et al., 1993).

Die Wahrnehmung des So-Seins der KlientIn beinhaltet ihre Körperhaltung, Ausdruck, Stimmlage, Atmung, Bewegung und jeden weiteren Ausdruck ihrer Leiblichkeit. Bei DIS-KlientInnen wechselt der Ausdruck der Leiblichkeit in einer besonderen Form bei Switches. Nicht nur Stimmlage, Muskeltonus, Körperhaltung, Bewegungsmaß, Gesichtsaudruck verändern sich, sondern die gesamte Leiblichkeit verändert sich. Es ist oft ein totaler Bruch im Kontakt- und Ko-respondenzerleben zu spüren.

Es besteht ein Unterschied im Empfinden der TherapeutIn, ob eine KlientIn ihr „Inneres Kind" im gestalttherapeutischen Sinn zeigt, oder ob ein abgespaltenes Kind einer multiplen KlientIn in den Vordergrund des Systems kommt. Erstere KlientIn ist immer noch als Ganzheit erlebbar, auch wenn unterschiedliche Anteile von ihr Raum bekommen. Letztere erleben wir in unserer praktischen Arbeit als verschiedene Ganzheiten, die durch einen Rahmen (Körper) zusammengehalten werden.

Deutlich werden diese Brüche zum Beispiel in folgender Situation:

> Ein Alter der KlientIn erzählt aufrecht sitzend von ihren Schwierigkeiten in der Wohngemeinschaft, als plötzlich eine kurze Pause eintritt (dabei senkt sie ihren Kopf für einige Zeit und sackt im Schulterbereich zusammen). Daraufhin schaut sie mich, nachdem ihr Körper sich auf die Seite verdreht hat, nicht mehr an, sondern blickt scheu suchend im Raum umher. Als ihr Blick auf die Uhr auf dem Tisch fällt, fangen ihre Augen an, sich unruhig hin und her zu bewegen und sie rutscht auf dem Stuhl herum. (Zeitverlust dieses Alters?) Ihre Bewegungen, die vorher sehr gut koordiniert waren, sind nun eckig und unbeholfen. Auf mein Nachfragen erscheint sie völlig verwirrt und weiß nicht, wovon wir noch vor zwei Minuten gesprochen haben. Insgesamt macht sie einen ängstlichen Eindruck auf mich. Sie nickt auf meine Frage und fragt mich wiederum mit wesentlich höherer und kindlicher Stimme, wer ich denn sei.

Diese Klientin hat nach mehreren Jahren Therapie über 80 Innenpersonen identifiziert. Entsprechend können unterschiedlichste Alters und Brüche im Laufe der Zeit auftreten: Etwa von der Philosophin zum Baby, von der Depressiven zu einer Selbstzerstörerin, vom kessen Jugendlichen zur schüchternen Erwachsenen. Entsprechend den Alters ändert sich oft der Eindruck der gesamten leiblichen Erscheinung. Die einzelnen Alters erleben sich als eigenständige Personen, die (falls es ihrem Bewußtsein zugänglich ist) sich einen Körper teilen. Jedes Alter hat z.B. ihre eigene Sichtweise und ihr eigenes Erleben in Bezug auf Leiblichkeit, sozialen Kontext, materielle Sicherheiten, Leistung/Arbeit und Werte/Glauben (Fünf Säulen der Identität – vgl. Kapitel V.3.4). Und jede Alter-Person teilt einen anderen Ko-respondenzraum mit der TherapeutIn.

Um die Phänomene zu verstehen, die in der Ko-respondenz zwischen KlientIn und TherapeutIn stattfinden, sollten die Atmosphäre im Gespräch und die unbewußt von der KlientIn angebotenen Szenen und Rollen von der TherapeutIn erfaßt werden. Dies sind meist wichtige diagnostische Hilfsmittel, da sich hier alte und aktuelle Beziehungserfahrungen und Bewältigungsstrategien widerspiegeln.

Diese Phänomene versteht die IT als *Gegenübertragung*, im Sinne einer bewußtseinsfähigen Resonanz der TherapeutIn auf das, was ihr die KlientIn entgegenbringt (vgl. Rahm u. a., 1993). Sie können unterschiedliche Rollenaspekte und somit unterschiedliche Qualitäten annehmen.

Die TherapeutIn kann sich wie in der Haut der KlientIn fühlen, sich in der Komplementärrolle (z.B. Mutter, Vater der KlientIn) wiederfinden oder sich so behandelt fühlen, als ob sie die KlientIn (z.B. als Kind) wäre und die KlientIn nimmt die Komplementärrolle (z.B. Mutter, Vater der KlientIn) ein.

Bei frühen Störungen, bzw. traumatisierenden Lebenswelten, wird die TherapeutIn sich nicht nur in einer Rolle oder wiederhergestellten Situation wiederfinden, sondern es werden ihr Atmosphären begegnen, die eher unklar und oft vielschichtig sind. Auch hier kann sich die TherapeutIn zum Beispiel identifiziert mit der KlientIn als Kleinkind fühlen. Beispiele hierfür sind diffuse Unruhe, Verlorenheit, weißes Nichts, unklare Angst. Es kann auch sein, daß eine Atmosphäre der diffusen Zerrissenheit als Resonanz bei der TherapeutIn auftaucht. So kann sich etwa ein Gefühl von „Alles ist schrecklich!" und gleichzeitig Ungeduld und Ärger, weil sich nichts ändert, einstellen. Unter anderem in diesen Momenten ist die Not der KlientIn spürbar, die in der Zwickmühle zwischen großer Angst und dem Willen zu Veränderung, in den Rollen des hilflosen Kindes und eines verärgerten, oft ablehnenden Elternteils, steckengeblieben ist.

Sind die Übertragungen der KlientIn für die TherapeutIn verstehbar und in eines dieser Schemen zu ordnen, kann sich die TherapeutIn von der Rolle befreien und sich der Situation angemessen verhalten. Wenn jedoch mehrere Rollenaspekte gleichzeitig für die TherapeutIn spürbar sind, sind diese eventuell nicht gleich erkennbar, und die TherapeutIn fühlt sich erst einmal verwirrt oder wie in einer Zwickmühle, ohne zu wissen, um was es eigentlich geht. In diesem Fall ist die Gefahr der Beziehungsverwirrung groß.

Bei DIS-KlientInnen finden nun permanent parallele und zum Teil schnell wechselnde Übertragungen statt, die zum Teil nur atmosphärisch spürbar sind. Jede Alter-Person kann mindestens eine unbewußte Rollen- oder Szenenerwartung an die TherapeutIn haben. Gleichzeitig können andere Alters ihre Übertragung „mitmischen" lassen, so daß für die TherapeutIn schnell eine Verwirrung entstehen kann. Zusätzlich finden Wechsel der Alters statt, wodurch die TherapeutIn plötzlich mit völlig anderen bewußten und unbewußten Erwartungen und Atmosphären der KlientIn konfrontiert ist. Ebenso kann die KlientIn Verwirrung auch als eine Form der Abwehr und Kontaktunterbrechung herstellen. Das sollte in Form einer Arbeit an der Beziehung begrenzt und möglichst offen gelegt werden.

Dabei ist das Erkennen der Hauptresonanzlinien bei der Gesamtperson (System) wichtig. Auch wenn die KlientIn in ihrer Identität fragmentiert ist, wiederholen sich bestimmte atmosphärische Rollenerwartungen über das gesamte System hinweg. Dies stellt eine hohe Anforderung an die TherapeutIn dar, sich permanent zu klären und sich selbst „Fehler" zu gestatten.

Gelingt es der TherapeutIn, die Rollen, Szenen und Atmosphären zu erkennen, die ihr die KlientIn anbietet, kann sie viele Informationen über frühere und aktuelle Beziehungen sammeln und die KlientIn besser verstehen. Darüber hinaus können dadurch angemessene Interventionen und Ziele im therapeutischen Prozeß entwickelt und aktualisiert werden. Dies fördert letztendlich den Weg der KlientIn zu Bewußtheit und zu einer Erarbeitung adäquater Handlungsräume.

## 3.2 Das Modell gestörter Kontakt-Zyklen

Das Modell gestörter Kontakt-Zyklen aus der Integrativen Therapie (orientiert an dem Kontaktprozeßmodell der Gestalttherapie) ermöglicht es TherapeutInnen, die Phänomene im innerpsychischen und im „Ko-respondezraum", die Schädigungen und Blockierungen der KlientIn und deren mögliche Ursachen, genauer zu erfassen. Im Hier-und-Jetzt werden aktuelle und gewordene Kontaktmuster der KlientIn mit sich und im Austausch mit anderen Menschen deutlich. Die Analyse der Kontakt-Zyklen zeigt also nicht nur, wie die KlientIn heute ihre Beziehungen gestaltet und mit sich selbst umgeht, sondern auch, wie sich schädigende Stimulierungen und Lebenswelten auf die Persönlichkeitsentwicklung auswirken können.

Dieses Modell ist eine differenziertere Fassung des Kontaktzyklus-Modells nach Perls und Goodmann, das sich speziell auf den Aspekt der Streß- und Krankheitsentstehung bezieht.

Rahm u.a. lehnen sich an das Modell blockierter Kontaktzyklen von Hartmann-Kottek-Schröder (1983) an und gliedern den Kontakt-Zyklus nach möglichen Abbruch- und Blockierungphasen folgendermaßen:

**Kontaktzyklus**

1. Bedürfnisse können sich nicht klar herausbilden.
2. Die Wahrnehmung des Bedürfnisses oder der Ausdruck des Bedürfnisses gelingt nicht.
3. Die Gelegenheit zur Bedürfnisbefriedigung wird nicht gesehen oder falsch eingeschätzt.
4. Die Umwelt stellt keine Befriedigung bereit.
5. Es gibt keine oder falsche Vorstellungen über Handlungsmöglichkeiten.
6. Geplante Handlungen können nicht ausgeführt werden.
7. Die Klientin fühlt keine Befriedigung oder Beruhigung.
8. Die Umwelt oder die Klientin lassen den Ausdruck der Befriedigung bzw. Beruhigung nicht zu.

Wie schon im Kapitel V.2 beschrieben, wurden die Grundfaktoren der Ko-respondenz zwischen Organismus und Umweltfeld, also der DIS-KlientIn und ihrer Lebenswelt, schon in früher Kindheit schwer gestört. Wir Menschen entwickeln über den Austausch zwischen uns und unserem Umweltfeld unsere Persönlichkeit, unsere

Blockierungen und Abwehrmechanismen, unsere Bewältigungsstrategien, Fähigkeiten und Krankheiten/Störungen. Entsprechend unserer Art, der Umwelt zu begegnen und unseren Bedürfnissen Ausdruck und Handlungsmöglichkeiten zu geben, können wir unseren Kontakt zu uns selbst und zu anderen Menschen entwickeln. Stellt uns zum Beispiel das Umweltfeld in früher Kindheit keinen Raum zur Verfügung, unsere Bedürfnisse zu äußern, oder werden diese permanent falsch interpretiert, oder werden wir permanent für die Bedürfnisse anderer mißbraucht, so können wir keine klaren Bedürfnisse ausbilden. Im therapeutischen Prozeß achtet die TherapeutIn auf die Kontaktunterbrechungen der KlientIn. Entsprechend wird sie ihre Interventionen wählen.

Bei multiplen KlientInnen können unterschiedliche Alter unterschiedliche Kontaktabbrüche nach dem Modell blockierter Kontaktzyklen nach Rahm u. a. aufweisen. Anhand eines Beispiels werden die acht Kontaktunterbrechungen des Modells von Hartmann-Kotteck-Schröder verdeutlicht.

Viele Alters einer Klientin hatten massive Probleme, Bedürfnisse herauszubilden. Sie empfanden nur diffuse, nicht einordbare Gefühle, eine Aufgeregtheit bis hin zu Panik, ungenaues leibliches Unwohlsein (1: *Herausbildung der Bedürfnisse*).

Eines Tages erschien ein Alter der Klientin in der Therapiestunde, das nicht in der Lage war und eindeutig innere Verbote hatte, Bedürfnisse bewußt wahrzunehmen und auszudrücken. Wenn sie ein Bedürfnis wahrnehme, werde sie sterben oder andere werden sie töten, da man „es" ihr ansähe (2: *Wahrnehmung und Ausdruck*).

Ein anderes Alter verdeutlichte mir mit der Zeit, daß sie „böse" ist, und daher niemand Kontakt mit ihr haben will. Daß andere Mitbewohnerinnen der therapeutischen Wohngruppe gerne engeren Kontakt zu ihr aufnehmen wollten, konnte sie nicht sehen (3: *Erkennen der Gelegenheit*).

Die Lebenswelt der Klientin stellte früher keine Befriedigung ihrer Bedürfnisse bereit. Einige Alters gingen davon aus, daß dies auch heute noch so ist. Als ein Kind (eine Alter-Person) spielen wollte, konnte es nicht fragen, ob jemand ebenfalls spielen wolle. In Einzelgesprächen erzählte dieses Alter mir, daß sowieso niemand mit ihr spielen will (4: *Bereitstellung der Umwelt / 3: Erkennen der Gelegenheit*).

Dieses Kind wußte nicht, daß man Menschen fragen kann/darf. Es hatte auch keine anderen Vorstellungen, wie die Situation veränderbar wäre. Gewöhnlich zog es sich zurück und spielte allein (5: *Vorstellung über Handlungsmöglichkeiten*).

Ein anderes Alter wollte gerne einen Mantel kaufen. Andere Alter-Personen wollten lieber eine Jacke. Es meldeten sich noch andere Alters zu Wort, die ganz etwas anderes von dem Geld kaufen wollten. Es dauerte ein Jahr und viele Gespräche, bis die Klientin in der Lage war, ein wärmendes Kleidungsstück für sich zu kaufen (6: *Handlungsausführung*).

Die Punkte 7 (*Beruhigung/Befriedigung fühlen*) und 8 (*Ausdruck der Beruhigung/Befriedigung*) weisen die durchgehendsten Blockierungen bei dieser Klientin auf. Beruhigung und Befriedigung von Bedürfnissen durfte und konnte sie nicht empfinden: weder Stolz darüber, daß die Klientin es geschafft hatte, den Mantel auszuwählen und zu kaufen, noch das Gefühl von Beruhigung des Bedürfnisses.

Jede Phase im Kontakt-Zyklus ist mit großen Verbotsschildern versehen und sehr häufig löst die Bewußtheit von dem, wie es ist, existenzielle Krisen bei der Klientin aus. Zusätzlich stellen Wechsel der Alter-Personen oft einen Kontaktabbruch dar. Das bedeutet eine besondere Schwierigkeit, in der Beschreibung von den Kontaktstörungen einer DIS-KlientIn. Jedes Alter kann zu bestimmten Bedürfnissen einen für das Alter spezifischen, erlebbaren Kontaktzyklus aufweisen. Erst über eine längere Dauer der Therapie oder Begleitung werden Beziehungsaspekte, Themen und Bedürfnisse deutlich, die (fast) das ganze System (KlientIn) in einer bestimmten Art und Weise zuläßt oder abwehrt.

Auch wenn scheinbar einzelne Alter-Personen einen relativ fließenden Kontaktzyklus zeigen, so stellt dies eher eine Anpassungsleistung an die Umwelt dar. Die Tendenz zur Selbstaktualisierung ist nicht auf Wachstum, sondern auf Selbsterhaltung (Überleben) und Sicherheit eingestellt. Eine Selbst-Bewußtheit ist nur rudimentär vorhanden, eher eine Bewußtheit der Gefahren und Bedrohungen *von außen*. Dabei kann jede Veränderung des Umfeldes, alles was nicht vorhersehbar und kontrollierbar ist, eine existenzielle Bedrohung auslösen.

Entsprechend wird für die Anpassung an und die Kontrolle des Umfeldes viel Energie verwendet, die an anderer Stelle fehlt. Dabei können sich in der Regel nicht einer Situation oder Befindlichkeit adäquate Bedürfnisse herausbilden, sondern alle Aktivitäten sind in erster Linie an der Abwehr von Bedrohungen und damit von Angst ausgerichtet. Somit liegt meist die Störung oder Unterbrechung des Kontaktzyklus in der *Phase der Empfindung*, beziehungsweise zwischen den *Phasen Empfindung und Gewahrsein*.

## 3.3 Grobrasteranalyse der Gesamtsituation der KlientIn

Um die Phänomene in der Ko-respondenz und des Kontaktprozesses zwischen KlientIn und TherapeutIn besser verstehen und einordnen zu können, schlagen Rahm u.a. ein Rasterkonzept mit folgenden fünf Bereiche als Hilfsmittel vor: die Ursachen-Analyse, die Bedürfnis-Ziel-Analyse, die Lebensweltanalyse, die Kontinuums-Analyse und die Ressourcen-Analyse.

Diese Analysen werden von der KlientIn und der TherapeutIn gemeinsam erarbeitet, sind diagnostisches Instrument und gleichzeitig ein wichtiger Teil des therapeutischen Prozesses.

Bei der DIS ist eine Diagnostik ohne Einbeziehung der Entstehungsgeschichte nicht möglich. Die gegenwärtigen Phänomene im Beziehungsgeschehen zwischen TherapeutIn und KlientIn und die Symptome und Störungen der KlientIn sind nicht von den Entstehungsbeziehungen der Störung zu trennen, ja es gibt sogar Alter-Personen, die sich noch immer in den Entstehungssituationen und -beziehungen erleben. Daher ist eine *Ursachen-Analyse* der TherapeutIn für ihr Verständnis der KlientIn notwendig. Mit großer Wahrscheinlichkeit wird sie den gesamten therapeutischen Prozeß andauern und umfaßt in der Regel Defizite, Traumatisierungen und Störungen.

Die *Bedürfnis-Ziel-Analyse* stellt bei einer DIS hohe Anforderungen an die TherapeutIn und die KlientIn. Wünsche, Ziele und Hoffnungen können bei fast jeder Alter-Person unterschiedlich sein in Klarheit, Bewußtheit, in Entwicklungsorientierung oder selbstzerstörerischer Richtung. Auch wollen in der Regel nicht alle Alter-Personen Therapie, lehnen sie teilweise vollkommen ab. Das bedeutet, daß TherapeutInnen/BegleiterInnen einen ganzen Schwarm an Bedürfnis-Ziel-Analysen machen müssen, die wiederum mit der KlientIn geordnet werden müssen. Hinzu kommt, daß die Auseinandersetzung mit ihren Zielen und Perspektiven für DIS-KlientInnen oft schwere Verunsicherungen und sogar Bedrohungen bedeuten kann. Einige der Gründe hierfür kann die Angst vor realer Bedrohung (z.B. Todesdrohungen von Sekten), tiefgreifende Angst vor Veränderung, internalisiertes Verbot des Gefühls Hoffnung oder Angst vor Erinnerungen, die nicht integrierbar und daher gut abgespalten waren, sein. Auch diese Analysen müssen während des ganzen Therapieverlaufes aktualisiert werden.

Die gegenwärtige Lebenssituation wird durch die *Lebenswelt-Analyse* (Kontext-Analyse) betrachtet. Was fördert und was behindert die KlientIn (das System) heute in ihrer aktuellen Lebenswelt? Wie beeinflußt ihr Lebensumfeld, der Lebensort und die Gesellschaft zum Beispiel die Befindlichkeit und die Entwicklungsmöglichkeiten der KlientIn?

Die *Kontinuums-Analyse*, die Lebensbedingungen und Lebensbereiche im zeitlichen Ablauf, stellt das Geworden-Sein der KlientIn in den Mittelpunkt. Für das Verständnis einer DIS ist es wichtig zu erfassen, daß die traumatisierende Lebenswelt in einem Lebensalter begonnen hat, in dem Menschen in erster Linie das Trauma auf einer organismischen Basis erleben und auf dieser Basis Notfallprogramme und Bewältigungsstrategien entwickeln. Weitere Fragen wären zum Beispiel: Welche Defizite, Störungen etc. brachten die Eltern in die Beziehung zu ihrem Kind mit ein? In welcher Form und über welche Dauer weiteten sich die traumatisierende Lebenswelten z.B. für die Klientin, die ab dem 2. Lebensjahr in einem satanischen Kult lebte, aus?

Die Frage: „Wie konnte diese Frau überleben?" führt uns zu der *Ressourcen-Analyse*. Es gibt bei jedem Menschen besondere Fähigkeiten und Voraussetzungen, mit denen er sein Leben bewältigt. Diese herauszufinden, bewußt zu machen und gegebenenfalls zu stützen, ist ein wichtiger Teil der Therapie. Von diesen Ressourcen ausgehend können neue erprobt und aufgebaut werden. Auch bei DIS-KlientInnen sind die Ressourcen der Boden, auf dem sich weiteres Wachstum entwickeln kann.

## 3.4 Die fünf Säulen der Identität

Sehr hilfreich bei der umfassenden Analyse der Ressourcen einer KlientIn, aber auch bei der Suche nach brüchigen oder belastenden Faktoren im Empfinden und Leben der KlientIn, ist das Konzept der „Fünf Säulen der Identität".

In der IT stellen die Säulen der Identität die „fünf Lebensbereiche dar, in denen Menschen ihre Identität entwickeln" (Rahm et al., 1993, S. 155) und stützen. Die Säulen der Identität jedes Menschen (Leiblichkeit – Sozialer Kontext – Materielle Sicherheit – Arbeit und Leistung – Normen, Werte und Glauben) haben sich aus Kontext und Kontinuum des Individuums eingebettet, in diese Gesellschaft, und der individuellen Veranlagung entwickelt.

Betrachten wir die Säulen der Identität von KlientInnen, die eine Dissoziative Identitätsstörung entwickelt haben, so fällt uns als erstes auf, daß keine einzige Säule „sicher" ist. Sicher bedeutet hier, daß keine Säule oder Teilbereiche einer Säule eine Reaktion wie „Das kann ich!", „Hier fühle ich mich sicher!" oder „Darauf kann ich mich verlassen!" auslösen.

„Nichts ist sicher, auf nichts kann ich mich verlassen – darauf kann ich mich verlassen!" (Zitat einer Klientin). In einer gefährlichen, bedrohlichen, widersprüchlichen und existentiell vernichtenden Umwelt kann eine Sicherheit darin bestehen, für andere Menschen nicht berechenbar zu sein, da keine Sicherheit entsteht, welche Reaktion die KlientIn zeigen wird. Die andere Seite der Medaille besteht darin, daß sich auch die KlientIn in nichts sicher ist und nichts als sicher empfindet.

So ist zum einen eine extreme Flexibilität in Bezug auf die Umwelt und die jeweiligen Situationen und Beziehungen möglich. Kaum etwas und kaum jemand kann den Boden zerstören, auf dem die KlientIn steht, da Wechsel der Alter eine kontinuierliche Bedrohung und einen kontinuierlichen Prozeß praktisch unmöglich machen. Gleichzeitig ist dieser Boden brüchig, da sich auch im Selbsterleben keine Sicherheit bildet. Dies gilt sowohl für die gesamte Person (das System), wie auch für einzelne Alter-Personen.

Die einstigen Schutz- und Bewältigungsstrategien sind zu einer festen Struktur geworden, die die innere und äußere Bewegungsfreiheit / Entwicklungsmöglichkeit massiv einschränken. Außerdem lösen sie selbst wiederum Angst und Unsicherheiten aus (z.B. Zeitverluste) und wirken sich in allen Lebensbereichen aus.

Eine eindrückliche Darstellung des Selbstempfindens wird von einer Betroffenen folgendermaßen geschildert (Marya, 1999, S. 37–39):

> „Jede unserer Innenpersonen hat ihre Geschichte, ihren persönlichen Lebenslauf, ihr eigenes Schicksal. Unter ihnen sind psychisch gesunde und auch psychotische Personen, Personen, deren Verhalten wir nicht begreifen, manchmal sogar ablehnen möchten, Leute mit schrägen Kanten und ungehobelten Ecken, und bei jedem Blick entdecken wir etwas Neues an ihnen. ... Manche Innenpersonen sind Erwachsene, andere sind Kinder oder Jugendliche, und als solche empfinden und handeln sie auch. Es gibt weibliche und männliche Innenpersonen, während manche ständig im Alltag oder im Beruf zuständig sind, tauchen andere nur in Notsituationen oder Krisen auf, wieder ein anderer Teil agiert nur im Innern. Außerdem gibt es Personen, die verschollen oder sogar gestorben zu sein scheinen."

Dies ist auch für eine TherapeutIn erlebbar. Es tauchen Fragen und Gedanken auf, wie etwa:

- Wer sitzt vor mir?
- Ist es ein Alter, eine Gruppe, ein Alter mit einem Fragment?
- Bekomme ich Wechsel mit?
- Manchmal kann durch häufige Wechsel kein Thema besprochen werden.
- Auch die Wechsel als Thema lösen erneut Wechsel aus.
- Wie kann ich ein Gespräch strukturieren bei häufigen Wechseln?
- Was löst die häufigen Wechsel aus?
- Ich bin konfrontiert mit völlig unterschiedlichen Selbst-, Menschen- und Weltbildern.
- Völlig unterschiedliche Themen, Werte, Selbsteinschätzungen, Krankheitsbilder und Altersstufen begegnen mir.

Erst nach vielen Wochen, meist Monaten werden Muster und Strukturen deutlicher. Die Klientin ist entsprechend nicht, bzw. nur schwer faßbar.

Bei Betrachtung der einzelnen Säulen der Identität zeigt sich die Fragilität der Identität von KlientInnen, die eine DIS entwickelt haben. Bezüglich der Items des „Fragebogen zur Erfassung der „Fünf Säulen der Identität" (FESI)" von Helmut Kames (Integrative Therapie 4/92, S. 381) sammelte ich im Verlauf von zwei Jahren bei einer meiner Klientinnen die unten zusammengestellten Aussagen. In unterschiedlichen Situationen, die sich innerhalb von einer Stunde mehrmals ändern konnten und deren Bandbreite, soweit ich sie miterleben durfte, erst im Laufe von zwei Jahren Betreuung offenbart werden konnten, traten teilweise völlig unterschiedliche und sich teilweise widersprechende Aussagen zu den Items zu Tage.

Die Arbeit mit diesem Schema ist bei DIS-KlientInnen also schwierig. Wie bereits ausgeführt, erleben sich alle Alter-Personen als eigenständig in ihrem Selbstbild, Fremdbild, Menschenbild und Weltbild. Das bedeutet, daß jede Alter-Person aus eigener Sicht ihre Identitäts-Säulen betrachtet und teilweise vollkommen unterschiedliche Sichtweisen von sich und der Welt beschreibt. Dadurch kann es passieren, daß sich die verschiedenen Alter gegenseitig handlungsunfähig machen oder zumindest stark behindern. Besonders blockierend und meist zerstörerisch treten die täteridentifizierten Alter auf (vgl. Kapitel III.4).

Die folgenden Aussagen dieser Klientin sind Äußerungen unterschiedlicher Alter-Personen:

**Leiblichkeit:** Die verschiedenen Alter-Personen dieser Klientin beschrieben mir ihren Körper und ihre Gefühle zu ihm in einer Spannbreite von:

In meinem Körper leben völlig unterschiedliche Personen.
Ich weiß nicht, was ich zu bestimmten Zeiten mache (Zeitverluste) und lebe in der Angst, Schreckliches getan zu haben.
Ich bin in meinem Körper nicht sicher.
Ich fühle mich nicht als Herrin meines Körpers und erlebe, daß ich Dinge tue, die ich nicht tun will.
Mein Körperempfinden wechselt innerhalb kurzer Zeit erheblich: einen Moment spüre ich meinen Körper gar nicht, im nächsten empfinde ich Schmerzen, deren Ursachen ich nicht kenne und im nächsten fühle ich mich gesund.
Ordentliches, unauffälliges Mädchen;
kleines Kind, etwas pummelig;
Monster mit Hörnern;
deformierte Beine;
häßlicher Frauenkörper. Wenn du ihn sehen würdest, würdest du nichts mehr mit mir zu tun haben wollen;
abstoßend weibliche Formen;
personifiziertes Böses, für alle sichtbar;
pickeliger Jugendlicher;
alte Frau, gebückt;
ekelige, abstoßende Lustquelle;
mit lustvollen sexuellen Gefühlen;
ohne jegliche Körperempfindung;
Ich habe keinen Körper, das ist nur scheinbar so;
So als ob er keine Beine und keinen Unterleib hätte;
permanente hohe Anspannung im ganzen Körper zerreißt ihn;
Als ob innerlich Säure alles verbrennt;

ein grauer, starrer, versteinerter Körper;
Ich entdecke völlig unterschiedliche Handschriften in meinem Tagebuch.
Mein Körper reagiert zu unterschiedlichen Zeiten total unterschiedlich auf Medikamente.
Manchmal sehe ich fast nichts ohne Brille, manchmal sehr gut.

**Sozialer Kontext:** Sehr leidvoll schilderten die Alter dieser Klientin auch ihren sozialen Kontext, der massiv durch die Erscheinungsform der DIS gestört ist:

Ich „vergesse" oft Verabredungen, und dann sind andere Leute böse auf mich.
Ich wirke auf andere unzuverlässig. Dann ziehen die sich schnell zurück.
Andere sagen, daß sie meine „Launen" nicht ertragen.
Ich habe ständig Angst davor, vor anderen Menschen die Kontrolle zu verlieren und denen etwas Böses zu tun.
Andere fragen mich etwas, was anscheinend gerade oder vor kurzem gewesen ist, und ich kann mich an nichts erinnern. Dann lüge ich oder versuche Standardausreden zu finden.
Dauernd glaube ich, daß mich die anderen für verrückt erklären.
Ich will Kontakt zu anderen Menschen haben, kann aber keinen Kontakt aufrechterhalten.
Ich bin schuld daran, wenn es anderen schlecht geht, da ich böse bin.
Andere Menschen verstehen mich nicht.
A. (Innenperson) ist mit B. (Außenperson) befreundet, während andere (innen) sie doof finden – ich weiß nie, ob es o.k. ist, uns mit B. zu treffen oder nicht.
Nur wenn mich andere ausnützen können, bin ich für sie etwas wert.
Ich muß immer so sein, wie andere mich haben wollen.
Ich fühle mich mit anderen Menschen sehr alleine.
Eine Innenperson fängt eine Bettgeschichte an, auf die andere Innenpersonen mit Panik reagieren.
Im Kontakt mit anderen Menschen fühle ich mich verrückt und verdreht.
Ich muß andere Menschen unter Kontrolle haben, sonst habe ich Angst.
Andere Menschen wollen mich nur quälen.

**Materielle Sicherheiten:** Die Klientin hat bis kurz vor dem Abitur einigermaßen ihre Funktionstüchtigkeit in der Gesellschaft aufrechterhalten. Dann sackte sie regelrecht ab, lebte auf der Straße, bis sie anfing, andere Wege für sich zu suchen.

Ich lebe von Sozialhilfe und kann mir nichts leisten.
Ohne Ausbildung und Abitur weiß ich nicht, wie ich mich in Zukunft materiell absichern kann und ein selbständiges Leben aufbauen soll.

Ich kann nicht alleine wohnen, obwohl ich auch nicht mit anderen Menschen wohnen kann.
Alleine auf dem Land will ich leben, dort würde ich mich sicher fühlen.
Ich fühle mich nirgends sicher.
Nur bei meinen Eltern fühle ich mich sicher.
Immer auf Trebe ist der Ort, wo ich hingehöre.
Andere Menschen schaffen Ausbildung und Beruf – das ist schwer für mich zu ertragen.
Ich schaffe alles, was ich mir vornehme – aber einen Beruf will ich nicht ausüben.
Es ist schrecklich für mich, finanziell abhängig vom Staat zu sein.
Die Gesellschaft soll dafür bezahlen, daß sie es zugelassen hat, was ich alles erleben mußte.

**Arbeit und Leistung:** Die Klientin hat viele Alter-Personen, die sehr abwertend von sich sprechen, verärgert über sich sind, da sie nichts „schaffen" und wieder andere sind stolz darauf, trotz allem so weit gekommen zu sein:

Ich würde gerne Architektur studieren, aber ich kann mich mit den anderen des Systems nicht darauf einigen. Andere wollen was anderes machen, aber niemand von uns kann sich durchsetzen.
Ich kann nicht arbeiten.
Meine Mutter will, daß ich endlich aufhöre auf der faulen Haut zu liegen, und da hat sie auch recht.
Ich simuliere, um mich nicht für einen Beruf entscheiden zu müssen.
Wenn ich etwas schaffe oder stolz auf mich bin, muß ich mich dafür bestrafen – ich weiß gar nicht warum.
So ein „normales" Leben ist Scheiße.
Ich muß sterben, wenn ich was mache, das ich wirklich will.
Nie werde ich selbständig sein.
Ich habe schon viel geschafft in meinem Leben.
Versuche ich, mir mein Leben in der Zukunft vorzustellen, ist alles wie ein Black-Out.
Meine Arbeit im Beschäftigungsprojekt macht mir Spaß und ich bin stolz darauf, das nun schon sieben Monate durchzuhalten.
Die Arbeit im Beschäftigungsprojekt ist Kinderkram und blöd. Ich bin ganz schön durchgeknallt, daß ich nichts anderes zustande bringe.

**Glauben, Werte und Normen:** Diese Säule der Identität ist für meine Klientin immer ein besonders schwieriges Thema gewesen, da durch ihre Biographie und ihre eigenen Überlebensstrategien, extrem unterschiedliche Werte innerhalb des Systems vorhanden sind. Teilweise erlebte ich massive Kämpfe zwischen den unterschiedlichen Wert- und Glaubensvorstellungen. Da sie in einem Kult groß geworden ist, in dem eine Umkehrung von christlichen Werten und Glauben gelehrt und gelebt wurde, stehen sich bei ihr schon zwei Glaubenssysteme nicht vereinbar gegenüber. Entsprechend unterschiedlich äußerten sich die verschiedenen Alters:

> Nur ein Leben in Abstinenz und sich für andere aufopfernd ist gut.
> Nonne zu werden ist mein Traum.
> Das Böse siegt, da es am Ende am mächtigsten ist.
> Macht über andere Menschen zu haben ist gut.
> Tiere und Menschen zu quälen, auch mich zu quälen, ist wie ein Gebet.
> Ich bin das Böse.
> Nur wenn ich etwas Besonderes bin, habe ich das Recht zu leben.
> Das ganze Universum wird durch eine übernatürliche Macht gesteuert.
> Wenn ich jemanden mag, wird er sterben.
> Ich traue keinem Menschen, da alle Menschen böse sind.
> Du kannst noch so nett sein, ich weiß, daß du es nicht so meinst.
> Ich weiß nicht, wie die Welt funktioniert.
> Nichts darf Bedeutung haben.
> Mein einziges Ziel ist Überleben.
> Ich kann keine Entscheidungen treffen, da alle „innen" was anderes wollen.
> Der liebe Gott lenkt die Welt und die Menschen.
> Wenn es einen Gott gibt, warum läßt er es zu, daß Menschen leiden?
> Es gibt keinen Gott, sondern nur Menschen, die die Welt bestimmen.
> Im Herbst werde ich sterben.
> Ich habe vor, mich für andere „Viele" einzusetzen, damit mein Leben einen Sinn bekommt.

DIS-KlientInnen stellen ihr Leben nicht als zusammenhängende, flüssige Narration dar, sondern nur fragmentarisch. Erzählt eine nicht stark dissoziierende KlientIn ihr Leben und ihre Krankheit, so lebt und interpretiert sie im Hier-und-Jetzt ihr momentanes und ihr vergangenes Leben. Sie ergründet und erschafft sich für ihr Leben und Sein permanent Sinnhaftigkeit. Diese Narration ist ihre persönliche Deutung ihres Entwicklungsprozesses. Die KlientIn ordnet ihre Erfahrungen und stellt sie in Bezug zu Vergangenem und Zukünftigen.

Multiple KlientInnen können sich nicht in ihre Geschichte einbetten, da ihre Biographie auf unterschiedliche Alter verteilt ist, die teilweise überhaupt keinen Kontakt zueinander haben und außerdem meist ganze Jahre ihres Lebens für kein sich zeigendes Alter erinnerbar sind. Eine Klientin konnte sich nach 10 Jahren Therapie praktisch an nichts bis zu ihrem 9. Lebensjahr erinnern.

Wichtig zu bedenken ist, daß Betroffene anfangs meist, um nicht aufzufallen, eine Geschichte ihres Lebens erzählen. Die Brüche und Ungereimtheiten werden kunstvoll umgangen oder ausgefüttert durch ausgedachtes Füllmaterial. Auch hierbei ist eine Betrachtung der fünf Säulen der Identität hilfreich, da mit der Zeit erkennbar wird, welche Teile der anfänglichen Geschichten zusammenpassen und welche nicht. Wenn die Beziehung zwischen KlientIn und TherapeutIn stabiler geworden ist, darf die KlientIn zeigen, wie stark dissoziative Phänomene, wie etwa Fugue oder Amnesie (vgl. Kapitel II.4), bei ihr ausgeprägt sind. Hinzu kommt, daß verschiedene Alter-Personen teilweise oder fast vollständig nicht erinnern können, was andere Alters erleben und keinerlei Zugang dazu haben.

In der Regel fällt es KlientInnen schwer, „verlorene Zeit“ oder „Nicht-Erinnern“ einzugestehen. Zum einen, da die Angst groß ist, von anderen für verrückt erklärt zu werden. Zum anderen, weil sie sich selbst darin nicht erkennen können, sie also in ihrer Identität kein Kontinuum finden können. Das „Nicht-Erinnern“ ist eine permanente Quelle von Angst, Unsicherheit und ein „Sich-nicht-erkennen-Können“.

Es ist wichtig, daß die TherapeutIn Körperausdruck (Mimik, Gestik, Stimme, Tonfall, etc.) und die Kommunikation beobachtet und auf Kontaktabbrüche, Veränderungen jeder Art achtet. Sie öffnen den Weg zum „Ich-erkenne-dich-wieder“ in Bezug auf das System und einzelne Alter-Personen der KlientIn: Ich sehe deine/eure Wechsel, ergründe mit dir/euch den Sinn von Wechseln in dieser Situation und bin Zeugin deiner/eurer Vielfalt.

Wechsel können oft als Kontaktabbrüche auftauchen, wobei sie manchmal auch eine ergänzende Information zu einem Thema beinhalten können. Das Schwierige dabei ist, daß die TherapeutIn einen ganzen Schwarm an System-Personen im Auge behalten muß, von denen jede unterschiedliche Ausdrucks- und Abwehrverhalten aufweist.

Zum einen bekommen wir durch die Arbeit an den Säulen der Identität also einen Einblick in die Sicht der DIS-KlientIn von sich selbst und in ihre biographische Daten. Außerdem können dadurch therapeutische Hypothesen und mit der KlientIn Therapieziele entwickelt und korrigiert werden.

Zum anderen sind derart unterschiedliche Aussagen, verbunden mit dem Erleben von unterschiedlichen Alter-Personen, ein diagnostisches Mittel, um die Hypothese einer DIS aufzustellen oder zu bestätigen. Wie in Kapitel II.1 beschrieben, kommen KlientInnen zu uns, die eventuell eine andere oder keine Diagnose haben oder von sich denken, daß sie multipel sind, ohne daß wir diese Diagnose/Annahme teilen konnten.

Besonders wichtig zur Klärung sind die bewußte Wahrnehmung in der intersubjektiven Beziehung (Ko-respondenz), die Schilderungen der KlientIn und eine weitgehend vertrauensvolle Beziehung zwischen KlientIn und TherapeutIn, um die Diagnose zu konkretisieren.

## 3.5 Gestalttherapeutische Grundprinzipien für die Arbeit mit traumatisierten Menschen

Eine schwierige Aufgabe für multiple KlientInnen ist gerade die Wahrnehmung von dem, wie es ist und was ist. Die Unterbrechung des Kontaktprozesses (vgl. Kapitel V.1.2) beginnt schon in seiner ersten Phase, indem Erregung und Empfindung nicht zugelassen werden oder so diffus bleiben, daß oft keine Differenzierung in Bedürfnisse und Gefühle stattfindet. Das bedeutet, daß die bewußte Wahrnehmung von dem was ist und wie es ist, nicht möglich ist. Die Gestalttherapie sieht genau dies als ein zentrales Ziel in der therapeutischen Arbeit, von dem aus Integration von abgespaltenen Anteilen und Wachstum möglich wird.

Butollo, Krüsmann und Hagl (1998) erarbeiteten gestalttherapeutische Grundprinzipien für die therapeutische Arbeit mit schwer traumatisierten KlientInnen in Form einer praxisorientierten, theoretischen Umfassung für den „therapeutischen Umgang mit dem Entsetzen“:

1. Die übergeordnete Relevanz der Beziehung
2. Arbeiten in der Gegenwart
3. Unvollendete Gestalten schließen

In den vorangegangenen Kapiteln wurde schon die Wichtigkeit der *therapeutischen Beziehung* und positiver Beziehungserfahrungen allgemein beschrieben. In der therapeutischen Beziehung kristallisiert sich prozessual die Diagnostik heraus und die therapeutische Beziehung gilt als der wichtigste Heilfaktor.

Butollo u.a. sehen die dialogische Haltung (nach Martin Buber) und die Hervorhebung der Beziehung in der therapeutischen Arbeit gerade mit traumatisierten KlientInnen als zentrales gestalttherapeutisches Grundprinzip und Wirkfaktor. Traumatisierte KlientInnen haben in der Regel Schwierigkeiten, Vertrauen zu empfinden oder zu entwickeln. So wird die therapeutische Beziehung ein wichtiges Medium, in dem die Möglichkeit liegt, im beschützenden, tragenden und klaren Rahmen, verlorenes Vertrauen entstehen zu lassen. Diese besondere Beziehung zwischen zwei Menschen ist gekennzeichnet durch Authentizität und möglichst hohe Gleichberechtigung im integritätswahrenden Rahmen des therapeutischen Settings.

Das vorrangige Arbeiten an gegenwärtigen Prozessen, die Arbeit im *Hier und Jetzt*, ermöglicht der TherapeutIn, die KlientIn dort wahrzunehmen, ihr dort zu begegnen und sie dort zu akzeptieren, wo sie heute steht.

In der Gegenwart spiegeln sich die aktuelle Situation der KlientIn mit der therapeutischen BegleiterIn, die aktuellen Verhaltens- und Bewältigungsstrategien und die Erfahrungsgeschichte der KlientIn mit allen früheren Beziehungen, die zur Verfestigung von bestimmten Überlebens- und Bewältigungsstrategien führten, wider.

Im Hier und Jetzt und im Rahmen einer positiven, klaren Beziehung kann die KlientIn zum Beispiel das Empfinden, Kontrolle über sich und ihr Leben zu haben, (wieder-) entdecken. Hier kann sie auch mit ihrem aktuellen Wissen, ihren Fähigkeiten und Möglichkeiten ihre bisherigen Ansichten von sich, von anderen Menschen und der Welt überprüfen und sie gegebenenfalls verändern. Auch kann die KlientIn sich einen inneren und äußeren Raum schaffen, in dem sie neue, adäquate Handlungsmöglichkeiten ausprobiert.

Wenn eine therapeutische Aufarbeitung traumatischer Erfahrungen für die KlientIn möglich ist, wird die klare Position im Hier und Jetzt sowohl eine Distanzierungsmöglichkeit, wie auch eine große Kraftquelle darstellen. Werden frühere Szenen mit der Energie, der Kraft und den Fähigkeiten des Heute neu durchlebt, als würden sie gerade geschehen, können sie bewältigt und verarbeitet werden. Die Gestalt gilt als geschlossen.

„Gestalttherapie bezeichnet vergangene Erfahrungen, die nach wie vor pathogen wirken, als offene Gestalt“ (Butollo et al., 1998, S. 51–52). Schwere traumatische Erfahrungen, die nicht integrierbar sind, beeinflussen. auch wenn sie abgespalten sind, die Überzeugungen und Beziehungen der KlientIn zu sich, ihrem Umfeld und ihrer Sicht auf die Welt. Diese Überzeugungen und Beziehungsmuster können sich verfestigen und dysfunktional werden.

Im aktuellen Beziehungsgeschehen können sich diese *unabgeschlossenen Gestalten* offenbaren und werden dadurch neu durchlebbar, neu bewertbar und sie können abgeschlossen werden. Dies setzt einen sicheren und beschützten Rahmen voraus.

Die Gestalttherapie geht davon aus, daß bei nicht unterbrochenen Kontaktprozessen emotionale, kognitive und körperliche Prozesse eine Einheit bilden, die Ganzheit bleibt bestehen. Durch Traumatisierungen werden die Kontaktprozesse unterbrochen, Fühlen, Denken und Handeln voneinander abgespalten bis hin zur Entwicklung einer DIS.

Die prozessualdiagnostischen Fragestellungen (vgl. Zinker, 1982) sind:

**Wann,** also in welcher Phase bricht die KlientIn den Kontaktprozeß ab?
**Wie** bricht die KlientIn den Ablauf des Kontaktprozesses ab?
**Wieviel** Energie und Intensität verwendet die KlientIn für den Kontaktabbruch?

Die gestalttherapeutische Arbeitsweise, die ständig Körper, Gefühle und Kognitionen anspricht und in dauernder Wechselwirkung miteinbezieht, hat eine verbindende Kraft. Dieser ganzheitlicher Ansatz fördert auch die Verbindung zwischen so stark dissoziierten Anteilen, wie sie bei einer DIS vorkommen.

Auch die TherapeutIn muß sich damit auseinandersetzen, wie sie die Erfahrungen von Bedrohung, Vernichtung, Hilflosigkeit, unbeeinflussbaren Ereignissen, Verlust etc. in ihr eigenes Selbst- und Weltbild integriert. Dem Satz „Du wirst mich nicht aushalten und ich will dir meine Erfahrungen nicht erzählen, weil du mich dann hassen wirst!" (Zitat einer Klientin) kann mit der Zeit die Erfahrung entgegengesetzt werden, daß die TherapeutIn die KlientIn aushält und wider Erwarten respektiert, akzeptiert und mag.

„Zusammenfassend läßt sich sagen, daß es bei der Behandlung von traumabedingten Störungen immer darum geht, auf dem Hintergrund einer vertrauensvollen Beziehung und mit wachem, differenzierenden Auge für die realen Gefahren doch den Kontakt zu dem Positiven, dem Vertrauenswürdigen, dem Lebendigen in dieser Welt wieder zuzulassen und/oder zu stärken" (Butollo et al., 1998, S. 58).

Die dargestellten Einstellungen, Konzepte und Hilfsmittel fördern den therapeutischen Prozeß und das Verstehen, wie die KlientIn sich und ihre Welt erlebt. Sie öffnen die Sicht auf die Sinnhaftigkeit der Bewältigungsstrategie der Dissoziation und der Entwicklung einer DIS.

# VI

# Die ambulante Psychotherapie mit multiplen KlientInnen

*Imke Deistler*

Die Therapie mit multiplen KlientInnen bedeutet Therapie mit schwer und komplex traumatisierten Menschen. Verschiedene KlinikerInnen weisen in diesem Zusammenhang auf die Unzulänglichkeit herkömmlicher therapeutischer Methoden hin. Rein kognitiv-behaviorale Modelle sind oft zu eng angelegt, um der komplexen Problematik in der Traumatherapie gerecht zu werden. Auch das psychoanalytische Modell des Erinnerns, Wiederholens und Durcharbeitens sowie auch klassische katharsisorientierte und erlebniszentrierte humanistische Verfahren haben sich in der Vergangenheit in ihrer Wirksamkeit als begrenzt erwiesen.

Reddemann und Sachsse warnen vor der tiefenpsychologischen Technik, „sich die Pathologie in der therapeutischen Beziehung entfalten zu lassen" (Reddemann & Sachsse, 1997, S. 114) und verweisen auf die hirnphysiologischen Korrelate von Traumatisierungen: „Sollte sich diese Hypothese weiter bestätigen, wäre es genauso sinnvoll, die traumatische Szene in die therapeutische Beziehung holen zu wollen, wie einen Migräneanfall oder eine Reizgastritis" (Reddemann & Sachsse, S. 120). Die AutorInnen betrachten traumatisierte Menschen also weniger auf der psychodynamischen Ebene, sondern sehen sie vielmehr als „organisch Erkrankte." Sie schlagen ein integratives Konzept vor, dessen Verlaufsphasen mit den drei Phasen der Stabilisierung, Traumaexposition und Reintregration nach Pierre Janet (1889) und Judith Herman (1993) übereinstimmen und die im Abschnitt VI.3.3 noch ausführlicher vorgestellt werden.

Petzold und seine MitarbeiterInnen (2000) betonen die Komplexität, die eine adäquate Traumatherapie aufweisen muß, um den komplexen Auswirkungen eines psychischen Traumas gerecht zu werden:

*„Als »Körper-Seele-Geist-Wesen in einem sozialen und ökologischen Umfeld«, als »Leibsubjekt in der Lebenswelt« ... wird das Subjekt und seine Persönlichkeit als Ganzes vom traumatischen Ereignissen betroffen: die körperlich-physiologische, die seelisch-emotionale, die geistig-mentale Dimension des Menschen mit seinen sozialen Bezügen (Netzwerk, social work ...) und seiner sozialen Einbettung (Wohnung, Quartier ...) wird getroffen und zuweilen geschädigt. Dabei werden unter der existenziellen, der »geistig-mentalen Dimension« nicht nur spezifisch kognitive Operationen, sondern auch Sinn- und Wertfragen, das Problem von Schuldgefühlen, eines Verlustes von Sicherheit und Vertrauen, des »Glaubens an das Gute im Menschen« ... gesehen" (Petzold et al., 2000, S. 452).*

Als Konsequenz dieser Überlegungen plädieren Petzold et al. dafür, die KlientInnen als Mitsubjekte, als PartnerInnen, ernst zu nehmen und ein intersubjektives, dialogisches Arbeits- und Behandlungssetting anzubieten und herzustellen. Hierdurch wird der Betroffenen wirkliche Mitwirkung in der Therapie im Sinne des Empowerments ermöglicht, so daß an die Stelle traumatischer Ohnmachtserfahrung wieder der Aufbau „persönlicher Souveränität" treten kann.

Neuere Ansätze in der Traumatherapie respektive in der Therapie mit DIS-KlientInnen weisen einige Besonderheiten auf, die allerdings gut in herkömmliche Verfahren integrierbar sind. Kluft (1996) untersuchte multiple KlientInnen über fast zwanzig Jahre und fand, daß die Therapie bei 81 Prozent der KlientInnen, die sich in einer DIS-spezifischen Therapie befanden, zu einer Integration (Fusion) der Teilpersönlichkeiten führte. Bei einer unspezifischen therapeutischen Behandlung berichteten nur drei Prozent der KlientInnen von einer Integration. Auch dies weist auf die notwendige Kombination herkömmlicher therapeutischer Methoden mit speziellen Techniken aus der Traumatherapie hin.

In der Integrativen Therapie (Rahm et al., 1993, S. 377) wird zwischen vier Ebenen emotionaler Tiefung unterschieden, auf denen die therapeutische Arbeit verlaufen kann:

1. Die Ebene der Reflexion
2. Die Ebene der Affekte und Vorstellungen
3. Die Ebene der emotionalen Involvierung
4. Die Ebene der autonomen Körperreaktionen

Michaela Huber (1995, S. 233ff.) rät in der Arbeit mit multiplen KlientInnen davon ab, tiefend zu intervenieren, sondern empfiehlt stattdessen, sich mit den Interventionen „an der Oberfläche“ zu bewegen: „*Be shallow!* – Seien Sie flach!“ Bei dieser Klientel muß nicht tief exploriert werden, denn die KlientIn ist mit allen vier Tiefungsebenen im therapeutischen Setting präsent: Das Geschehene ist unmittelbar zugänglich, auch wenn die Oberfläche in getrennte Bereiche dissoziiert ist.

Unter „be shallow“ versteht Huber auch, sich nicht zu tief in das Erleben der KlientIn involvieren zu lassen, sondern mit ihr daran zu arbeiten, ihre Selbstorganisation zu fördern. Des Weiteren bedeutet „be shallow“, sich in Bescheidenheit zu üben und sich der Tatsache bewußt zu sein, die traumatischen Erfahrungen für die KlientIn nicht ungeschehen machen zu können.

Bevor auf den nächsten Seiten näher auf die therapeutische Haltung und das therapeutische Setting eingegangen wird, folgen einige Überlegungen zu den Zielen in der Therapie mit multiplen KlientInnen. Im Anschluß daran werden verschiedene Phasenmodelle des therapeutischen Prozesses erläutert und schließlich einzelne Aspekte der therapeutischen Arbeit erörtert.

# 1. Die Ziele in der Therapie und die innere Haltung der PsychotherapeutIn

Grundsätzlich ist die Aufhebung der Spaltungen, d.h. also die *Integration* dissoziierter Erfahrungen als übergeordnetes Behandlungsziel zu nennen. Hier gilt es allerdings zu differenzieren zwischen der *Integration verschiedener Erlebnisebenen* (Wahrnehmungen, Gefühle, Kognitionen, Erinnerungen, Verhalten) auf der einen Seite und der *Integration von Selbstanteilen* (Fragments, States oder Alters) auf der anderen Seite. Die Integration einzelner Alters miteinander oder mit dem gesamten System wird auch als *Fusion* bezeichnet.

Beide Aspekte der Integration gehen zwar häufig ineinander über, sind jedoch als getrennte Behandlungsziele zu betrachten (Butollo, 1998). Grundsätzlich ist davon auszugehen, daß die zunehmende Integration verschiedener Erlebnisebenen und auch die Integration von Selbstanteilen zu einer Reduktion von Angst, zu einer Vertiefung des Erlebens und somit zu einer Erhöhung der Lebensqualität führt. „Unsere Lebenskraft fließt nur in diejenigen Teile unserer Persönlichkeit, mit denen wir uns identifizieren können" (Perls, 1974, S. 66). Die Integration abgespaltener Selbstanteile befähigt die KlientIn letztlich, mit ihrem „ganzen Wesen" zu sprechen (Butollo, 1998).

Die Integration abgespaltener Selbstanteile ist allerdings nicht bei allen multiplen KlientInnen in gleichem Maße sinnvoll. Die Dissoziation dient ja gerade dem Schutz des Selbst. Des Weiteren geht es in Bezug auf das globale Ziel der Integration nicht nur um normative Aspekte therapeutischen Handelns, sondern auch um eine Haltung der TherapeutIn zu ontologischen Fragen bezüglich des „Ich" (die Gestalttherapie würde hier den Begriff des „Selbst" bevorzugen[35]). In unserer westlichen Kultur wird im allgemeinen davon ausgegangen, daß jeder Mensch über ein – und nur ein – „Ich" verfügt, wobei die Meinungen auseinandergehen, inwieweit dieses „Ich" mit der Vorstellung

35 In den Modellen der Gestalttherapie wird das Selbst nicht als eine Instanz oder Institution angesehen, sondern als etwas, das im Kontaktprozeß immer wieder neu entsteht und sich immer wieder auflöst. Im Kontakt realisiert sich das Selbst über die Es-Funktion, die Ich-Funktion und die Persönlichkeitsfunktion (Gremmler-Fuhr, 1999).

einer „Seele" zusammenhängt bzw. gleichzusetzen ist, und ob es mit dem Tode zerfällt oder in einer anderen Form weiter existiert.[36]

Nicht nur östliche Philosophen und westliche Mystiker, sondern auch Vertreter moderner Natur- und Geisteswissenschaften betrachten das „Ich" nicht als eine feste Instanz – obwohl wir dies so wahrnehmen –, sondern vielmehr als eine menschliche Konstruktion. Wir haben zwar ein kontinuierliches und in sich konsistentes Empfinden von uns selbst, dennoch scheint das, was wir als „Ich" oder „Selbst" wahrnehmen, eher eine einzigartige Manifestation von Ordnungen zu sein, eine Art übergeordnetes Muster, eine ganz spezielle Melodie, die wir kennen und immer wieder neu spielen – und auch dies ist wiederum nur *eine* mögliche Antwort auf die Frage unseres Seins.

In jedem Falle ist davon auszugehen, daß die komplexe Konstruktion des „Ich" für uns Menschen im Alltag von ungeheurem Vorteil ist und uns evolutionär einen großen Vorsprung gegenüber anderen Lebewesen verschafft hat. Das „Ich" hat sich offenbar sogar so sehr bewährt, daß es, ebenso wie unser Denken in Raum und Zeit, aus unserem Erleben buchstäblich nicht wegzudenken ist. Dennoch können individuelle Lebensumstände dazu führen, daß es sich für einen Menschen als sinnvoller erweist, mehrere Ichs, mehrere Identitäten, zu entwickeln.

Bei dem grundsätzlich angestrebten Therapieziel der Integration sollte also nicht die Frage nach der Existenz oder Nicht-Existenz eines (oder mehrerer) „Ich" im Vordergrund stehen, sondern die Frage nach der individuellen Lebensqualität. Mit anderen Worten: Welches Ausmaß an Integration ist für die jeweilige KlientIn auf den jeweiligen Ebenen optimal? Die Antwort fällt nicht nur bei verschiedenen KlientInnen unterschiedlich aus, sondern verändert sich darüber hinaus im Laufe des Therapieprozesses.

Auch die ISSD (International Society for the Study of Dissoziation) benennt in ihren Richtlinien die Integration als ein generelles Behandlungziel, wobei sie Integration definiert als einen

*„fortlaufenden Prozeß, alle Aspekte der dissoziativen Getrenntheit aufzulösen, der lange vor dem Zeitpunkt beginnt, an dem es eine Reduktion in der Zahl oder Getrenntheit der Personalitäten gibt; dieser Prozeß läuft auch nach der Fusion weiter auf einem tieferen Niveau, auch nachdem die Personalitäten sich in eine überblendet haben. Der Begriff bezeichnet einen fortlaufenden Prozeß in der Tradition der psychoanalytischen Sichtweisen über strukturelle Veränderungen. ... Die DIS-KlientIn ist eine einzige Person, die sich selbst so erlebt, als seien verschiedene Persönlichkeitsanteile von ihr mit einer gewissen Autonomie ausgestattet hinsichtlich des Denkens, Fühlens und Handelns. Die KlientIn ist jedoch keine Ansammlung aus unterschiedlichen Leuten, die denselben Körper teilen ... Wo immer mög-*

36 Auch existenzielle Fragen zum Leib-Seele-Problem werden hier also berührt, können aber an dieser Stelle nicht weiter ausgeführt werden.

*lich, sollte die Behandlung der KlientIn dazu verhelfen, ein zunehmendes Gefühl für ein integriertes, alltagstaugliches Selbst zu erhalten. Obwohl die TherapeutIn die Persönlichkeitsanteile häufig anspricht, als seien sie getrennt, ist es Aufgabe der therapeutischen Arbeit, ein zunehmendes Gefühl innerer Verbundenheit zwischen den alternierenden Persönlichkeitszuständen oder -anteilen zu fördern. Es ist also kontraproduktiv, die KlientIn dazu zu drängen, daß die alternierenden Persönlichkeitsanteile immer elaborierter und autonomer funktionieren, als sie bereits in der KlientIn funktionieren. Es ist ebenfalls kontraproduktiv, die KlientIn dazu zu ermutigen, einzelne Persönlichkeitsanteile zu ignorieren oder zu versuchen, sie loszuwerden ... Die alternierenden Persönlichkeitsanteile erwachsener KlientInnen teilen sich die Verantwortung für ihr Leben, so wie es jetzt ist. Im psychotherapeutischen Setting sollten die TherapeutInnen, die mit DIS-KlientInnen arbeiten, generell die gesamte Persönlichkeit für das Verhalten aller Persönlichkeitsanteile als verantwortlich ansehen" (ISSD: Richtlinien für die Behandlung der Dissoziativen Identitätsstörung/Multiplen Persönlichkeitsstörung, 1997, S. 13).*

Neben der *Integration* formuliert die ISSD als generelle Behandlungsziele die *Symptomreduzierung, Kontrolle dysfunktionalen Verhaltens, Wiederherstellung von Alltagskompetenz* und die *Verbesserung von Beziehungen.*

Nicht nur in dem globalen Ziel der Integration, sondern auch in der Betonung des Beziehungsaspektes besteht eine Übereinstimmung der ISSD-Richtlinien mit den üblicherweise in der Gestalttherapie formulierten Therapiezielen. Hier steht, wie in anderen humanistisch orientierten Therapierichtungen, traditionell der von der ISSD genannte Aspekt der *Verbesserung der Beziehungsfähigkeit* im Vordergrund, wobei die Beziehung zwischen der TherapeutIn und der KlientIn von letzterer als beispielhafte Lern- und Experimentiermöglichkeit genutzt werden kann.

## Überlegungen zur therapeutischen Beziehung

Die Idee, die Beziehung zwischen KlientIn und TherapeutIn als therapeutisches Instrument zu nutzen, ist nicht neu. Bereits Freud nutzte den Aspekt der (Übertragungs-)Beziehung, um die Verarbeitung vergangener Erfahrungen mit Objektbeziehungen zu fördern. Mentzos spricht von der *Internalisierung von Interaktionen und Beziehungsmustern*:

*„Die sogenannten Objekte sind nämlich nicht einfach nur das Mittel für die Triebbefriedigung eines sonst isolierten Individuums, sondern an erster Stelle Beziehungspartner eines Kontakt und Kommunikation suchenden Menschen. ... Die Erfahrungen innerhalb von Objektbeziehungen schlagen sich in bleibenden innerpsychischen Strukturen nieder. ... (Es geht bei Internalisierungen) um die Übernahme nicht nur von Charakteristika (des Objekts), sondern auch um die Internalisierung von Interaktionen. Man internalisiert also*

*auch Beziehungsmuster, Rollenbeziehungen, ja ganze ‚Objekte' mit vielen ihrer Aspekte. Man führt ein ganzes Leben lang einen ständigen inneren ‚Dialog' mit diesen internalisierten Objekten, einen Dialog, dessen konstante Besonderheiten während der ersten entscheidenden Erfahrungen mit eben diesen Objekten gebildet wurden" (Mentzos, 1984, S. 42 ff.)*[37].

Das „heilende" Element in der therapeutischen Beziehung ist in der psychoanalytischen Perspektive ebenso enthalten wie in der Perspektive humanistisch orientierter Therapien wie der klassischen Gestalt-, der Integrativen Therapie oder der Gesprächspsychotherapie.

Die Gestalttherapie arbeitet zwar in erster Linie direkt mit und an der realen, aktuellen Beziehung, bezieht jedoch im Kontakt entstehende Übertragungsprozesse mit ein. Während in der klassischen Psychoanalyse die TherapeutIn der KlientIn vorwiegend als „Projektionsfläche" gegenübertritt, begegnet die TherapeutIn der KlientIn in der Gestalttherapie als Person und bringt sich als Person in den therapeutischen Prozeß ein. Das heißt, an die Stelle des psychoanalytischen Übertragungsmodells tritt in der Gestalttherapie ein dialogisches Verständnis der therapeutischen Beziehung. Die TherapeutIn tritt mit der KlientIn in einen Dialog, den Baulig (1999) beschreibt als ein Fließen, ohne zu zerfließen, die Entwicklung eines Zwischen, ohne konfluent zu sein, ohne den eigenen Standpunkt zu verlieren. Die Beziehung zwischen TherapeutIn und KlientIn wird explizit als gleichberechtigte, authentische Begegnung zwischen zwei Menschen gesehen, wobei dem Kontakt an sich eine stabilisierende, heilsame und verändernde Wirkung zugesprochen wird (Butollo et al., 1998).

Perls hat den Aspekt der Gleichberechtigung in seinen Schriften sehr betont und damit die Psychotherapie zu seiner Zeit geradezu revolutioniert. Wenngleich dieser Aspekt in seiner historischen Bedeutung unbestritten ist, muß er aus heutiger Sicht relativiert werden, denn die therapeutische Beziehung beinhaltet neben der von Perls hervorgehobenen symmetrischen natürlich auch asymmetrische Komponenten. Gremmler-Fuhr (1999) schlägt daher vor, zwischen einer *funktionalen* und einer *personalen Dimension* in der therapeutischen Beziehung zu unterscheiden: Im therapeutischen Setting kommen TherapeutIn und KlientIn unterschiedliche Rollen zu, die zu einer Asymmetrie in der Beziehung führen. Die TherapeutIn verfügt über professionelle Kompetenz und somit über Macht und muß die professionelle Verantwortung, die mit ihrer ExpertInnenrolle einhergeht, annehmen und wahrnehmen. Neben dieser funktionalen Dimension existiert in der therapeutischen Beziehung eine personale Dimension, in der die TherapeutIn die KlientIn in ihrer Einzigartigkeit und Andersartigkeit wahrnimmt und wertschätzt. Hier begegnen sich TherapeutIn und KlientIn auf einer

37 Mentzos Standpunkt ist hier dem gestalttherapeutischen Ansatz sehr nahe. In diesem wird der von Mentzos beschriebene „ständige innere Dialog" externalisiert, indem sich die KlientIn bewußt mit verschiedenen Persönlichkeitsanteilen identifiziert und die Anteile untereinander in den Dialog treten läßt.

symmetrischen Ebene als zwei gleichwertige und gleichberechtigte Menschen. Die Verleugnung sowohl der einen als auch die der anderen Dimension birgt die Gefahr der unprofessionellen Grenzverwischung und im Extremfall sogar des Mißbrauchs in der Therapie.

Mit seinem Begriff der Ko-respondenz[38] betont Petzold den gemeinsamen Bezugsrahmen von KlientIn und TherapeutIn und bezeichnet Therapie als „einen gemeinsamen Erlebnis-, Erfahrungs-, Entdeckungs- Forschungs-, Interpretations- und Handlungsprozeß von Therapeut *und* Patient, der die Lebensgeschichte, den gegenwärtigen Lebensalltag und den persönlichen Zukunftshorizont beider sowie Vergangenheit, Gegenwart und Zukunft der therapeutischen Beziehung und ihres Kontextes (z.B. Klinik, Beratungsstelle) zum Gegenstand hat" (Petzold, 1999, S. 318).

Das Angebot und die Betrachtung der Beziehung zwischen TherapeutIn und KlientIn dient der Verwirklichung des Globalziels in der Integrativen Therapie, der Entwicklung von *Intersubjektivität*[39]*:* „Indem beide (TherapeutIn und KlientIn) sich immer besser aufeinander beziehen, entwickelt sich Intersubjektivität, entwickelt sich heilsame Ko-respondenz ... Im Prozeß der direkten, therapeutischen Beziehung verdichten sich – zeitweilig – die typischen früheren Beziehungserfahrungen der KlientIn." (Rahm et al., 1993, S. 327). In der therapeutischen Arbeit mit einer multiplen KlientIn ist es wesentlich, daß jede ihrer „Personen" mit der TherapeutIn in Beziehung tritt, mit ihr ko-respondiert[40], und so Fähigkeit zur Intersubjektivität entwickeln kann.

## Die innere Haltung der TherapeutIn

Als humanistischer Therapeut betont der Begründer der Focusing-Therapie Gene Gendlin die beiden Aspekte: „die TherapeutIn als die mit einem Wissensvorsprung ausgestattete Person" und „die TherapeutIn als ‚zittriges' Wesen".

38 Ko-respondenz meint hier das Bewußtsein darüber, daß der Mensch nie als unabhängiges Wesen denkbar ist, sondern als ko-existierendes Wesen, also immer in Beziehung zur Umwelt (insbesondere zu anderen Menschen) gesehen werden muß. Das „Ich" existiert nicht ohne das „Nicht-Ich". Das Verstehen des und das Verstanden-Werden durch den anderen hält Petzold an sich für heilsam.

39 Unter Intersubjektivität wird hier eine innere Haltung verstanden, in der das Bewußtsein darüber präsent ist, daß die Realität für das Gegenüber anders aussehen kann. Voraussetzung hierfür ist, daß der anderen Person ihre Freiheit, Individualität und Selbstverantwortlichkeit gelassen wird.

40 Korrekter formuliert müßte es heißen „ möglichst viele Personen", da natürlich keine Innenperson gezwungen werden kann, mit der TherapeutIn in Kontakt zu treten. In jedem multiplen System gibt es Teilpersönlichkeiten, die sich aus verschiedensten Motiven nicht im therapeutischen Setting zeigen. Es istkeineswegs notwendig, mit allen Alters Kontakt zu haben, wichtig ist vielmehr, diese Innenpersonen in ihren Ansichten, ihren Aufgaben und ihrer Bedeutung für das System indirekt mit einzubeziehen.

*„Wenn ich mich mit einem Klienten zusammensetze, nehme ich meine Probleme und meine Gefühle und stelle sie auf die eine Seite, nahe genug, weil es sein könnte, daß ich sie noch brauchen werde. ... Und ich nehme alle die Dinge, die ich als Therapeut gelernt habe ... und stelle sie auf die andere Seite. Danach bin ich einfach da, mit meinen Augen, und dort ist dieses andere menschliche Wesen. Falls es dazu kommt, daß seine Augen in meine schauen, werden sie sehen, daß ich einfach ein zittriges Wesen bin. Damit muß ich mich abfinden. Vielleicht schauen die Augen nicht. Aber wenn sie es tun, werden sie es sehen. Sie werden die ein wenig scheue, ein wenig zurückgezogene Existenz, die ich bin, sehen. Ich habe gelernt, daß das o.k. ist. Ich muß nicht emotional stabil, sicher und fest da sein. Ich muß bloß da sein. Es gibt keine Vorschriften, welche Art von Person ich zu sein habe. Das, was für den wirklichen Therapieprozeß gebraucht wird, für den wirklichen Entwicklungsprozeß, ist eine Person, die willens ist, anwesend, präsent zu sein. Und so bin ich allmählich davon überzeugt worden, daß sogar ich so jemand sein kann." (zitiert in Wiltschko „Haben Sie schon einmal ein ‚Selbst' gesehen?", 1992, S.2)*

An der Äußerung Gendlins wird die Bescheidenheit in der humanistischen Haltung deutlich. Die Humanistischen Therapierichtungen gehen davon aus, daß jeder Mensch über Selbstheilungskräfte verfügt, die es in der Therapie (wieder) zu entdecken bzw. freizusetzen gilt. Die KlientIn selbst wird als die ExpertIn ihrer selbst und ihrer Lebenssituation angesehen, die TherapeutIn erhält die Rolle der wohlwollenden BegleiterIn. Diese Haltung weist der KlientIn ein hohes Maß an Verantwortung zu.

Beide Aspekte, die *Wegbegleitung* und das Angebot einer *weiteren subjektiven Realität*, halten wir für heilsam, vorausgesetzt, daß dies mit einer *kongruenten*, *empathischen* und *unbedingt wertschätzenden* Haltung geschieht (vgl. Rogers, 1972).

Die KlientIn als ihre eigene ExpertIn zu sehen bedeutet, eng am Auftrag der KlientIn zu bleiben. Einige TherapeutInnen vertreten die Ansicht, daß die gemeinsame Fusion der vielen Alter-Personen als Ziel der Therapie anzusehen sei. Erst dann sei ein Therapieverlauf als Erfolg zu bewerten. Dies ist eine vom Auftrag der KlientIn losgelöste Sicht, die sich auf ein bestimmtes Krankheitsmodell stützt, in dem sich als „viele" zu empfinden grundsätzlich „krank" und veränderungsbedürftig und sich als eine Person zu empfinden grundsätzlich „gesund" bedeutet.

Im Gegensatz zu dieser sehr starren Definition bevorzugen wir es, die KlientIn selbst beurteilen zu lassen, was für sie das Gelingen einer Therapie ausmacht und hierüber mit ihr in einen Austausch zu treten. Einige individuelle Therapieziele, die multiple Frauen häufig angeben, sind zum Beispiel:

- Ich möchte mich in mir besser auskennen.
- Ich möchte meine Innenpersonen (besser) kennenlernen.
- Ich möchte mit den anderen „Personen" besser auskommen.
- Ich möchte keine „Zeitverluste" mehr haben.
- Ich möchte, daß wir weniger „Personen" werden.

- Ich möchte nur noch eine gesamte integrierte Person sein.
- Ich möchte keine Integration (Fusion), aber Co-Bewußtheit[41].
- Ich möchte wissen, was früher passiert ist.
- Ich möchte mit Triggern besser umgehen können.
- Ich möchte weniger Flashbacks haben.
- Ich möchte meine traumatischen Erinnerungen bearbeiten.
- Ich möchte, daß jemand mir glaubt.
- Ich möchte nicht mehr so viel Angst haben.
- Ich möchte das Chaos in meinem Leben reduzieren.

KlientIn und TherapeutIn überprüfen in einem gemeinsamen Prozeß, ob sie zu einer Übereinstimmung der angestrebten Ziele kommen können. Diese *Zielübereinstimmung* bildet eine wichtige Grundlage, sie ist Voraussetzung für das Gelingen der Therapie, und die Aktualisierung der Zielvereinbarungen zieht sich durch den gesamten therapeutischen Prozeß. Bei multiplen KlientInnen sind einige Vereinbarungen (z.B. die grundsätzliche Übereinstimmung darin, daß die KlientIn sich in die Therapie begibt, Antisuizidverträge, gemeinsame Ziele des „Systems" o.ä.) möglichst gemeinsam, d.h. mit dem gesamten System zu treffen. Darüber hinaus sind oft mit den einzelnen Innenpersonen differenzierte Vereinbarungen zu treffen (vgl. Kap. VI.4.4).

Weitere Aspekte, in denen sich die innere Haltung der TherapeutIn ausdrückt, sind:

1. Grundsätzlich ist jede Alter-Person willkommen. Keine Teilpersönlichkeit wird den anderen gegenüber bevorzugt behandelt.
2. Jede Alter-Person wird ernst genommen in ihrer Wahrnehmung, ihren Bedürfnissen und ihrem Anliegen, während gleichzeitig ein Bewußtsein darüber besteht, daß es sich bei allen Innenpersonen um verschiedene Anteile *eines* Menschen handelt.
3. Die TherapeutIn ist grundsätzlich bereit, der KlientIn ihre Erfahrungen zu glauben.
4. Die TherapeutIn ist bereit, sich auf einen langjährigen therapeutischen Prozeß einzulassen.

Als TherapeutInnen können wir unseren Respekt gegenüber den einzelnen Persönlichkeitsanteilen der KlientIn auch einen *sprachlichen Ausdruck* geben. Kindliche bzw. jugendliche Innenpersonen reagieren häufig irritiert, wenn sie von anderen Menschen

41 Im Gegensatz zur Fusion, bei der alle Identitäten miteinander verschmelzen und schließlich nur noch eine komplexe Identität (Person) existiert, bedeutet Co-Bewußtheit das Nebeneinander-Existieren verschiedener Alter-Personen ohne amnestische Barriere.

gesiezt werden. Eine altersgemäße Anrede durch die TherapeutIn führt dazu, daß die jeweilige Alter-Person sich in ihrer Wahrnehmung ernst genommen fühlt und nicht ständig das Gefühl hat, mit ihr „stimme etwas nicht".

Außerdem kann die TherapeutIn die KlientIn im Plural (ihr bzw. sie) ansprechen, wenn sie mit oder von dem gesamten System der KlientIn spricht, und die singuläre Form (du bzw. Sie) wählen, wenn es um die Erlebniswelt einer einzelnen Alter-Person geht. Die KlientInnen selbst verwenden in der Regel das Personalpronom „Wir", wenn sie von sich als System sprechen. Einige multiple Menschen tun dies bereits intuitiv, bevor ihnen ihre Multiplizität bewußt ist.[42]

Einigen TherapeutInnen geht diese Übernahme der subjektiven Realität der KlientIn zu weit. Ihrer Ansicht nach handelt es sich hierbei um eine zu starke Identifikation der TherapeutIn mit der Wahrnehmung der KlientIn, welche deren Spaltungstendenzen höchstens erhöhe. Natürlich ist es von wesentlicher Bedeutung, daß das Bewußtsein über die Einheit der Person nicht verloren geht. Unsere Erfahrung ist, daß die TherapeutIn mit der oben vorgeschlagenen Art des Vorgehens der KlientIn gegenüber zum Ausdruck bringt, daß sie sich der anderen im Hintergrund vorhandenen Anteile bewußt ist. Dies fördert im Gegenzug auch das Bewußtsein der einzelnen Persönlichkeitsanteile über das Vorhandensein der anderen, dient also letztlich der Integration abgespaltener Anteile. Darüber hinaus führt es zu einem stärkeren Verantwortungsbewußtsein der einzelnen Alter-Personen für ihr gesamtes System.

Ein besonders zentraler Aspekt in der Arbeit mit traumatisierten Menschen ist der Aspekt der *Parteilichkeit*: „Wer sich in einer Täter-Opfer-Konstellation ‚neutral' verhält, ist natürlich nicht neutral, sondern ergreift Partei für den Täter gegen das Opfer" (Fischer & Riedesser, 1999, S. 183). Wenn TherapeutInnen sich darauf beschränken, empathisch den subjektiven inneren Bezugsrahmen und das innere Erleben ihrer KlientIn zu thematisieren, erlebt die KlientIn dies in der Regel als distanziert, beschämend und retraumatisierend. Denn die TherapeutIn ist nicht nur GesprächspartnerIn, sie wird auch zur „ZeugIn" dessen, was geschehen ist (ebenda, 1999).

Weil traditionell arbeitende PsychotherapeutInnen aller Schulen in den vergangenen Jahrzehnten in der Arbeit mit traumatisierten Menschen zu einer überstarken „Neutralität" neigten, setzten Feministinnen in den 70er Jahren ihr Konzept der „Parteilichkeit" dagegen. Dieses bildete allerdings im Falle einer zu starken Überidentifikation und Idealisierung der Opfer oft lediglich die Kehrseite der Medaille. Um die schwierige Balance zwischen diesen beiden Polen zu beschreiben, bezeichnen Fischer und Riedesser die Haltung der *parteilichen Abstinenz* als das zentrale Prinzip in der Traumatherapie: „Abstinenz im Sinne von Dezentrierung ist – im Unterschied zur Neutralität – mit

---

42 Die unabsichtliche und unwillkürliche Verwendung des Personal-Pronomens „wir" statt „ich" kann u.U. auch als diagnostischer Hinweis gewertet werden.

einer klaren Stellungnahme der TherapeutIn zur traumatischen Situation und einer grundsätzlich solidarischen Haltung vereinbar" (Fischer & Riedesser, 1999, S. 187).

Im Rahmen der feministisch-parteilichen Therapie[43] mit von (sexualisierter) Gewalt betroffenen Mädchen und Frauen spricht Kavemann (1991,1994; Röhling, 1998) von einer *solidarisch-kritischen Unterstützung,* bei der die Frau weder als ein besserer Mensch noch als pures Opfer gesehen wird, sondern in ihrer Handlungsfähigkeit und Verantwortung wahrgenommen und bestärkt wird. Dabei wird die Verantwortung für die Gewalt eindeutig dem Täter zugewiesen, was jedoch weder eine Dämonisierung des Täters noch eine Idealisierung des Opfers bedeutet. Die TherapeutIn steht auf der Seite der Betroffenen, ohne die kritisch-solidarische Distanz zu verlieren.

Michaela Huber (1995) hat in ihrem Buch „Multiple Persönlichkeiten" ihre innere Haltung zur therapeutischen Arbeit mit schwerst traumatisierten Frauen beschrieben. Obwohl oder vielleicht auch gerade weil der Text etwas theatralisch wirkt, drückt er auf eine besondere Weise die Atmosphäre aus, die in der Therapie mit multiplen Frauen entsteht:

*„Wie also stehen Sie einer zersplitterten Seele bei? Sanft, mit dankbarem und tiefen Respekt. Geduldig, denn die Zeit steht für die Erschütterten still, und der Impuls des Heilens wird zunächst langsam sein. Mit der zärtlichen Stärke, die einer Offenheit für Ihre eigene tiefste Verwundung entstammt und Ihrem eigenen tiefen Heilungsprozeß dient. Fest und sicher, in nie nachlassender Grundüberzeugung, daß das Böse mächtig ist, es aber ein Gutes gibt, das noch mächtiger ist. Bleiben Sie mit diesem Guten in all Ihrem Sein verbunden, wie auch immer es sich Ihnen zeigt. ... Finden Sie Ihre Sicherheit, Ihre Zuflucht, und gehen Sie dorthin, wenn Sie es brauchen. Hören Sie zu, so gut Sie können, und seien Sie ehrlich um jeden Preis. Worte werden nicht immer kommen; manchmal gibt es keine Worte angesichts des Bösen. Doch in Ihrer Bereitschaft, bei der anderen zu sein, wird sie Sie hören; von Seele zu Seele wird sie hören, wofür es keine Worte gibt. Wenn Sie können, wenden Sie sich in Ihrem eigenen Tempo um und konfrontieren Sie sich mit dem tiefen Abgrund in Ihrem Innern. Und dann lassen Sie los. Kummer, Wut, allein und gemeinsam vergossene Tränen. Finden Sie jene, denen Sie vertrauen, und erlauben Sie es ihnen, bei Ihnen zu sein. Lernen Sie lachen, vertrauen Sie der heilenden Kraft des Humors. Vertrauen Sie sich selbst. Vertrauen Sie dem Prozeß. Heißen Sie diese Welt willkommen, die Ihnen jetzt Sicherheit bietet. Halten Sie die kleinen, zarten Glücksmomente fest. Lassen Sie zu, daß Sie geliebt werden. Lassen Sie zu, daß Sie lieben. Die zersplitterte Seele wird heilen." (Huber, 1995, S. 373 nach Steel in „Sitting with the shattered soul").*

43 Die feministisch-parteiliche Beratung und Therapie geht über den parteilichen Ansatz wie er zum Beispiel von Kinderschutzzentren vertreten wird, hinaus, indem er neben der grundsätzlichen Parteilichkeit für die Überlebenden sexualisierter Gewalt die Erkenntnisse und Analyse gesellschaftlicher Machtverhältnisse zwischen den Geschlechtern einbezieht.

# 2. Das therapeutische Setting in der ambulanten Psychotherapie

Die Meinungen über das geeignete therapeutische Setting in der Arbeit mit multiplen Frauen gehen relativ weit auseinander. Die ISSD (1997) empfiehlt in ihren Richtlinien generell eine Sitzungsfrequenz von zwei- bis dreimal wöchentlich. In Ausnahmefällen genügt eine Sitzung in der Woche, wobei die Sitzungen entweder eine Therapiestunde oder eine Doppelstunde umfassen. Welche Sitzungsdauer und -frequenz günstig ist, hängt von individuellen Faktoren ab. In die Überlegungen fließt in jedem Falle das Anstreben eines relativ kontinuierlichen Prozesses mit einzelnen Persönlichkeitsanteilen ein. Zum Beispiel ist es denkbar ungünstig, wenn eine KlientIn häufig und für sie nur wenig steuerbar „switcht", so daß in einer Sitzung ca. fünf bis sieben Innenpersonen auftauchen, die jedoch nur in einen sehr kurzen Kontakt (wenn überhaupt) mit der TherapeutIn treten. Dies vermittelt sowohl der KlientIn als auch der TherapeutIn das Gefühl, immer wieder von vorn anfangen zu müssen. Dieses Gefühl verstärkt sich, wenn die KlientIn nur einmal wöchentlich kommt, so daß der Kontakt mit einer bestimmten Alter-Person einmal wöchentlich, vierzehntägig oder monatlich stattfinden kann, weil verschiedene Innenpersonen während der Sitzungen erscheinen und somit für den anderen Personen jeweils „Zeit wegnehmen". Zu berücksichtigen ist allerdings, inwieweit häufige Switches per se der Kontaktvermeidung dienen (dieses Problem wäre mit einer Erhöhung der Sitzungsfrequenz mitnichten gelöst).

Natürlich muß die TherapeutIn nicht ständig mit sämtlichen Persönlichkeitsanteilen der KlientIn in Kontakt treten, dies ist bei nicht multiplen KlientInnen ja auch nicht der Fall. Die häufigen Switches und auch der hohe Grad der Traumatisierungen machen allerdings in den meisten Fällen eine Sitzungsfrequenz von zwei- bis dreimal wöchentlich notwendig.

Eine höhere Frequenz birgt allerdings ebenfalls Gefahren in sich: „Falls mehr als drei Sitzungen pro Woche regelmäßig durchgeführt werden, sollte die TherapeutIn sich des

Risikos bewußt sein, regressive Abhängigkeit der KlientIn von der TherapeutIn zu fördern. ‚Marathonsitzungen' – d.h. Sitzungen, die länger als hundert Minuten dauern – sollten, wenn sie überhaupt stattfinden, klar geplant, strukturiert und fokussiert sein" (ISSD, 1997, S. 4).

Letztlich gilt es, einen Kompromiß zu finden zwischen den Bedürfnissen der KlientIn auf der einen Seite und den institutionellen Rahmenbedingungen auf der anderen Seite. Grenzen auf therapeutischer Seite sind beispielsweise die zeitlichen und emotionalen Kapazitäten der TherapeutIn oder auch eine vorher festgelegte Sitzungszahl, z.B. weil die zuständige Krankenkasse nur eine bestimmte Stundenanzahl bewilligt hat.[44]

Für viele multiple KlientInnen ist es wichtig, in Krisenzeiten mit ihrer TherapeutIn oder anderen professionellen Bezugspersonen telefonieren zu können. Hier gilt es ebenfalls, die oben genannten Aspekte unter dem Gesichtspunkt des therapeutischen Nutzens abzuwägen. In jedem Falle ist es auch hierbei sinnvoll, verläßliche Vereinbarungen zu treffen. Eine fast uneingeschränkte Erreichbarkeit der TherapeutIn fördert lediglich die Abhängigkeit der KlientIn und die Erschöpfung der TherapeutIn.

Über die Dauer der therapeutischen Behandlung insgesamt gehen die Meinungen ebenfalls auseinander. Die früher vertretene Ansicht, eine multiple KlientIn sei in der Regel nach zwei bis drei Jahren intensiver ambulanter Therapie ausreichend stabilisiert, gilt inzwischen als überholt. Heutzutage wird von einer Mindestlänge von drei bis fünf Jahren ausgegangen (ISSD, 1997). Viele der sehr komplex dissoziierenden KlientInnen benötigen allerdings sechs oder mehr Jahre ambulante Psychotherapie, wobei diese in Krisenzeiten zum Teil durch stationäre Aufenthalte unterbrochen wird.

Zum Schluß eine Anmerkung zur räumlichen Ausstattung. Selbstverständlich soll diese dem individuellen Geschmack und den Arbeitsstil der TherapeutIn entsprechen. Da sich die räumliche Ausstattung unserer Beratungsstelle[45] in der Praxis bewährt hat, soll sie hier beispielhaft dargestellt werden:

Unsere Therapieräume sind bewußt so gestaltet, daß sie für die KlientIn vielfältig nutzbar sind. Es gibt (z.B. für erwachsene Alter-Personen) die Möglichkeit, sich auf Stühle zu setzen und (z.B. für kindliche Alter-Personen) die Möglichkeit, sich auf den Boden, auf eine Matratze oder auf Kissen zu setzen. Es sind Mal- und Bastelmöglichkeiten, Spielsachen, Stofftiere u.ä. für Erwachsene, Jugendliche und für Kinder vorhanden.

44 Leider existieren mit den Krankenkassen noch keine verbindlichen Vereinbarungen über die adäquate Behandlungsdauer multipler KlientInnen. Verbände wie die ISSD oder die EMDRIA bemühen sich derzeit um eine Verbesserung der Situation.

45 Notruf und Beratung für vergewaltigte Mädchen und Frauen e.V. Kiel.

Auch finden sich in den Räumen viele Gegenstände, die von der KlientIn als Symbole benutzt werden können. Gerade bei der Auseinandersetzung mit traumatischen Erfahrungen ist die Verwendung von Symbolen wertvoll[46]. Viele der Gegenstände werden von KlientInnen auch als Übergangsobjekte genutzt, indem eine Teilpersönlichkeit einen Gegenstand vorübergehend mit nach Hause nimmt oder ihn sich für eine bestimmte, ihr bevorstehende Situation ausleiht. Besonders wenn schwer traumatisierten Alters die gegenwärtige Realität immer wieder „wegrutscht", können positiv besetzte Gegenstände dazu beitragen, sie in der Gegenwart zur halten bzw. sie in diese zurückzuführen.

46 Über die Verwendung von Symbolen in der Arbeit mit sexuell mißbrauchten Klientinnen berichten z.B. Besems und van Vugt (1990).

# 3. Phasenmodelle des Therapieverlaufs

Im folgenden werden verschiedene Modelle vorgestellt, die den Verlauf einer Therapie darzustellen versuchen. Zu Beginn wird auf das Modell von Temminghoff eingegangen, das die Perspektive multipler KlientInnen in den Vordergrund stellt. Im Anschluß hieran werden drei Phasenmodelle aus therapeutischer Sicht vorgestellt. In seinem tetradischen Modell der Integrativen Therapie postuliert Petzold vier Phasen eines allgemeinen Therapieprozesses, verschiedene Modelle der Traumatherapie gehen von drei Behandlungsphasen aus, und in seinem speziell für die Arbeit mit multiplen KlientInnen entwickelten Ansatz skizziert Braun dreizehn Schritte der Therapie.

## 3.1 Das Phasenmodell von Temminghoff

Walburga Temminghoff (1999) hat in ihrer qualitativen Studie[47] acht multiple Klientinnen interviewt. Theoretischer Hintergrund hierbei war, die Auskunftgebenden als Expertinnen ihrer eigenen Situation zu betrachten und ein phasisches Modell ihrer Entwicklung aus ihrer Perspektive zu erstellen. Temminghoff ist zu einer Klassifizierung des Entwicklungsverlaufs in sieben Phasen gekommen. Nicht alle Phasen finden während eines therapeutischen Prozesses statt, und nicht jede multiple Frau durchläuft alle Phasen. Des Weiteren verlaufen die Phasen nicht starr chronologisch, sondern greifen ineinander, und es kann zu Sprüngen auf eine vorherige oder zukünftige Stufe kom-

47 In wissenschaftlichen Untersuchungen wird zwischen dem qualitativen und dem quantitativen Forschungsparadigma unterschieden. Die meisten Studien sind quantitativ angelegt, d.h. es wird eine relativ hohe Anzahl an ProbandInnen untersucht, um eine aufgestellte Hypothese zu überprüfen. In qualitativ angelegten Studien geht es meist nicht um die Überprüfung, sondern um die Entwicklung einer Theorie aufgrund der erhobenen Daten. Hierfür wird eine deutlich geringere ProbandInnenzahl benötigt.

men. Zudem können einzelne Alter-Personen sich zu einem gegebenen Zeitpunkt in unterschiedlichen Phasen befinden.

In allen sieben Phasen unterscheidet die Autorin fünf Ebenen (Ausdrucksformen): Die *Selbstreflexions-Ebene*, die *Emotions-Ebene*, die *Körper-Ebene*, die *Ebene der sozialen Beziehungen* und eine Ebene, in der sich ausdrückt, was für die Betroffenen in einer bestimmten Phase *nicht zugänglich* ist. Um die Komplexität des Modells zu reduzieren, soll sich die Darstellung der sieben Phasen an dieser Stelle beispielhaft auf die Ebene der *Selbstreflexion* beschränken:

| | |
|---|---|
| *Phase I:* | *Frühe Erfahrungen und Selbsthilfestrategien*<br>Selbstreflexion: „Ich bin anders." |
| *Phase II:* | *Der Leidensdruck wächst und Hilfe finden*<br>Selbstreflexion: „Ich bin verrückt" vs.<br>„Ich weiß nicht, was mit mir los ist." |
| *Phase III:* | *Benennungsangebot „Multiple Persönlichkeit" und dessen Verarbeitung*<br>Selbstreflexion: „Ich bin multipel." und „So funktioniert das." |
| *Phase IVa:* | *Strukturbildung im Chaos, Entdecken der Vielen und Entdecken des Traumas*<br>Selbstreflexion: „Wie viele sind wir?" vs.<br>„Ist mir doch egal!" und: „Der/die einzelne stellt sich vor." |
| *Phase IVb:* | *Strukturbildungsarbeit im Chaos, Leben mit Vielen und Aufarbeitung des Traumas*<br>Selbstreflexion: „Wir leben mit Vielen." und: „Wie regeln wir unser Leben?" |
| *Phase V:* | *Strukturbildungsarbeit im Chaos, Prä-integrative Phase: Aufgeben der Grenzen zwischen den Vielen*<br>Selbstreflexion: „Wir sind zusammen." |
| *Phase VI:* | *Integration der Systempersonen*<br>Selbstreflexion: „Ich bin eine!" und „Nichts ist verloren gegangen!" |
| *Phase VII:* | *Post-Integration*<br>Selbstreflexion: „Vieles ist so neu!" und: „Wie stehe ich zur Welt?" |

Wenn sich eine multiple Frau (bzw. in der Regel dann die Gastgeberin) in der ersten Phase befindet, erlebt sie sich lediglich als anders und sucht meist noch keine professionelle Hilfe. Daher lernen TherapeutInnen eine multiple KlientIn kaum in der ersten Phase, sondern meistens in einer der darauf folgenden Phasen kennen. Im Falle, daß sich die KlientIn während der zweiten oder dritten Phase in die Therapie begibt, findet die Auseinandersetzung mit der Diagnose DIS während der Therapie statt. Einigen Frauen ist allerdings bereits zu Beginn der Therapie ihre Multiplizität bewußt, und so steht weniger die Auseinandersetzung mit der Diagnose als vielmehr das Arrangieren mit den zunächst nicht oder wenig zugänglichen Persönlichkeitsanteilen im Vordergrund.

Als besonders wichtig empfanden die Probandinnen in Temminghoffs Untersuchung die professionelle Begleitung in den Phasen IV und V, da es in diesen Phasen u.a. um die Bearbeitung der Traumatisierungen geht. Einige der interviewten Frauen waren zum Zeitpunkt des Interviews bereits „integriert", befanden sich also in der siebten Phase. Diese Probandinnen berichteten übereinstimmend, daß für sie die *Anerkennung der einzelnen Systempersonen* und die *Bearbeitung von erlebten Traumatisierungen* die Voraussetzung für ihre Integration war.

Um es im gestalttherapeutischen Sinne zu formulieren: Die Anerkennung abgespaltener Persönlichkeitsanteile und die Wiederbelebung und Verarbeitung vergangener Erfahrungen führt zum Schließen von Gestalten und ermöglicht eine Integration in die Gesamtpersönlichkeit.

## 3.2 Phasenmodelle der Traumatherapie

Der Verlauf eines therapeutischen Prozesses kann auf drei verschiedenen Ebenen betrachtet werden: auf der *Makro-Ebene*, die den Prozeß in seiner Gesamtheit betrachtet, auf der *Meso-Ebene*, die den Verlauf einer oder mehrerer Sitzungen in den Mittelpunkt stellt und auf der *Mikro-Ebene*, die sich auf einen bestimmten Zeitabschnitt innerhalb einer Sitzung konzentriert (vgl. Rahm et al., 1993). In den folgenden Beschreibungen des Therapieverlaufs aus therapeutischer Sicht steht die Betrachtung auf der *Makro-Ebene* im Vordergrund.

### *Das Phasenmodell von Petzold*

In seinem *tetradischen Modell* unterteilt Petzold den Verlauf eines psychotherapeutischen Prozesses in vier Phasen (Rahm et al., 1993, S. 370):

1. Initialphase
2. Aktionsphase
3. Integrationsphase
4. Konsolidierungs- und Neuorientierungsphase

Wichtige Charakteristika der *Initialphase* sind z.B. das Explorieren des Anliegens, mit dem die KlientIn kommt, die Vereinbarung von Zielen sowie die Herstellung der therapeutischen Beziehung. Die hierauf folgende *Aktionsphase* ist mit einer Erschütterung verbunden, in der alte Ordnungen aufgeweicht werden. Rahm et al. bezeichnen diese Phase auch als die „Chaos-Phase". Alte Wunden brechen wieder auf, vergangene Konflikte werden wiedererlebt und – im günstigen Fall – durchgearbeitet. Kommt es in der zweiten Phase nicht zu einer Durcharbeitung, z.B. weil die therapeutische Beziehung nicht gelingt, erfolgt die Integration in Form des Erlebens von Scheitern oder Enttäuschung. Findet eine Durcharbeitung statt, schließt sich die *Integrationsphase* als positive Erfahrung der Neu-Orientierung und Neu-Organisation an. Am Ende der Therapie kann diese neue Ordnung *konsolidiert*, d.h. gefestigt werden.

Aus dem Blickwinkel der *Meso-Ebene* (s.o.) verläuft der von Petzold beschriebene Prozeß in denselben vier Schritten und wird von ihm mit einer Spirale verglichen. Der Prozeß wird bis zum Ende der Therapie immer wieder vollständig durchlaufen, wobei die Neu-Organisation stets auf einer höheren Ebene erfolgt. Allerdings kommt dieser idealtypische spiralförmige Verlauf in der Praxis nur selten vor (Rahm et al., 1993).

## Phasenmodelle in der Psychotraumatologie

Wenngleich das tetradische Modell der Integrativen Therapie auch in der Arbeit mit traumatisierten KlientInnen angewendet wird,[48] sind in der Psychotraumatologie spezielle Phasenmodelle entwickelt worden, die allerdings dem tetradischen Modell sehr ähneln. Das erste Phasenmodell der Traumatherapie wurde 1889 von Janet entwickelt. In seinem Modell baute er auf seinem Konzept der Dissoziation auf und unterschied drei Phasen:

Stabilisierung
Trauma-Bearbeitung
Reintegration

Auch moderne Modelle (z.B. van der Hart et al., 1993) gehen überwiegend und schulübergreifend von einem Drei-Phasenmodell aus. Herman (1993) unterscheidet beispielsweise die Phasen *Sicherheit, Erinnern und Trauern* und *Wiederanknüpfung*, die im wesentlichen Janets Modell entsprechen.

48 Nach den vier Phasen dieses Handlungsmodells verläuft zum Beispiel die stationäre Traumatherapie in der Hardtwaldklinik in Bad Zwesten.

| H. Petzold: | P. Janet: | J. Herman: |
|---|---|---|
| 1. Initialphase | 1. Stabilisierung | 1. Sicherheit |
| 2. Aktionsphase | 2. Trauma-Bearbeitung | 2. Erinnerung und Trauern |
| 3. Integrationsphase | 3. Reintegration | 3. Wiederanknüpfung |
| 4. Neuorientierungsphase | | |

*Abb. 3:* Phasenmodelle des therapeutischen Prozesses auf der Makro-Ebene

Welche der Phasen durchlaufen wird und zu welchem Zeitpunkt dies geschieht, hängt von der therapeutischen Vereinbarung ab. Nicht jede KlientIn wünscht eine Verarbeitung der traumatischen Erfahrungen, so daß sich die therapeutische Begleitung auf die erste Phase der *Stabilisierung (Sicherheit)* beschränkt. Aufgabe ist hier zunächst die Herstellung und Stabilisierung der therapeutischen Beziehung. Dies kann bei schwer traumatisierten KlientInnen mehrere Jahre dauern und wird während des gesamten Therapieverlaufs immer wieder thematisiert, weil das Vertrauen der KlientInnen sehr leicht erschütterbar ist. Weitere Aufgaben in der ersten Phase sind der Umgang mit Triggern (Auslösereizen) und das Teilen der Diagnose. Wenn die KlientIn oder die TherapeutIn die Diagnose nicht teilt, kann keine DIS-spezifische Behandlung erfolgen.

Nach Herman greifen die Phase der Stabilisierung und die zweite Phase der *Trauma-Bearbeitung (Erinnern und Trauern)* immer wieder ineinander und wechseln sich ab. Im besonderen Maße muß dies für multiple KlientInnen gelten, da ein zu langes Verweilen der Bearbeitung von Traumata die KlientIn überfordern und destabilisieren würde. Außerdem ist zu bedenken, daß sich die einzelnen Alters durchaus in unterschiedlichen Phasen befinden können.

Für die Bearbeitung der Traumata werden verschiedene Verfahren angewandt, z.B. imaginative Techniken, EMDR, aber auch herkömmliche therapeutische Techniken (vgl. Kapitel VI.4.8). Den Verfahren gemeinsam ist das Ziel, die intrusiven Erinnerungen (Flashbacks) der KlientIn zu reduzieren und die „eingefrorenen" Erinnerungen zu „narrativen" (im Sinne von erzählbaren) Erinnerungen werden zu lassen. Ein wesentlicher Teil der zweiten Phase ist nach Herman auch das Zulassen tiefer Trauer, das „nicht nur die notwendigste, sondern auch die am meisten gefürchtete Aufgabe in diesem Stadium der Genesung" darstellt (Herman, 1993, S. 266).

Im Vergleich zu den ersten beiden Phasen erscheint die dritte Phase der *Reintegration (Wiederanknüpfung)* relativ kurz. In der Regel werden für diese Phase etwa ein bis zwei Jahre angesetzt. Hieran wird deutlich, wieviel Zeit die Therapie multipler Frauen üblicherweise braucht, und zwar insbesondere dann, wenn die Therapie über die Stabilisierungphase hinausgeht.

## Das Modell von Braun

Ein sehr differenziertes, speziell für die Arbeit mit multiplen KlientInnen entworfenes Modell für den gesamten Therapieverlauf liefert Braun (in Ross[49], 1989):

1. Vertrauen entwickeln;
2. Erstellen und Besprechen der Diagnose;
3. Kommunikation mit jedem einzelnen Persönlichkeitsanteil;
4. Vertragsschließung;
5. Erfassung der Biographie jeder einzelnen „Person“;
6. Bearbeitung der Problematik jeder einzelnen „Person“;
7. Besondere Vorgehensweisen (Sicherer Ort, Anker[50] etc.);
8. Entwicklung und Förderung der interpersonellen Kommunikation;
9. Zielsetzung und Arbeitsweise: Richtung Integration;
10. Entwicklung neuer Verhaltensweisen und Fähigkeiten;
11. Bestärkung erreichter Heilungsschritte;
12. Netzwerkarbeit und Förderung der Unterstützung durch soziales Umfeld;
13. Follow-up, postintegrative Arbeit.

Wie in dem von Herman beschriebenen Modell laufen die Phasen nicht starr nacheinander ab, sondern greifen ineinander. Zusätzlich komplexer wird der Verlauf durch die Verschiedenheit der einzelnen Alter-Personen und dadurch, daß nicht alle Alters sich in derselben Phase befinden. Solange die KlientIn nicht integriert ist (d.h. sich als eine Person wahrnimmt), gilt es, die jeweilige Entwicklungsstufe und das Anliegen einer jeden Alter-Person zu berücksichtigen.

49 Der therapeutische Ansatz von Ross deckt sich mit dem Verlaufsmodell Brauns.

50 Anker sind Reize, die eine bestimmte Reaktion hervorrufen, also mit einer bestimmten Reaktion assoziiert sind. Trigger sind „negative Anker“. Im Grunde ankern wir Menschen ständig, denn Reize (z.B. eine spezielle Musik) sind oft mit bestimmten Reaktionen assoziiert. Die Strategie des Ankerns kann therapeutisch genutzt werden, indem erwünschte Assoziationen hergestellt werden. Beispielsweise kann die Vorstellung eines sicheren Ortes durch ein ganz bestimmtes Wort oder eine Geste verankert werden und so später bewußt und schnell hervorgeholt werden.

# 4. Einzelne Aspekte und Interventionen in der therapeutischen Arbeit

Im folgenden werden einzelne Aspekte in der Arbeit mit multiplen Frauen näher betrachtet. Aus Gründen der Übersicht werden die Erläuterungen in Beziehung zu Brauns Phasenmodell gesetzt. Zu Beginn des Kapitels geht es um die therapeutische Beziehung, im Anschluß hieran folgen Überlegungen zur Ausarbeitung von Verträgen, zur Arbeit mit einzelnen Persönlichkeitsanteilen, zu verschiedenen Stabilisierungsmaßnahmen und zur Arbeit mit Täterintrojekten. Den Schluß dieses Kapitels bildet die Betrachtung von Möglichkeiten der Trauma-Exposition, sowie von möglichen Aufgaben in der Integrations- und postintegrativen Phase.

## 4.1 Aufbau von Vertrauen und das Teilen der Diagnose

Ein schwer traumatisierter Mensch braucht sehr lange, bis er auch nur einen Anflug von *Vertrauen* zu seinem Gegenüber entwickeln kann. Entsprechend kann sich die Phase des Vertrauensaufbaus zwischen KlientIn und TherapeutIn *(1. Phase nach Braun)* und die Stabilisierung der KlientIn über mehrere Jahre hinziehen. Dabei ist das Ver- bzw. Mißtrauen gegenüber der TherapeutIn bei den einzelnen Innenpersonen unterschiedlich ausgeprägt und wird jedesmal erneut zum Thema, wenn eine der TherapeutIn noch nicht bekannte Innenperson auftaucht.

Falls die KlientIn sich nicht schon vor Beginn der Therapie als multipel bezeichnet und die TherapeutIn erst im Laufe der Therapie zu vermuten beginnt, daß eventuell eine Dissoziative Identitätsstörung vorliegt, ist es wichtig, den Zeitpunkt der Konfrontation der KlientIn mit der *Diagnose (2. Phase nach Braun)* sehr sorgfältig zu wählen. Ein Minimum an Vertrauen muß auf beiden Seiten vorhanden sein, da die meisten multiplen KlientInnen sehr ambivalent auf die Diagnose DIS reagieren.

Die Konfrontation mit der Diagnose löst in der Regel im gesamten System der KlientIn eine massive Erschütterung aus. Häufig steht zunächst einmal der bedrohliche Aspekt im Vordergrund und führt zu einer Krise, die im äußersten Fall zu einem Beziehungsabbruch führen kann. Die Vorstellung, „andere wohnen in meinem Körper und übernehmen die Kontrolle, während ich einen ‚Filmriß' habe", ist für keinen Menschen angenehm: Dann lieber die Zeitverluste und Flashbacks mit Drogen- oder Alkoholkonsum erklären oder eine „Amnesie für die Amnesien" (van der Hart et al., 1995) entwickeln, oder doch lieber einfach nur „irgendwie verrückt" sein.

Hinzu kommt, daß sich viele Innenpersonen durch das Erwähnen der Diagnose „ertappt fühlen". Da sie nichts anderes als gewalttätige Übergriffe kennen, wenn sie „draußen" sind, entwickeln sie oft eine große Furcht, bei ihrer Entdeckung erneut mißbraucht zu werden. Ein weiterer Aspekt ist, daß die Identifikation der einzelnen Teilpersönlichkeiten einigen Innenpersonen ihre bisherige „Narrenfreiheit" raubt. Es geht nicht mehr so leicht, daß sich z.B. eine Innenperson abends „die Birne zuknallt", die „GastgeberIn" aber am nächsten Tag die Kopfschmerzen ertragen muß. Die einzelnen Alter-Personen müssen also lernen, Verantwortung für ihr Handeln zu übernehmen.

Die Gefahr der Destabilisierung und die Furcht vor Entdeckung kann erst einmal BeschützerInnen und WächterInnen auf den Plan rufen, die beginnen, die TherapeutIn auf ihre Vertrauenswürdigkeit hin zu prüfen. Und schließlich bedeutet die Auseinandersetzung mit der Diagnose DIS auch die Anerkennung der massiven Gewalterfahrungen in der eigenen Biographie.

Neben der akuten Bedrohung fühlen KlientInnen jedoch häufig auch eine große Erleichterung, denn auf einmal macht das von ihnen erlebte Chaos einen Sinn, alles fügt sich zusammen, wird erklärbar, berechenbarer – und das macht Hoffnung. Wenn das Gefühl der Bedrohung dem Gefühl des Vertrauens weicht, bedeutet es eine gänzlich neue Erfahrung für die einzelnen Alter-Personen, nicht mißbraucht und benutzt oder ignoriert, sondern gesehen und wertgeschätzt zu werden.

Als die Klientin Julia M. mir zum ersten Mal gegenüber saß, machte sie einen sehr kontrollierten und zurückhaltenden Eindruck auf mich. Sie beobachtete mich genau und behielt die Tür fortwährend im Auge. Sie schilderte zahlreiche abgebrochene ambulante und stationäre Therapieversuche, hatte vor Jahren ihre Arbeit verloren und sagte über ihre derzeitige Situation lediglich, sie wisse nicht mehr, wie es weiter gehen soll. Die anschließenden Sitzungen verliefen in einer angespannten Atmophäre, in der ich mich fortwährend von ihr getestet fühlte. Nach jeder dieser Sitzungen hatte ich zuverlässig Kopfschmerzen, eine mir bekannte persönliche Resonanz auf stark dissoziierende Klientinnen. Auf meine Fragen nach ihrer Alltagsbewältigung und bestehenden Symptomen antwortete sie nach wie vor nur sehr zurückhaltend. Sie sei von beiden Elternteilen sexuell mißbraucht worden und frühzeitig von zu Hause ausgezogen. Eine Zeit des

Alkohol- und Medikamentenmißbrauchs habe sich angeschlossen. Sie habe dann eine Ausbildung als Erzieherin begonnen, die immer wieder von Klinikaufenthalten unterbrochen worden sei. Die Ausbildung habe sie inzwischen beendet, aber sie könne nicht als Erzieherin arbeiten, weil sie mit Kindern nicht zurecht käme. Im Moment leide sie in erster Linie daran, daß andere Menschen sie ausgrenzen würden, weil diese sie „merkwürdig" fänden. Sie habe halt starke Stimmungsschwankungen und hätte ein katastrophales Gedächtnis, weshalb sie oft Verabredungen vergäße. Meine vorsichtig dosierten Fragen, ob sie häufiger unter Kopfschmerzen leide, ob sie manchmal Stimmen in ihrem Kopf hören würde, ob sie manchmal Dinge tun würde, von denen sie später nicht wüßte, sie getan zu haben, beantwortete sie regelmäßig mit einem brüsken „Nein". Sie schien jedoch zunehmend verunsichert und beobachtete mich stärker denn je. Als sie in einer der nächsten Sitzungen verschiedene dissoziative Symptome schilderte, fragte ich sie, ob sie nicht vielleicht doch ab und zu „Zeit verliere" und ob sie sich vorstellen könne, daß dann andere „Personen" an ihrer Stelle „draußen" wären. Nein. (Später stellte sich heraus, daß sie jedes dieser einzelnen Symptome sehr wohl an sich beobachtet hatte.) Die nächste Stunde sagte sie ab. Als ich in der darauffolgenden Stunde den Therapieraum betrat, hatte sie sich, anders als sonst, ans Fenster gestellt. Sie fuhr herum, als ich hereinkam, fragte mich wütend, was ich denn von ihr wolle. Ich wolle sie doch nur austricksen, sie fertig machen, sie für verrückt erklären und in die Klinik bringen. Meine Versuche, die Atmosphäre etwas zu entschärfen, schlugen fehl. In der nächsten Sitzung fand ich sie in einer Ecke des Therapieraumes vor. Sie hatte einen Stoffhasen im Arm und konnte offensichtlich nicht sprechen, also holte ich Papier, damit sie mir etwas aufschreiben könne. Sie schrieb nur ein Wort in großen Buchstaben: ANGST. Die Konfrontation der Gastgeberin Julia mit diesem Ereignis, an das sie keine Erinnerung hatte, führte zunächst fast zum Therapieabbruch. Die Klientin fürchtete, jetzt manipulierbar zu sein. Gleichzeitig war sie zutiefst verwirrt über die Entdeckung und wünschte sich jemanden, der ihr erklären könnte, was mit ihr passiert. So entschloß sie sich, die Therapie nicht abzubrechen, sondern erst einmal abzuwarten, wie ich mich in der folgenden Zeit ihr gegenüber verhalten würde.

Ebenso wichtig wie ein vorsichtiger Umgang mit der Diagnose ist es allerdings, daß die TherapeutIn ihre Vermutung überhaupt erwähnt. Manche TherapeutInnen haben Angst, der KlientIn durch das Aussprechen der Diagnose zu schaden und sie womöglich erst „multipel" zu machen. Diese Furcht ist erfahrungsgemäß unbegründet. Keine KlientIn wird durch das bloße Erwähnen der Diagnose DIS multipel. In den folgenden Therapiestunden wird sich zeigen, ob sich die Diagnose bestätigt oder nicht.

Nicht jede Innenperson teilt im übrigen die Diagnose DIS. Einige Alters berichten: „Wir haben es schon immer gewußt, weil wir von den anderen was mitbekommen haben." Andere halten die Diagnose für völlig unzutreffend und erklären ihre Amnesien z.B. mit Vergeßlichkeit oder erfinden spontan Tätigkeiten, die sie in der eigentlich nicht erinnerten Zeit „ganz bestimmt" vollzogen haben („Amnesie für die Amnesie").

Wie in der äußeren Realität auch (vgl. Kap. II.1), gibt es häufig auch innerhalb des

Systems der KlientIn die „Negierer", die „Zweifler", die „Geneigten" und die „Überzeugten". Und ebenso wie es notwendig ist, daß TherapeutIn und KlientIn die Diagnose teilen, um letztlich zur *Intersubjektivität* im Petzoldschen Sinne gelangen zu können, ist es für den therapeutischen Prozeß wichtig, daß zumindest im Groben eine Zustimmung im System herrscht, daß „da noch andere sind", die sich als eigenständige Identität erleben. Dies ist die Voraussetzung dafür, daß im System der KlientIn die Alter-Personen untereinander in Kontakt treten können, daß sie *ko-respondieren* können.[51]

## 4.2 Der Prozeß der Ko-respondenz: Die Beziehung zwischen TherapeutIn und KlientIn

Krankheiten der Seele sind immer auch Krankheiten der Beziehung (vgl. Buber, 1983). Daher liegt der Schwerpunkt gestalttherapeutischer Arbeit grundsätzlich auf der *Begegnung* zwischen TherapeutIn und KlientIn. Die Gestalttherapie geht davon aus, daß Traumatisierungen, und insbesondere durch Menschen herbeigeführte Traumatisierungen, grundsätzlich zu einer Kontaktstörung führen, da während einer Traumatisierung die „Eigenschwingungen" in Form von Kontaktsignalen des Opfers vom Täter gewalttätig unterbrochen werden. Butollo et al. (1998) bezeichnen dies als eine extreme Form der „Nicht-Resonanz." An diesem Punkt setzt die gestalt-orientierte Traumatherapie an: Im Kontakt und durch den Kontakt zwischen der KlientIn und der Therapeutin können Erfahrungen wachsen, die zur (Wieder)herstellung und Weiterentwicklung eines kompetenten lebendigen Selbst führen (Butollo, 1998).

Der Kontakt- und somit der *Ko-respondenzprozeß zwischen TherapeutIn und KlientIn* bzw. ihren einzelnen Innenpersonen *(3. Phase nach Braun)* kann auf verschiedenen Ebenen betrachtet werden: Idealtypisch vorausgesetzt, daß sich die TherapeutIn ihrer eigenen Persönlichkeitsanteile einschließlich ihrer spezifischen „Schatten" bewußt ist, sie also als ein kohärentes Wesen betrachtet werden kann, ergeben sich *drei Ebenen,* auf denen sie mit der KlientIn in Beziehung treten kann:

- mit der KlientIn als Ganzes (als „System"),
- mit einer Gruppe von Alter-Personen,
- mit einer Alter-Person.

51 Das Führen eines inneren Dialoges kann sowohl zwischen Alter-Personen erfolgen als auch – bei komplexeren Identitäten – innerhalb einer Persönlichkeit. Eine Technik wie „Identifikation und Dialog" kann daher auch mit einer komplex organisierten Alter-Person durchgeführt werden, die dann einzelne Aspekte betrachten kann, die in ihre Identität integriert sind. „Interpersonelle" Dialoge zwischen Alter-Personen finden wahrscheinlich auf einer höheren Ebene statt als Dialoge innerhalb einer Alter-Person.

Während der Therapiesitzung gilt es, alle drei Ebenen im Auge zu behalten und mit jeder einzelnen Alter-Person zu kommunizieren und in Beziehung zu treten. Dabei ist zu beachten, daß jede Teilpersönlichkeit ihre eigenen Möglichkeiten hat, mit der TherapeutIn im Kontakt zu sein und auf therapeutische Interventionen zu reagieren, d.h. im gestalttherapeutischen Sinne zu „antworten" (*response-ability*).[52]

Gerade zu Beginn der Therapie gestaltet sich der Kontakt zu einzelnen Innenpersonen häufig sehr schwierig. Bei einigen KlientInnen tritt in den Therapiesitzungen lediglich die GastgeberIn in Kontakt mit der TherapeutIn, weil die anderen Innenpersonen sich noch nicht sicher genug fühlen. Erst im Laufe der Therapie trauen sich z.B. „Kinder" oder „Jugendliche" heraus, um Fragen zu stellen, Wünsche zu äußern oder ähnliches. Bei anderen KlientInnen liegt gerade das andere Extrem vor: Die Innenpersonen wechseln in einer Häufigkeit, daß einem schon beim Zusehen schwindelig wird und kein Thema zu Ende gebracht werden kann. So kann ebenfalls kein wirklicher Kontakt entstehen. Auch die immense Häufigkeit von Switches dient letztlich dem Schaffen von Sicherheit (nach dem Motto: „*Du* kriegst mich *nicht*.") Es braucht Zeit, bis die verschiedenen „Personen" sich trauen, mit der TherapeutIn in einen längeren Kontakt zu treten, so daß sie ihre individuelle Biographie bearbeiten können.

Wenn die Switches nach längerer Zeit nicht weniger werden und dadurch die Konstruktivität der Therapie gefährden, ist es ratsam, dies zu thematisieren. Bei manchen multiplen KlientInnen ist speziell eine Person für die Personenwechsel zuständig (z.B. die BeobachterIn). In diesem Falle bietet es sich an, mit dieser Alter-Person Kontakt aufzunehmen, um besser zu verstehen, wodurch sich die KlientIn so bedroht fühlt, daß sie nicht in einen längeren Austausch mit der TherapeutIn treten kann.

In der Integrativen Therapie ist die Fähigkeit zu möglichst gleichgewichtigem Austausch zwischen Mitmenschen (d.h. das Gelingen von Ko-respondenz und Intersubjektivität) oberstes Therapieziel. Wie bereits erwähnt, muß die TherapeutIn dabei in der Lage sein, zwischen *Involvierung* (Betroffenheit), *Zentrierung* (bei sich selbst sein) und *Exzentrizität* (den Überblick gewinnen) wechseln zu können. Rahm et al. (1993) bezeichnen diese Flexibilität als *partielles Engagement*. Weiterhin betonen die Autorinnen das gestalttherapeutische Prinzip der *selektiven Offenheit*, d.h. die TherapeutIn reflektiert, wieviel Subjektivität und Offenheit von ihrer Seite die KlientIn erträgt („Alles, was gesagt wird, muß echt sein, aber nicht alles was echt ist, muß gesagt

52 Es gehört zu den wesentlichen Handlungsstrategien in der integrativen Gestalttherapie, mit therapeutischen Interventionen an den Stellen anzusetzen, an denen die KlientIn in der Lage ist, auf sie zu *antworten*, d.h. in der Lage ist, sie wahrzunehmen, zu verstehen und zu integrieren. Gleichzeitig gehört es zu den Zielen der Gestalttherapie, die „Fähigkeit der KlientIn zu antworten" und die Möglichkeit, für sich Verantwortung zu übernehmen zu erweitern.

werden."). Unserer Erfahrung nach gehören unbedingte *Ehrlichkeit*, *Echtheit* und *Transparenz* zu den Grundvoraussetzungen in der Arbeit mit multiplen Frauen.

## Interventionsebenen im Zusammenhang mit der therapeutischen Beziehung

In Anlehnung an Ludwig-Körner unterscheiden Rahm et al. (1993, S. 356 ff.) in der therapeutischen Arbeit vier grundlegende Vorgehensweisen. Bei multiplen KlientInnen können sich diese auf den oben genannten drei Ebenen (System, Gruppe, Alter-Person) bewegen (vgl. Kap. VI.4.1):

1. Arbeit an der Beziehung
2. Arbeit an der Übertragung
3. Arbeit in der Übertragung
4. Arbeit in der Beziehung

Mit der *Arbeit an der Beziehung* ist die Meta-Kommunikation zwischen TherapeutIn und KlientIn (bzw. einer ihrer Innenpersonen) gemeint. Zentrale Fragen sind: „Was passiert jetzt gerade zwischen Ihnen/dir und mir?" „Wie geht es Ihnen/dir mit mir?" Es geht um die Betrachtung der jetzigen Situation und der jetzigen Beziehung zwischen TherapeutIn und KlientIn.

Bei der *Arbeit an der Übertragung* handelt es sich ebenfalls um eine Meta-Ebene, auf der die Art der Übertragung betrachtet und nach Möglichkeit aufgelöst wird, wobei mit dem Begriff „Übertragung" die „Anwesenheit eines nicht sichtbaren Dritten in der Zweier-Beziehung" (Rahm et al., 1993, S. 357) gemeint ist. Es werden also alte Szenen und Atmosphären unbewußt vergegenwärtigt, die den Blick auf die gegenwärtige Realität verzerren. Gelingt es, die alten Szenen oder Atmosphären zu erkennen, kann die Übertragung aufgelöst werden. Typisch in der Arbeit mit sexuell mißbrauchten KlientInnen ist z.B. deren Überzeugung, es gehe in der Therapie nicht um ihre eigenen Bedürfnisse, sondern um die der TherapeutIn. Folglich versuchen die KlientInnen, die (vermeintlichen oder tatsächlichen) Wünsche und Vorstellungen der TherapeutIn zu erspüren, um sich diesen gemäß zu verhalten. Es gehört zu den wesentlichen Herausforderungen an die TherapeutIn, hier wachsam zu sein, die KlientIn auf ein solches Verhalten aufmerksam zu machen und ihr die Möglichkeit zu geben, herauszufinden, was sie selbst möchte.

Wenn die TherapeutIn bewußt (!) positive Aspekte einer Rolle verkörpert, indem sie auf ein bestimmtes Beziehungsangebot der KlientIn eingeht, so *arbeitet sie in der Über-*

*tragung*. Hierzu gehört z.B. das bewußte Einnehmen einer Elternfunktion, so daß zumindest teilweise eine Nach-Beelterung und Nachsozialisation bei der KlientIn stattfinden kann.

Oftmals schädlich für die KlientIn ist es, wenn die TherapeutIn unbewußt auf ein Beziehungsangebot der KlientIn eingeht, d.h. eigenen Übertragungen[53] unterliegt. Dies verhindert die Herstellung einer intersubjektiven Beziehung und behindert den therapeutischen Prozeß. Hier wird deutlich, wie unerläßlich kollegiale und externe Supervision in der therapeutischen Arbeit ist.

In der Arbeit mit traumatisierten Menschen gilt es für die TherapeutIn, die Balance zwischen empathischer Parteilichkeit und professioneller Distanz zu finden und zu wahren. Im Falle einer zu geringen Distanz kommt es auf Seiten der TherapeutIn nicht selten zum Phänomen der „sekundären Traumatisierung“ (vgl. Kap. VIII), d.h. die TherapeutIn entwickelt Symptome analog zu denen traumatisierter Menschen. Im Extremfall können die psychischen und somatoformen Symptome der TherapeutIn sämtlichen Kriterien einer PTBS entsprechen.

Die *Arbeit in der Beziehung* bezeichnet die in der Integrativen Therapie angestrebte positive, konfliktfähige und weitgehend übertragungsfreie Beziehung zwischen KlientIn und TherapeutIn. Je mehr das Arbeiten in der Beziehung gelingt, desto weniger gegenwärtig erlebt die KlientIn vergangene Erfahrungen. Die Entwicklung der Fähigkeit, zwischen „früher“, „jetzt“ und „später“ unterscheiden und Situationen realistischer einschätzen zu können, erleben die multiplen KlientInnen selbst als eine große Erleichterung.

## DIS als Beziehungsstörung

Susan Sands (1994) betont, daß in der Traumatherapie wiederbelebten Bedürfnisse allzu häufig als etwas angesehen würden, das beseitigt werden müsse auf dem Weg zur wirklichen therapeutischen Arbeit (dem Reprozessieren und Integrieren traumatischer Erinnerungen), dies jedoch der eigentliche Kern der Therapie sei. Nach Sands ist die

53 In der Integrativen Therapie wird von einer anderen Definition der Übertragungs-/Gegenübertragungsprozesse ausgegangen als in der psychoanalytischen Tradition: Während die Psychoanalyse bewußte wie unbewußte Reaktionen der KlientIn auf die TherapeutIn grundsätzlich als *Übertragungen* und bewußte wie unbewußte Resonanzen der TherapeutIn auf die Klientin grundsätzlich als *Gegenübertragungen* bezeichnet, spricht die Integrative Therapie bei nicht bewußten Resonanzen der TherapeutIn ebenso wie bei nicht bewußten Resonanzen der KlientIn von Übertragungsprozessen. Konsequenterweise können nach der Definition der Integrativen Therapie sowohl die TherapeutIn als auch die KlientIn bewußte Resonanzen und somit Gegenübertragungen in Bezug auf ihr Gegenüber haben.

Dissoziative Identitätsstörung in erster Linie als *Beziehungsstörung* zu betrachten. Daher müsse die Behandlung dissoziativer Störungen die erneute Mobilisierung früh dissoziierter Beziehungsbedürfnisse einschließen, damit die KlientIn diese als zentrale Erfahrungen in ihr Selbst integrieren könne. In der Traumatherapie sei bisher nicht genügend berücksichtigt worden, daß in einer traumatischen Kindheit über die traumatische Erinnerung hinaus auch Affekte und Beziehungswünsche bzw. -bedürfnisse vom Kind abgespalten werden müssen.

Zu den für die Selbst-Entwicklung notwendigen „Selbst-Objekt-Bedürfnissen“ (nach Kohut, 1976) gehören z.B. das Bedürfnis, die eigene Entwicklung gespiegelt zu bekommen, die Idealisierung einer beruhigenden und mächtigen Bezugsperson, die Erfahrung von Ähnlichkeit mit anderen, sowie auch das Bedürfnis nach „Affekt-Attunement“ (Affekt-Übereinstimmung) und das Bedürfnis nach Bestätigung. Als weitere die Beziehung betreffende Bedürfnisse, die von schwer traumatisierten Kindern dissoziiert werden mußten, nennt Sands:

- das Bedürfnis nach Empathie,
- das Bedürfnis nach Trost,
- das Bedürfnis nach Sicherheit,
- das Bedürfnis nach Anerkennung,
- das Bedürfnis nach Berührung,
- das Bedürfnis nach Liebe,
- das Bedürfnis nach Selbstdifferenzierung.

Wenn ein heranwachsender Mensch von seinen Bezugspersonen nicht als eigenes Subjekt, sondern mißbrauchend als Selbst-Objekt gesehen und behandelt wird, werden die Bedürfnisse des Kindes nach Liebe, Berührung und Trost ausgebeutet und zur Befriedigung der jeweiligen Bezugsperson ausgenutzt. In der Folge erlebt das Kind diese Bedürfnisse selbst als etwas schlechtes, weil es (aus der Perspektive des Kindes) durch sie zur KomplizIn des Mißbrauchs wird. Die Dissoziation solcher Beziehungsbedürfnisse ermöglicht es dem Kind, die Bezugsperson(en) zu entschuldigen, und sich darüber hinaus vor Enttäuschung und Wut über das Verhalten der Bezugsperson(en) zu schützen: „Da ich keine Bedürfnisse habe, scheiterst Du nicht an deren Erfüllung.“ Sands weist darauf hin, daß die grundlegende Motivation der Dissoziation wesentlicher Beziehungsbedürfnisse nicht etwa in der Abkehr, sondern in der Aufrechterhaltung und Regulierung von Beziehungen liegt. Nur so läßt sich der Kontakt zur Bezugsperson – und später zu anderen Personen – kontrollieren, regulieren und aushalten.

Die Integration der dissoziierten Bedürfnisse kann also nur geschehen, indem die Bedürfnisse in der Therapie erneut mobilisiert werden. Allerdings grenzt sich Sands von dem inzwischen umstrittenen Reparenting-Ansatz[54] ab und weist darauf hin, daß die Beziehungsbedürfnisse nicht durch ihre aktive Förderung innerhalb des therapeutischen Prozesses, sondern durch ihre tiefenpsychologische Interpretation integriert werden können. Unter der Voraussetzung einer vertrauensvollen, stabilen Beziehungsbasis erhält die KlientIn die Möglichkeit, gegenüber der TherapeutIn ihre bisher abgespaltenen Wünsche zu entwickeln und sie zu benennen. Aufgabe der TherapeutIn ist es, die in der Übertragung entstehenden Bedürfnisse sorgfältig zu verstehen und zu interpretieren. So können sie von der KlientIn gefühlt und in einem langsamen, schmerzvollen Prozeß in das eigene Selbst integriert werden. Dies muß bei DIS-KlientInnen meist für jede Alter-Person getrennt geschehen.

## Zu welchem Zeitpunkt wird „in der Übertragung" gearbeitet?

In welchem Ausmaß und zu welchem Zeitpunkt die Beziehung zwischen KlientIn und TherapeutIn einschließlich der stattfindenden Übertragungsprozesse aktiv in die Therapie zu holen sind, wird unter KlinikerInnen kontrovers diskutiert. Kernberg (1999, S. 12) vertritt die Auffassung, die TherapeutIn solle eine KlientIn ihre „pathologischen Beziehungsmuster in der Übertragung aktivieren lassen", so daß die KlientIn die Übertragung voll erlebt – und ihr dann helfen, die Übertragung durch Deutung zu überwinden. Dieses psychoanalytische Vorgehen schlägt Kernberg unabhängig davon vor, ob bei der KlientIn vergangene Traumatisierungen vorliegen oder nicht. In Übereinstimmung mit Kernberg schlägt Hirsch in seinem psychoanalytischen Therapieansatz vor, „das introjizierte, fremdkörperartige Inzestgeschehen zu externalisieren, es mitsamt den verleugneten, dissoziierten Affekten in die Übertragungsbeziehung zu bringen bzw. projektiv externalisierte Selbst- und Objektanteile zu integrieren" (Hirsch, 1993, S.120).

Reddemann und Sachsse warnen dagegen ausdrücklich davor, vergangene Beziehungskonflikte innerhalb der Traumatherapie wiederzubeleben, bevor die KlientIn vergangene Traumatisierungen integriert hat (d.h. vor der dritten Phase der Therapie).[55] „Die Beachtung von Übertragungs-Gegenübertragungs-Reaktionen ist uns wichtig, jedoch intervenieren wir nicht psychoanalytisch im engeren Sinn. Vielmehr

54 Der Reparenting-Ansatz beinhaltet die oben erwähnte therapeutische Technik der Nach-Beelterung, bei dem frühe Bedürfnisse innerhalb der Therapie remobilisiert und befriedigt werden. Heute wird dieser Ansatz sehr kritisch gesehen, da die Möglichkeit, die Befriedigung sehr früher Bedürfnisse in der Therapie nachzuholen, äußerst begrenzt zu sein scheint. Viele KlinikerInnen setzen daher den Schwerpunkt auf das Erkennen dessen, was nicht war (und was stattdessen war), und unterstützen die KlientIn darin, in der Gegenwart diese Defizite zu betrauern und mit ihnen umzugehen.

55 An dieser Stelle sei nochmals auf die dringende Empfehlung Michaela Hubers „Be shallow!" erinnert.

geht es uns darum, zwischen Therapeutin und Klientin einen imaginären Raum zu erschaffen, der gleichzeitig auch als ,innere Bühne' der Patientin konzeptualisierbar ist ... Der imaginäre Raum zwischen Therapeutin und Patientin erlaubt es, zu einer relativ tragfähigen Arbeitsbeziehung zu kommen, die von einer milden Übertragung geprägt ist" (Reddemann & Sachsse, 2000, S. 375/376). In ihrem therapeutischen Ansatz stellen die AutorInnen die Arbeitsbeziehung in den Vordergrund und gehen davon aus, „daß sich in einer Therapie zwei Erwachsene treffen, die sich gemeinsam um Verständnis und Hilfe für ein verletztes traumatisiertes Kind oder auch eine/n Erwachsene/n bemühen. Dies geschieht in einem Klima basal akzeptierender Haltung und Aufmerksamkeit" (Reddemann & Sachsse, 1997). Behandlungsstrategien, die darauf abzielen oder auch nur zulassen, daß die Traumatisierungsdynamik sich innerhalb der therapeutischen Beziehung entfaltet, seien nicht geeignet, dissoziative Abwehrvorgänge und Symptombildungen suffizient zu behandeln und aufzulösen (Reddemann und Sachsse, 1999). Andere traumazentrierte Konzepte wie z.B. die Arbeit auf der inneren Bühne, Stabilisierung und gezielte, vorsichtige Traumaexposition (die AutorInnen sprechen hier mit Foa von „Reizanflutung" statt „Reizüberflutung") werden von den AutorInnen für weitaus wirksamer gehalten.

*„Solange die unverarbeiteten posttraumatischen ,Erinnerungsabszesse' nicht integriert und prozessiert sind, können sie im Rahmen jedes therapeutischen Vorgehens gleich welcher Methode getriggert werden und führen dann zu langen, leidvollen, verfahrenen Therapieverläufen. Sofern Traumasynthesen gelungen sind oder mit Dissoziativität zumindest wirksam umgegangen werden kann, ist die Psychotherapie nicht abgeschlossen, sondern kann eigentlich erst beginnen. Dann ist es möglich, die Beziehungserfahrungen zu bearbeiten, ohne daß jede therapeutische Beziehungskrise zu einer dissoziativen, retraumatisierenden Katastrophe wird. Es hat sich bereits erwiesen, daß umschriebene Traumatisierungen, aber auch langjährige traumatisierende Erfahrungen gut mit den neuen Methoden der traumazentrierten Psychotherapie zu bessern sind. Weniger gut erreichbar sind mit diesen Methoden die basalen Beziehungserfahrungen der frühen Kindheit. Hier wird psychodynamische Psychotherapie auch einer verhaltenstherapeutischen Psychotherapie überlegen sein .... Eine gute Beziehungswahrnehmung einschließlich der Wahrnehmung von Übertragungs-Gegenübertragungsprozessen wird andererseits jene therapeutischen Beziehungen oft erst ermöglichen, in denen Traumasynthesen nur möglich sind" (Reddemann & Sachsse, 1999, S. 19).*

Natürlich ist es nicht möglich, „an der Übertragung vorbei zu therapieren", aber es ist ein Unterschied, ob die TherapeutIn Übertragungsprozessen im therapeutischen Setting Raum gibt und sie zur Entfaltung „einlädt" (Arbeit in der Übertragung), oder ob sie die KlientIn auf ein Übertragungsgeschehen sofort und direkt anspricht, damit anschließend wieder zu den stabilisierenden Maßnahmen übergegangen werden kann (Arbeit an der Übertragung). Grundsätzlich ist anzustreben, Übertragungen in den ersten Phasen der Traumatherapie möglichst frühzeitig aufzulösen, d.h. der KlientIn aufzuzeigen, wo und in welcher Form sie überträgt, allerdings ohne die Übertragung weiter zu bearbeiten. Im Vordergrund steht also die „authentische Begegnung" zwischen KlientIn und TherapeutIn.

Unserer Erfahrung nach können sich die Standpunkte von Kernberg und Hirsch auf der einen Seite und Reddemann und Sachsse auf der anderen Seite durchaus ergänzen. Nicht nur die „Arbeit an der Übertragung", sondern auch die drei übrigen von Rahm beschriebenen Interventionsebenen spielen in unserer ambulanten Arbeit mit multiplen KlientInnen eine Rolle. Anders als von Reddemann und Sachsse vorgeschlagen, arbeiten wir in allen Phasen der Therapie auch „in der Übertragung" (vgl. Kap. VII.2.2). Denn den kindlichen und jugendlichen Alter-Personen sind die erwachsenen Persönlichkeitsanteile des Systems in keiner Weise zugänglich (und umgekehrt), und so ist es eben mit diesen Alters gerade nicht möglich, „daß sich in der Therapie zwei Erwachsene treffen, die sich gemeinsam um Verständnis und Hilfe für ein verletztes traumatisiertes Kind ... bemühen." Das verletzte traumatisierte Kind sitzt der TherapeutIn direkt gegenüber. Wir halten also ein gewisses Maß an Nachbeelterung bei multiplen KlientInnen für unerläßlich, da es für kindliche Innenpersonen eine zentrale Erfahrung bedeutet, wenn die TherapeutIn bewußt (vorübergehend) die Rolle eines guten und fürsorglichen Elternteils übernimmt, so daß diese „Kinder" erstmals in ihrem Leben einem „Als-ob-Elternteil" ohne Ausbeutung, Zerstörung und Vernichtung begegnen können (vgl. Kap. VII.2.1).

Als TherapeutInnen müssen wir uns allerdings davor hüten, anzunehmen (und womöglich der KlientIn zu suggerieren), wir könnten die immensen Beziehungsdefizite und das unermeßliche Leid, das ihnen zugefügt wurde, in irgendeiner Weise wiedergutmachen. Das klingt banal, doch unerwartet starke Gefühle sowohl der Omnipotenz als auch der absoluten Hilflosigkeit gehören zu den typischen Gegenübertragungen in der Arbeit mit schwer traumatisierten Menschen. Sowohl der TherapeutIn als auch allen Alter-Personen muß klar sein, daß dem Beziehungsangebot der TherapeutIn enge Grenzen gesetzt sind. Hier bewegen sich KlientIn und Therapeutin auf einem schmalen Grat, denn das Erleben bisher dissoziierter Beziehungsbedürfnisse beinhaltet zum einen die Konfrontation mit der Verweigerung dieser Bedürfnisse in der Vergangenheit und zum anderen die Realisierung gegenwärtiger Wünsche und deren Enttäuschungen. Beide Erfahrungen können ein Ausmaß an Ängsten und Schmerz auslösen, das bei der KlientIn zur Desorganisation und Dekompensation führen kann. Das, was am meisten ersehnt wird, ist zugleich das, was am meisten gefürchtet wird. Insofern ist die Warnung von Reddemann und Sachsse (s.o.) unter anderem auch als ein Appell zu verstehen, die KlientIn vor der schmerzlichen Enttäuschung aufbrechender, regressiver Wünsche zu schützen.

Langfristig geht es für die KlientIn darum, daß erwachsene Alter-Personen im System lernen, die Rolle der guten, fürsorglichen Eltern gegenüber den kindlichen und jugendlichen Innenpersonen zu übernehmen, bzw. daß letztere selbst lernen, bedrohliche und neutrale Reize zu diskriminieren und sich in bestimmten Situationen adäquat verhalten und schützen zu können (vgl. Kap. VII.2.3.1 und VII.2.3.2).

## 4.3 Der Prozeß der Ko-respondenz: Die Beziehungen der einzelnen Teilpersönlichkeiten untereinander

Neben der Betrachtung der Beziehung zwischen KlientIn und TherapeutIn ist bei einer multiplen KlientIn ebenfalls die *Beziehung der einzelnen Innenpersonen untereinander (8. Phase nach Braun)* ein wesentliches Thema in der Therapie. Ganz im Sinne der klassischen Gestalttherapie können einzelne Anteile einer KlientIn prägnant werden und bekommen in der Therapie den Raum, sich zu zeigen und zu äußern, und schließlich werden Bedingungen geschaffen, daß sie in einen Dialog miteinander treten können.

Der Unterschied zur Therapie mit „simplen" KlientInnen besteht allerdings darin, daß sich die KlientIn nicht erst mit einem inneren Anteil identifizieren muß, da bereits in der KlientIn Identitäten vorhanden sind. Diese müssen jedoch erst „draußen" oder zumindest für die KlientIn selbst erlebbar, d.h. zugänglich sein. Wie bei „simplen" KlientInnen auch, kann eine Integration einzelner Anteile nicht gelingen, wenn diese nicht einzeln betrachtet werden.

Und wie in der herkömmlichen gestalttherapeutischen Arbeit bewegt sich der therapeutische Prozeß auch in der Arbeit mit multiplen KlientInnen im Spannungsfeld zwischen Spaltung und Integration. Die Differenzierung ist immer dialektisch in Bezug zur Integration: „Wo keine Differenzierung ist, kann nichts integriert werden, Integration aber macht wiederum neue Differenzierungen möglich" (Petzold, 1999, S. 318).

Dies bedeutet, innerhalb der Therapie auf der einen Seite einen Rahmen zu schaffen, in dem die KlientIn die Möglichkeit erhält, einzelne Persönlichkeitsanteile kennenzulernen und zu erleben, und auf der anderen Seite der KlientIn zu ermöglichen, sich als ein Ganzes, als eine Gestalt zu erleben: „Das alles bin ich (auch)."

Bei multiplen KlientInnen gehen diesem Erleben die Erfahrungen „Das sind wir." bzw. „Das gehört auch zu mir" voraus. Hieraus wird ersichtlich, daß der oben beschriebene Kommunikations- bzw. Ko-respondenzprozeß der Alter-Personen unmittelbare Wirkung auf das Erleben der eigenen *Identität*, des *Ich* und des eigenen *(Leib-)Selbst* haben.

Eine Möglichkeit zur Verbesserung der Kommunikation einzelner Alter-Personen bietet die Technik der *Inneren Tisch-Konferenzen* (Fraser, 1991), bei der gestalt- und hypnotherapeutische Elemente kombiniert werden. Die KlientIn wird hierbei aufgefordert, sich einen sicheren Raum vorzustellen, in dem ein ovaler Tisch steht. Dies kann unter Hypnose geschehen, ist aber nicht zwingend notwendig. Die GastgeberIn wird aufgefordert, sich einen Stuhl zu suchen und sich an den Tisch zu setzen. Anschließend werden andere Alter-Personen aufgefordert, auf den anderen Stühlen Platz zu nehmen. So können sich die Alters kennenlernen, miteinander Kontakt aufnehmen und außerdem wichtige Entscheidungen fällen, die das gesamte System betreffen (vgl. auch Huber, 1995).

Eine weitere Möglichkeit, den Kontakt der Alter-Personen untereinander zu verbessern bzw. erst einmal herzustellen, ist das Führen eines *Tagebuchs* (Huber, 1995). Es gibt jeder Teilpersönlichkeit die Möglichkeit, sich vorzustellen, andere Anteile etwas zu fragen, Wünsche (z.B. bezüglich Kleidung, Essen, Spielzeug) zu äußern oder ähnliches. So erhalten die einzelnen Alters einen Überblick über das System, und zusätzlich kann die Organisation des Alltags verbessert werden. Zum Beispiel können Termine koordiniert werden, bei schwierigen Unternehmungen, wie z.B. Arztbesuchen, kann abgesprochen werden, welche Alter-Person sich vorstellen könnte, dies zu übernehmen und welche Personen vorher unbedingt innen in Sicherheit zu bringen sind. Dies gilt natürlich nicht nur für die Anteile, die schreiben können, sondern auch für die sehr kleinen Innenpersonen, die vielleicht etwas ins Buch malen oder kritzeln können. Oder eine ältere Alter-Person kann, wenn schon ein Kontakt besteht, gebeten werden, für sie etwas aufzuschreiben.

Das Tagebuch dient dem Kennenlernen und der Koordination der Alter-Personen untereinander und kann somit ein wichtiges Instrument zur Stabilisierung der KlientIn im Alltag sein. Es ist nicht dazu gedacht, daß einzelne Alter-Personen vergangene Traumatisierungen aufschreiben. Hierdurch würde der für das Überleben notwendige Mechanismus der Dissoziation ausgeschaltet, da das Buch für alle Personen des Systems zugänglich ist und sein soll. Dies könnte zur Dekompensation einzelner Persönlichkeitsanteile oder im Extremfall des ganzen Systems führen.

## 4.4 Ausarbeitung von Verträgen

Ein weiterer wichtiger Aspekt ist die Vereinbarung von schriftlichen und mündlichen *Verträgen (4. Phase nach Braun)*. Verträge dienen der Orientierung und der Sicherheit, und zwar sowohl für die KlientIn als auch für die TherapeutIn. Gegenstand eines schriftlichen Vertrages sind z.B. der Umgang mit Suizidalität, der Umgang mit selbstverletzenden Verhaltensweisen, der Umgang mit körperlichen Aggressionen gegen die TherapeutIn, Vereinbarungen über Möglichkeiten und Grenzen des Kontaktes mit der TherapeutIn außerhalb der Sitzungen oder auch Regeln des Umgangs der Alter-Personen miteinander.

Idealerweise sollten alle Alters an der Erstellung eines Vertrages beteiligt sein (wobei natürlich darüber hinaus mit einzelnen Alter-Personen individuelle Absprachen nötig sein können). Dies ist in der Praxis allerdings kaum möglich, weil nicht alle Innenpersonen zum Zeitpunkt der Vertragsschließung im System „aktiv" sind. Da es besonders wichtig ist, daß Verträge „wasserdicht" sind, ist an dieser Stelle der Einfallsreichtum von KlientIn und TherapeutIn gefragt. Zum Beispiel ist es möglich zu vereinbaren, daß jede Innenperson, die neu auftaucht, auf den Vertrag hingewiesen wird, und sich mit dem Vertrag einverstanden zu erklären hat. Falls sie dies nicht tut, muß ein neuer Vertrag erstellt werden, an dem dann wieder alle beteiligt sind.

Eine Möglichkeit, Innenpersonen einzubeziehen, die gegen die Therapie oder gegen bestimmte Aspekte des Vertrages sind, ist die Möglichkeit der „Haftung", d.h. bestimmte Alter-Personen verpflichten sich, dafür zu sorgen, daß z.B. innere VerfolgerInnen das Leben der KlientIn und das der TherapeutIn nicht gefährden. Dies ist aber nur als provisorische Maßnahme zu verstehen, denn grundsätzlich ist es sinnvoll, alle aktiven Alters[56] einzubeziehen und einen für alle tragbaren Kompromiß auszuhandeln. Es darf weder sein, daß bestimmte Innenpersonen den gesamten Therapieprozeß blockieren, noch daß (auf den ersten Blick) destruktiv handelnde Teilpersönlichkeiten einfach aus dem Prozeß und aus Vereinbarungen ausgeklammert werden. Jede Alter-Person hat ihre Position und ihre Funktion im System und ist mit ihrem Beitrag in der Therapie willkommen.

Damit so viele Alter-Personen wie möglich den Inhalt des Vertrages kennen, ist es meist nötig, daß die KlientIn den Vertrag für einige Zeit mit nach Hause nimmt, damit die anderen Innenpersonen ihn sich durchlesen können, wenn sie „draußen" sind oder auch, damit den kindlichen Innenpersonen, die noch nicht lesen können, der Vertrag von anderen Personen (oder von der TherapeutIn während der Sitzung) vorgelesen und kindgerecht verständlich gemacht werden kann. Die TherapeutIn und die Alter-Personen, die Kenntnis vom Vertrag bekommen haben und ihn in dieser Form billigen, bestätigen ihre Zustimmung mit ihrer Unterschrift, einem Symbol oder ähnlichem (Huber, 1995).

Bei mündlichen Vereinbarungen, die mit dem gesamten System getroffen werden (z.B. in Bezug auf selbstverletzendes Verhalten, Täterkontakt o.ä.), ist es wichtig, daß die TherapeutIn deutlich macht, daß alle Alter-Personen im System angesprochen sind, sonst fühlt sich nämlich u.U. außer der Person, die gerade „vorn" ist, niemand zuständig. Bei solchen mündlichen Vereinbarungen kann die TherapeutIn direkt „ins System sprechen" und z.B. sagen: „Was ich jetzt mit Euch besprechen möchte, gilt für Euch

56 Mit aktiven Alters sind hier alle Teilpersönlichkeiten gemeint, die nicht über einen längeren Zeitraum „schlafen" und somit potentiell Kontakt zu der TherapeutIn oder zu anderen Alter-Personen aufnehmen können.

alle. Deswegen möchte ich, daß alle, die mich jetzt hören können, zuhören und sich ggf. äußern, und daß die, die gerade nicht zuhören, von den anderen gesagt bekommen, was wir jetzt besprechen“ (vgl. ebenda).

## Gewaltverzichtsverträge

Gegenstand solcher mündlichen oder schriftlichen Vereinbarungen kann z.B. die Unterbindung des Täterkontaktes oder die Regelung von *selbstverletzenden Verhaltensweisen* (z.B. sich in die Haut zu ritzen/schneiden/brennen oder auch extremes Risiko-Verhalten etc.) sein. Adressat von Selbstverletzungen kann die eigene „Person“ oder eine andere Alter-Person sein. Oft ist in der erst genannten Situation der Aspekt der Selbstfürsorge deutlicher sichtbar als bei der Ausübung von Aggression gegen eine andere Alter-Person. Doch auch wenn eine Teilpersönlichkeit eine andere verletzt, kann dies aus der Motivation heraus geschehen, die AdressatIn der Aggression von – aus Sicht der agierenden Alter-Person – bedrohlichem Verhalten abzuhalten.

Wir, die Autorinnen, gehen davon aus, daß nahezu jede Form der Selbstverletzung ein mehr oder weniger deutlich erkennbarer Akt der Selbstfürsorge ist. Selbstverletzungen können buchstäblich lebensrettend sein (vgl. Sachsse, 1994). Sie dienen dem Abbau von innerem Druck und der Erhaltung des Selbst. Sie bündeln Energie und strukturieren die KlientIn, wenn deren emotionales Management aus dem Gleichgewicht gerät.

In der Regel befindet sich die KlientIn während des selbstverletzenden Verhaltens in einem Bewußtseinszustand, in dem sie den zugefügten Schmerz nicht oder zumindest nicht als etwas Aversives wahrnimmt. Sowohl Situationen innerer Überflutung (Überstimulierung) als auch Momente der inneren Leere (Unterstimulierung) können durch selbstverletztendes Verhalten relativ schnell beendet und somit vorerst bewältigt werden. Wenn der Eindruck der Leere und des Sich-Auflösens zu stark wird, sind sehr intensive Stimuli nötig, um die KlientIn „zurückzuholen“. Die KlientIn erlangt wieder das Gefühl, lebendig zu sein, wenn sie nichts mehr spürt, wenn nur noch Leere ist und sie das Gefühl hat, sich in sich zu verlieren.

Reddemann und Sachsse (1997) bezeichnen selbstverletzendes Verhalten als das beste Mittel, um Druck, Intrusionen oder Depersonalisationszustände zu beenden und betrachten es daher als eine Art „Selbstmedikation“.

*„Selbstverletzendes Verhalten ist das beste heute bekannte Antidissoziativum, allen anderen Medikamenten überlegen. 15 bis 20 Sekunden nach einem Hautschnitt ist der Kopf wieder klar, der Körper ist lebendig, die Körpergrenzen sind spürbar. ... Das macht diese Symptomatik für viele PatientInnen so schwer entbehrlich und damit so schwer behandelbar“ (Reddemann & Sachsse, 1997, S. 118).*

Manchmal dient die Selbstverletzung auch der Reduktion von innerem Chaos, indem die innere (alte) Ordnung durch bestrafende Maßnahmen wiederhergestellt wird. Hierdurch begibt sich die KlientIn wieder an den ihr von den Tätern zugewiesenen Platz („Ich bin wertlos." „Ich muß bestraft werden dafür, daß ich aus den alten Mustern ausbreche." o.ä.). Dies dient der Versicherung der eigenen Identität und führt zunächst zur Stabilisierung. Wichtig ist, daß die KlientIn (d.h. die Alter-Person, die sich die Wunden zugefügt hat oder auch eine andere Alter-Person) die Verantwortung für ihr Handeln übernimmt und sich darum kümmert, daß die Wunden versorgt werden.

Unseres Erachtens betonen TherapeutInnen allzu häufig den appellativen Aspekt (als wenn jede Handlung grundsätzlich an uns TherapeutInnen adressiert wäre), indem sie Selbstverletzungen als Aggression gegen sich werten – was sie unter Umständen natürlich auch sein können. Vielmehr kommt es darauf an, die KlientIn in ihrem Handeln zu verstehen und sie dabei zu unterstützen, die Funktion ihres Verhaltens zu erkennen und es als Überlebensstrategie anzuerkennen. Unserer Erfahrung nach lassen die selbstverletztenden Verhaltensweisen im Laufe der Therapie nach, wenn der KlientIn alternative Handlungsstrategien zur Verfügung stehen.

Es kann also in Verträgen nicht darum gehen, Selbstverletzungen zu unterbinden, denn damit würde der KlientIn eine wesentliche Bewältigungsstrategie genommen. Selbstverletzendes Verhalten muß erst dann zum Gegenstand von Verträgen werden, wenn es ein Maß überschreitet, das die KlientIn und/oder die TherapeutIn billigen können, z.B. wenn es lebensbedrohliche Ausmaße annimmt, oder wenn die KlientIn die Wunden nicht adäquat versorgt.

Ein Beispiel für einen „Gewaltverzichtsvertrag" findet sich bei Huber:

*„Sollte jemand von uns den Drang bekommen, sich oder andere, innen oder außen, zu verletzen oder zu töten, so verpflichten wir uns, dafür zu sorgen, daß dies nicht in die Tat umgesetzt wird, bis wir ... (Name der TherapeutIn) das nächste Mal gesehen und mit ihr darüber gesprochen haben" (Huber, 1995, S. 218).*

Einer besonderen Betrachtung bedürfen selbstverletztende Handlungen während der Therapiesitzung (mit dem Kopf gegen die Wand schlagen o.ä.), die zum Beispiel im Rahmen einer sogenannten „spontanen Abreaktion"[57] auftreten können. Hier müssen klare Absprachen zwischen KlientIn und TherapeutIn darüber getroffen werden, daß und in welcher Weise die TherapeutIn befugt ist, dieses Verhalten zu unterbinden.

---

57 Bei einer spontanen Abreaktion erlebt eine Person ein Trauma in seiner Gesamtheit so konkret wieder, als geschähe es genau in diesem Augenblick. Sämtliche Sinneseindrücke, Gedanken, Gefühle und auch körperliche Ausdrucksformen sind davon betroffen. In einer solchen Situation besteht so gut wie kein Kontakt mehr zur gegenwärtigen Realität, und manchmal wird die TherapeutIn von der KlientIn für den damaligen Täter bzw. die Täterin gehalten.

Denn sonst besteht die Gefahr, daß sie in die Rolle der nicht eingreifenden Bezugsperson (z.B. der hilflosen oder billigenden Mutter während der gewalttätigen Übergriffe des Vaters gegenüber der Tochter) gerät, während die KlientIn eine vergangene Situation reinszeniert.

Während der Therapiesitzungen kam es häufiger vor, daß die Innenperson Manu der Klientin Marie W. mit dem Kopf gegen die Wand schlug, um sich selbst zu bestrafen. In einem Vertrag mit dem gesamten System wurde schriftlich festgehalten, daß ich dieses Verhalten umgehend unterbinden würde, indem ich ihr sofort sage, daß dieses Verhalten hier nicht angebracht sei und ankündige, ich würde jetzt zu ihr herüber kommen und sie daran hindern, das Schlagen fortzuführen. Zunächst ging es sowohl der Klientin als auch mir mit der Situation besser, weil mein körperliches Eingreifen vertraglich konkret geregelt war. Mit der Zeit hatte ich jedoch das Gefühl, daß sich eine andere Dynamik zwischen der Innenperson und mir entwickelte und das Schlagen von Manu und mein Eingreifen zu einer Art Ritual geworden war. Es schien mir, als würde sie inzwischen ihren Kopf gegen die Wand schlagen, damit ich eingreife. Entweder, um immer wieder zu erleben, daß jemand die Gewalt unterbindet, oder weil ich ihr dabei körperlich nahe kam. Als ich sie auf meine Hypothese ansprach, stellte sich heraus, daß sie sich wünschte, von mir berührt zu werden, sich dies aber niemals gestatten würde. In den nächsten Stunden behandelten wir die Thematik Berührungen und Nähe ausführlicher, und Manu kam auf die Idee, sie könne ja mal „drinnen luschern", wenn ich die Hand einer fünfjährigen Innenperson halten würde, für die Berührungen weniger problematisch waren. Der Klientin wurde zunehmend bewußt, wie eng ihre Erfahrungen von Nähe mit Strafe, Schuld und Schmerz verknüpft waren.

## 4.5 Erstellung einer inneren Landkarte

Bei der therapeutischen Arbeit mit multiplen KlientInnen empfiehlt es sich, die Biographie jeder einzelnen Alter-Person zu erfassen *(5. und 6. Phase nach Braun)*. Auch die Bearbeitung der Traumatisierungen sollte für jede Alter-Person getrennt erfolgen, es sei denn, daß mehrere Innenpersonen während eines Traumas anwesend waren. Bevor die Biographie einer bestimmten Alter-Person erfaßt werden kann, ist es ratsam, sich zunächst einen Überblick über die innere Organisation des multiplen Systems zu verschaffen, um zu erfahren in welcher Beziehung eine bestimmte Alter-Person zu den anderen Alters steht und welche Rolle und Funktion sie im gesamten System ausfüllt. Besonders wichtig ist diese Erkenntnis auch im Zusammenhang mit der Trauma-Arbeit, weil vorher klar sein muß, welche Alter-Person(en) an der Bearbeitung eines bestimmten Traumas beteiligt ist bzw. sind, und welche Teilpersönlichkeiten unbedingt von der Konfrontation mit diesem Erlebnis fernzuhalten sind.

Zur Gewinnung eines Überblickes über das System kann die KlientIn für sich und für die TherapeutIn eine *innere Landkarte* (Huber, 1995) erstellen, malen oder basteln, auf der verzeichnet ist, welche Alter-Personen es in ihrem System gibt und in welcher Beziehung sie zu den anderen stehen. Diese Karte wird in der Regel unter Beteiligung mehrerer Alters erstellt, weil die meisten Alter-Personen, wenn überhaupt, nur zu einigen anderen Kontakt haben.

Die Karte kann während des gesamten Therapieprozesses modifiziert und aktualisiert werden, da nicht alle Alter-Personen jederzeit aktiv sind. Es kann passieren, daß plötzlich eine Innenperson auftaucht, die Jahre „geschlafen" hat. Ebenso können Innenpersonen, mit denen die TherapeutIn schon Kontakt hatte, aus einem inneren oder äußeren Anlaß heraus wieder verschwinden und Tage, Monate oder auch Jahre schlafen.

Im übrigen gehen wir davon aus, daß die innere Organisation der KlientIn, auch wenn sie manchmal chaotisch wirkt, einer strengen inneren Logik folgt. Es macht für das System also immer einen Sinn, warum welche Innenperson zu einem gegebenen Zeitpunkt erscheint, verschwindet, wach ist, schläft etc. – auch wenn diese innere Logik manchmal weder der TherapeutIn noch der KlientIn selbst zugänglich ist. Wie mit „simplen" KlientInnen auch arbeitet die TherapeutIn mit dem Material, das die KlientIn ihr anbietet, bzw. in diesem Falle mit den Persönlichkeitsanteilen, welche die KlientIn ihr anbietet.

Die Erstellung einer inneren Landkarte zu einem relativ frühen Zeitpunkt der Therapie wird nicht von allen KlinikerInnen befürwortet. Boon (1997/1999) weist auf die Gefahr hin, daß durch das Entwerfen der Karte traumatisches Material an die Oberfläche gelangen und für die KlientIn (noch) unerträgliche Gefühle auslösen könnte. Sie schlägt daher für den Beginn der DIS-Therapie vor, mit den Alter-Personen zu arbeiten, die an der Gestaltung des Alltags beteiligt sind sowie mit inneren BeobachterInnen und, wenn möglich, mit inneren VerfolgerInnen. Letztlich hängt es von individuellen Faktoren ab, ob und wann die Erstellung einer inneren Landkarte sinnvoll ist.

## 4.6 Möglichkeiten zur psychischen Stabilisierung

Die von Janet (1889; van der Hart et al., 1993) postulierten Phasen der Stabilisierung, Trauma-Arbeit und Reintegration bilden sich nicht nur in der therapeutischen Arbeit mit dem gesamten System einer multiplen KlientIn, sondern auch im Kontakt mit den einzelnen Alter-Personen ab. Jede Alter-Person begegnet uns im gegenwärtigen Kontaktprozeß mit ihrem jeweiligen Hintergrund und mit ihrer „persönlichen" Fähigkeit zu antworten (response-ability).

## Innere und äußere Sicherheitsfaktoren

Der Gestalttherapie kommt das Verdienst zu, mit ihrem Figur-Grund-Konzept darauf hingewiesen zu haben, wie stark wir TherapeutInnen versucht sind, lediglich die uns deutlichste „Figur" eines komplexen Feldes [58] (z.B. die Traumatisierungen oder deren Auswirkungen) zu betrachten und dabei zu übersehen, wie untrennbar das von uns Wahrgenommene mit dem jeweiligen „Hintergrund" verbunden ist. Die therapeutische Phase der *Stabilisierung* bedeutet häufig explizit die Betrachtung des gesamten Feldes, d.h. die Einbeziehung der gesamten inneren und äußeren Gegebenheiten, die wir bei der KlientIn bzw. bei einzelnen Alter-Personen vorfinden.

Die für die Stabilisierung nötige Sicherheit (vgl. Kap. VII.2.3.1) bezieht sich zum einen auf *äußere Sicherheitsfaktoren* (z.B. materielle Sicherheiten, Vermeidung von Triggern, kein aktueller Täterkontakt) und zum anderen auf das *innere Sicherheitserleben* (z.B. die Möglichkeit, sich vor Intrusionen schützen bzw. sich von ihnen distanzieren zu können). Die Erhöhung des inneren Sicherheitserlebens erfordert u.a. die therapeutische Arbeit an der Wahrnehmungsfähigkeit (awareness) der KlientIn. Traumatisierte Menschen reagieren auf bestimmte Hinweisreize, die mit dem Trauma in Verbindung stehen, sofort mit emotionalem und physischem Stress. Die KlientIn muß erst lernen, Umgebungsreize und auch die innere Prozesse betreffenden Reize differenzierter wahrzunehmen, einzuordnen und kognitiv zu verarbeiten. Erst dann hat sie die Möglichkeit situationsadäquat, d.h. gegenwartsorientiert und entscheidungsfähig zu reagieren. Auch diese Arbeit müssen die einzelnen Alters einer KlientIn in der Regel zunächst getrennt voneinander oder mit der Unterstützung anderer Alter-Personen leisten.

Wesentlich für die innere und äußere Sicherheit sind auch *zwischenmenschliche Sicherheitsfaktoren* wie z.B. der Ausbau eines guten sozialen Netzes (s.u.) und die Entwicklung einer vertrauensvollen therapeutischen Beziehung, in der die TherapeutIn die Integrität aller Persönlichkeitsanteile wahrt und sich zuverlässig und für die KlientIn möglichst vorhersehbar verhält. „Interpersonelle Sicherheit ist Bedingung für intrapersonelle Sicherheit" (Reddemann & Sachsse, 2000, S. 377). Die Erfahrung der KlientIn von Kontrolle und Vorhersagbarkeit sind wesentliche Elemente in der Stabilisierungsphase. Auch eindeutige Absprachen, die das therapeutische Setting regeln, erhöhen die subjektive Sicherheit der KlientIn.

---

58 Der Begriff des Feldes wurde von Lewin (1969) geprägt, der in seiner Feldtheorie postuliert, daß menschliches Verhalten immer nur durch die Beachtung und Darstellung des gesamten Organismus/Umwelt-Feldes beschrieben werden kann. Auch die einzelnen Elemente eines Feldes stehen stets in Beziehung miteinander und können nicht getrennt für sich betrachtet werden.

## Ein sicherer Rahmen

Für die psychische Stabilisierung der KlientIn ist neben der Stabilisierung der therapeutischen Beziehung die Stabilisierung im Alltag wichtig. Bei all diesen Aspekten ist die gesamte innere und äußere Situation der KlientIn zu berücksichtigen.

Für die Stabilsierung der KlientIn im Alltag ist zunächst die Schaffung eines relativ krisensicheren *äußeren Rahmens* notwendig. Hierzu gehört beispielsweise, die KlientIn darin zu unterstützen, sich ein positives *soziales Netz* aufzubauen. Viele multiple KlientInnen müssen erst lernen, konstruktive von destruktiven Beziehungen zu unterscheiden. Im Laufe dieses Lernprozesses bricht die KlientIn vielleicht bestehende Beziehungen ab oder vergrößert deren Distanz und knüpft neue, positive Kontakte. Van der Kolk et al. (2000) weisen darauf hin, daß die emotionale Bindung wahrscheinlich der grundlegendste Schutz gegen Traumatisierung ist. Solange das soziale Unterstützungssystem intakt bleibt, sind Menschen sogar angesichts katastrophaler Belastungen, wie z.B. Kriegen, relativ gut geschützt. Entsprechend gilt die fehlende soziale Unterstützung in der Kindheit und Jugend komplex traumatisierter Menschen als ein ätiologischer Faktor für die Entwicklung einer DIS. Um so wichtiger ist es, das dem Menschen eigene Bedürfnis nach Zugehörigkeit als Traumaschutz in der Therapie zu berücksichtigen und die KlientIn darin zu unterstützen, positive soziale Beziehungen aufzunehmen. Ebenso ist dies ein Hinweis auf die wesentliche Bedeutung der therapeutischen Beziehung innerhalb der Traumatherapie. Im übrigen gilt es, nicht nur ein stützendes äußeres soziales Netz aufzubauen, sondern auch im multiplen System selbst die gegenseitigen Unterstützungsmöglichkeiten unter den Alter-Personen zu eruieren und zu intensivieren.

Zu einem geschützten äußeren Rahmen gehört ebenfalls, daß die KlientIn *keinen Täterkontakt* mehr hat. Wenn Täter(kreise) KlientInnen noch aktuell bedrohen, erweist es sich häufig als hilfreich, wenn die KlientIn wichtige, die Täter belastende Ereignisse aufschreibt, die dann z.B. bei einer NotarIn hinterlegt werden und der KlientIn (und der TherapeutIn) als „Lebensversicherung“ dienen können.

Darüber hinaus können, wenn die KlientIn dies wünscht, *PatientInnen-Vollmachten* und *-Verfügungen* der KlientIn dazu verhelfen, die Kontrolle über persönliche Kontakte zu behalten und so die eigene Sicherheit zu erhöhen (Veith & Müller, 1998). Da multiple KlientInnen oft mehrfache Suizidversuche und hierauf folgende Klinikaufenthalte hinter sich haben, kann eine Regelung bezüglich einer möglichen medizinischen Versorgung für sie von großer Bedeutung sein.

Mittels einer Vollmacht kann die KlientIn ihren Willen erklären, daß bestimmte Personen (z.B. die eigene Familie) im Falle eines Unfalles oder einer plötzlichen Erkrankung nicht benachrichtigt werden, sondern stattdessen von ihr ausgewählte andere

Bezugspersonen. Da multiple KlientInnen häufig unter zahlreichen körperlichen (psychosomatisch bedingten oder als Folge von Traumatisierungen entstandenen) Beschwerden leiden, kommt es öfter zu Kontakten mit HausärztInnen, FachärztInnen und Kliniken. Bei einem Unfall oder einer plötzlichen Erkrankung, in der die PatientIn nicht mehr ansprechbar ist, unterliegen MedizinerInnen der Schweigepflicht und dürfen Bezugspersonen aus dem sozialen Umfeld keine Auskunft erteilen – mit Ausnahme der nahen Verwandten. Anhand einer Vollmacht können die Entbindung von der Schweigepflicht, die Erteilung einer Entscheidungsvollmacht und das Besuchsrecht vorher geregelt werden. Hierzu sind sorgfältige Absprachen mit den jeweiligen Bezugspersonen notwendig, die im Falle einer Notsituation Verantwortung übernehmen würden. Des Weiteren ist es ratsam, sich für die Erstellung der Vollmacht juristische Unterstützung zu holen. Bei multiplen KlientInnen ist für die Erarbeitung einer solchen Vollmacht die Voraussetzung, daß die einzelnen Alter-Personen zumindest so gut kooperieren, daß eine von allen Alters akzeptierte Erklärung verfaßt werden kann. Der folgende Vorschlag einer PatientInnen-Vollmacht ist einem Aufsatz von Monika Veith und Cornelia A. Müller (1998) entnommen:

**Vollmacht für den Fall meiner Erkrankung**

Ich, *(Name, geboren, Wohnort)*

a) erkläre in freier Willensentscheidung, daß Frau/Herr (Name, Wohnort) und folgende weitere Personen (jeweils Name, Wohnort) mich im Falle eines Krankenhausaufenthaltes besuchen dürfen. Dies gilt insbesondere im Falle nicht mehr freier Willensentscheidung und verminderter Willenseinschließung;

b) entbinde hiermit die mich behandelden ÄrztInnen und das Pflegepersonal von der ärztlichen Schweigepflicht gegenüber folgenden Personen (jeweils Name, Wohnort); demgegenüber erkläre ich ausdrücklich, daß folgende Personen (z.B. Eltern, Großeltern, Geschwister) keine Auskünfte über meinen gesundheitlichen Zustand erhalten sollen;

c) weise die mich behandelnden ÄrztInnen sowie das Pflegepersonal darauf hin, daß folgende Personen (jeweils Name, Geburtsdatum, Wohnort) über meinen mutmaßlichen Willen Auskunft erteilen können. Sollte ich körperlich und/oder geistig nicht in der Lage sein, über mich und die weitere Behandlung zu entscheiden, bitte ich das behandelnde Personal, die oben genannten Personen in einen notwendigen Entscheidungsprozeß einzubeziehen. Demgegenüber sind folgende Personen (z.B. Eltern, Großeltern, Geschwister) aus höchst persönlichen Gründen nicht in den Entscheidungsprozeß mit einzubeziehen.

*(Ort, Datum, Unterschrift)*

*Abb. 4:* Vollmacht für eine Erkrankung nach Müller (1998, S. 13)

Noch weitreichender als diese Vollmacht ist der sogenannte *living will,* im deutschsprachigen Raum auch etwas unglücklich als „PatientInnen-Testament" bezeichnet. In einer solchen PatientInnen-Verfügung kann wie im oben formulierten Muster geregelt werden, und welche Personen im Falle einer Erkrankung Auskunft erhalten sollen (und welche nicht), welchen Personen Besuchsrecht eingeräumt wird. Darüber hinaus kann die KlientIn ihren Willen äußern, welcher Art die medizinische Versorgung bei einer irreversiblen Erkrankung sein soll (z.B. die Regelung der Medikamentenvergabe, Einsatz lebensverlängernder Maßnahmen) und was im Falle des Todes der KlientIn geschehen soll (Veith & Müller, 1998). Ein „living will" stützt sich auf das im Grundgesetz verankerte Recht jedes Menschen auf Selbstbestimmung. Allerdings sind living wills rechtlich nicht bindend bzw. umstritten und haben juristisch eher die Bedeutung einer Willenserklärung. Inwieweit sich MedizinerInnen an diesen Willen gebunden fühlen, muß offen bleiben. Dennoch bilden PatientInnen-Verfügungen die einzige Chance für die KlientIn, daß ihr Wunsch Berücksichtigung findet.[59]

## Psychische Stabilisierung und Symptomreduktion

Ein ganz zentrales Element bei der emotionalen Stabilisierung der KlientIn besteht in der Vermittlung bestimmter Strategien, die ihr dazu verhelfen können, sich von traumatischem Erinnerungsmaterial zu distanzieren und in Überflutungssituationen in Sicherheit zu bringen *(7. Phase nach Braun).*

KlientInnen machen sich nach intrusiven Erinnerungsschüben oft Selbstvorwürfe und beschuldigen sich, versagt zu haben, sich „bloß nicht genug Mühe gegeben" zu haben, oder sie glauben, psychotisch zu sein. Hier kann es für die KlientIn äußerst hilfreich sein, wenn die TherapeutIn ihr Informationen über psychische Traumatisierungen und deren Folgen sowie Informationen über dissoziative Überlebensmuster und die Dissoziative Identitätsstörung gibt *(Psychoedukation).* Zu wissen, was eine Traumatisierung für die Psyche bedeutet und wie Menschen sie verarbeiten, kann die KlientIn enorm entlasten. Sie hat nun ein Erklärungsmodell für ihr eigenes Verhalten zur Verfügung, mit dessen Hilfe sie gemeinsam mit der TherapeutIn Handlungsstrategien entwerfen kann.

Lorke und Ehlert (1997) weisen in ihrem Modell zur psychodynamischen Verarbeitung einer Vergewaltigung (vgl. Kap. IV.1) darauf hin, daß in einer traumatischen Situation die Ich-Funktionen einer Person außer Kraft gesetzt werden und das Ich den überflutenden Informationen hilflos ausgeliefert ist. Das Opfer wird von den

59 Im MPS-Infobrief Nr. 20 (1998) haben Monika Veith und Cornelia Müller neben anderen Verfügungen auch ein Muster für einen living will formuliert.

traumatischen Erinnerungen regelrecht heimgesucht, ohne über ein Ich zu verfügen, das diese Gefühle in eine Perspektive rücken könnte (van der Kolk et al., 2000). Von kathartischen Techniken, wie sie in der Psychoanalyse und in erlebniszentrierten Verfahren wie der klassischen Gestalttherapie angewandt werden, ist daher dringend abzuraten, denn sie führen womöglich zu einer erneuten Überflutung und somit zu einer Retraumatisierung der KlientIn. So sehr es sich die KlientInnen auch wünschen, eine traumatische Erinnerung kann man nicht „loswerden". Vielmehr geht es um die Integration des Erlebten in den eigenen Erfahrungskontext (Reddemann & Sachsse, 1997). In neueren Modellen aus der Psychotraumatologie erfolgt die Integration von dissoziierten Aspekten des Traumas durch ein zuvor geplantes, kontrolliertes Wiedererleben des Traumas innerhalb einer oder mehrerer therapeutischen Sitzungen, bei dem die Affektabfuhr nicht im Vordergrund steht. Dieses Vorgehen wird im Abschnitt VI.4.8 näher beschrieben.

Bevor eine Konfrontation mit dem Trauma stattfinden kann, muß die Ich-Struktur (im tiefenpsychologischen Sinne) bzw. der Self-Support (im gestalttherapeutischen Sinne) unbedingt ausreichend entwickelt sein (Wolf, 1999). Peichl (1997) nennt für die Phase der Stabilisierung sieben Aufgabenbereiche:

1. Aufbau einer stabilen Bindungserfahrung mit der TherapeutIn.
2. (Wieder)Erlangen von Kontrolle über den eigenen Körper.
   Körperbezogene Grundbedürfnisse wie Essen, Schlafen, körperliche Bewegung können autonom befriedigt werden.
3. Erlernen von Selbstberuhigungsstrategien (z.B. sicherer Ort, innere Helfer).
4. Einsatz nicht süchtig machender Medikamente (falls notwendig), um das Hin- und Herpendeln zwischen Übererregung und Erstarrung zu reduzieren.
5. Erlernen von Entspannungstechniken
   (unter großer Vorsicht, denn die KlientIn braucht meist die verbleibende Vigilanz, um sich selbst zu spüren).
6. Anwendung kognitiver Strategien
   (Gebrauch von Tagebüchern, Hausaufgaben etc.).
7. Gebrauch von Übergangsobjekten oder Erinnerungssymbolen
   (als Angebote zur positiven Identifikation und zur Entwicklung selbststabilisierender Fähigkeiten).

Ein ähnliches Vorgehen für die Phase der Stabilisierung und Symptomreduktion schlagen Overkamp et al. (1998, S. 22, nach van der Hart) vor. Das von ihnen vorgeschlagene Modell bezieht sich konkret auf die Arbeit mit multiplen KlientInnen:

1. Allgemeine Interventionen zur Ich-Stärkung.
2. Das Lehren von Problemlösestrategien.
3. Eine Psychoedukation über die Störung.
4. Das Erlernen des Umgangs mit traumatischen Erinnerungen.
5. Die systematische Erforschung des Widerstandes.
6. Die Modulation von Emotionen.
7. Der Aufbau einer Kooperation zwischen TherapeutIn und mehreren Persönlichkeitszuständen der Klientin (z.B. durch eine „Landkarte").

Das hohe innere Erregungsniveau von traumatisierten KlientInnen legt die bereits im Vorgehen von Peichl (s.o.) aufgeführte Verwendung von *Entspannungstechniken* besonders nahe. Hier ist jedoch große Vorsicht geboten, denn erfahrungsgemäß führen herkömmliche Entspannungsmethoden wie das Autogene Training oder die Progressive Muskelrelaxation bei traumatisierten Menschen häufig nicht zu einer Entspannung, sondern im Gegenteil zu einer Erhöhung der inneren Anspannung.

Die hohe innere Anspannung und Hypervigilanz der KlientIn sind eine natürliche Reaktion auf die erlebte Traumatisierung. Es ist, als hätte der Organismus noch nicht begriffen, daß die Gefahr vorüber ist. Solange das Trauma noch nicht verarbeitet, sondern „eingefroren" und abgespalten bleibt, führt es, wie bereits beschrieben, zu massiven, die KlientIn überflutenden Intrusionen und/oder auch zu sogenannten Konklusionen. Hierunter verstehen Reddemann und Sachsse (1997) die Zustände emotionaler Betäubung (numbing), Lustlosigkeit, Freudlosigkeit, Stumpfheit, Anhedonie, also der „inneren Lähmung." Sowohl die Intrusionen als auch die Konklusionen sind für das Selbst äußerst bedrohlich und halten den Organismus der KlientIn in akuter Alarmbereitschaft: Das Trauma bleibt gegenwärtig. Die Anwendung eines Entspannungsverfahrens ist mit einer Reduktion von Außenreizen verbunden. Hierdurch kann das von der KlientIn mittels verschiedener Bewältigungsstrategien mühsam in den Hintergrund gedrängte Trauma in voller Intensität wieder auftauchen. Entspannungsverfahren können hier also nur begrenzt hilfreich sein und sollten sehr vorsichtig angewandt werden. Jeder Stop-Hinweis der KlientIn ist unbedingt zu respektieren. Oft hilft es den KlientInnen, wenn sie die Möglichkeit haben, bei der Durchführung des Entspannungstrainings einen Körperteil bewußt angespannt zu lassen, z.B. die Faust zu ballen. Für viele ist eine Entspannung allerdings auch unter diesen Umständen nicht möglich.

## Grounding-Techniken

Äußerst sinnvoll für die emotionale Stabilisierung der KlientIn ist der Einsatz von sogenannten *Grounding-Techniken*. Sie verhelfen der KlientIn dazu, in der Gegenwart zu bleiben und den Realitätsbezug herzustellen. Mögliche Grounding-Techniken sind beispielsweise (Wenninger, 1997, S. 240/241):

- sich auf gegenwärtige sensorische Eindrücke zu konzentrieren (z.B. das Spüren der Fußsohlen auf dem Boden);
- sich selbst oder Gegenstände zu berühren;
- die Aufmerksamkeit auf Gegenstände in der nahen Umgebung zu lenken;
- mit einem anderen Menschen sprechen.

Eine weitere Technik zur Selbstberuhigung besteht in der Zusammenstellung eines *Notfall-Koffers* (vgl. Kap. VII.2.3.1). Die KlientIn listet dabei individuelle Handlungsmöglichkeiten auf, von denen sie weiß, daß sie ihr in einer Krise helfen können, so daß sie dann auf die Liste zurückgreifen kann. Oftmals werden die Handlungsmöglichkeiten hierarchisch angeordnet. „Inhalte" eines Notfall-Koffers können z.B. sein (vgl. auch Lamprecht, 2000, S. 89):

- Schreiben: Tagebuch schreiben, Briefe schreiben o.ä.;
- Spazieren gehen (in der Natur, wo Menschen sind oder gerade keine Menschen);
- Bewegen, Tanzen, Laufen, Sport treiben;
- Malen: was Schönes oder das Belastende aus mir heraus malen;
- Kontakt zu wohltuenden Menschen aufnehmen, auftanken, sagen, was los ist, anrufen, hinfahren, Besuch einladen;
- etwas Schönes unternehmen;
- Bäume umarmen, an Blüten riechen;
- Imaginationsübungen machen (Sicherer Ort o.ä.);
- an meinen Lieblingsplatz gehen;
- Kuscheltier in den Arm nehmen;
- heiß/kalt duschen, abrubbeln, eincremen;
- Geschirr zerschlagen, in ein Kissen hauen, im Wald die Wut rausschreien;
- Wärmflasche machen;
- Musik hören, Musik machen, singen;

- heißen Tee, heißen Kaffee oder Lieblingsgetränk zubereiten und trinken;
- schöne Erinnerungen und Bilder in mir ansammeln;
- etwas basteln, schaffen, kreativ sein;
- was spielen;
- im Garten arbeiten, in der Erde wühlen;
- körperlich arbeiten (aber dabei auf Belastungsgrenze achten);
- putzen, aufräumen, Geschirr abwaschen, Staubsaugen, Bügeln, Wohnung schön machen;
- sich umziehen;
- zum Friseur gehen;
- Haustiere streicheln;
- sich mit angenehmen Düften umgeben (Aromalampe o.ä.);
- herausfinden, was der Trigger war, und was der Unterschied zu heute ist;
- professionelle HelferIn anrufen (z.B. BetreuerIn, Frauennotruf, TherapeutIn.)

## Dissoziation und Imagination

Reddemann und Sachsse (1997) entwickelten ein Konzept der Stabilisierung in der Trauma-Arbeit, das sich eine spezielle Fähigkeit traumatisierter Menschen zunutze macht: Die Fähigkeit zur Dissoziation und zur Imagination. Die AutorInnen fassen Flashbacks als alte, schlechte Bilder von hoher Wirksamkeit auf. Ebenso wirksam können gute Bilder sein, die den schlechten Bildern entgegengesetzt werden und der KlientIn helfen, das Verdrängen und Abspalten von intrusiven Bildern zu trainieren. „Der nur schlechten inneren Welt wird eine nur gute innere Welt gegenübergestellt“ (Reddemann & Sachsse, 1997, S. 122). Durch die Gegenbilder wird eine Balance zwischen Schreckensbildern und guten Bildern angestrebt, so daß die KlientIn auf ihrer „inneren Bühne“ Rückhalt, Stärke und Trost finden kann (Reddemann, 2001). Auch auf der physiologischen Ebene wird das Prinzip der Balance angewandt: Den unangenehmen Körpersensationen werden angenehme entgegengesetzt[60].

Die AutorInnen fordern die KlientIn also dazu auf, zwar nicht extern, d.h. in der Auseinandersetzung mit der realen Umwelt, aber intern, d.h. in der Welt der Phantasie, zu „spalten“: „Schlechten“ Intrusionen werden „gute“ Dissoziationsstops entgegengesetzt (z.B. mit der Tresorübung, die weiter unten noch erläutert wird). „Schlechten“ überwältigenden Ängsten werden imaginative Übungen zum sicheren Ort (s.u.) entgegensetzt. „Schlechten“ externen bedrohlichen Beziehungen werden „gute“ innere

60 Auf einem ähnlichen Prinzip beruht die Technik der Systematischen Desensibilisierung in der Verhaltenstherapie: Alarmreaktion und Entspannung sind zwei antagonistische physiologische Zustände.

Helfer entgegengesetzt. Zur Unterstützung dieser Art von „induzierter Dissoziation" stellen Reddemann und Sachsse (1997; Reddemann, 2001) eine Fülle von *imaginativen Übungen* vor, die bei traumatisierten Menschen hilfreich sein können. In der ambulanten Therapie hat sich auch bewährt, der KlientIn eine Kassette mit bestimmten, für sie besonders hilfreichen, imaginativen Übungen mit nach Hause zu geben.

Alle Übungen können mit einer leichten Entspannungsinduktion beginnen, die jedoch keineswegs notwendig ist. Wichtig ist vielmehr, daß die KlientIn während der gesamten Übung das Gefühl hat, die Kontrolle zu behalten (Reddemann, 2001). Welche Übungen für welche KlientIn am sinnvollsten sind, hängt natürlich von individuellen Faktoren der KlientIn ab. Das Ziel der Übungen besteht in einer erhöhten Fähigkeit zur Selbstberuhigung und Selbsttröstung. Trost und Halt kann die KlientIn zum Beispiel durch den Kontakt mit eigenen imaginativen *inneren Helfern* (z.B. Reddemann, 2001) finden. Wenn eine KlientIn mit imaginativen Übungen noch nicht vertraut ist, hat es sich bewährt, zunächst mit relativ leicht durchführbahren Imaginationen zu beginnen, wie z.B mit der „Lichtstrom-Übung", bei der sich die KlientIn vorstellt, daß ihr Körper nach und nach von heilendem Licht durchströmt wird. Diese Übung findet sich ebenfalls bei Reddemann (2001).

### Der sichere Ort

Eine weitere zentrale Übung ist das Imaginieren eines inneren *sicheren Ortes.* In der Arbeit mit multiplen KlientInnen ist es äußerst hilfreich, wenn jede Alter-Person einen eigenen „sicheren Ort" hat, an den sie jederzeit gehen kann. Zum Beispiel können sich bestimmte Alter-Personen so in Sicherheit bringen, wenn eine andere Teilpersönlichkeit ihre Traumatisierungen bearbeitet. Allerdings ist der sichere Ort nicht nur für die Traumaexposition sinnvoll, sondern er ermöglicht der KlientIn ein vielleicht noch nie gekanntes Gefühl der Sicherheit und dient somit als wertvolle emotionale Ressource.

Weil Beziehungen zu Menschen immer ambivalent sind, es in der Imagination jedoch um ein „nur gutes Bild" geht, und auch weil multiple KlientInnen Menschen oft nur als Täter kennen, ist es wichtig, daß an diesen imaginierten Ort kein anderes reales Wesen (und sei es auch noch so gut) gelangen kann, es sei denn, daß die KlientIn dies in einem bestimmten Moment wünscht. Welchen Ort die KlientIn sich als „ihren" Ort aussucht, entscheidet sie selbst. Es kann ein realer Ort sein oder ein Phantasie-Ort, wichtig ist, daß die Klientin sich dort wohl fühlt, und zwar mit all ihren Sinnen.

Nicht alle KlientInnen können sich einen sicheren Ort vorstellen, einige haben das Gefühl, so etwas wie Sicherheit nicht einmal denken zu dürfen und geraten sofort in Panik. Hier ist es wichtig, die KlientIn nicht zu überfordern, sondern auf ihre Signale zu achten und Zuversicht zu vermitteln, daß es diesen Ort auch für sie gibt. Eine mögliche Instruktion zur Übung findet sich bei Reddemann und Sachsse:[61]

### *Zentrierungsinduktion*

*„Ich bitte Sie jetzt, daß Sie in Ihrem Inneren schauen nach einem sicheren Ort, an dem Sie sich ganz wohl fühlen, und den nur Sie alleine betreten können. Vielleicht sehen Sie Bilder, vielleicht spüren Sie etwas, vielleicht denken Sie zunächst auch nur an einen solchen Ort. Lassen Sie auftauchen, was immer auftaucht, und nehmen Sie es an. Sollten an dieser Stelle Schwierigkeiten auftreten, lade ich die PatientIn ein ‚weiterzugehen'. Ich versichere ihr, daß es ganz bestimmt diesen sicheren Ort auch für sie gibt. [...] Sagen Sie mir bitte Bescheid, wenn Sie das Gefühl haben, daß Sie jetzt an Ihrem sicheren Ort sind. Wenn Sie möchten, können Sie mir jetzt Ihren sicheren Ort beschreiben. Wenn es Ihnen lieber ist, mir nichts darüber zu sagen, ist das für mich in Ordnung. Bitte prüfen Sie, ob Sie sich dort wirklich ganz und gar wohl und sicher fühlen. Schauen Sie nach, ob Sie es sich dort wirklich bequem machen können. Es ist wichtig, daß Sie sich vollkommen wohl, sicher und geborgen fühlen. Richten Sie sich Ihren sicheren Ort also bitte so ein, daß dies möglich ist. [...]*

*Wenn der sichere Ort erreicht und für das völlige Wohlbefinden gesorgt ist: ‚Spüren Sie jetzt bitte ganz genau, wie es Ihrem Körper damit geht, an diesem inneren Ort zu sein. Was sehen Sie? Was hören Sie? Was riechen Sie? Was spüren Sie auf der Haut? Wie geht es Ihren Muskeln? Wie ist die Atmung? Wie geht es Ihrem Bauch? Nehmen Sie das bitte so genau wie möglich wahr, damit Sie wissen, wie es sich anfühlt, an diesem Ort zu sein... Verabreden Sie jetzt mit sich selbst ein Zeichen, mit dessen Hilfe Sie jederzeit an den sicheren Ort gehen können. Sie können zum Beispiel eine Faust machen oder sich die Hände geben. Immer wenn Sie diese Geste machen werden, können Sie an den sicheren Ort gehen, wenn Sie es möchten. Führen Sie diesen Gestik jetzt bitte auch aus, damit Ihr Körper sich erinnert." (Reddemann & Sachsse, 1997, S. 129).*

Bei der Imagination eines sicheren Ortes empfiehlt es sich, diesen durch eine bestimmte Reiz-Reaktionsverbindung zu *verankern.* Wenn die Vorstellung eines sicheren Ortes in der KlientIn mit einem bestimmten Wort, einer bestimmten Geste (z.B. das Ballen der Faust) oder einer Sinnesempfindung verknüpft wird, kann diese in der folgenden Zeit als Anker dienen, so daß die KlientIn sich jederzeit mittels dieses Ankers in einen entspannten Zustand versetzen kann. Eine andere Möglichkeit des Ankerns ist, der KlientIn anzubieten, ein imaginäres „Souvenir" von ihrem inneren Ort mitzunehmen, das sie an diesen Ort erinnert und es ihr erleichtert, an ihn zurückzukehren

61 In den sehr lesenswerten PTT-Heften „Traumaorientierte Psychotherapie" Teil I und Teil II werden ausführlich verschiedene Techniken zur Stabilisierung und Traumaexposition vorgestellt und auch potentiell auftretende Schwierigkeiten diskutiert.

(Huber, 1995). Wenn kindliche Innenpersonen aufgrund einer aktuellen Bedrohung an ihren sicheren Ort gehen, ist es unter Umständen hilfreich, wenn eine beschützende Alter-Person sie an diesen Ort begleitet.

## Der innere Tresor

Früher wurde angenommen, daß das Sprechen über das Trauma an sich „heilsam" ist. Dies trifft auch zu, wird jedoch schwierig, wenn Dissoziationen vorliegen (Reddemann & Sachsse, 2000). In den letzten Jahren hat sich immer deutlicher herausgestellt, wie schädlich es für die KlientIn sein kann, immer wieder in allen Einzelheiten das erfahrene Trauma zu schildern, denn dies führt nicht zur erwünschten Verarbeitung, sondern wird häufig von der KlientIn als Retraumatisierung erlebt und führt nur zu einer Verschlimmerung der Intrusionen. Wichtig ist es vielmehr, KlientInnen zunächst Techniken zu vermitteln, anhand derer sie sich innerlich von den traumatischen Erlebnissen *distanzieren* können. Eine Möglichkeit, Intrusionen „zu bannen" ist die Übung mit dem *inneren Tresor* oder *Safe*. Hierbei wird die KlientIn aufgefordert, sich einen inneren Safe oder Tresor vorzustellen (z.B. sehr dick und massiv, mit mehreren Schlössern und Schubladen – der Phantasie der KlientIn sind hier keine Grenzen gesetzt), ihn zu öffnen und alles, was die KlientIn gerade belastet, dort hinein zu legen. Es empfiehlt sich, bezüglich des wegzuschließenden traumatischen Materials alle Sinneswahrnehmungen einzubeziehen. Falls sehr komplexe Ereignisse in den Safe gelegt werden müssen, kann es sinnvoll sein, mehrere Schubladen einzurichten. Die Tür wird anschließend zugeschlossen, die KlientIn kann sich eine bestimmte Zahlenkombination überlegen, die zur Öffnung des Tresores nötig ist, oder sich überlegen, an welchem Ort sie den Schlüssel deponieren möchte. Der Tresor muß absolut sicher und für niemanden zugänglich sein – allein die KlientIn hat den imaginativen Schlüssel bzw. weiß den Code, um ihn ggf. wieder zu öffnen. Oft gelingt es nicht, das Material über einen längeren Zeitraum in dem Tresor zu behalten, dennoch sind bereits einige Stunden oder Tage Ruhe vor traumatischem Material für die KlientIn schon eine Entlastung. Wie andere imaginative Techniken auch, gilt es die Tresor-Übung zu „trainieren", so daß es der KlientIn im Laufe der Zeit leichter fallen wird, sich von intrusiven Erinnerungen zu distanzieren.

## Leinwandtechnik und andere Distanzierungstechniken

Bei der *Leinwandtechnik (Screen-Technik)* handelt es sich um ein aus dem NLP entnommenes Verfahren, das der KlientIn ebenfalls ermöglicht, eine emotionale Distanz zur traumatischen Erinnerung herzustellen. Dabei wird die Fähigkeit der KlientIn zur Depersonalisation genutzt. Die KlientIn wird aufgefordert, sich die betreffende traumatische Erinnerung auf einer Filmleinwand oder einem Bildschirm vorzustellen und sich selbst in die Rolle der ZuschauerIn zu versetzen. Als ZuschauerIn hat sie die Möglichkeit, die Größe der agierenden Personen (durch den Abstand von der Leinwand) zu bestimmen. Mittels einer imaginierten Fernbedienung kann sie Einfluß auf ihre Wahrnehmung der Ereignisse auf der Leinwand nehmen: Sie kann den Ton leiser drehen, die Farbe des Films herausnehmen, das Bild vor- oder zurückspulen, es in Zeitlupe laufen lassen, beschleunigen oder stoppen etc. Auch ein „Übermalen" des Bildes kann hilfreich sein. Darüber hinaus kann die KlientIn auch die Rolle der RegisseurIn übernehmen und die „AkteurInnen" anweisen, bestimmte Handlungsabläufe zu wiederholen, wegzulassen oder ggf. zu variieren.

Eine besonders große Distanz kann auch dadurch erreicht werden, daß die KlientIn nicht nur aus dem traumatisierten Ereignis heraustritt und es von außen beobachtet, sondern darüber hinaus ihr Beobachten beobachtet. Diese Technik klingt zwar etwas kompliziert, kann aber gerade bei starken Intrusionen für die KlientIn sehr hilfreich sein (Reddemann, 2001).

Diese und ähnliche imaginative Verfahren zur emotionalen Distanzierung können sowohl in der Phase der Stabilisierung als auch in der Phase der Traumaexposition (Traumasynthese) angewandt werden. Die Anwendung der Tresor-Technik ist auch sinnvoll, wenn am Schluß einer Trauma-Sitzung noch nicht integriertes Restmaterial vorhanden ist, das dann bis zur nächsten Sitzung eingeschlossen werden kann. Ob und inwieweit eine KlientIn auf imaginative Techniken anspricht, sollte in der Therapie möglichst frühzeitig abgeklärt werden. Nähere Erläuterungen zu den Techniken finden sich z.B. in Sachsse (1998), Reddemann (1998a) oder Huber (1995).

### Affektregulation

Die Vermittlung von *Techniken zur Affektregulation* ist in der Therapie mit traumatisierten Menschen von großer Bedeutung. Neben der Tresorübung schlagen Reddemann und Sachsse (2000) ihren Patientinnen vor, sich eine Art Regler vorzustellen, mit dessen Hilfe die Klientin wie bei einem Heizungsthermostat ihre Affekte herauf- und herunterregulieren kann.

Auch die Metapher eines Hauses, in dem jedes Gefühl ein Zimmer hat, kann die Affektregulierung unterstützen. Die KlientIn gibt dem ihr unangenehmen Gefühl eine Gestalt und kann ihr dann z.B. sagen: „Geh' in dein Zimmer, ich habe jetzt keine Zeit für dich" (Reddemann, 2001, S.65).

Eine der Voraussetzungen für die Regulierung eigener Affekte ist die Fähigkeit, diese *wahrnehmen* und *differenzieren* zu können. Hier bietet besonders die Gestalttherapie mit ihrem Awareness-Konzept vielfältige Techniken an, um die Selbstwahrnehmung der KlientIn zur fördern (z.B. Aufmerksam-Machen, Wiederholen, Übertreiben, leibliche Interventionen etc.). Allerdings sind alle diese Methoden mit äußerster Vorsicht anzuwenden, da sie teilweise stark erlebnisaktivierend sind (Rahm et al, 1993). Spezielle Awareness-Übungen für traumatisierte KlientInnen finden sich beispielsweise bei Levine (1998) oder bei Reddemann (2001).

Auch die Arbeit mit kreativen Medien kann für KlientInnen eine gute Möglichkeit sein, ihre Emotionen kontrolliert wahrzunehmen, ihnen Ausdruck zu geben und einen Umgang mit ihnen zu finden. Eine gute Einführung in die Anwendung kreativer Medien in der gestalttherapeutischen Arbeit mit Inzest-Überlebenden findet sich in dem Buch „Wo Worte nicht reichen" von Besems und van Vugt (1990).

## Kognitive Schemata

Einen großen Raum in der Arbeit mit multiplen KlientInnen beansprucht die Identifikation und Korrektur von dysfunktionalen *irrationalen Überzeugungen* (z.B. „Alle Menschen wollen mich nur benutzen." „Sexualität ist grundsätzlich Ausübung und Erduldung von Gewalt."). Einige dieser Überzeugungen sind tief im individuellen Wertesystem der KlientIn verankert, und die Bearbeitung der kognitiven Schemata[62] kann nur sehr vorsichtig erfolgen. Bei dauerhaft und wiederholt traumatisierten Menschen steht häufig eine Transformation fast der gesamten kognitiven Strukturen an. Dieser Prozeß ist mühsam und langwierig, denn zentrale Glaubenssätze haben für jeden Menschen eine stabilisierende Funktion und bilden eine wesentliche Säule der eigenen Identität (vgl. Kapl V.3.4).

Besonders den KlientInnen, die in satanischen Vereinigungen aufwuchsen, sind Werte vermittelt worden, die der christlichen Ethik diametral entgegengesetzt sind:[63] Mitgefühl ist verboten, Haß verlangt. Das Gute ist böse, das Böse ist gut.

Da die von den Tätern (bzw. dem Täter) vermittelten Botschaften oft so verquer erscheinen, besteht die Gefahr, daß die TherapeutIn dies nicht aushält und versucht, der KlientIn ihr eigenes Wertesystem aufzudrängen, wodurch im Extremfall ein

62 Der Begriff des kognitiven Schemas wurde von H. Mead in den zwanziger Jahren geprägt und ist inzwischen, insbesondere im Rahmen von kognitiv-behavioralen Modellen, weiterentwickelt worden. Dabei wird davon ausgegangen, daß ein kognitives Schema auf vergangenen Erfahrungen mit bestimmten Menschen, Objekten, Ereignissen, Handlungen etc. basiert und sich hieraus spezifische Erwartungen ergeben.

63 Einige satanischen Sekten verdeutlichen auch in der Wahl ihrer Symbole ihre Abkehr von religiösen Werten. Zum Beispiel verwenden bestimmte Kulte das Symbol des umgekehrten Christus-Kreuzes.

ermüdender Machtkampf zwischen einzelnen Alter-Personen und der TherapeutIn entstehen kann.

Als TherapeutIn sollten wir stets achtsam gegenüber unserer eigenen psychischen Abwehr bleiben und uns davor hüten, der KlientIn unsere kognitiven Schemata als *die* Wahrheit anbieten zu wollen. Nicht nur die Wahrnehmung der traumatisierten KlientIn, die ihre Umwelt als grundsätzlich bedrohlich wahrnimmt, unterliegt kognitiven Verzerrungen. Die Überzeugung grundlegender Unverwundbarkeit eines nicht traumatisierten Menschen (die infolge einer Traumatisierung dann auch so tiefgreifend erschüttert wird) macht diesen zwar handlungsfähig, das heißt, sie verhilft ihm dazu, morgens aus dem Bett zu steigen, sich mehr oder weniger optimistisch durch den Tag zu bewegen und Pläne für die nächsten Stunden, Wochen, Monate oder Jahre zu entwerfen. Dennoch ist diese Überzeugung eine – wenn auch für das Überleben notwendige – kognitive Verzerrung.[64]

Wir Menschen sind bedeutungskonstruierende Wesen und organisieren die Welt nach unserer persönlichen Theorie von der Realität (van der Kolk, van der Hart & Marmar, 2000). Kognitive Schemata sind das Ergebnis der Integration kumulierter subjektiver Erfahrungen.

*Somit ist die TherapeutIn „nicht nur mit einem Folgeschaden konfrontiert – das selbstverständlich auch -, aber eben auch mit einem unter schrecklichen Bedingungen erworbenem Wissen, einer Beurteilungskompetenz menschlichen Verhaltens, die eine PatientIn zur partiell Überlegenen macht. ... Die Behauptung, Traumaopfer fühlten sich in ihrem Trauma gefangen wie in einer Falle, ist eine Verdrehung der tatsächlichen Empfindungen, die vielmehr so sind, daß Traumaopfer die Therapeuten als Gefangene ihres Unwissens und damit potentiell gefährlich Agierende wahrnehmen" (Reemtsma, 1999, S. 213).*

Festzuhalten bleibt also die Notwendigkeit, der KlientIn im Rahmen der Therapie die Möglichkeit zu geben, ihre verinnerlichten Überzeugungen zu identifizieren, für sich zu überprüfen und ggf. zu korrigieren. Im folgenden Kapitel wird ausführlicher auf den

---

64 Verschiedene Untersuchungen haben beispielsweise ergeben, daß AutofahrerInnen ihre eigene Sicherheit beim Fahren grundlegend überschätzen. Etwa 80 Prozent aller deutschen AutofahrerInnen halten sich für überdurchschnittlich gute FahrerInnen. Die Tendenz unserer Psyche, die Überzeugung an die eine eigene Unverwundbarkeit und den internen Locus of Control aufrechzuerhalten, spielt eine wesentliche Rolle bei dem in allen Kulturen auftretenden Phänomen des „*blaming the victim*" (Beschuldigen des Opfers). Dieser Mechanismus wirkt sowohl in der Reaktion der Gesellschaft bzw. der sozialen Umgebung als auch in der Reaktion des Opfers selbst. Unsere Psyche verarbeitet Ereignisse nach der Devise „Besser schuldig als ohnmächtig": Dem Opfer (bzw. sich selbst, im Falle der eigenen Betroffenheit) die Schuld an der Traumatisierung zuzuschreiben bedeutet indirekt: „Ich weiß, was sie/er (ich) falsch gemacht hat (habe), also wird mir dies nicht (noch einmal) passieren." In der Therapie mit Gewaltüberlebenden ist diese wichtige, oft auf paradoxe Weise psychisch stabilisierende, Funktion der eigenen Schuldzuschreibung zu berücksichtigen.

therapeutischen Umgang mit vom Täter übernommenen Internalisierungen, die das eigene Selbst betreffen, eingegangen.

## 4.7 Arbeit mit Täterintrojekten und VerfolgerInnen

Es gehört zu den außergewöhnlichen Lernleistungen des Menschen, daß er in der Lage ist, Informationen aus der Umwelt aufzunehmen und zu internalisieren. Der Vorgang der Internalisierung befähigt uns, unserer Vorstellung von der Umwelt und von unserem Selbst eine Struktur und Ordnung zu verleihen, neue Informationen zu verwerten und in bestehende Strukturen einzuordnen.

Diese evolutionär sinnvolle Strategie kann allerdings fatale und tiefgreifende Folgen haben, wenn die Botschaften, die enge Bezugspersonen einem heranwachsenden Kind vermitteln, abwertend und haßerfüllt oder gar sadistischen Ursprungs sind. KlientInnen mit einer DIS haben in ihrer Kindheit unzählige verwirrende, widersprüchliche und abwertende Botschaften von engen Bezugspersonen bekommen: „Du bist zu nichts zu gebrauchen, du bist Nichts – aber ich habe dich lieb, wenn du lieb zu mir bist." „Du gehörst mir und wirst mir immer gehören. Du entkommst mir nicht." Diese und ähnliche verbale oder non-verbale Botschaften sind multiplen Menschen sehr vertraut. Die hieraus entstehenden *Täterintrojekte* wirken in der KlientIn auch in der Gegenwart weiter und können den therapeutischen Prozeß sehr behindern, wenn sie nicht beachtet und identifiziert werden. TherapeutIn und KlientIn könnten das Verhalten der KlientIn als „Widerstand" deuten und ungeduldig oder frustriert reagieren, weil der therapeutische Prozeß zu stagnieren scheint. Es ist also wichtig, der KlientIn die Möglichkeit zu geben, sich mit Täterintrojekten auseinanderzusetzen.

Die Gastgeber-Persönlichkeit der Klientin Susanne K. litt unter häufig auftretenden heftigen Flashbacks, die dazu führten, daß sie häufig beim Gehen stürzte und schließlich Angst hatte, aus dem Haus zu gehen. Alle Versuche, die Erinnerungsschübe durch Stabilisierungs- und Distanzierungstechniken zu mindern, schlugen fehl. Schließlich fragte ich sie, wie ihr Leben eigentlich aussehen würde, wenn sie keine Flashbacks mehr hätte. Es wurde deutlich, daß die Klientin ihre Erinnerungsblitze als eine Form der Selbstbestrafung begriff. Nach ihrer Auffassung trugen die Bilder dazu bei, sie daran zu erinnern, wie schuldig und schlecht sie tief in ihrem Innern sei und hinderten sie daran, eine Form der Lebensqualität zu erreichen, die sie nicht verdienen würde. Ich bat sie, sich mit dem Anteil von sich zu identifizieren, der dieser Meinung war, und einmal mit demjenigen Anteil in einen Dialog zu treten, der sehr unter den Erinnerungsattacken litt. Im Laufe der nächsten Zeit führte die Klientin fast täglich Dialoge zwischen diesen beiden Anteilen und notierte sie in ihrem Tagebuch. Es dauerte lange, bis Susanne K. sich gestatten konnte, sich von den traumatischen Erinnerungen zu distanzieren, wenn sie von ihnen überflutet wurde.

## Externalisierung von Introjekten

Eine Möglichkeit dieser Auseinandersetzung bietet die in der Gestalttherapie verwendete Technik der *Externalisierung*. Täterintrojekte können symbolisiert werden, indem sie gemalt, geformt, gebastelt oder durch einen Gegenstand dargestellt werden. Wenn die KlientIn möchte, kann sie mit den externalisierten Anteilen in einen Dialog treten. Hier gilt es jedoch unbedingt vorher zu prüfen, ob die KlientIn über eine ausreichende innere Distanz verfügt. Ist die KlientIn zu sehr involviert, kann die Konfrontation mit internalisierten Täterbotschaften dazu führen, daß die KlientIn von intrusiven Erinnerungen überrollt und retraumatisiert wird. Wohlgemerkt geht es hier nicht darum, sich in den ursprünglichen Täter hineinzuversetzen, sondern um das Erkennen und Benennen von Täterintrojekten. Diese können dann genauer studiert und dadurch „gebannt" werden. Sobald Introjekte identifiziert und benannt worden sind, ist es oft möglich, mit ihnen „Absprachen" zu treffen, z.B. in Form eines „Waffenstillstandes" (vgl. Reddemann, 1998).

Um eine Retraumatisierung der KlientIn zu vermeiden, schlägt Reddemann (ebd.) eine vorsichtige Form der Externalisierung anhand des Erzählens von *Märchen* vor. In Märchen und Mythen kann dem/den Täterintrojekt/en eine Gestalt, z.B. ein Drache, ein Dämon oder eine böse ZauberIn, gegeben werden, die dann von einer HeldIn, oft unter Zuhilfenahme verschiedener anderer guter (den inneren Helfern ensprechenden) Gestalten bekämpft und schließlich besiegt bzw. unschädlich gemacht wird. Unter dem Besiegen oder manchmal auch dem Töten des Dämons versteht Reddemann (ebd.) in diesem Zusammenhang die Möglichkeit, etwas sterben zu lassen und den Weg für eine Transformation zu ebnen. Teilweise berichten KlientInnen von einer Verwandlung ihrer inneren zuvor destruktiven „Dämonen" und „Monster" in kraftvolle Beschützer oder weise Ratgeber. Welchen Weg der Begegung mit inneren Dämonen KlientInnen auch immer für sich wählen, wichtig ist, daß die innere Repräsentanz des Täters/der Täter in der KlientIn entmachtet wird. Dabei geht es nicht darum, die KlientIn nur gut sein zu lassen, sondern ihr den Kontakt mit ihren vitalen und z.T. aggressiven Anteilen zu ermöglichen und mit diesen umzugehen.

Als Beispiele für mögliche Erzählungen führt Reddemann u.a. das Grimmsche Märchen vom Blaubart (vgl. Estés, 1993), die Geschichte vom „kleinen Hobbit" (Tolkien, 1957), das kaukasische Märchen „Dsanati Dsambolat" (für männliche Klienten) oder auch die Geschichte des Drachen Malzahn in dem Märchen „Jim Knopf und Lukas der Lokomotivführer" (Ende, 1993) an. Unserer Erfahrung nach haben multiple KlientInnen, und insbesondere kindliche Innenpersonen, einen außerordenlich guten Zugang zu Märchen[65].

Solange der innere „Drache" nicht besiegt ist oder zumindest Vereinbarungen mit ihm getroffen sind, behindert er immer wieder die therapeutische Arbeit und die Fortschritte der KlientIn, so daß sich womöglich Intrusionen und Gefühle von Schuld- und Selbsthaß bei der KlientIn verstärken statt verringern (Reddemann, 1998).

Ein weiterer Weg, der KlientIn eine innere Distanz zu ihren verinnerlichten Überzeugungen zu ermöglichen, ist die Aufklärung *(Psychoedukation)* der KlientIn über den Hintergrund und die ursprünglich schützende Funktion der Internalisierung. In diesem Zusammenhang ist auch eine Erläuterung der speziellen Überlebensstrategie der Identifikation mit dem Aggressor (vgl. Kap. IV.1 ) empfehlenswert.

Weiterhin ermöglicht die empathische, kongruente und wertschätzende *Haltung der TherapeutIn* der KlientIn langfristig, sich selbst anders wahrzunehmen als in der bisher gekannten verurteilenden Art und Weise.

Notwendig sind *direkte Gegenerfahrungen* im Alltag: Einer Klientin war z.B. früher während verschiedener Folterungsrituale erzählt worden, daß ihr (verletzungsbedingtes) Blut ein Zeichen dafür wäre, wie böse sie sei. „Denn nur böse Menschen bluten." Diese Überzeugung konnte die KlientIn erst viele Jahre später ernsthaft anzweifeln, nämlich als eines ihrer von ihr sehr geliebten Zwergkaninchen sich an einem Zaun verletzt hatte und zu bluten begann. Während sie die Wunde des Kaninchens versorgte, erkannte sie schlagartig, wie unrecht die Täter gehabt hatten.

## Therapeutischer Umgang mit der „Identifkation mit dem Aggressor" und mit täteridentifizierten Alter-Personen

Bei schwer und über einen langen Zeitraum traumatisierten Menschen ist die *Identifikation mit dem Aggressor* ein besonders hartnäckiger Mechanismus, weil er inzwischen tief in die Identität des Gewaltopfers eingebunden ist, ja sogar oft das Zentrum der eigenen Identität(en) bildet.

Die Erschütterung der eigenen Identität löst bei jedem Menschen große Verunsicherung aus. So führt die Erkenntnis, daß die Urteile und Botschaften der Täter gegenüber der KlientIn vielleicht doch nicht so wahr sind, wie sie es bisher angenommen hatte, zunächst nicht unbedingt zur Erleichterung, sondern in erster Linie zur Verwirrung. Es kann passieren, daß die KlientIn, wenn die verinnerlichten Botschaften der/des Täter/s im Laufe der Therapie hinterfragt werden, das Gefühl bekommt, den ohnehin nur rudimentär vorhandenen Boden unter den Füßen zu verlieren. Sie wird dann versuchen, diesen mittels verschiedener Verhaltensweisen (z.B. Selbstverletzungen und

---

65 Eine gute Einführung in die Verwendung von Geschichten und Mythen geben z.B. Lankton und Lankton (2000) in ihrem Buch „Geschichten mit Zauberkraft", das sich allerdings nicht speziell auf die therapeutische Arbeit mit traumatisierten KlientInnen bezieht.

-bestrafungen oder erneute Kontaktaufnahme zu den Tätern) wiederzugewinnen. Manchmal ist es daher sinnvoll, der KlientIn ihre Überzeugungen erst einmal zu lassen, wenngleich dies für die TherapeutIn oft schwer aushaltbar ist. Auf jeden Fall muß mit den schwer auflösbaren inneren Glaubenssätzen sehr behutsam umgegangen werden.

Shengold (1995) weist zusätzlich darauf hin, daß die Identifikation mit dem Aggressor nicht nur eine stützende Funktion für das zerbrechliche Selbstgefühl hat, sondern auch die Verbindung zu engen Bezugspersonen (den Tätern) aufrechterhält. Die bösen Eltern werden gut gemacht, indem sie vom Kind internalisiert werden. In der Konsequenz betrachtet sich das Kind als „schlecht", so daß auf diese Weise die Eltern als gutes Objekt erhalten bleiben. Die Auseinandersetzung mit den eigenen Introjekten führt also unweigerlich zum bewußten Erkennen, in welchem Ausmaß die Bezugspersonen in ihrer Aufgabe versagt haben. Dieser Erkenntnisprozeß führt bei der KlientIn häufig zu intensiven, kaum erträglichen Gefühlen der Einsamkeit und Verlassenheit.

Eine besonders komplexe Form der Identifikation mit dem Aggressor bildet sich in der buchstäblichen Personifizierung von Täterintrojekten, den sogenannten *täteridentifizierten Innenpersonen,*[66] ab. Allerdings werden für die Entstehung von inneren VerfolgerInnen auch andere Faktoren als die Identifikation mit dem Aggressor angenommen (vgl. Goodman und Peters, 1998). Sands (1994) geht beispielsweise davon aus, daß die VerfolgerInnen aus der Dissoziation narzißtischer Wut hervorgehen würden. Narzißtische Wut entstehe im Rahmen der entsetzlichen narzißtischen Kränkung durch den fortwährenden Mißbrauch und die Weigerung der Bezugspersonen, die Kernbedürfnisse eines heranwachsenden Kindes zu befriedigen. Da die Täter im permanent bedrohlichen Umfeld unangreifbar blieben, gäbe es für das Kind von vornherein keine Möglichkeit zur Äußerung von Wut. Sands vermutet, daß die dissoziierte Wut bei multiplen Menschen in Form von feindlichen Alter-Personen, den „VerfolgerInnen", Struktur bekommt. So trägt die Klientin schließlich auf einer „inneren Bühne" aus, was extern nicht gelöst werden konnte.

In der Therapie kommt es zu einer erneuten Externalisierung internalisierter Konflikte, z.B. in Form einer Übertragung bzw. Projektion auf die TherapeutIn. Für einen gelingenden therapeutischen Prozeß ist es daher notwendig, die Übertragungsprozesse, in denen der TherapeutIn die Täter- und/oder die Opferrolle zugewiesen wird, als Projektionen und somit Externalisierungen der in der Ursprungssituation notgedrungen entstandenen Introjekte zu begreifen und so die Übertragung aufzulösen (Arbeit an der Übertragung).

Wenn innerhalb der Therapie eine Integration der bisher abgespaltenen Wut gelingt, das heißt, die Wut und der Haß nicht mehr anderen Alter-Personen, sondern dem

66 Nicht alle multiplen KlientInnen haben in sich eigenständige täteridentifizierte Alter-Personen.

eigenen Ich zugeschrieben werden, kann dies die KlientIn in eine tiefe Krise stürzen, weil die KlientIn so viel Scham und Verachtung sich selbst gegenüber empfindet, daß es zu massiven Selbstverletzungen und z.T. auch zur Suizidalität führen kann (Sands, 1994). Es ist also gerade in diesem Zusammenhang wichtig, der KlientIn eine einfühlsame, wertschätzende BegleiterIn zu sein.

Bei den VerfolgerInnen handelt es sich stets um aggressive und feindselig auftretende Innenpersonen, die in ihrer Vehemenz zunächst einmal sowohl die KlientIn als auch die TherapeutIn erschrecken können (ebd.). Dabei kann sich diese Aggression gegen die Umwelt (z.B. die TherapeutIn) und/oder gegen die KlientIn selbst (z.B. auf die GastgeberIn) richten.

In der Literatur besteht Uneinigkeit, inwieweit die Aggression der VerfolgerInnen lediglich dem Schutz des multiplen Systems gilt, oder ob sich bestimmte Teilpersönlichkeiten in einem Maße täteridentifiziert und sadistisch verhalten, daß sie sich „jenseits jeglicher Rehabilitation befinden“ (Ross, 1989). Während Goodman und Peters (1998) davon ausgehen, daß alle Verfolger-Persönlichkeiten ursprüngliche BeschützerInnen sind, geht Huber (1995) davon aus, daß VerfolgerInnen auch einfache Abbilder externer Täter sein können, die sich aggressiv und gewalttätig verhalten, weil sie mit den Tätern identifiziert sind (täteridentifizierte Innenpersonen).

Auf jeden Fall ist wichtig, den VerfolgerInnen, ebenso wie allen anderen Alter-Personen, grundsätzlich wertschätzend zu begegnen. Dennoch ist es nicht empfehlenswert, „Verfolger-Personen“ blindlings vertrauend gegenüberzutreten, sondern vielmehr ihre Verhandlungsbereitschaft vorsichtig abzuschätzen (Goodman & Peters, 1998; Ross, 1989). Darüber hinaus gilt es, neben der „freundlich gewährenden, interessierten Grundhaltung“ auch die eigenen Wertevorstellungen und Grenzen deutlich zu vertreten (Gast, 2000, S. 197).

## VerfolgerInnen als ursprüngliche BeschützerInnen

Offensichtlich haben multiple Menschen als Kinder noch keine Verfolger-Personen ausgebildet. Diese tauchen erst später im Laufe des Erwachsenwerdens auf. Goodman und Peters (1998) stellen die These auf, daß aktuelle Verfolger-Personen während der Kindheit noch freundliche und die KlientIn beschützende Persönlichkeitsanteile waren. Wie es zu der Wandlung von einer BeschützerIn in eine VerfolgerIn kommt, wird in der Literatur unterschiedlich begründet. Die Erklärungen reichen von der „Personifizierung vitaler Lebensenergie der KlientIn“ über die „Abspaltung der Wut in einem abgetrennten Ich-Zustand“ (Sands) zur „Identifikation mit dem Aggressor“. Goodman und Peters betonen, daß die VerfolgerInnen ihrer Ansicht nach nicht durch eine Transformation ihrer Identität „böse“ werden, sondern daß sie im Laufe der Entwicklung die Form des schützenden Verhaltens verändern und ihre schützende Aufgabe mittels Einschüchterung und Bedrohung wahrnehmen.

Nach unserer Auffassung spielen in der Ätiologie von verfolgenden Alter-Personen sehr komplexe Faktoren eine Rolle. Jede der oben genannten Hypothesen hat ihre Berechtigung. In der Tat kann davon ausgegangen werden, daß viele VerfolgerInnen ihre Beschützerrolle nicht abgelegt haben, sondern diese auf eine andere Art erfüllen. Adler (1999) berichtet beispielsweise von einer multiplen Klientin, die bereits im Kindesalter gelernt hat, ihre Mutter glauben zu lassen, sie hätte sie bereits bestraft, indem sie ihre eigenen Schenkel so lange schlug, bis sie mit Blutergüssen bedeckt waren. Im Laufe der Zeit entwickelte die Klientin eine männliche Innenperson, die dafür zuständig war, diese Schläge zu verabreichen.

Auch wenn sich die Identifikation mit dem Aggressor in einer täteridentifizierten Innenperson manifestiert, steht dahinter u.a. die (teilweise nicht bewußte) Intention: „Wenn ich genau das tue, was sie (die Täter) sagen, wird vielleicht alles gut." Dies gilt zum einen für in der Gegenwart weiterhin wirkende Internalisierungen in Form von Überzeugungen wie: „Du bist es nicht wert zu leben" oder: „Du wirst es nie zu etwas bringen". Und es gilt ebenso für täteridentifizierte Alters, die das gesamte von den Tätern vermittelte Glaubenssystem repräsentieren, und die teilweise von Täterkreisen direkt beauftragt werden, der KlientIn zu schaden. Hinzu kommt das ungeheure Machtgefälle zwischen Täter(n) und Opfer, das diese(n) im Besitz der Wahrheit erscheinen läßt: Wer die Macht hat, hat recht.[67] Außerdem kennen täteridentifizierte Innenpersonen in der Regel gar keine anderen Werte als die von den Tätern vermittelten, und sie reagieren höchst irritiert, wenn sie feststellen, daß andere Menschen nach ganz anderen Werten leben.

Goodman und Peters (1998) gehen davon aus, daß die Erduldung von übermäßigem Leid die natürliche Aggression in Feindseligkeit verwandele. Diese habe aber grundsätzlich zum Ziel, Einfluß zu bekommen, sich zu behaupten und Kontrolle (zurück) zu gewinnen, um sich vor Schmerz zu schützen. Die Autorinnen vermuten, daß VerfolgerInnen in der Kindheit die KlientIn als WächterInnen schützten, indem sie nach außen aggressiv reagierten, daß sie aber im Laufe des Erwachsenwerdens, das mit einem zunehmenden Aktionsradius verbunden ist, nicht mehr in erster Linie die Außenwelt als Quelle der Bedrohung wahrnehmen würden, sondern die GastgeberIn, die sich in dieser bedrohlichen Welt „unvernünftig" verhalte. Sie würden daraufhin in ihrer Funktion als BeschützerInnen aktiv und so zu VerfolgerInnen. „Um den Wandel vom Kindheits-Beschützer zum jugendlichen oder erwachsenen Verfolger zu verste-

---

67 Schon Salomon Asch hat in den fünfziger Jahren in seinen Experimenten zur Konformität gezeigt, wie unsere Wahrnehmung der Realität durch Machtverhältnisse beeinflußt wird. Seine Erkenntnisse wurden inzwischen längst durch weitere sozialpsychologische Studien bestätigt (Maass, 1985).

hen, müssen wir deshalb nicht diesen Persönlichkeitsanteil betrachten, sondern die Gastgeber-Persönlichkeit[68]" (Goodman & Peters, 1998, S. 16). Die Autorinnen betonen, daß es weniger darum geht, zu betrachten, was die VerfolgerIn tut, sondern vielmehr, warum sie sich in einer bestimmten Weise verhält. Zur Veranschaulichung bringen Goodman und Peters (1998, S. 16/17) ein Fallbeispiel einer Verfolgerpersönlichkeit, die sich „Me, Myself" nennt:

*Pat:* *Ich würde alles tun, um alles, was sie macht, zu zerstören und um ihr auf jede mögliche Weise wehzutun. Ich gehöre zu denen im Innern, die sie herabwürdigen, beschimpfen und verfluchen. Ich habe die Scheiße aus ihr herausgeschnitten – darin bin ich sehr gut. Ich bin diejenige, die die Arterie und vier Sehnen durchtrennt hat.*

*Th:* *Warum hast Du das getan?*

*Pat:* *Ich wollte sie töten.*

*Th:* *Was hatte sie getan?*

*Pat:* *Ich habe mit 14 aufgehört zu wachsen, weil sie damals begann, sich für Jungs zu interessieren und für Verabredungen und all das (sie geht in den Hintergrund), und ich haßte das, und ich wollte nicht dabei sein. Und deshalb bin ich ausgestiegen; ich bin nicht älter als 14 geworden, damit mich niemals jemand anfaßt ... (sie geht wieder in den Hintergrund). Und immer, wenn das mit Gretchen (der Gastgeber-Persönlichkeit) passierte, verletzte es mich; und ich haßte es, und ich haßte sie dafür, daß sie es geschehen ließ ... deshalb habe ich sie geschnitten.*

Die Innenperson „Me,Myself" nahm also das Verhalten der Gastgeberin zunehmend als Bedrohung wahr und versuchte, das System vor dieser Bedrohung zu schützen. So wie sie als Beschützerin ursprünglich die Klientin schützte, indem sie der Umwelt gegenüber aggressiv und furchteinflößend reagierte, begann sie nun, dieselben Schutzmechanismen der Gastgeberin gegenüber anzuwenden.

Wenn bestimmte Alter-Personen sich aus Sicht der „VerfolgerIn" gefährlich verhalten, wenn sie z.B. Beziehungen zu anderen Menschen eingehen oder auch wenn sie Kontakt zu einer TherapeutIn aufnehmen und womöglich „Geheimnisse ausplaudern", dann schreiten die VerfolgerInnen ein und bestrafen die jeweiligen Alter-Personen durch Drohungen, Beschimpfungen oder Selbstverletzungen.

68 Allerdings richtet sich dieses „beschützende" Verhalten unserer Erfahrung nach nicht nur auf die GastgeberIn, sondern auf jede Alter-Person, die sich in den Augen der VerfolgerInnen unvernünftig verhält.

Eine Möglichkeit des Umgangs mit verfolgenden Innenpersonen besteht in der von Watkins und Watkins (1998) entwickelten Arbeit mit „Ego-States“[69], die auf gruppen- und familientherapeutischen Techniken beruht (vgl. Goodman & Peters, 1998). Die verschiedenen Ich-Zustände bzw. Alters werden dabei als Individuen einer „inneren Familie“ gesehen. Ähnlich wie bei einer gewöhnlichen Familie sind sich bei einer „multiplen Familie“ die übrigen „Familienmitglieder“ darüber einig, daß „alles prima wäre“, wenn die „identifzierte PatientIn“, in diesem Falle die VerfolgerIn, sich ändern oder ausgestoßen werden würde. Und wie in der systemischen Familientherapie gilt es, als TherapeutIn diese Sichtweise der „Familie“ nicht zu übernehmen, sondern das Problem neu zu definieren.

Wichtig ist also, herauszufinden, welche Funktion das Verhalten der VerfolgerIn im System der multiplen KlientIn hat. Diese ist, ähnlich wie in einer realen Familie, häufig nicht ohne weiteres erkennbar und der „identifizierten PatientIn“/der „identifizierten Teilpersönlichkeit“ manchmal selbst nicht bewußt. Für die VerfolgerInnen ist es natürlich zunächst äußerst wichtig, nicht in irgendeiner Form „entlarvt“ und somit potentiell entmachtet zu werden. Der von ihnen gewählte Weg des Beschützens besteht in der Taktik der Einschüchterung, Bedrohung, Beleidigung und Bestrafung. Damit diese Taktik funktioniert, müssen die anderen Alters und auch die TherapeutIn von der VerfolgerIn überzeugt werden, daß diese „fähig und willens (ja sogar begierig) ist, beim Einsatz von Macht und Zerstörung bis zum äußersten zu gehen. Kurz gesagt muß der Verfolger ... gesehen werden (als) ein furchteinflößendes, widerwärtiges und dämonisches Wesen“ (Goodman & Peters, 1998, S. 21).

Unter diesen Umständen kann eine Neuinterpretation ihres Verhaltens bei einer VerfolgerIn verständlicherweise eine starke Verunsicherung hervorrufen. Sie befürchtet den Verlust ihres Einflusses, den Verlust von Macht und Kontrolle (wer soll sonst auf die in ihren Augen unfähige GastgeberIn aufpassen?), den Gesichtsverlust und die Bedrohung ihrer Identität. Viele VerfolgerInnen haben Angst, überflüssig zu werden und nichts mehr wert zu sein, wenn sie ihre ursprüngliche Rolle nicht mehr ausfüllen.[70]

Folglich kann es sein, daß die VerfolgerIn zunächst ihr Bemühen verstärkt, als „Inkarnation des Bösen“ zu erscheinen. Entscheidend ist hier, daß die TherapeutIn bei ihrer Neuinterpretation bleibt und sie das Verhalten der VerfolgerIn als aus deren Sicht sinnvoll würdigt und anerkennt. Nach Ross (1989) besteht der wirkungsvollste Weg,

69 In ihrer Ego-State-Therapy gehen Watkins und Watkins davon aus, daß alle Menschen über unterschiedliche Ich-Zustände verfügen, die durch Grenzen voneinander getrennt und mehr oder weniger (bei multiplen KlientInnen weniger) durchlässig sind. Als Therapieziel nennen die AutorInnen die gute Kooperation der verschiedenen Ego-States eines Menschen.

70 Hinzu kommt, daß die VerfolgerIn vielleicht davon ausgeht, „Papas ganzer Stolz“ zu sein, wenn sie „in seine Fußstapfen tritt“ und die GastgeberIn so sieht, wie er sie gesehen hat.

eine therapeutische Allianz mit feindseligen Persönlichkeitsanteilen herzustellen, darin, ihre Qualen und ihre Trauer zu erspüren und sich dazu zu äußern. Oft reagieren die VerfolgerInnen erleichtert, wenn endlich jemand sieht, welche Anstrengungen sie auf sich nehmen, um das System zu schützen, und daß sie dafür keine Anerkennung bekommen, sondern im Gegenteil vom Rest des Systems abgelehnt werden.

Wenn die therapeutische Allianz mit einer VerfolgerIn hergestellt ist, hat diese die Möglichkeit zu berichten, wie müde, erschöpft und hilflos sie sich oft fühlt – und wie wütend sie ist: zum Beispiel auf Menschen, die die KlientIn früher mißbraucht haben, oder auf Menschen, die auch heute nicht gut mit ihr umgehen, oder auf die GastgeberIn, die vielleicht trotzdem mit diesen Menschen Kontakt hat.

Sobald die übrigen Alter-Personen beginnen, der VerfolgerIn zuzuhören, sie in ihrer Aufgabe, in ihrer Wut, ihrer Vitalität und in ihrer Kompetenz zu schätzen, können die Teilpersönlichkeiten miteinander in Verhandlungen treten und kooperieren. Entscheidend ist hierbei die Frage, in welcher Weise sichergestellt werden kann, daß die Bedürfnisse von allen berücksichtigt werden. Die VerfolgerInnen behalten weiterhin ihre Funktion als BeschützerInnen, nur geschieht dies nun nicht mehr im Gegeneinander, sondern im Miteinander (Goodman & Peters, 1998).

## 4.8 Bearbeitung psychischer Traumata

Van der Kolk et al. benennen als übergeordnetes Ziel für die Arbeit mit traumatisierten Menschen, daß ihnen darin geholfen wird,

*„sich von dem Verfolgtsein durch die Vergangenheit und von der Fehlinterpretation emotional erregender Stimuli, die eine Rückkehr des Traumas hervorrufen, weg zu einem Leben im Hier und Jetzt zu bewegen, um fähig zu sein, auf gegenwärtige Anforderungen mit all ihren Fähigkeiten zu reagieren. Um dies zu erreichen, müssen die Betreffenden die Kontrolle über ihre emotionalen Reaktionen wiedererlangen und das Trauma in eine umfassendere Lebensperspektive einordnen – als ein Ereignis (oder eine Serie von Ereignissen) der Vergangenheit, das zu einer bestimmten Zeit an einem bestimmten Ort stattfand und von dem erwartet wird, daß es nicht wiederkehrt. ... Das Schlüsselelement der Psychotherapie mit Personen mit PTBS ist die Integration des Fremden, Inakzeptablen, Erschreckenden und Unfaßbaren" (van der Kolk et al., 2000, S. 17).*

Die Integration des „Fremden, Inakzeptablen, Erschreckenden und Unfaßbaren" kann jedoch nur geschehen, wenn eine KlientIn zum einen den ausdrücklichen Wunsch äußert und zum anderen stabil genug ist, sich noch einmal mit traumatischen Erlebnissen aus der Vergangenheit zu konfrontieren.

## Voraussetzung für die therapeutische Bearbeitung von psychischen Traumata

Während in den Anfängen der DIS-Forschung in den 80er und Anfang der 90er Jahre die Integration der Persönlichkeitsanteile und die hierfür gewöhnlich notwendige Bearbeitung der Traumatisierungen im Vordergrund stand, zeigt sich in letzten Jahren immer deutlicher, daß nicht bei allen multiplen KlientInnen (die Angaben in der Literatur schwanken zwischen 20 und 70 Prozent) eine Bearbeitung der psychischen Traumata sinnvoll ist und sich bei vielen DIS-KlientInnen die therapeutische Arbeit auf die Phase der Stabilisierung beschränken sollte. Manche multiple KlientInnen berichten von jahrzehntelang täglich stattgefundenen Traumatisierungen, deren Überleben ein solches Ausmaß an Dissoziation nötig machte, daß es heute nicht sinnvoll scheint, den KlientInnen diese Bewältigungsstrategie zu nehmen. Die Aufgabe der Therapie besteht hier vielmehr darin, den KlientInnen Wege aufzuzeigen, wie sie ihre Bewältigungsstrategie der Dissoziation für sich effektiver nutzen können. Diese Art des Vorgehens wird nach Kluft (1993) als „Adaptionalismus" bezeichnet.

Suzette Boon (1997/1999) nennt drei Mindestvoraussetzungen für die Bearbeitung von Traumata:

- Die KlientIn muß ein Mindestmaß an Stabilisierung und Symptomreduktion erreicht haben.
- Die KlientIn muß bestimmte Fähigkeiten erworben haben, d.h. zum Beispiel in der Lage sein, ihr Alltagsleben zu bewältigen, unterstützende Beziehungen aufrecht zu erhalten, und sie muß über ein Mindestmaß an Kontrolle über selbstverletzendes Verhalten verfügen.
- Die KlientIn muß sowohl ein gewisses Maß an Kooperation zwischen den Alter-Personen als auch ein festes Arbeitsbündnis mit der TherapeutIn aufgebaut haben.

Um die Ressourcen einer DIS-KlientIn zu verschiedenen Zeitpunkten in der Therapie differenziert einschätzen zu können, hat Boon eine umfassende Checkliste entwickelt (Boon, 1999, S. 12 ff.). Folgende Bereiche hat sie in der Liste aufgeführt, um die Situation der KlientIn einschätzen zu können:

1. Diagnostische Einschätzung (z.B. Achse I- und Achse II-Störungen im DSM).
2. Psychiatrische Geschichte und vorherige Behandlungen (z.B. Jahre der DIS-spezifischen Behandlung).

3. Trauma-Geschichte (z.B. Beginn, Dauer, Kontext).
4. Fortbestehende Gewaltbeziehungen (z.B. Täterkontakt).
5. Akzeptanz der Diagnose DIS.
6. Derzeitiges Funktionsniveau (z.B. Beziehungsfähigkeit, Impuls-Kontrolle).
7. Derzeitige Phase des Lebenszyklus und die Wechselwirkung mit dem Funktionsniveau (z.B. Lebensalter, Lebenssituation).
8. Andere Problembereiche und ihr Einfluß auf das Funktionsniveau (z.B. finanzielle Probleme oder gesundheitliche Probleme).
9. Akzeptanz des Rahmens und der Grenzen der Behandlung.
10. Grad der Kooperation mit der TherapeutIn.
11. Spezielle Problembereiche in der therapeutischen Beziehung.
12. Krisen während der Behandlung.

Boon schlägt vor, diese zwölf Aspekte anhand der folgenden Kategorien zu bewerten:

1 = nicht vorhanden
2 = vorhanden
3 = selten
4 = wiederkehrend
5 = häufig
6 = unklar

In erster Linie sind die Ergebnisse der Checkliste zur diagnostischen Einschätzung der KlientIn gedacht. Darüberhinaus kann es sinnvoll sein, die KlientIn in die Einschätzung der Skalierung einzubeziehen, z.B. zur Motivierung der KlientIn oder um mit ihr realistische Therapieziele zu entwerfen. Des Weiteren schlägt Boon die Checkliste als vorbereitendes Instrument zur klinischen Entscheidungsfindung im Hinblick auf den Übergang zwischen der Phase I (Stabilisierung) und der Phase II (Traumaexposition) vor.

In den letzten zwanzig Jahren sind vielfältige Ansätze zur Bearbeitung traumatischer Erinnerungen entwickelt worden. Ziel aller Ansätze ist die Integration des traumatischen Erlebnisses in die Persönlichkeit, die schließlich dazu führt, daß die traumatische Erfahrung nicht wie zuvor auf die gesamte Existenz verallgemeinert wird, sondern verarbeitet werden kann als ein schrecklicher Vorfall, den die KlientIn an einem bestimmten Ort zu einer bestimmten Zeit erleben mußte. Aus gestalttherapeutischer Perspektive bedeutet die Arbeit an den Traumatisierungen das Schließen offener und dadurch immer wiederkehrender Gestalten des Traumas, so daß letztlich neue Formen des Kontaktes in der Gegenwart möglich werden[71].

Die in der Literatur überwiegend dargestellten Verfahren sind schulenübergreifend konzipiert und beruhen auf kognitiv-behavioralen Modellen (z.B. van der Kolk, 2000; Rothbaum & Foa, 2000, 1997; Steil et al., 1997; Teegen, 1997), die teilweise durch tiefenpsychologische, hypnotherapeutische und/oder humanistische Ansätze ergänzt wurden (z.B. van der Hart et al., 1995; Huber, 1995). Nahezu alle therapeutische Ansätze gehen davon aus, daß die Integration eines Traumas die erneute Konfrontation (*Exposition*) mit diesem zur Voraussetzung hat. Braun (1988) hat die Dimensionen Verhalten (behavior), Gefühl (affekt), Wahrnehmung (sensation) und Wissen (knowledge) in seinem sogenannten *BASK-Modell* zusammengefaßt und systematisiert. In die Exposition des Traumas sind alle vier Dimensionen des BASK-Modells einzubeziehen, und zwar entweder simultan, d.h. gleichzeitig, oder nacheinander in verschiedenen Durchgängen:

| | |
|---|---|
| **B**ehavior: | Was geschieht während des Traumas faktisch? Wer verhält sich wie? |
| **A**ffect: | Welche Gefühle/affektiven Reaktionen bestehen (Ohnmacht, Hilflosigkeit, Todesangst etc.) bei der KlientIn? |
| **S**ensation: | Welche Körperempfindungen/Wahrnehmungen bestehen bei der KlientIn (alle Sinneskanäle)? |
| **K**nowledge: | Welche Gedanken bestehen bei der KlientIn über die Situation, das eigene Selbst und die Welt in bezug auf das traumatische Ereignis? |

Die Dimension Knowledge enthält sowohl Kognitionen über das eigene Selbst als auch auch über die Welt. Da eine Traumatisierung zu einem Zusammenbruch des bisherigen Weltbildes führt, müssen fundamentale Überzeugungen über die Welt einbezogen werden. Lamprecht (2000, S. 77) nennt nach Williams insbesonders folgende Glaubensüberzeugungen, die durch eine Traumatisierung zerstört – bzw. bei früh traumatisierten Menschen gar nicht erst entwickelt – werden:

71 1927 entdeckte Zeigarnik in ihren berühmt gewordenen Experimenten, daß VersuchsteilnehmerInnen von ihnen nicht gelöste Aufgaben besser erinnerten als die von ihnen gelösten. Wenig später fand Ovsiankina, daß Versuchspersonen dazu neigten, unterbrochene Aufgaben wieder aufzunehmen, um sie zu beenden (Wendt, 1989). Perls übernahm diese Erkenntnis für sein Konzept der Gestalttherapie, indem er postulierte, daß Menschen das Bedürfnis haben, unerledigte Aufgaben in ihrem Leben zu beenden, d.h. offene *Gestalten* zu schließen. Das Schließen offener Gestalten erhob Perls zu einem der Grundprinzipien gestalttherapeutischer Arbeit.

- daß die Welt gut, angenehm und unterstützend ist;
- daß die Welt sinnvoll, kontrollierbar, gerecht, sicher und vorhersehbar ist;
- daß das eigene Selbst liebenswert, kompetent und nicht zu beschämen ist;
- daß andere Menschen prinzipiell vertrauenswürdig sind.

Die jüngeren therapeutischen Ansätze zur Trauma-Bearbeitung zeichnen sich u.a. dadurch aus, daß sie Wert auf die größtmögliche Schonung der KlientIn legen. Im folgenden werden einige therapeutische Ansätze kurz skizziert, die im übrigen gut kombinierbar sind.

## Der Ansatz von Butollo

Butollo et al. (1998, 1999) arbeiten auf der Grundlage eines modifizierten gestalttherapeutischen Ansatzes, den die AutorInnen als *mehrphasige integrative Traumatherapie* bezeichnen, und in dem sie insbesondere Verfahren aus kognitiv-behavioralen Therapierichtungen einbeziehen.

Die AutorInnen unterscheiden die vier Therapiephasen Sicherheit, Stabilität, Konfrontation und Integration, da sie bei der von Janet postulierten Stabilisierungsphase noch zwischen der Phase der Sicherheit und der Phase der (innerpsychischen) Stabilität differenzieren. In ihrem Ansatz stützen sie sich in erster Linie auf originäre Grundprinzipien der Gestalttherapie (vgl. Kap. V.3.5):

1. Die Beziehung ist von übergeordneter Relevanz.
2. Der Schwerpunkt der therapeutischen Arbeit liegt in der Gegenwart.
3. Das Schließen von unvollendeten Gestalten ist generelles Therapieziel.

Als wesentliche therapeutische Strategien nennen die AutorInnen die Arbeit an der Selbst- und Fremdunterstützung (support), die Arbeit am Gewahrsein (awareness) und die Arbeit an bzw. mit Emotionen. Letzteres geschieht verstärkt in der Phase der Konfrontation, in der das *Schließen der offenen Trauma-Gestalt(en)* im Vordergrund steht. Butollo et al. (1998, S. 275) gehen von sieben unterschiedlichen Niveaus aus, auf denen eine Konfrontation (in sensu oder in vivo) stattfinden kann:

- Konfrontation mit Orten, an denen sich traumatische Erfahrungen ereigneten;
- Konfrontation mit Menschen, die der KlientIn traumatische Erfahrungen zufügten;

- Konfrontation mit den Gefühlen, die in Verbindung mit Erinnerungen an die Traumatisierung(en) entstehen;
- Konfrontation mit den Bewältigungsversuchen, die nach der/den traumatischen Erfahrung(en) einsetzten, also letztendlich Konfrontation mit den erlittenen Symptomen oder Entbehrungen der Zeit zwischen Trauma und Jetzt;
- Konfrontation mit den Gefühlen, die mit der Gewissheit der Unbeeinflußbarkeit und des Ausgeliefertseins an unser individuelles menschliches Schicksal verbunden sind;
- Konfrontation mit dem Erkennen, daß die Entscheidung für die Welt, für die Lebendigkeit der zwischenmenschlichen Begegnung, auch die Möglichkeit oder eher die Gewißheit erneuter Verletzungen beinhaltet;
- Konfrontation mit der Möglichkeit, das traumatische Ereignis in sich anzunehmen.

Als Grundvoraussetzung für die Konfrontation mit den Gefühlen und Gedanken, die von der KlientIn bisher aus dem Erleben ausgeklammert wurden, nennen die AutorInnen, übereinstimmend mit anderen Ansätzen in der Traumatherapie, die Stabilität der KlientIn. „Ziel ist nicht die Habituation der aversiven Emotionen, Ziel ist das Akzeptieren und Integrieren der Prozesse, der Lebenserfahrungen, die zu einem nun einmal eben dazugehören, auch wenn man sie nicht gewählt hat“ (a.a.O., S. 276).

## Der Ansatz von Reddemann und Sachsse

Reddemann und Sachsse entwarfen ein auf tiefenpsychologischer Basis entwickeltes Konzept der *traumazentrierten imaginativen Psychotherapie,*[72] (Reddemann, 2001; Reddemann & Sachsse, 1998) das bereits teilweise im Abschnitt VI.4.6 vorgestellt worden ist und von den AutorInnen als „integratives Verfahren“ bezeichnet wird, da es vor einem psychoanalytischen Hintergrund verschiedene Interventionstechniken aus der Hypnotherapie, Gestalttherapie und kognitiven Verhaltenstherapie verbindet. Entsprechend dem Modell Janets weist die traumazentrierte imaginative Psychotherapie drei Phasen auf. Während in der Phase der Stabilisierung das Erlernen von dissoziativen imaginativen Techniken sowie evtl. auch die Arbeit mit Täterintrojekten im Vordergrund steht, findet in der zweiten Phase der Traumasynthese, die sich wie in dem Modell von Herman (1993) stets mit Zeiten der Stabilisierung abwechselt, die Arbeit

72 Nach dem Konzept der psychodynamisch-imaginativen Traumatherapie (PITT) wird sowohl in der Klinik für Psychotherapeutische und Psychosomatische Medizin des Ev. Johannes-Krankenhauses in Bielefeld als auch in der Fachklinik für Psychiatrie und Psychotherapie des niedersächsischen LKH Göttingen gearbeitet.

an der Integration des Traumas statt. Hierfür werden z.B. die Techniken der Reizanflutung nach Foa, des EMDR nach Shapiro oder die Leinwandtechnik (Screen-Technik) nach Erickson angewendet (Reddemann & Sachsse, 1997, 1998). Bewährt hat sich auch eine kombinierte Anwendung von EMDR und Leinwandtechnik. Beide Verfahren werden auf den folgenden Seiten kurz vorgestellt.

In der Phase der Traumasynthese geht es darum, Kognitionen, Affekte, Körpersensationen und andere Sinneseindrücke (Bilder, Gerüche, Geräusche) zusammenzuführen, so daß das erlebte Trauma (bzw. die Traumata) schließlich als „eine ganzheitliche Gestalt" erlebt und zur integrierten Erinnerung wird. „Integrierte Erinnerungen sind Ereignisse, an die ich mich erinnern kann, ohne von ihnen überwältigt zu werden, das heißt ohne Intrusionen zu bekommen" (Sachsse, mündl. Mitteilung, 2000). Nach Reddemann und Sachsse ist die KlientIn erst nach der Phase der Traumasynthese im üblichen Sinne „therapiefähig". Das heißt, erst in der dritten Phase der Therapie werden Themen bearbeitet, die in der Therapie mit nicht traumatisierten KlientInnen zu einem viel früheren Zeitpunkt im Mittelpunkt stehen wie z.B. die Beziehungsfähigkeit der KlientIn.

## *Die Trauma-Bearbeitung mit EMDR*

Ein Verfahren, das speziell auf die Integration traumatischer Erinnerungen abzielt, ist das sogenannte *EMDR (Eye Movement Desensitization and Reprocessing),* das sich in verschiedenen Studien als sehr effektiv herausgestellt hat (Hofmann, 1999; Rothbaum, 1997; Wilson et al., 1995) und daher zunehmend Verwendung findet.

Die EMDR-Behandlung wurde Anfang der 90er Jahre von Shapiro (1999; Shapiro & Silk-Forrest, 1998) entwickelt und ist inzwischen weiter erforscht und ausdifferenziert worden (s. z.B. Manfield, 2000; Lamprecht, 2001). Die KlientIn wird hierbei aufgefordert, sich die ursprüngliche traumatische Situation (bzw. eine der Situationen) vorzustellen und sich das traumatische Ereignis zu vergegenwärtigen, und zwar einschließlich der damit zusammenhängenden Gefühle und Kognitionen. Während die KlientIn das traumatische Erlebnis evoziert, wird ihr visueller Sinneskanal bilateral (zweiseitig) stimuliert, indem sie schnelle, rhythmische Augenbewegungen durchführt. Statt visueller können alternativ auch auditive oder taktile bilaterale Stimulationen erfolgen. Die gleichzeitige Durchführung beider Handlungen (Vergegenwärtigung des Traumas und bilaterale Stimulation) hilft offensichtlich, das Trauma zu reprozessieren und zu verarbeiten.

Noch ist nicht endgültig geklärt, warum und wie EMDR konkret wirkt, wenngleich inzwischen verschiedene Theorien hierzu entwickelt wurden. Eine mögliche Erklärung wäre, daß EMDR den Informationsverarbeitungsprozeß beschleunigt. Da ein traumatisches Ereignis das biochemische Gleichgewicht des Informationsverarbeitungssystems entgleisen läßt, führt dies zu seiner Blockierung (vgl. Kap. IV.1), und die zentral-nervöse exitatorische/inhibitorische Balance wird gestört. So bleiben Wahrnehmungen, Gedanken und Affekte, die mit dem Trauma assoziiert sind, im Nervensystem „stecken“, d.h. sie werden nicht weiter verarbeitet und bleiben „eingefroren“ im Informationsverarbeitungssystem (Hofmann, 1999). Die bilaterale Stimulation mittels schneller Augenbewegungen wirkt hier anscheinend antagonistisch zu den physiologischen Prozessen und stellt die exitatorische/inhibitorische Balance wieder her, so daß die traumatische Erinnerung, ebenso wie nicht-traumatische Erinnerungen, verarbeitet werden kann.

Wie alle Methoden der Traumaverarbeitung bedarf auch die EMDR-Behandlung eines gründlichen und sorgfältigen Vorgehens. Das Reprozessieren des Traumas ist eingebettet in einen intensiven therapeutischen Prozeß. Hofmann (1999) unterscheidet grundsätzlich in der EMDR-Behandlung acht Phasen:

## Phasen der EMDR-Behandlung:

1. **Anamnese und Behandlungsplanung:**
   Hier wird u.a. geklärt, ob die KlientIn sich für EMDR eignet und wo Ansatzpunkte für das Reprozessieren sein könnten.

2. **Stabilisierung und Vorbereitung der KlientIn:**
   Diese Phase entspricht der Stabilisierungsphase, wie sie oben bereits in anderen Modellen beschrieben wurde und ist meist die längste Phase. (Bei komplex traumatisierten KlientInnen wie beispielsweise DIS-KlientInnen dauert diese Phase in der Regel mehrere Jahre.) Wenn die KlientIn ausreichend stabilisiert und vorbereitet ist, kann mit der konkreten Trauma-Bearbeitung begonnen werden. Die nun folgenden Schritte werden innerhalb von wenigen Sitzungen vollzogen und sind sehr viel stärker strukturiert als die vorherigen Phasen.

3. **Bewertung des Traumas:**
   An dieser Stelle wählt die KlientIn ein Trauma aus, das sie reprozessieren möchte und entscheidet sich für eine bestimmte Sequenz innerhalb der gewählten traumatischen Erfahrung. Sie nennt mit dieser Szene assoziierte negative Kognitionen (z.B. „Ich bin schuld.“) sowie für sie erstrebenswerte positive Kognitionen (z.B. „Ich habe getan, was ich konnte.“) Auf einer speziellen Skala gibt die Klientin an, für wie zutreffend sie die genannte positive Kognition hält. Darüber hinaus gibt die Klientin auf einer weiteren Skala den Grad der Belastung an, den die Erinnerung an das Ereignis für sie mit sich bringt.

4. **Desensibilisierung und Reprozessieren:**
Hier erfolgt die Durchführung der EMDR-Technik im engeren Sinne, d.h. das Erinnern an das Trauma unter Einsatz bilateraler Stimulation.

**Verankerung:**
Die nach dem gelungenen Reprozessieren stärker im Vordergrund stehenden positiven Kognitionen werden im Informationsverarbeitungssystem verankert.

**Körpertest:**
Der Körpertest bietet die Möglichkeit, den Erfolg des Reprozessierens zu überprüfen, indem die KlientIn die einzelnen Körperteile durchgeht und überprüft, an welcher Stelle sie angenehme bzw. unangenehme Empfindungen hat. (Diese Phase wird bei komplex traumatisierten KlientInnen meist weggelassen, da eine „Reise durch den Körper" sehr häufig als Trigger für das Auftauchen weiterer Traumata wirkt.)

**Abschluß:**
Es erfolgt eine Nachbesprechung der Sitzung, in der die KlientIn u.a. darauf hingewiesen wird, daß es zu Hause zu einem Nachprozessieren kommen kann. Der KlientIn wird empfohlen, in der nächsten Zeit auftauchende Träume, Gedanken und Erinnerungen, die mit dem soeben reprozessierten Ereignis assoziiert sind, in einem Tagebuch zu vermerken, so daß diese in der nächsten Stunde besprochen werden können.

**Nachbefragung:**
In der nächsten Stunde werden noch einmal die wesentlichen Dimensionen (negative und positive Kognitionen, emotionale Belastung, Körpersensationen etc.) abgeprüft und das weitere Vorgehen besprochen.

Die Traumabearbeitung mit komplex traumatisierten KlientInnen erfordert ein noch differenzierteres Vorgehen.[73] Eine spezielle Schwierigkeit in der Traumaexposition mit mehrfach traumatisierten (z.B. multiplen) KlientInnen besteht in dem Aufreten von Assoziationsketten. Wenn ein Mensch in der Vergangenheit wiederholt traumatisiert wurde, kann die Erinnerung an ein traumatisches Erlebnis im Rahmen der EMDR-Behandlung weitere traumatische Erinnerungen triggern, die in dieser Sitzungssequenz ursprünglich nicht vorgesehen waren. Die dissoziativen Barrieren, durch die sich schwer und komplex traumatisierte KlientInnen vor unterträglichen Überflutungen schützen (im Extremfall durch das Aufspalten in verschiedene Alters), können im

73 Die Einteilung in acht Phasen bezieht sich an dieser Stelle auf die Arbeit mit KlientInnen, die eine Traumatisierung vom Typ I aufweisen. Für die Arbeit mit komplex traumatisierten Menschen enstehen im therapeutischen Setting bestimmte Besonderheiten. Eine differenzierte Darstellung der EMDR-Behandlung mit komplex traumatisierten KlientInnen findet sich in Hofmann (1999).

Rahmen des EMDR aufgehoben werden, so daß die KlientIn von intrusiven Erinnerungen überwältigt wird. Es kann auch passieren, daß durch das Durchdringen der Barriere plötzlich neue Alter-Personen auftauchen, die im Zusammenhang mit dem assoziierten Trauma stehen (Hofmann, 1999). Hofmann empfiehlt, die EMDR-Behandlung in speziell für komplex traumatisierte KlientInnen entwickelte Therapiekonzepte wie zum Beispiel die MPTT (Mehrdimensionale psychoanalytische Traumatherapie) von Fischer (Fischer & Riedesser, 1999; Fischer et al., 1998) oder in modifizierte therapeutische Konzepte traditioneller Therapierichtungen einzubetten.

## Der Ansatz von van der Hart

Van der Hart et al. (1995) haben ein Vorgehen zur Integration traumatischer Erinnerungen vorgeschlagen, das sich speziell auf die therapeutische Arbeit mit multiplen KlientInnen bezieht. Die AutorInnen begreifen die DIS als eine *Störung der Nicht-Realisation* (Nicht-Bewußtwerdung). Die Unmöglichkeit, die mit dem Trauma verbundenen Gefühle und Kognitionen zu ertragen, führt zu einer Flucht vor ihrer Realisation, die im Extrem zur vollständigen Amnesie des Traumas führen kann. In diesem Sinne begreifen van der Hart et al. die Integration von traumatischen Erinnerungen als einen „unerbittlich fortschreitenden Prozeß der Realisierung“: Die erfolgreiche Behandlung von traumatischen Erinnerungen schließt den Verzicht auf die damit verbundenen Dissoziationen ein.

Bei der Abspaltung traumatischer Inhalte können verschiedene zeitlich aufeinanderfolgenden Aspekte des Traumas (*lineare Dissoziation*) oder auch verschiedene Dimensionen wie z.B. akustische, kinästhetische und kognitive Dimensionen (*simultane Dissoziation*) auf mehrere Alter-Personen aufgeteilt werden. Häufig manifestieren sich traumatische Erinnerungen in beiden Formen der Dissoziation. Dies bedeutet für multiple KlientInnen, daß zum einen alle nacheinander am Trauma beteiligte Alters an der Bearbeitung dieses Traumas teilnehmen müssen, und zum anderen, daß alle Alters, die verschiedene Dimensionen des Traumas teilen, in der therapeutischen Bearbeitung entsprechend dem BASK-Modell erfaßt werden müssen.

Bei der Behandlung traumatischer Erinnerungen unterscheiden van der Hart et al., ebenso wie um die Jahrhundertwende Janet und heute z.B. Herman (1993), drei Phasen:

1. Die Phase der Vorbereitung
2. Die Phase der Synthese
3. Die Phase der Realisation und Integration

Die *Phase der Vorbereitung* entspricht der im Abschnitt VI.4.6 erläuterten Phase der Stabilisierung. Van der Hart et al. nennen für diese Phase verschiedene Aufgaben, wie z.B. die Identifikation der Alter-Personen und ihrer Konflikte, die Entwicklung von Kooperation unter den Alters, die Eindämmung invasiver traumatischer Phänomene, die Entwicklung von Selbstfürsorge-Fähigkeiten und die Einführung in hypnotherapeutische Techniken. Nach van der Hart et al. müssen folgende Aufgaben erfüllt sein, bevor mit der Behandlung traumatischer Erinnerungen begonnen werden kann (ebd.):

1. Sicherheitsfaktoren;
2. Kontrolle oder Eindämmung reaktiver traumatischer Erinnerung;
3. Exploration der traumatischen Erinnerung;
4. Korrektur kognitiver Verzerrungen;
5. Erklärung und Planung der Synthese-Phase.

### Sicherheitsfaktoren

Hier geht es um die Betrachtung der zwischenmenschlichen Sicherheit in der therapeutische Beziehung, und die Betrachtung der Sicherheit innerhalb des therapeutischen Settings. Ebenso wichtig ist die intrapsychische Sicherheit der KlientIn und das allgemeine Funktionsniveau der KlientIn (d.h. die Möglichkeit zum emotionalen Management, für die KlientIn verfügbare Ressourcen, potentielle Suizidalität etc.).

### Kontrolle oder Eindämmung reaktiver traumatischer Erinnerungen

Möglichkeiten zur Kontrolle invasiver Erinnerungen sind z.B.

- Identifikation des reaktivierenden Stimulus (und der Verbindung zum ursprünglichen Trauma);
- Entfernung des reaktivierenden Stimulus;
- Neutralisierung des reaktivierenden Stimulus;
- Betonung der Gegenwart (z.B. durch Grounding-Techniken);
- Konditionierung von Hinweisreizen, die der KlientIn dazu verhelfen, in die Gegenwart zurückzukehren bzw. in ihr zu bleiben;
- Schaffen einer größeren emotionalen Distanz zu den Erinnerungen, z.B. durch hypnotherapeutische Interventionen wie die Leinwand- oder Tresor-Technik.

### Exploration der traumatischen Erinnerung

Für eine spätere Synthese des traumatischen Materials müssen verschiedene Aspekte der traumatischen Erinnerungen zunächst exploriert werden:

- Explorieren des Trauma-Kontextes.
  (Persönliche Geschichte, familiäre Umstände etc.).

- Vervollständigung der Geschichte des Traumas.
  (Erinnert vielleicht eine Innenperson, z.B. eine BeobachterIn, evtl. das gesamte Trauma und kann den Ablauf aus der Distanz berichten? Welche Alters müssen zuvor in Sicherheit gebracht werden?)

- Explorieren der Ereignisse unmittelbar vor und unmittelbar nach dem Trauma.
  (Wenn diese Informationen in die spätere Synthese einbezogen werden, kann die KlientIn ein Gefühl dafür bekommen, daß das traumatische Ereignis eine zeitliche Begrenzung hat.)

- Herausarbeiten der Dimensionen des Traumas nach dem BASK-Modell (vgl. Huber, 1995).
  (Wie hat sich das Kind in der Situation verhalten? Was hat es gefühlt, welche Gefühle sind dissoziiert? Was hat es gedacht und als Wissen abgespeichert? Welche Körperempfindungen hatte es, welche sind dissoziiert? Welche sonstigen Wahrnehmungen hatte das Kind, was hat es gerochen, gehört, gesehen, geschmeckt?)

- Identifikation der am Trauma beteiligten Alter-Personen sowie ihrer Rolle im Trauma.
  (Hier geht es sowohl um die Identifikation der Alters in der traumatischen Situation als auch um die subjektive Bedeutung des Geschehenen für die einzelnen Teilpersönlichkeiten unter Einbeziehung des BASK-Modells.)

- Bei wiederholten, ähnlich abgelaufenen Traumatisierungen (z.B. immer wenn das Kind vom Vater gebadet wurde) ist zu explorieren (vgl. Huber, 1995): Wann und wie war das erste Mal, wann und wie das schlimmste Mal, wann und wie das letzte Mal?

### Korrektur kognitiver Verzerrungen

Kognitive Verzerrungen wie z.B. „Es ist alles meine Schuld“ oder „Es ist nicht mir passiert“ können die Erinnerungsarbeit erheblich behindern, so daß es oft notwendig ist, die mit dem Trauma assoziierten Grundüberzeugungen zu explorieren (vgl. Kap. VI.4.6).

## Erklärung und Planung der Synthese-Phase

Jede Alter-Person muß genau über den Inhalt und den konkreten Ablauf der Synthese-Phase informiert sein, um sich später orientieren zu können. Dies erhöht die Sicherheit während der Traumaexposition. Darüber hinaus kann an dieser Stelle auch die Planung erfolgen, ob eine *parallele Synthese* (Synthese des Traumas innerhalb einer Sitzung) oder eine *serielle Synthese* (Synthese des Traumas über mehrere Sitzungen) durchgeführt werden soll. Wichtig ist, daß die KlientIn das Tempo der Exposition bestimmt.

In der *Phase der Synthese* wird das zu bearbeitende Trauma kontrolliert reaktiviert. Die betroffenen Alter-Personen erleben ihre jeweiligen Teilbereiche des Traumas wieder und teilen sie miteinander (und mit anderen Alter-Personen). Die TherapeutIn verhilft den beteiligten Alters, während der Synthese miteinander in Kontakt zu treten und das Trauma noch einmal in allen Einzelheiten zu durchleben. Auf diese Weise wird das Trauma zum ersten Mal dem Bewußtsein als gesamtes Geschehen zugänglich (Huber, 1995).

Normalerweise geht beim Nacherleben eines Traumas (Flashback) das Zeitgefühl verloren, das Trauma erscheint endlos. Dieser Empfindung wird während der kontrollierten Synthese entgegengewirkt, indem die KlientIn während der gesamten Exposition zur TherapeutIn Kontakt hält und diese fortwährend Informationen aus der Vorbereitungsphase zur Verfügung stellt. So erlebt die KlientIn einen Anfang und ein Ende des Traumas.

Grundsätzlich unterscheiden van der Hart et al. zwischen einer parallelen Synthese und einer seriellen Synthese (s.o.). Im folgenden wird kurz auf die serielle Synthese eingegangen und anschließend die parallele Synthese näher erläutert.

## Serielle Synthese

Bei der *seriellen Synthese* wird die Traumaexposition über mehrere Sitzungen verteilt. Manchmal ist es notwendig, daß der Prozeß von verschiedenen Alter-Personen mehrfach hintereinander durchlebt wird, bis schließlich alle am ursprünglichen Trauma beteiligten Alters ihre Version des Traumas dargestellt haben. Wenn die beteiligten „Personen" nicht nacheinander Teile des Traumas erlebten, sondern verschiedene Dimensionen desselben Geschehens, können die Versionen der Alters sehr unterschiedlich sein. Eine Innenperson spürt vielleich nur den Schmerz und die Angst, eine spürt sexuelle Erregung, jedoch nicht den Schmerz und die Angst, eine andere identifiziert sich mit den Täter.

Für die Zeit zwischen den Sitzungen ist unbedingt darauf zu achten, daß noch nicht vollständig integrierte Erinnerungen sicher „verwahrt" werden und die KlientIn nicht überfluten. Üblicherweise werden hier hypnotherapeutische Techniken zur Hilfe genommen. Das restliche Material kann z.B. bis zur nächsten Sitzung in einem imaginären Tresor aufbewahrt werden. Oder das Geschehene kann auf eine imaginierte Leinwand gebannt werden und das zugehörige Videoband sicher in einem Schrank aufbewahrt werden. Oder bestimmte Innenpersonen begeben sich bis zur nächsten Sitzung an ihren inneren sicheren Ort. Überhaupt sollte am Ende jeder Sitzung sichergestellt sein, daß die Klientin in ausreichend stabilem Zustand das Behandlungszimmer verläßt. Schon in der Vorbereitung auf die Trauma-Sitzung kann besprochen werden, wie die KlientIn am Sitzungsende an ihre Ressourcen anknüpfen kann (Imaginationsübung, Entspannungsverfahren o.ä.).

## Parallele Synthese

In der *parallelen Synthese* muß sehr viel strukturierter vorgegangen werden. Schon in der Vorbereitungsphase wird das zu bearbeitende Trauma schriftlich in zehn Segmente eingeteilt, wobei das erste Segment sich auf die Zeit unmittelbar vor dem Trauma und das zehnte Segment sich auf die Zeit unmittelbar nach dem Trauma bezieht.

Zu Beginn der Sitzung erläutert die TherapeutIn noch einmal das in der Vorbereitungsphase Besprochene und betont, wie wesentlich es ist, wirklich alle Elemente und Dimensionen des Traumas in die Exposition einzubeziehen. Im Anschluß daran begibt sich die KlientIn in einen Zustand intensiver Konzentration (z.B. mittels Hypnose). Alle Alter-Personen, die am Trauma beteiligt waren oder aus anderen Gründen dabei sein sollen, werden eingeladen und dazu ermutigt, ihr Wissen miteinander zu teilen, um die Dissoziation aufzuheben. Die Innenpersonen, die geschützt werden müssen, werden aufgefordert, falls dies noch nicht geschehen ist, sich an ihren sicheren Ort zu begeben.

Das Trauma wird nun bearbeitet, indem die TherapeutIn von 1 bis 10 zählt, wobei jeder der aufeinanderfolgenden Phasen die dazugehörige Zahl vorausgeht. Auf diese Weise kann sich die KlientIn während der gesamten Synthese zeitlich orientieren, und das Trauma erhält für sie einen Anfang und ein Ende. Wenn die KlientIn die letzte Sequenz des Traumas durchlebt hat, bietet die TherapeutIn allen beteiligten Alter-Personen ihre Unterstützung an und fragt nach, wieviel Prozent des gesamten Traumas zusammengefügt sind. Häufig ist nicht das gesamte Trauma zusammengefügt, sondern die schlimmsten Schmerzen, die größte Angst oder die größte Demütigung sind noch nicht in die Synthese eingegangen, so daß ein erneuter Durchgang der zehn Sequenzen erfolgen muß, in dem die fehlenden Elemente explizit miteinbezogen werden (vgl. van der Hart et al., 1995). Um die KlientIn nicht zu stark zu belasten, sollten in einer Sitzung auf keinen Fall mehr als drei Durchgänge durchlaufen werden, sondern Reste lieber in Sicherheit gebracht und in der nächsten Stunde bearbeitet werden.

Um der KlientIn die Konfrontation mit dem traumatischen Material zu erleichtern, sind inzwischen Verfahrensweisen der *fraktionierten Traumasynthese* (Fine, 1993) vorgeschlagen worden: Das Trauma kann beispielsweise zunächst nur auf einer imaginierten Leinwand ohne Körperempfindungen oder Gefühle betrachtet werden. Anschließend wird ein Gefühl nach dem anderen hinzugenommen (Angst, Ohnmacht, Schmerz, Wut, Lust, Schuld, Scham, Trauer etc.). Eine andere Möglichkeit ist es, bei jedem „Filmdurchlauf" nur eine Dimension des BASK-Modells zu behandeln (vgl. Huber, 1995) oder auch nur einen chronologischen Teil des gesamten Traumas. Nicht nur die Qualität, sondern auch das Ausmaß des Affektes kann im Rahmen der Screen-Technik von der KlientIn kontrolliert werden. Beispielsweise kann sie den „Film" im ersten Durchlauf ganz ohne Emotionen anschauen, beim zweiten Durchlauf mittels eines imaginativen Reglers 10 Prozent der Gefühle zulassen, beim dritten Durchlauf 50 Prozent etc. (Reddemann & Sachsse, 2000). Zwischen den Durchgängen erhält die KlientIn die Möglichkeit, sich an ihrem inneren sicheren Ort zu regenerieren.

Am Ende der Synthese-Sitzung sollte die TherapeutIn der KlientIn nochmals ihre Unterstützung anbieten und ein angenehmes Gefühl von Vollendung vermitteln, z.B. indem sie eine angenehme Imagination (ein helles Licht oder eine bestimmte Musik, in das/die alle Alter-Personen eingehüllt werden o.ä.) anbietet. „Nachdem sie ihre furchtbaren Erlebnisse miteinander geteilt haben, können sie nun ihre Wärme und ihr Wohlbefinden nicht nur miteinander, sondern mit allen Alternativpersönlichkeiten teilen" (van der Hart et al., 1995, S. 52). Schließlich holt die TherapeutIn die KlientIn wieder ins Alltagsbewußtsein zurück und versichert sich, daß die KlientIn in der Gegenwart orientiert ist und emotional ausreichend stabil die Sitzung verlassen kann. Am besten sollte schon vor einer Synthese-Sitzung geklärt sein, wohin die KlientIn nach der Sitzung gehen wird, ob sie nach Hause oder lieber an einen ihr wohltuenden Ort geht, ob sie allein sein möchte oder lieber in Begleitung einer FreundIn. Zur Sicherheit empfiehlt es sich, einen Telefontermin für den Abend oder den nächsten Morgen zu vereinbaren.

# 5. Die Integrations- und die post-integrative Phase

In dem von van der Hart vorgeschlagenen Vorgehen entspricht die *Phase der Realisierung und Integration* Janets dritter Phase der Reintegration. In dieser Phase muß das Geschehene mit anderen Ereignissen im Leben in Beziehung gesetzt und in die eigene Biographie integriert werden: Das Trauma wird Teil der Vergangenheit. Ganz wesentlich in dieser Phase ist die Trauer um den ungeheuren Verlust, der nun realisierbar und der KlientIn voll bewußt ist. „Die Trauer mit all ihrem Schmerz und Ärger ist letztendlich heilsam. Sie befähigt die Überlebenden, unrealistische Erwartungen loszulassen, anzuerkennen, was ist, und dadurch mit einer neuen Klarheit und Richtung ganz in die Gegenwart zu kommen" (van der Hart et al., 1995, S. 54). Der Verlust ist ein unausweichlicher Teil des Traumas, und es bleibt für die Betroffenen eine lebenslange Aufgabe „die Ebbe und Flut der immer wieder durchlebten Trauer mit Gelassenheit hinzunehmen" (ebd.).

In dem Modell von Braun (vgl. Kap. VI. 3.2) erscheint die Zeit der Integration im engeren Sinne – d.h. das Fusionieren der Persönlichkeitsanteile zu einer einzigen Person – als die *9. Phase.* Die restlichen vier Phasen seines Modells beziehen sich auf die Zeit nach der Integration.

*Fusionen* (Verschmelzungen) können spontan im Alltag oder im Rahmen der Trauma-Bearbeitung geschehen, oder sie können bewußt im therapeutischen Setting herbeigeführt werden (z.B. mittels imaginativer Techniken). Es können sowohl einzelne Alter-Personen fusionieren als auch das System als Ganzes.

Ob und in welchem Ausmaß eine KlientIn eine Integration bzw. eine Fusion verschiedener Alter-Personen wünscht, entscheidet sie selbst. Einige KlientInnen ziehen der Fusion von Teilpersönlichkeiten das Vorstadium der inneren *Co-Bewußtheit* vor, in der die einzelnen Identitäten bestehen bleiben, die amnestischen Barrieren jedoch aufgehoben sind. Jede Alter-Person bekommt bewußt mit, wie eine andere denkt, fühlt und handelt.

Andere KlientInnen entscheiden sich auch gegen das Ziel der Co-Bewußtheit und streben alternative Wege in Richtung Integration an, ohne diese jedoch im Sinne einer Fusion zu vollziehen. Beispielsweise kann ein System in erster Linie eine bessere Kooperation der Alters anstreben. Oder bestimmte Alter-Personen im System rücken „näher zusammen" und bilden Gruppen („Cluster"). Oder Kinder und Jugendliche beginnen zu wachsen. Oder die einzelnen Alter-Personen bleiben zwar bestehen, es fällt jedoch aufgrund größerer „Durchlässigkeit" deutlich schwerer, sie auseinanderzuhalten. Oder die KlientIn beschließt, daß einige Alter-Personen miteinander verschmelzen, während andere als eigenständige Identitäten erhalten bleiben.

Der Wunsch nach Fusion kommt häufig von der GastgeberIn, die gern alle Innenpersonen in sich verschmolzen haben möchte. Hieraus ergibt sich dann oft eine Diskussion innerhalb des Systems, wer eigentlich mit wem und/oder in wen „verschmelzen" soll. Aus der Perspektive der Innenpersonen heißt dies oft: Wer „überlebt"? Viele Alter-Personen haben große Ängste in Bezug auf eine mögliche Fusion. Die Angst zu sterben ist eine in diesem Zusammenhang sehr typische Befürchtung. Weitere häufig von den Teilpersönlichkeiten genannten Befürchtungen sind z.B. die Angst, zu kurz zu kommen, die Angst, überflüssig zu werden und verschwinden zu müssen, oder die Angst, als Teil des Systems etwas tun zu müssen, daß sie selbst als einzelne Alter-Person niemals tun würden (vgl. Huber, 1995).

In der Untersuchung Temminghoffs (1995) stellte sich die Erkenntnis „Ich bin eine. Nichts ist verloren gegangen!" als die zentrale Erfahrung in der Phase der Integration heraus. Manche integrierte multiple KlientInnen vergleichen die Erfahrung der Integration mit dem Zusammensetzen eines Puzzles oder mit dem Zusammenfügen von Glasscherben. Dennoch sind die Bedenken und Befürchtungen einzelner „Personen" unbedingt zu respektieren und mit der KlientIn zu besprechen. Schließlich stehen die Therapieziele der KlientIn im Vordergrund, nicht der Perfektionismus der TherapeutIn. Jede KlientIn spürt sehr genau, welche Form der Integration für sie die hilfreichste ist.

Die ISSD empfiehlt in ihren Richtlinien nur dann eine therapeutische Unterstützung der Integration, „wenn vorherige psychotherapeutische Arbeit dazu geführt hat, daß eine bestimmte Getrenntheit keine wesentliche Funktion für die intrapsychische und Umwelt-Adaptation der KlientIn mehr hat, und wenn die KlientIn nicht länger in die Aufrechterhaltung dieser Getrenntheit investiert" (ISSD, 1997. S. 8).

Michaela Huber beschreibt die Möglichkeit der „Assistenz" durch die TherapeutIn, wenn die KlientIn eine Integration (Fusion) des Systems oder einzelner Alter wünscht. Für diese Assistenz führt Huber (1995, S. 348f.) unter anderem auf, daß die TherapeutIn:

- mit allen Alter-Personen spricht, um sicherzustellen, daß die Integration keine negativen Auswirkungen haben wird, und um mit einzelnen Alters ihre individuellen Ängste zu besprechen;
- der KlientIn hilft, bestimmte Alter-Personen, die geschützt werden müssen oder den Prozeß stören könnten, in Sicherheit zu bringen;
- mit der KlientIn bespricht, ob und welche Alter-Personen bei der Integration mithelfen könnten;
- den demnächst fusionierenden Alter-Personen mitteilt, wie wertvoll sie für das System bisher waren, und daß keine Eigenheit von ihnen verschwinden wird, sondern daß es darum geht, sie miteinander zu teilen;
- die fusionierenden Alter-Personen bittet, einander so nahe zu kommen, daß sie schließlich miteinander verschmelzen können, und sie darauf hinweist, daß dieser Prozeß jederzeit gestoppt oder rückgängig gemacht werden kann;
- alle Beteiligten bittet, den Integrationsprozeß intensiv zu erleben und sich daran zu freuen, daß diese Alter-Personen jetzt eins werden;
- die nun integrierte (Alter-)Person bittet, anzuzeigen, wenn sie die Integration für abgeschlossen hält und sich zu äußern, wie es ihr jetzt geht;
- (bei gelungener Integration) alle Beteiligten auffordert, – wenn sie es möchten – ein Fest für die fusionierten Anteile zu feiern und ihnen zu helfen, sich in der neuen Realität zurechtzufinden;
- (bei nicht gelungener Integration) die Beteiligten bittet, herauszufinden, warum der Prozeß unterbrochen werden mußte.

Alle von Temminghoff (1999) interviewten multiplen Klientinnen, die sich inzwischen als integriert erleben, beschreiben ihre Integrationserfahrung als ein Ereignis, das von sehr starker Emotionalität begleitet war. Sie beschreiben es als „tiefgreifend", „groß" oder „heftig". Alle interviewten Frauen berichten übereinstimmend, daß die *Anerkennung* der einzelnen Systempersonen, die *Bearbeitung* erfahrener Traumata sowie die eigene *Motivation* als integrierte Person leben zu wollen, die Voraussetzungen für ihre Integration waren. Neben diesen Faktoren führen die Probandinnen noch weitere Aspekte an, die aus ihrer Sicht für ihre Entwicklung besonders hilfreich waren:

- die *Annahme* und Akzeptanz durch die TherapeutIn;
- das grundsätzliche *Glauben-Schenken* der TherapeutIn;
- die Einrichtung eines inneren *„sicheren Ortes"*;

- die *Einbeziehung* sämtlicher am Trauma beteiligten Innenpersonen während der Trauma-Bearbeitung;
- die Möglichkeit, die TherapeutIn in *Krisenzeiten* erreichen zu können;
- die Kompetenz der TherapeutIn, eine Kette traumatischer Wiederholungen zu *unterbrechen*;
- die Möglichkeit, bei der Trauma-Bearbeitung *„Probe-Durchläufe"* mit weniger belastendem Material durchzuführen;
- die Fähigkeit, als Konsequenz aus der Trauma-Bearbeitung, verschiedene gegenwärtige Situationen, die zunächst als eine (bedrohliche) Einheit erlebt werden, von vergangenen traumatischen Situationen zu *unterscheiden*;
- die Möglichkeit, ebenfalls als Konsequenz aus der Trauma-Bearbeitung, Vergangenes als Vergangenheit zu erleben und eine Differenzierung des *Zeitempfindens* in „früher", „jetzt" und „später" vollziehen zu können.

Die KlientInnen, die sich als integriert erleben, beschreiben die Zeit nach der Integration meist als eine große emotionale Bereicherung. Gleichzeitig tauchen jedoch auch zahlreiche Schwierigkeiten auf, weil die alten Bewältigungsstrategien, wie z.B. die Switches, nun nicht mehr zur Verfügung stehen. Die ehemals multiplen Reaktionen werden – bis auf Rückfälle, die durchaus vorkommen können – aufgegeben, und die KlientIn muß nun als „eine Person" reagieren. Die Verantwortlichkeit wird folglich nicht mehr anderen Systempersonen, sondern dem eigenen Ich zugeschrieben. Hierfür muß die KlientIn ganz neue Strategien und Verhaltensweisen entwickeln *(10. Phase nach Braun)*, die sich in der folgenden Zeit konsolidieren müssen *(11. Phase nach Braun)*.

Die Klientin Monika A. hatte keine plötzliche Fusion, sondern ihre verschiedenen Alters rückten im Laufe der Therapie immer näher zusammen und wurden durchlässiger füreinander. Zunächst konnten Alter-Personen, die sich vorher nicht hören konnten, allmählich miteinander kommunizieren. Später verringerten sich die Alltagsamnesien, so daß die Alters im Hintergrund mitbekammen, wie sich eine „draußen" agierende Teilpersönlichkeit verhielt. Dennoch erlebten sie sich nach wie vor als eigenständige Identitäten. Schließlich konnte die Gastgeberin die Innenpersonen nicht mehr auseinanderhalten und diese berichteten selbst, sie würden sich „voller" fühlen. Für die Klientin wurde es zunehmend zum Problem, daß ihre Leistungsfähigkeit mit fortschreitender Integration der Alter-Personen abnahm. Da die Teilpersönlichkeiten nun nicht mehr „schliefen" und sich ausruhen konten, während andere im Vordergrund agierten, erlebte die Klientin zum ersten Mal Erschöpfungszustände und Grenzen der Leistungsfähigkeit. Auch ihr Schlafbedürfnis wuchs. Während sie in ihrem bisherigen Alltag nur etwas drei bis vier Stunden geschlafen hatte, benötigte sich nun sechs bis acht Stunden Schlaf. Die Fähigkeit, jederzeit voll aufmerksam und einsatzbereit zu sein, gehörte zuvor zu ihren wichtigsten Überlebensstrategien, zumal sich Monika A. sehr über ihre Leistungen definierte. Von dieser Fähigkeit Abschied zu nehmen und die Erschöpfungsgefühle als Merkmale der Gesundung zu begreifen war für die Klientin enorm schwierig und tauchte als Thema in der Therapie immer wieder auf.

In den post-integrativen Phasen *(10.–13. Phase nach Braun)* findet üblicherweise die Bearbeitung restlicher Traumata statt. Es gilt außerdem, das in der Vergangenheit Erlebte und auch das Erhoffte, aber nicht Gelebte, zu betrauern und damit leben zu lernen. Einige integrierte KlientInnen berichten, sich nach ihrer Fusion von ihrer sozialen Umgebung oft mißverstanden gefühlt zu haben, weil dieses davon ausgegangen sei, daß „es nun auch mal gut sein muß". Es gilt hier wie in allen anderen Phasen der Therapie auch, der KlientIn Zeit zu lassen. Die Verankerung in der Gegenwart, der bewußte Schritt ins Leben fällt vielen extrem traumatisierten Frauen äußerst schwer und ist für sie sehr beängstigend, weil sie nur ein Leben am Abgrund zwischen Leben und Tod kennen und sich oft auch nur an diesem Abgrund lebendig fühlen konnten und durften. Die Integration der Alter-Personen bedeutet also nicht das Ende der Therapie, sondern zunächst die Entwicklung neuer Ziele und Perspektiven *(13. Phase nach Braun)*.

# VII

# Therapeutische Begleitung im Rahmen des betreuten Wohnens

*Angelika Vogler*

So unterschiedlich Frauen sind, die eine DIS entwickelt haben, so unterschiedlich erleben sie ihre Einschränkungen und das subjektive Leid, die dadurch entstanden sind. Eine DIS entwickelt zu haben, bedeutet nicht unbedingt, keiner Erwerbstätigkeit mehr nachgehen und den Alltag nicht mehr ohne Unterstützung bewältigen zu können. So gibt es betroffene Frauen, die schon jahrelang geregelter Erwerbsarbeit nachgehen, andere leben mit eigenen Kindern und wieder andere wechseln seit Jahren von einer psychiatrischen/psychosomatischen Klinik zur nächsten.

KlientInnen, die sich nach eigener Einschätzung ihrer Stabilität und ihrer momentanen Fähigkeit, den Alltag alleine zu regeln, einen beschützteren und stützenden Rahmen wünschen, können die Möglichkeit des betreuten Wohnens als Übergangseinrichtung hin zu einer selbständigen Lebensführung nutzen. Je nach Selbstbeurteilung und Empfehlungen von psychiatrischen, psychotherapeutischen Einrichtungen wählen sie eine vollstationäre oder teilstationäre Einrichtung, in der sie leben und sich weiterentwickeln können. Diese Einrichtungstypen sind Angebote, die freiwillig gewählt werden.

Im folgenden wird zuerst der Rahmen der „Therapeutischen Wohngruppen für traumatisierte Frauen“ des Vereins Lotta e.V., eine teilstationäre Einrichtung, vorgestellt. Daraufhin werden die Möglichkeiten und Grenzen der therapeutischen Begleitung innerhalb dieser Rahmenbedingungen ausgeführt.

Sowohl der Rahmen wie auch die Möglichkeiten und Grenzen der therapeutischen Begleitung im teilstationären Wohnbereich befinden sich, entsprechend den Bedürfnissen und Grenzen aller beteiligten Personen und Organisationen, im Wandel und stellen einen fortlaufenden Prozeß dar. Entsprechend bilden die folgenden Ausführungen nur den momentanen Stand der Auseinandersetzungen und Umsetzungen ab.

# 1. Der Rahmen der „Therapeutischen Wohngruppen für traumatisierte Frauen“, Lotta e.V.

Die Wohngruppen für Frauen des Vereins Lotta e.V. bestehen seit 1984. Aus der anfänglich „Psychosozialen Betreuung in Mädchenwohngruppen“ wurde im Laufe der Jahre, entsprechend einer sich verändernden Nachfrage, eine Einrichtung der Eingliederungshilfe für traumatisierte Frauen nach § 39 BSHG.

In den letzten Jahren bewarben sich in den „Therapeutischen Wohngruppen für traumatisierte Frauen“ vorwiegend schwer traumatisierte Frauen, die seit frühester Kindheit in krankmachenden Lebenswelten aufwuchsen und entsprechend Störungen ihrer psychischen Grundstrukturen aufweisen.

Die Basis der Betreuungsarbeit bildet der feministische Ansatz. Dieser gründet auf der Erkenntnis, daß aus den bestehenden gesellschaftlichen, kulturellen und sozialen Bedingungen einer patriarchalen Gesellschaft häufig widersprüchliche Rollenanforderungen an Mädchen und Frauen resultieren, die zu frauenspezifischen Problemkonstellationen und Benachteiligungen führen. Individuell können ganz unterschiedliche Ausprägungen weiblicher Problemkonstellationen entstehen, die insgesamt im gesellschaftlichen und politischen Kontext gesehen werden müssen.

Jede Frau wird als eigenständige Persönlichkeit, eingebettet in ihre Lebensgeschichte, betrachtet. Psychische Störungen und sogenannte Verhaltensauffälligkeiten werden im feministischen Ansatz als Überlebensstrategien begriffen, die die einzelne Frau entwickelt hat, um unter patriarchalen Bedingungen existieren zu können. Das Spektrum individueller, weiblicher Bewältigungsstrategien ist breit gefächert. Auslösende Faktoren für psychische und psychosomatische Störungen sind häufig sexualisierte, psychische und physische Gewalterfahrungen, denen Frauen teilweise schon in frühester Kindheit ausgesetzt sind.

## Leben in Wohngruppen: das Beziehungssystem

Die teilstationäre Betreuung von traumatisierten Frauen bei Lotta e.V. hält Wohnraum nur für Frauen vor. Dies ermöglicht den einzelnen Klientinnen, Schutz- und Schonraum in der Wohngruppe zu finden. Zu alten Erfahrungszusammenhängen wird dadurch Distanz geschaffen und angstfreie Räume für neue Entwicklungen und den Erwerb neuer Handlungskompetenzen bereitgestellt.

Das Leben in den Wohngruppen unterstützt das Erlernen von Solidarität, konstruktiven Auseinandersetzungen, Selbstreflektion und Toleranz. Neben gegenseitiger Unterstützung, werden auch Grenzen im Kontakt mit anderen Mitbewohnerinnen erfahren und Grenzsetzung unterstützt.

Jede betreute Frau hat eine Bezugsbetreuerin, die in erster Linie die Betreuungs- und therapeutische Begleitungsarbeit leistet, wobei unter Betreuungsarbeit der sozialpädagogische Schwerpunkt, wie etwa Unterstützung beim Aufbau eines sozialen Netzes, bei Ämtergängen und bei der Strukturierung von Tagesabläufen gemeint ist. Die therapeutische Begleitungsarbeit umfaßt zum Beispiel die Entwicklung von Bewußtheit, das Wahrnehmen, Erfassen, Verstehen und Erklären von inneren und zwischenmenschlichen Prozessen, die Entwicklung von Selbstverantwortung und Handlungsalternativen.

Im Bezugsbetreuungssystem erfährt die Klientin in der Regel das erste Mal in ihrem Leben eine akzeptierende, konstante Beziehung und kann so vielleicht zu einem anderen Menschen ebenfalls das erste Mal Vertrauen fassen. Da der Verbleib im betreuten Wohnen ein bis mehrere Jahre dauert, bildet die Beziehung der Klientin zur Bezugsbetreuerin eine sichere Basis, von der aus neue Bewältigungsstrategien entwickelt und Wachstum gefördert werden können. Hinzu kommt der stabilisierende Rahmen von regelmäßigen Gruppenangeboten und von relativ konstanten, WG-übergreifenden Kontakten zu anderen Klientinnen.

Da in der Einzelarbeit auch schwere, belastende und aggressive Inhalte besprochen werden und die betreuten Frauen bis zu einem gewissen Grad selbständig leben können, wurden die Wohnräume von den Büro-/Gruppen-/Einzelgesprächsräumen räumlich getrennt. Diese Distanzierungsmöglichkeit erleben die Frauen meist als angenehm und sehen ihre Fähigkeiten zur weitgehend selbständigen Lebensgestaltung unterstützt.

In schweren Zeiten oder in Krisensituationen können sich die Klientinnen tagsüber zur eigenen Sicherung und zur Tagesstrukturierung in den Gruppenräumen aufhalten. Eine Nachtbereitschaft gibt es nicht. Seit drei Jahren gibt es an einem Tag des Wochenendes und an Feiertagen eine Wochenendrufbereitschaft. Für die oft krisenhaften Nachtzeiten und für die Wochenenden werden sogenannte Notfallprogramme in der ersten Zeit der Betreuung erarbeitet. Darin sind sowohl Möglichkeiten eigener Ressourcen ( Musik hören, autogenes Training, Joggen, Freundin anrufen, etc.), wie auch die Erreichbarkeit psychosozialer und medizinischer Dienste ( Telefonseelsorge, Notarzt etc.) enthalten.

Dies setzt bei den betreuten Frauen die Einhaltung eines in der therapeutischen Begleitung erarbeiteten Krisenmanagements voraus. Die Fähigkeit zur selbstverantwortlichen Gestaltung ihrer Tagesabläufe muß, wenn auch eingeschränkt, vorhanden sein.

Die Gruppenaktivitäten erstrecken sich von einer täglichen Morgenrunde, die der Tagesstrukturierung dient, über wöchentliche WG-Sitzungen, die zur besseren Kommunikation innerhalb einer WG und zur Konfliktunterstützung stattfinden, ein monatliches Zusammentreffen aller Betreuten bis zu Freizeitaktivitäten, wie Ausflüge, Theaterbesuche, Wochenendfreizeiten.

Die Unterstützung bei der Bewältigung von Alltagsproblemen jeder einzelnen Klientin umfaßt auch die Begleitung zu ÄrztInnen, Ämtern, SchuldnerInnenberatung, Hilfe bei der Geldeinteilung und vieles mehr.

Die Zusammenarbeit mit anderen Einrichtungen, wie zum Beispiel Kliniken und Beschäftigungsprojekten sowie gegebenenfalls mit spezifischen Beratungsstellen und PsychotherapeutInnen wird generell gepflegt. Mit Einverständnis der Klientin können auch gemeinsame Gespräche, etwa mit einer SuchtberaterIn, stattfinden. Zum einen dient die Begleitung zu diesen Gesprächen der Reduktion von Angst und Unsicherheit bei der KlientIn, zum anderen kann sie die notwendige Einhaltung dieses Termins sicherstellen. Ein anderes Ziel ist die bessere Abstimmung verschiedener Anlaufstellen, um die Unterstützung und Begleitung mit der Klientin zu optimieren.

### Therapeutische Arbeit

Das Zentrum der therapeutischen Arbeit bilden die Einzelgespräche zwischen der Klientin und ihrer Bezugsbegleiterin. Sie finden, je nach Phase und Bedarf, ein bis dreimal in der Woche statt. In der Regel wird zwischen Klientin und Begleiterin eine Frequenz von zwei einstündigen Gesprächen ausgehandelt. Zu Beginn und in Krisenzeiten kann die ausgehandelte Frequenz erhöht werden, während in der Zeit vor dem Auszug aus der Wohngruppe meistens nur noch ein Gespräch pro Woche stattfindet.

Die Einzelgespräche können, je nach Problemkonstellation, eine sozialpädagogische, beraterische oder eine therapeutische (vgl. Kapitel VII.2) Gewichtung erhalten.

Die therapeutische Arbeit der Begleiterin geschieht auf dem Hintergrund ihrer Grundausbildung (Diplom-Pädagogin, Sozialpädagogin), ihrer jeweiligen Therapieausbildung (Integrative Gestalttherapie, Psychodrama, Transaktionsanalyse), Fortbildungen im Themenbereich der Folgen von Traumatisierungen, externer Supervision und einer intensiven, permanenten Auseinandersetzung im Team.

## Zielgruppen

Das Begleitungsangebot der „Therapeutischen Wohngruppen für traumatisierte Frauen" richtet sich an volljährige Frauen, die unter den Folgen schwerer, meist früh erfahrener physischer, psychischer und sexualisierter Traumatisierungen leiden. Zu diesen Folgen zählen unter anderem dissoziative Phänomene, selbstverletzendes Verhalten, Panikattacken, Schlafstörungen, Suizid- und Suchtgefährdung. Damit Hand in Hand gehen psychosoziale Schwierigkeiten, wie etwa soziale Isolation, Kontakt- und Beziehungsstörungen, Abbrüche im Schul- und Berufsleben, Frühberentung und eingeschränkte Mobilität.

In der Regel weisen die sich bewerbenden Frauen mindestens einen längeren Klinikaufenthalt in psychiatrischen oder psychosomatischen Kliniken auf. Die klinischen Diagnosen der Frauen reichen von Eßstörungen, Depressionen, Persönlichkeitsstörungen (insbonderes Borderline-Persönlichkeitsstörung), Posttraumatischen Belastungsstörungen, Dissoziative Störungen bis zur Dissoziativen Identitätsstörung.

Interessierte Frauen entscheiden sich für den Einzug in die „Therapeutischen Wohngruppen für traumatisierte Frauen", wenn ihr Leidensdruck sehr groß ist und sie ihre Bewältigungsstrategien nicht mehr als ausreichend erleben.

Ausschlußkriterien des betreuten Wohnens bei Lotta e.V. sind akute Drogenabhängigkeit, akute Tabletten- und Alkoholabhängigkeit, akute Psychose und Frauen mit Kindern, da für diese Fälle der Rahmen der Betreuung nicht angemessen wäre.

Allgemeine Ziele in der Begleitung sind:

- psychische Stabilisierung;
- Förderung der Realitätswahrnehmung;
- Förderung einer realistischen Selbsteinschätzung;
- Förderung der sozialen Kompetenz durch Stärkung der Kontakt- und Beziehungsfähigkeit;
- Aufbau eines stützenden Netzwerkes;
- Förderung der Konfliktfähigkeit;
- Verzicht von selbstschädigendem Verhalten durch Erwerb von adäquaten Bewältigungsstrategien;
- Unterstützung bei der Aufnahme und Durchführung einer Ausbildung, eines Berufes oder einer entsprechenden Tätigkeit;

- Unterstützung beim Aufbau einer langfristig eigenständigen Existenzsicherung;
- Steigerung der subjektiven Lebensqualität.

Da es sich zum größten Teil um Frauen mit frühen, strukturellen Störungen handelt, muß oftmals zum Erreichen dieser Ziele die Einzelbetreuung in Form einer therapeutischen Begleitung angelegt werden. Dies gilt besonders dann, wenn die Klientin keine ambulante Therapie neben dem betreuten Wohnen in Anspruch nehmen kann oder will.

### Voraussetzungen

Wichtige Voraussetzung für einen Einzug in eine betreute Wohngruppe ist die Motivation der sich bewerbenden Frau, sich zu stabilisieren und sich, beziehungsweise ihr Umfeld, gemäß den Zielen, die sie erreichen will, zu verändern. Dabei werden von den Klientinnen in der Regel zuerst Ziele im Bereich allgemeine Befindlichkeitsverbesserung („Es soll mir besser gehen!"), Arbeit, Schulabschluß, Berufsfindung und Alltagsfähigkeiten („Ich will [wieder] alleine leben können!"; „Ich will wieder funktionieren!") genannt. Diese Zielsetzungen verändern sich oft im therapeutischen Prozeß. Letztendlich entstehen im therapeutischen Prozeß meist Ziele, die sich über alle fünf Säulen der Identität (vgl. Kapitel V.3.4) erstrecken.

Es ist notwendig, daß die Klientin sich selbst entscheidet, in eine betreute Wohngemeinschaft einzuziehen. Das eventuell noch diffuse Bedürfnis der Klientin, daß es nicht so weitergehen soll, wie es bisher war, setzt eine, wenn vielleicht auch eingeschränkte Bewußtheit voraus, wie ihr Leben zur Zeit ist. Das bedeutet auch, daß eine, wenn auch oftmals eingeschränkte, Fähigkeit zu Ko-respondenz vorhanden sein muß. Diese Fähigkeiten müssen nicht so ausgeprägt sein, wie dies eine ambulante Psychotherapie voraussetzt, wobei die Steigerung der Bewußtheit und der Ko-respondenzfähigkeit immer Ziele der therapeutischen Begleitung sind.

Zur Zeit halten die „Therapeutischen Wohngruppen für traumatisierte Frauen" drei von zwölf Plätzen für Frauen mit einer Dissoziativen Identitätsstörung vor. Diese Begrenzung der Plätze entstand aus einer langen Auseinandersetzung über Ressourcen-, Belastungs- und Schutzfaktoren für die therapeutischen Begleiterinnen, die Klientinnen, die eine DIS entwickelt haben, und deren Mitbewohnerinnen.

# 2. Möglichkeiten und Grenzen der therapeutischen Begleitung im betreuten Wohnen

Auch eine therapeutisch ausgerichtete Begleitung im betreuten Wohnen unterscheidet sich wesentlich von dem Setting einer ambulanten Psychotherapie. Interessentinnen für die „Therapeutischen Wohngruppen für traumatisierte Frauen" wollen Strukturen und Unterstützung, um den Anforderungen ihres Alltags besser begegnen zu können. Entsprechend teilen die dann von uns betreuten Frauen weitgehend ihren Alltag mit den therapeutischen Begleiterinnen.

Durch die Alltagsorientierung und die tägliche Nähe werden andere Schwerpunkte als in einer ambulanten Psychotherapie in den therapeutischen Zielen gesetzt. So steht nicht die aufdeckende Arbeit im Zentrum des therapeutischen Vorgehens, sondern stützende und Bewußtheit für aktuelle Beziehungs- und Handlungsstrukturen schaffende Interventionen.

Die langfristigen therapeutischen Ziele in der therapeutischen Begleitung sind:

- Stabilisierung
- Steigerung der subjektiven Lebensqualität

Daraus ergeben sich weitere Arbeitsschwerpunkte:

- Sicherheit schaffen
- Gegenwartsbezug
- Beziehungen aufbauen und halten
- Handlungsspielräume erweitern
- Locus of controll und Entscheidungsfreiheit bewußt (wieder-)erlangen
- Übernahme der Verantwortung für das eigene Leben

Die Möglichkeiten und Grenzen einer therapeutischen Begleitung im betreuten Wohnen von Frauen mit einer DIS werden sowohl von Mitarbeiterinnen untereinander, als auch mit Außenstehenden (Supervisorin, KooperationspartnerInnen, Arbeitskreise) regelmäßig diskutiert. Unserer Ansicht nach ist diese Reflektion wichtig für den Rahmen, den wir jeder einzelnen Klientin bieten können, und um jeder Mitarbeiterin, sowie auch Außenstehenden Klarheit über Grenzen und Möglichkeiten der therapeutischen Begleitung für DIS-KlientInnen zu verschaffen. So begegnet uns regelmäßig die Frage, ob der teilstationäre Rahmen für DIS-KlientInnen angemessen ist oder ob mehr Strukturen und Betreuung notwendig wäre.

## 2.1 Die vier Wege der Heilung in der Integrativen Therapie

Welche Voraussetzungen sollen also Frauen mitbringen, um im Rahmen einer teilstationären Wohneinrichtung angemessen begleitet werden zu können ohne über- oder unterfordert zu werden? Die Integrative Therapie unterscheidet *vier Grundfähigkeiten* des Menschen, die mindestens in minimaler Ausprägung Voraussetzung und gleichzeitig Ziel einer therapeutischen Begleitung und einer Psychotherapie sind. Auf den vorhandenen Fähigkeiten baut sich die Entfaltung der Psyche der KlientIn auf und deren Entwicklung und Ausbau sind gleichzeitig Ziel der therapeutischen Begleitung und einer ambulanten Psychotherapie. Sie bestimmen aber auch den Weg, die Grenzen und die Möglichkeiten in der therapeutischen Beziehung und im therapeutischen Handeln.

Bevor die „vier Wege der Heilung“ nach Petzold (Rahm et al., 1993) vorgestellt werden, zunächst die vier Grundfähigkeiten des Menschen:

1. Die Fähigkeit zur *Ko-respondenz*, dem Austausch mit dem Umfeld;
2. die Fähigkeit zur Wahrnehmung, zum Ausdruck und zur Gestaltung, zur Erprobung von Neuem, kurz zur Entfaltung des *spontanen, kreativen Potentials*;
3. die Fähigkeit zur *Exzentrizität*, d.h. sich und seine Umwelt bewußt erleben, reflektieren und relativieren können.
4. die Fähigkeit zur *Regression*, d.h. sich emotional in frühere Szenen und Beziehungen zurück zu versetzen, als wären sie heute. Sie ermöglicht das Durcharbeiten alter Szenen und das Verständnis für heutige Gefühle und Symptome.

Im therapeutischen Prozeß spielen alle vier Fähigkeiten eine Rolle. Die TherapeutIn orientiert sich an den Bedürfnissen, Fähigkeiten und Möglichkeiten der KlientIn.

Petzold (nach Rahm et al., 1993) erarbeitete vier Wege des therapeutischen Handelns, die sich jeweils nach den unterschiedlichen Ausprägungen der vier Grundfähigkeiten des Menschen ausrichten. Dabei handelt es sich um ein Modell, das die Orientierung und das Verständnis der Phänomene im therapeutischen Prozeß erleichtert. Die vier Wege der Heilung finden alle, jedoch mit unterschiedlicher Gewichtung, Eingang in den therapeutischen Prozeß.

Die „vier Wege der Heilung" nach Petzold (Rahm et al., 1993, S. 329):

1. Bewußtseinsarbeit / Sinnfindung / emotionales Verstehen.
2. Nachsozialisation / Bildung von Grundvertrauen / „Nach-Beelterung".
3. Erlebnisaktivierung / Persönlichkeitsentfaltung.
4. Solidaritätserfahrung / Engagement.

## Der erste Weg der Heilung

Im ersten Weg der Heilung „*Bewußseinsarbeit / Sinnfindung / emotionales Verstehen* geht es um das bewußte Durcharbeiten von nicht abgeschlossenen Gestalten im gestalttherapeutischen Sinn (Fuhr et al.,1995). Unabgeschlossenen Gestalten entstehen aus alten und neuen Erfahrungen, die nicht integriert werden konnten und können. Sie bilden die Grundlage für heutige Beziehungsmuster und Symptome, die in ihrer Bewußtseinspräsenz, ihrer individuellen Bedeutung, ihrem Sinn erkannt und emotional verstanden werden müssen, um diese Gestalt zu schließen und die Erfahrung integrierbar zu machen.

Eine Klientin erlebte jedesmal, wenn sie ihr nahestehenden Menschen eine Grenze setzen wollte, hohe Spannungszustände in ihrem Körper und Angstattacken. Gleichzeitig setzte sich ihr Freundeskreis nur aus Menschen zusammen, die stark konfluent-egozentriertes Beziehungsverhalten zeigten. Erst durch die Bearbeitung früher Beziehungserfahrungen konnte die Klientin erkennen, daß sie schon als Kind in ihrer Ursprungsfamilie nur beachtet wurde, wenn sie sich fürsorglich um andere kümmerte und ihre eigenen Bedürfnisse vollkommen zurückstellte. Sobald sie als eigenständiger Mensch sichtbar wurde, beschimpfte man sie als schlecht und böse und sie wurde geschlagen. Die weitere Folge war dann tagelange Vernachlässigung bis hin zur Verweigerung, ihr Essen zu geben.

Die Klientin verstand plötzlich, daß sie in ihrem Freundeskreis diese alten Beziehungsstrukturen fortsetzte und ihre alte, existentielle Angst verspürte, sobald sie versuchte eigene Bedürfnisse anzumelden.

Stück für Stück versuchte die Klientin in den folgenden Monaten mit der Anmeldung ihrer Bedürfnisse zu experimentieren. Die Angstattacken milderten sich und wurden mit der Zeit ein wichtiger Meßstab für die Klientin, ob sie sich selbst in Bezug zu anderen Menschen zu sehr zurückstellte und vernachlässigte.

Das szenische Wiedererleben alter Erfahrungen in der Gegenwart führt die KlientIn zu Gefühlen und Erinnerungen, die sie blockiert oder vermieden hat. Durch deren Ausdruck werden sie verarbeitbar und verlieren ihre Macht (vgl. Butollo et al., 1998).

Das bedeutet, daß sich TherapeutIn und KlientIn auf die Fähigkeit der KlientIn zur Regression stützen. Daneben benötigen beide die Fähigkeit der KlientIn zur Exzentrizität, um der wiederbelebten, oft schmerzlichen Erfahrung im Heute reflektierend Bedeutung und Sinn zu geben und um neue Wege einer angemessenen Bewältigung ohne die alten Strategien ausprobieren zu können. Die neuen Bewältigungsstrategien können als neue Erfahrung direkt in der Beziehung zwischen KlientIn und TherapeutIn und z. B. in Rollenspielen erprobt werden.

In der therapeutischen Beziehung findet die KlientIn einen schützenden Rahmen, in dem sie wahrgenommen und akzeptiert wird, alten und neuen Gefühlen Ausdruck verleihen kann, in der Bedeutungs- und Sinnfindung unterstützt wird und in dem sie neue Gestaltungswege von Beziehungen ausprobieren kann. Die TherapeutIn steht der KlientIn stützend und fördernd zur Seite.

### Der zweite Weg der Heilung

Der zweite Weg der Heilung„*Nachsozialisation / Bildung von Grundvertrauen / Nachbeelterung* eröffnet der KlientIn die Möglichkeit, ihrer Umwelt wieder angemessen vertrauensvoll zu begegnen. „In einer guten ‚Als-ob-Elternbeziehung', die der KlientIn zeitweilig und partiell die Last des Erwachsenseins, der Abwehr von Angst, der Selbstbehauptung, der inneren und äußeren Auseinandersetzungen tragen hilft, hat die KlientIn eine Chance, das Gefühl des Grundvertrauens und das Bild, den Klang der ‚guten inneren Anderen' nachzuentwickeln" (Rahm et al.,1993, S. 331f.). Das kann auch bedeuten, daß die TherapeutIn einen haltenden Rahmen schafft, indem sie zum Beispiel mit und für die KlientIn Grenzen setzt in Bezug auf selbstschädigende Verhaltensweisen (z. B. Schnippeln).

Die KlientIn kann so die Erfahrung von Sich-Anvertrauen, positiver Abhängigkeit und positiver Regression machen. Dabei geht die Regression weiter als im ersten Weg der Heilung, da die TherapeutIn die Regression nicht nur in einzelnen Szenen, sondern als Beziehungsangebot anbietet. Die KlientIn kann die TherapeutIn etwa als (als-ob)

„gute Mutter“, und als (als-ob) „guten Vater“ oder als (als-ob) „gute, frühe Atmosphäre“ benötigen und sich dadurch nachnähren. Die KlientIn geht dabei nicht vollständig in ihre Kinderrolle, sondern ist auch immer als erwachsene Person zugegen. Die Verantwortung für sich selbst, für den Umgang mit anderen Menschen und für eigene Handlungen verbleiben bei der KlientIn, wobei die TherapeutIn die Übernahme dieser Verantwortung stützend begleitet. Das Nachnähren findet in den Bereichen statt, in denen die KlientIn keine Erfahrungen machen durfte.

Von Anfang an oder parallel zum Beziehungsangebot unterstützt die therapeutische BegleiterIn die Schaffung einer inneren Repräsentanz einer „guten Mutter“, eines „guten Vaters“, einer „guten Atmosphäre“ der KlientIn. Dies ist zum Beispiel durch Imaginieren von inneren Helfern oder idealen Eltern möglich, wobei die TherapeutIn den Aufbau solcher inneren Repräsentanten unterstützt und gleichzeitig ein protektives Beispiel ist (vgl. Petzold, 2000). Das Ziel ist der Ausbau und die bewußte Entwicklung der Selbstfürsorge und Selbstsicherung der KlientIn.

Speziell bei Schädigungen der Grundstrukturen einer KlientIn (vgl. Kapitel V.2), sind die Beziehungsstrukturen fragil. Die Verletzungen der Vergangenheit können nicht ungeschehen gemacht werden, jedoch können sich die heutigen Beziehungen durch die Erfahrung von mindestens einer guten, haltenden, heutigen Beziehung verändern.

Je nach Bedürfnis der KlientIn kann die TherapeutIn sie dabei unterstützen, Distanzierung und Realitäts-, Szenenbezug zu überschwemmenden oder diffusen Gefühlen, zu leiblichen Erregungs- oder Erstarrungszuständen zu finden. So bietet die therapeutische BegleiterIn der KlientIn Techniken an, die z.B. eine innere Distanzierung von Flash-backs ermöglichen, wie etwa die Imaginierung eines Tresors oder die Leinwandtechnik, und übt diese Techniken mit der KlientIn (vgl. Kapitel VI.4).

Die TherapeutIn kann auch zeitweilig statt der „guten, inneren Anderen“ externen Trost spenden, die Welt erklären, Resonanz und Grenzen anbieten.

Wichtige Bestandteile dieses Weges der Heilung bilden nach Petzold (2000, S. 497) die „*emotionale Differenzierungsarbeit*“ und das „*emotionale Beziehungserleben*“. Die emotionale Differenzierungsarbeit enthält zum Beispiel folgende Fragen: Welches Empfinden/Gefühl ist momentan im Vordergrund (Enge, Panik, Ohnmacht, Wut, etc.)? Ist es mehr ein Gefühl zu alten Szenen oder zum momentanen Geschehen?

Das emotionale Beziehungserleben stellt zum Beispiel die Fragen: Wie erlebe ich die TherapeutIn? Stellt sie eine Gefahr für mich dar oder ist sie unterstützend und fordert sie mich in dem für mich angemessenen Umfang?

Beide Bereiche greifen ineinander, da eine emotionale Differenzierung in der unterstützenden, beschützten Beziehung zur TherapeutIn im Hier-und-Jetzt möglich wird. Die Erfahrung, daß es eine „gute Andere“ gibt, die mich annimmt, versteht und stützt, ermöglicht den Aufbau eines eigenen fürsorglichen, guten Anteils und den Blick auf blockierende, unangenehme Aspekte alter und neuer Beziehungsstrukturen.

In der Rolle der „guten, verstehenden, strukturierenden Anderen" wird die TherapeutIn solange bleiben, bis die KlientIn eine klare Sicht auf die Realität und auf die Notwendigkeit und ihre Fähigkeit zur Selbstverantwortung erlangt. Dies dauert bei Schädigungen der Grundstrukturen erfahrungsgemäß lange Zeit.

## Der dritte Weg der Heilung

Die *Erlebnisaktivierung / Persönlichkeitsentfaltung* ist der dritte Weg der Heilung. Hier geht es um die Förderung und „Aktivierung von kreativen Fähigkeiten, die Förderung des Ausdrucksvermögens und der praktischen Ko-respondenzfähigkeit der KlientInnen" (Rahm, 1993, S. 334). Lebt eine KlientIn in einer anregungsarmen Lebenswelt oder vermeidet sie aus einer resignativen Haltung heraus die Kontakte zu ihrer Umwelt, verliert sie den Kontakt zu ihrer Umwelt, verliert sie den Kontakt zu ihren Möglichkeiten, sucht keine Angebote der Umwelt mehr und vermeidet letztlich andere, neue Erfahrungen zu machen. Ihre unterforderten oder brachliegenden kreativen Potentiale können in der therapeutischen Begleitung wieder angeregt werden. Durch eine sie fördernde Beziehung zu ihrer TherapeutIn, durch kreative Medien und Spüren ihrer Leiblichkeit kann die KlientIn wieder Kontakt zu ihrer Kraft, Kreativität und ihren Möglichkeiten bekommen.

Beispiele für kreativitätsfördernde Techniken sind Rollenspiele, Malen und Gestalten von Situationen und Gefühlen, innere Bilder entwerfen, Identifikation und Dialog mit Körperempfindungen oder mit anderen Menschen.

Rahm et al. nennen diesen Prozeß „Wachstum aus der Verarmung" (ebd., S. 334). Dieser Weg setzt eine gute Fähigkeit zur Exzentrizität voraus.

## Der vierte Weg der Heilung

Im vierten Weg der Heilung geht es um *Solidaritätserfahrungen*, also um das Erleben von Mitmenschlichkeit, Mitgefühl, gemeinsamem Handeln im Alltag und für gemeinsame Interessen. Besonders Menschen in innerer oder äußerer Not erleben früher oder später den Rückzug von nahestehenden Menschen, den Zusammenbruch ihres sozialen Netzwerkes. Andere Menschen wiederum konnten in ihrem Leben noch keine Solidaritätserfahrungen machen. In der TherapeutIn finden sie einen Menschen, der ihnen zuhört, sie in ihrer Not sieht und heilsame Ko-respondenz (Intersubjektivität) anbietet. Mit dieser Unterstützung kann die KlientIn sich verstanden fühlen, ein wohlwollendes Gegenüber erleben und Kraft finden zum Aufbau eines (neuen) sozialen Netzes.

Zusätzlich entsteht in den betreuten Wohngruppen oftmals durch ähnliche Schwierigkeiten und Bedürfnisse Solidarität unter den Frauen. Unterstützt wird dieser Erfahrungsbereich durch Mitbestimmungsstrukturen der Einrichtung, durch die die Klientinnen Einfluß auf Strukturen und Aktivitäten der „Therapeutischen Wohngruppen für traumatisierte Frauen" nehmen können. Seit klare Mitbestimmungswege bei uns definiert wurden, setzen sich die betreuten Frauen mehr miteinander und füreinander ein.

Gleichzeitig kann sich die KlientIn Kraft holen, um auch außerhalb der Wohngruppen aktiv zu werden, zum Beispiel in bezug auf Selbsthilfegruppen, sozialpolitisches Engagement zu ihnen wichtigen Themen oder andere solidarische Gruppen. Das „In-die-Hand-Nehmen" des eigenen Lebens und das aktive Einsetzen für sich und andere verringert Entfremdungsgefühle, stärkt den Self-Support, das Selbstvertrauen und schafft Sinn für das eigene Leben.

Bei den „Therapeutischen Wohngruppen für traumatisierte Frauen" stellen sich in der Regel Frauen vor, die an Schädigungen ihrer Grundstrukturen, also an sogenannten frühen Störungen leiden. Durch in der Regel schon mehrere Klinikaufenthalte ist oftmals eine gewisse Einsicht entstanden, daß sie einen beschützenden und strukturierenden Rahmen benötigen, bevor sie sich (wieder) in ein eigenständiges Leben und Wohnen wagen. Ihre Fähigkeiten zur Bewältigung ihres Alltags sind unterschiedlich ausgebildet, jedoch immer eingeschränkt. Die vier Grundfähigkeiten des Menschen sind bei ihnen in der Regel in allen Bereichen beeinträchtigt.

Manche Frauen können sich auf genügend Stabilität und Ausprägung der vier Grundfähigkeiten stützen, um sich neben dem betreuten Wohnen auch um ambulante Psychotherapie zu bemühen. Andere wiederum benötigen erst einmal die Erfahrung von relativer Sicherheit und Stabilität, um sich auf das Wagnis ambulanter Psychotherapie einzulassen. Eine weitere Gruppe benötigt zunächst einen ersten Zugang zu eigenem Erleben, um eine Motivation für eine ambulante Psychotherapie zu entwickeln.

Eine therapeutisch orientierte Begleitung ist bei fast allen Frauen, die in den Wohngruppen leben, wichtig: zum Beispiel der Zugang zu eigenen Ressourcen, die Unterstützung der eigenen Wahrnehmung, die Förderung der Ko-respondenzfähigkeit, die Erfahrung von heilsamer Ko-respondenz, die Erfahrung einer stabilen Beziehung, die Förderung des eigenen kreativen Potentials, die Entwicklung eines „guten, inneren Anderen", die Fähigkeit zu Exzentrizität etc. Diese Förderung ermöglicht Wachstum und die notwendige Stärkung, um sich für ein selbständiges Leben vorzubereiten.

Die therapeutische Begleitung in den Wohngruppen ersetzt allerdings keine ambulante Psychotherapie, da zwar die Persönlichkeitsentfaltung gefördert und gestützt wird, jedoch keine Aufarbeitung traumatischer Erfahrungen erfolgen kann. Hierzu ist der Rahmen des betreuten Wohnens zu alltagsnah und verhindert so eine ausreichende Distanzierungsmöglichkeit der Klientin von den Inhalten der Therapiestunden. Hinzu kommt, daß auf die therapeutische Begleiterin unterschiedliche Rollen, auch kontrollierende, zukommen. Im Extremfall kann sie in der Rolle der VermieterIn den Auszug der Betreuten verlangen. Diese Macht darf nicht heruntergespielt oder negiert werden, auch wenn sie nicht mißbraucht wird und der Klientin ein größtmögliches Maß an Selbstbestimmung geboten wird. Diese Rollenverschränkungen erfordern eine Trennung zwischen dem sensiblen Bereich der Trauma-Arbeit und der therapeutischen Begleitung in Wohngruppen.

## 2.2 DIS und die vier Wege der Heilung

Alle vier Wege der Heilung werden in der therapeutische Begleitung beschritten. Unterschiedliche KlientInnen benötigen unterschiedliche Schwerpunkte der therapeutischen Begleitung.

Dies gilt generell auch für KlientInnen mit einer DIS. Dabei fordert und benötigt nicht nur die Gesamtpersönlichkeit einen individuellen Weg der therapeutischen Begleitung, sondern die unterschiedlichen Alter-Personen fordern und benötigen ebenfalls eine eigenständige Begleitung, in der die Gesamtperson der KlientIn eventuell nur den Hintergrund darstellt.

Schon bei der Betrachtung der vier Grundfähigkeiten nach Petzold muß die TherapeutIn zwischen der Gesamtpersönlichkeit (System) und unterschiedlichen Alters unterscheiden.

### Ko-respondenz

Die Fähigkeit zur Ko-respondenz kann bei einzelnen Alter-Personen relativ gut ausgebildet sein. Meist sind Alters, die den Aufgabenbereich der Alltagsbewältigung haben, verbal sehr kommunikativ. Oftmals „funktionieren" diese Alter-Personen, indem sie von aktuellen und früheren Emotionen und Körpergefühlen abgeschnitten sind oder nur diejenigen wahrnehmen, die zu diesem „Funktionieren" benötigt werden. In diesem Fall findet also kein wechselseitiger Austausch zwischen der KlientIn und ihrem Umweltfeld statt, sondern in erster Linie eine Anpassung an die Umwelt oder von der Umwelt. In therapeutischen Gesprächen kommt es etwa zu einer schnellen Anpassung der KlientIn an die Sprache und die angenommenen Erwartungen der therapeutischen

BegleiterIn. So kann die Angst vor Unbekanntem reduziert und versucht werden, die TherapeutIn für sich einzunehmen. Parallel dazu versucht die KlientIn (meist unbewußt) das Verhalten der TherapeutIn zu beeinflussen, damit sich ihre eigenen Erwartungen von anderen Menschen bestätigen und sie selbst ein Gefühl von Kontrolle über ihr Umfeld behalten. So kann zum Beispiel das Fallen von einer existenziellen Krise in die nächste unter anderem bedeuten, daß die KlientIn die TherapeutIn zum Abbruch der therapeutischen Beziehung bringen will. An das Verlassen-Werden ist die KlientIn gewöhnt: ihr bisheriges Selbstbild wird bestätigt und es entsteht das mächtige Gefühl, es selbst verursacht zu haben. Diese Manipulationen weiten sich teilweise, wenn sie nicht aufgedeckt werden, zu massiven Machtkämpfen aus.

Den anderen Pol bilden Alters, die kaum oder keinen Kontakt mit der Umwelt aufnehmen können, da sie sich z.B. noch immer in vergangenen, traumatischen Szenen erleben. Emotionen und Körpergefühl etwa sind in einer traumatischen Situation regelrecht steckengeblieben, ohne daß eine Distanzierung, ein Erfassen der gesamten Situation, eine Reflektion und ein Aktualbezug möglich sind. Diese Alter-Personen „leben" in diesen Situationen. Sie wollen gesehen werden und benötigen Trost und ein Gefühl von Sicherheit. Die therapeutische BegleiterIn kann da sein, Interventionen und Übungen zur Erlangung des Realitätbezuges anbieten. Den sicheren inneren Raum, Beruhigung und Trost und die Annahme der Interventionen und Übungen, also die Übernahme von Selbstverantwortung, müssen von anderen Alters, beziehungsweise vom System, übernommen werden.

Zwischen diesen Polaritäten gibt es Alter-Personen, die in verschiedener Weise und in unterschiedlichem Ausmaß von Bereichen des Selbst abgeschnitten sind. Die Gesamtperson kann zuerst wirken, als hätte sie einen guten Austausch mit dem Umfeld. Jedoch schon die Switches bedeuten eine eingeschränkte Ko-respondenz, wenn dadurch Kontaktabbrüche stattfinden. Ko-respondenz bedeutet ein Geben und Nehmen zwischen Organismus und Umweltfeld. Wenn das Umfeld in erster Linie als Quelle von Gefahr und Angst gesehen wird, kann dieser Austausch nicht fließend stattfinden. Hinzu kommt, daß der Kontakt zu anderen Menschen oft von Projektionen überlagert ist. Er kann zur Bestätigung eigener Annahmen und Erfahrungen darüber dienen, wie Menschen sind und wie das System oder die Alter-Person, sich sieht.

Die Ko-respondenz innerhalb des Systems, also die Fähigkeit und der Wille aller Alter-Personen miteinander zu reden und in Beziehung zu treten, ist ebenfalls ein wichtiger Faktor. DIS-KlientInnen, die ausgeprägte Kommunikationsstrukturen innerhalb ihres Systems aufgebaut haben, erleben sich in ihrem Viele-Sein wesentlich kohärenter als früher. Aus innerer Getrenntheit, Vereinzelung bis zu massiven Machtkämpfen entsteht ein Gefühl von Miteinander. Das wiederum eröffnet Handlungsspielräume und erleichtert die Übernahme der Verantwortung für das Handeln, für das Leben des gesamten Systems.

Die Exploration der Fähigkeit zur Ko-respondenz des Systems und der Alters nimmt viel Zeit ein. Die bewußte Wahrnehmung, wie der Austausch zwischen Individuum (Organismus) und Umweltfeld und innerhalb des Systems der KlientIn stattfindet, ist ein wichtiger therapeutischer Schritt auf dem Weg zu Veränderung.

### Kreatives Potential

Das kreative Potential bei DIS-KlientInnen hat eine Vielfalt, die oft beeindruckend ist. Unterschiedliche Alters können unterschiedliche Ausdrucks- und Gestaltungsmöglichkeiten, wie etwa Zeichnen, Musizieren, Schreiben, ausbilden. Diese Fähigkeiten sind jedoch auf einzelne Alter-Personen oder -Gruppen beschränkt, während sich andere Alters von diesen Fähigkeiten abgeschnitten empfinden. Durch diese Ausdrucksformen werden Teile der Biographie und des aktuellen Im-Leben-Seins erzählt, die wichtige Informationen liefern und gleichzeitig das fragmentierte Dasein des Gesamtsystems verdeutlichen.

Das bedeutet, daß oft das Handwerkszeug für die Nutzung und das Erleben des kreativen Potentials vorhanden ist. Jedoch kann es nicht für einen ganzheitlichen kreativen Wachstumsprozeß genutzt werden, im Sinne von bewußter Wahrnehmung und bewußten Ausdruck von Gefühlen, verbunden mit einer bewußten Gestaltung des Lebens der Gesamtperson und dem Zugehen auf neue Erfahrungen.

An erster Stelle steht dabei die schwierige Frage nach Wahrnehmung von sich selbst und der Umwelt, eine wichtige Voraussetzung für einen kreativen Wachstumsprozeß. Eine kohärente Wahrnehmung über alle Alters hinweg gibt es erst, wenn das System fusioniert oder zumindest extrem eng zusammengerückt ist.

Die Erprobung von Neuem, etwa das Ausprobieren neuer Bewältigungsstrategien oder Beziehungsstrukturen, ist in der Regel sehr angstbesetzt. Wenn ein möglichst sicherer Rahmen und möglichst förderliche Kommunikationsstrukturen innerhalb des Systems geschaffen ist, wird die Erprobung von Neuem leichter.

### Fähigkeit zur Exzentrität

Das bewußte Erleben, Reflektieren und Relativieren von sich und der Umwelt, also die Fähigkeit zu Exzentrizität, ist durch die massive Schädigung des gesamten Leib-Selbst (vgl. Kapitel V.2.1) kaum möglich. Es gibt meist Alter-Personen, die sehr reflektiert das System im Alltagsleben und (mit Lücken) im Kontinuum begleiten und kommentieren. Diese Alters spielen meist eine große Rolle für Überleben, Anpassung und Weiterentwicklung des Systems. Jedoch ist diese Exzentrizität meist fragmentiert und nicht mit dem bewußten emotionalen Erleben verbunden.

am angemessendsten werden sich SozPäd mit einer zusätzl. therapeut. Ausbildung diese Aufgabe stellen können

Eine DIS-Klientin deutete jeden Abgrenzungsversuch ihrer Mitbewohnerinnen als Angriff auf ihre Gesamtperson und als Bestätigung dafür, daß sie selbst ein schlechter Mensch ist. Weder entstand Verständnis für die persönlichen Schwierigkeiten und Bedürfnisse ihrer Mitbewohnerinnen, noch konnte sie ihr eigenes Verhalten und ihre innerpsychische Dynamik erkennen und in Bezug zu ihrem Umfeld setzen. Ein Alter wußte, daß diese Mitbewohnerin gerade in einer schweren Krise steckte. Dennoch empfand diese Alter-Person den Rückzug dieser Mitbewohnerin als Bestrafung für „böses" Verhalten des Systems. Andere Alter-Personen wurden wütend auf die therapeutische Begleiterin, die diesen Widerspruch offen legte, da die Begleiterin nicht sah, „was doch offensichtlich ist!".

## Fähigkeit zur Regression

Dafür ist auf eine Weise die Fähigkeit zur Regression extrem ausgebildet, da sich einzelne Alters in ihrem gesamten Erleben in früheren Szenen und Beziehungen befinden. Dabei gibt es vielleicht nur über andere Alter-Personen, wenn überhaupt, einen Bezug zum Heute und zur erwachsenen Existenz.

Ein extremes Beispiel ist ein Alter, ein Kleinkind, das mitten in einer traumatisierenden Situation lebt. Ohnmächtig und hilflos verharrt dieses kindliche Alter in dieser Szene. Es ist abhängig von anderen Alters oder anderen Menschen, die ihm helfen sollen. Andere Alter-Personen lehnen gleichzeitig jegliche Unterstützung, jeglichen Trost ab und sind ebensowenig fähig, die traumatischen Erfahrungen zu bearbeiten. Diese Erfahrungen stehen scheinbar unantastbar und losgelöst im System der Klientin.

Die Grundfähigkeiten von DIS-KlientInnen sind seit ihrer Kindheit über viele Jahre in erster Linie zum Überleben ausgebildet worden. Verändert sich dieses Ziel in Richtung Entwicklung und Wachstum der Gesamtperson, ist dies ein langwieriger, schmerzhafter Prozeß. Dabei werden alle **vier Wege der Heilung** beschritten, wobei der Weg – *die Bildung von Grundvertrauen, Nachbeelterung und Nachsozialisation, emotionale Differenzierungsarbeit und emotionales Beziehungserleben* – oftmals für lange Zeit im Hauptfokus steht.

Im Rahmen der „Therapeutischen Wohngruppen für traumatisierte Frauen" spielt der Realitätsbezug, das Hier-und-Jetzt eine wichtige Rolle. So muß etwa eine *Nachbeelterung* von Alter-Personen, die Kinder oder Jugendliche sind, immer den offengelegten „als-ob"-Bezug und einen klaren Rahmen behalten. Die Verantwortung für sich (alle Alter-Personen des Systems) und eigenes Handeln verbleibt bei der KlientIn. Sie entscheidet sich, ob sie die Unterstützung und Begleitung annehmen will, ob sie sich auf den therapeutischen Prozeß und die therapeutische Beziehung einläßt oder ob sie dieses Wagnis noch nicht eingehen kann oder will.

Um *Grundvertrauen* aufbauen zu können, muß neben einer protektiven, supportiven Haltung der TherapeutIn auch die emotionale Differenzierungsarbeit und das emotionale Beziehungserleben der KlientIn gefördert werden. So stellt die Arbeit an Empfindung und Bewußtheit, was gerade ist, mit der Differenzierung von Altem und Aktuellem und welche Funktionen eine Bewältigungsstrategie jetzt erfüllt, eine wichtige Station im therapeutischen Prozeß dar. Wenn zum Beispiel beengende, beängstigende Projektionen (Wer sitzt vor mir? Ist es meine zerstörerische Mutter, als ich 10 Jahre alt war, oder ist es meine therapeutische Begleiterin im Jahr 2000?) über längere Zeit nicht differenziert und aufgelöst werden können, wird keine vertrauensvolle Beziehung zur TherapeutIn entstehen. Die Bildung von Grundvertrauen dauert in der Regel nicht nur Monate, sondern eventuell Jahre, bis es auf einer stabilen Basis steht.

*Nachsozialisation* und -enkulturation (In welcher Welt lebe/n ich/wir eigentlich, wie funktioniert sie und wie lebe/n ich/wir in dieser Welt?) ist ebenfalls eine lange Wegstrecke hindurch Thema der therapeutischen Begleitung.

Parallel dazu, immer entsprechend den Fähigkeiten und Bedürfnissen der KlientIn, spielen die anderen Wege der Heilung ebenfalls eine wichtige Rolle in der therapeutischen Begleitung. Vom Aufbau eines stützenden sozialen Netzwerkes, den Aufbau einer angemessenen beruflichen Tätigkeit, der Teilnahme und dem Engagement in Begegnungsräumen, dem Leben in der Gemeinschaft einer begleiteten Wohngruppe mit deren solidarischen und Fremdwahrnehmungsaspekten, der Erlebnisaktivierung und Persönlichkeitsentfaltung und der Bearbeitung heutiger Beziehungsstrukturen ist alles Thema, was die KlientIn bewegt und benötigt.

In der Bearbeitung dieser Themen ist es oft sinnvoll, Symbole wie zum Beispiel Bauklötze zu verwenden, um Situationen oder Konflikte aufstellen zu lassen. Dies erleichtert der KlientIn eine notwendige Distanzierung und die Einnahme einer exzentrischen Position. Nicht nur das Abrutschen in innere traumatische Situationen kann so verhindert oder begrenzt werden, sondern die KlientIn kann auch leichter den Realitätsbezug und Themenbezug halten.

Die Arbeit an und mit den fünf Säulen der Identität (vgl. Kapitel V.3.4) ist sehr hilfreich. Sie ermöglicht nicht nur eine Übersicht über die Lebens- und Selbstbereiche, die problematisch oder beschädigt sind, sondern auch über Möglichkeiten zur Nutzung und Förderung von Ressourcen, die die KlientIn mitbringt und ausbauen kann.

Die Stabilisierung der KlientIn und ihre Motivierung, damit sie eine ambulante Psychotherapie beginnt und durchhält, stellen ebenfalls eine wichtige Aufgabe der therapeutischen Begleitung im betreuten Wohnen dar. Butollo et al. verdeutlichen die Notwendigkeit einer Trauma-Therapie folgendermaßen:

*„Denn die Konfrontation mit dem Trauma und den darauf folgenden Bewältigungsversuchen, die Konfrontation mit Verlusten, Schmerz und Trauer, stellt letztendlich den Prozeß dar, der die offene und dadurch immer wiederkehrende Gestalt des Traumas schließt und dadurch neue Möglichkeiten des Kontaktes und der Begegnung in der Gegenwart ermöglicht" (Butollo et al., 1998, S. 192).*

Wenn sich eine KlientIn erst einmal gegen eine Psychotherapie entscheidet, muß dies respektiert werden. Dieser Respekt bedeutet nicht, daß die Möglichkeit einer Psychotherapie und die Beweggründe, die die KlientIn daran hindern, nicht mehr Thema in den Einzelgesprächen sein darf.

Kann sich die KlientIn über die Dauer im betreuten Wohnen gut stabilisieren, ihre Grundfähigkeiten erweitern, sich ein solides soziales Netz mit tragfähigen Beziehungen und einem Unterstützungsnetz aufbauen, sowie ihren Alltag gut bewältigen und hat sie sich eine Lebensperspektive erarbeitet, wird sie die therapeutische Begleitung in Wohngruppen nicht mehr benötigen.

## 2.3 Einzelne Aspekte der therapeutischen Begleitung

Im folgenden werden nur eine Auswahl der Themen und Aspekte, mit denen eine therapeutische BegleiterIn und ihre KlientIn beschäftigt sind, dargestellt. Zum einen, da jede KlientIn einzigartig ist, zum anderen, da schon viele Aspekte in vorausgegangenen Kapiteln behandelt wurden. Außerdem befindet sich die Betrachtung der DIS sowohl in der bisherigen Literatur, wie auch bei uns, in ständiger Auseinandersetzung mit der Praxis und mit neuen Gesichtspunkten und Ideen.

Im folgenden werden einige Aspekte der therapeutischen Begleitung in Kürze angeschnitten, bevor auf einzelne Punkte genauer eingegangen wird:

Stabilisierung ist das Hauptziel der therapeutischen Begleitung im betreuten Wohnen. Nur durch sie kann die KlientIn eine ausreichende Basis für ein selbständiges Leben finden. Um eine größtmögliche psychische Stabilität zu erreichen, sind ein Gefühl von Sicherheit, die Fähigkeit zu Selbstunterstützung, Awareness ( die bewußte Wahrnehmung von dem, was und wie es ist) und eine gute Verankerung in der Gegenwart (Hier und Jetzt) notwendig.

In der therapeutischen Arbeit mit traumatisierten Menschen ist es auch besonders wichtig, nicht eine erneute traumatisierende Situation für sie zu schaffen. Das bedeutet unter anderem, der KlientIn ein höchstmögliches Maß an *Selbstbestimmung* zu überlassen. So ist es notwendig, Grenzen der KlientIn unbedingt zu achten. Wenn genügend Sicherheit und Stabilität im therapeutischen Setting und in der therapeutischen Beziehung vorhanden sind, muß nicht auf Skillfull-Frustration verzichtet werden.

Aber zu jedem Zeitpunkt des therapeutischen Prozesses muß *Respekt und Achtung* gegenüber der KlientIn, ihren Grenzen, ihren Bewältigungsstrategien und ihrer Kreativität die Basis der therapeutischen Arbeit bilden.

Ebenfalls notwendig ist das Achten der Grenzen der therapeutischen BegleiterIn und der Einrichtung. Grenzenloses oder unklares Agieren-lassen bestätigt eher die KlientIn in ihrem Verharren in der Opferrolle. Ein Opfer ist hilflos äußeren Bedingungen ausgesetzt und muß auf Hilfe von außen warten. Es entsteht eine Hoffnung, daß andere Menschen einen aus dieser Situation retten. Bleibt ein Mensch über längere Zeit nach Beendigung der traumatischen Bedingungen in dieser Haltung stecken, kann die Hoffnung zu einer Anspruchshaltung wachsen. Sobald dann ein wohlwollendes Umfeld gefunden ist, soll dieses alle Bedürfnisse erfüllen und das Opfer retten. Eigenaktivität bleibt reduziert und eher am puren Überleben ausgerichtet. Verantwortung für das eigene Leben und Wohlbefinden wird eher an andere Menschen abgegeben. Die Botschaft, die dann eine Begleiterin empfängt, ist oft: „Mir geht es so schlecht, da du mir nicht genug oder nicht richtig hilfst!"

Reagiert eine BegleiterIn dann zum Beispiel mit immer mehr Unterstützung, kann sich die KlientIn in ihrer Opferrolle einrichten. Entweder gibt die KlientIn immer mehr Verantwortung in die Hände der BegleiterIn oder sie lehnt ihre BegleiterIn vollends ab. Dies wirkt letztendlich belastend, da den fehlenden inneren Strukturen von außen kein Rahmen gesetzt wird. Außerdem verhält sich die therapeutische BegleiterIn dann nicht selbstfürsorglich und brennt aus.

Erlebt die KlientIn die Achtung der TherapeutIn vor den eigenen Grenzen und denen der KlientIn, eröffnet sich ihr die Möglichkeit ihre Opferrolle zu verlassen, indem sie aktiv und bewußt eigene Grenzen verteidigen lernt. Hier nimmt die TherapeutIn also die Position eines Vorbildes ein und schützt sich gleichzeitig selbst vor dem Burn-Out-Syndrom.

Die therapeutische Beziehung wird tragfähig, wenn sich die KlientIn gesehen und respektiert fühlt. Butollo et al. (1998) heben in diesem Zusammenhang die Erfahrung der persönlichen Verantwortung, die Wahl zwischen Rückzug und Hinwendung, zwischen Zugehörigkeit und Abgrenzung, zwischen Zuneigung und Ablehnung hervor.

Um das Zustandekommen einer erneuten traumatisierenden Situation zu vermeiden, propagieren Butollo et al. (1998) die „Aufgabe eines distanzierten *Machtgefälles*" (ebd. S. 194) zwischen TherapeutIn und KlientIn. In der Begleitung im Rahmen der „Therapeutischen Wohngruppen für traumatisierte Frauen" ist dies nicht möglich, da die Begleiterin realistisch betrachtet durch ihre unterschiedlichen Rollen eine Anhäufung von Macht auf sich vereint: etwa die Rolle der Vermieterin, die Rolle der therapeutischen Begleiterin, die Rolle der Grenzsetzerin z.B. in Bezug auf den Umgang der Wohngruppenbewohnerinnen untereinander. Diesen Aspekt zu verleugnen ist kontraproduktiv und widerspricht dem Gedanken einer heilsamen Ko-respondenz. Die KlientInnen kennen in der Regel eine Umwelt, die Realitäten verleugnete und verleugnet („Das ist nicht passiert!" „Du phantasierst dir etwas zusammen!"). Entsprechend ist es notwendig, auch mit dem Thema Macht offen umzugehen und gleichzeitig der KlientIn ein höchstmögliches Maß an Selbstbestimmung zu überlassen und damit die Übernahme von Selbstverantwortung zu fördern.

Des weiteren ist eine konsequente Unterstützung des Hintergrundes der KlientIn sehr förderlich auf dem Weg zu größerer Autonomie und Sicherheit. Zum einen heißt das, ihren Standort und ihre Entwicklung mit Respekt zu behandeln. Zum anderen ist der Aufbau und die Überprüfung ihres sozialen Netzes, einschließlich weiterer professioneller Unterstützung (Tagesklinik, ambulante Psychotherapie, Beschäftigungsprojekte etc.), ein wichtiger Bestandteil. Dies stellt einen Bereich der ressourcenorientierten Arbeit dar, die in Kapitel VII.2.3.3 weiter ausgeführt wird.

Zentrale Themen, die im folgenden hervorgehoben werden, sind: *Sicherheit*, *Stabilisierung*, *Ressourcen*, *Konfrontation*, *Integration* und *Neuorientierung*. Alle Aspekte werden, wie die oben aufgeführten, im gesamten therapeutischen Prozeß Bedeutung behalten und sind auch dessen Ziele. Gleichzeitig bauen sie aufeinander auf.

### 2.3.1 Sicherheit

Für KlientInnen, die eine DIS entwickelt haben, bedeutet Sicherheit ein existenzielles Thema. Wie beschrieben, lebten die KlientInnen von früher Kindheit an manchmal bis zu Klinikaufenthalt und Einzug ins betreute Wohnen in unsicheren Verhältnissen.

Eine Klientin, knapp 30 Jahre alt, fuhr zum Beispiel immer noch regelmäßig zu ihren Eltern und wurde dort vom Vater mißbraucht, während die Mutter dies weiterhin verleugnete. Es gilt, solche aktuellen, in der Regel verschwiegenen, Umfeldbedingungen herauszufinden und an deren schnellstmöglicher Veränderung zu arbeiten.

KlientInnen, die in satanischen oder germanofaschistischen Kulten aufwuchsen, wurde praktisch jedes Gefühl von Sicherheit systematisch verweigert und ausgetrieben. Hinzu kommen noch reale Todesdrohungen durch den jeweiligen Kult. Auch im Erwachsenenleben sind so fast jeder Raum, fast jede Beziehung und auch das innere Erleben geprägt von Angst, Schrecken und Terror.

Das bedeutet, daß die KlientInnen permanent im Spannungsfeld zwischen den Gefühlen von Unsicherheit, Bedrohung und dem Bedürfnis nach Sicherheit leben. Die TherapeutIn/BegleiterIn sollte das Bedürfnis nach Sicherheit und die Angst vor gewalttätigen Beziehungen anerkennen und gleichzeitig, soweit es möglich ist, zusammen mit der KlientIn eine Realitätsüberprüfung vollziehen.

Das betreute Wohnen bietet einen Rahmen, in dem DIS-KlientInnen sich einen möglichst *sicheren Ort* schaffen können. Es werden die therapeutische Beziehung, das therapeutische Setting, der Umgang mit selbstverletzenden Verhaltensweisen der KlientIn, das soziale Umfeld und der aktuelle Wohnraum der KlientIn überprüft.

Reale Sicherung und das Empfinden von Sicherheit im Wohnraum kann durch alltagspraktische Maßnahmen erhöht werden: Persönliche Post kann in die Verwaltung der Einrichtung geschickt werden, damit niemand die Anschrift der Wohngruppe erfährt, der nicht zu 100% als sicher eingestuft wird. Hilfe bei der Beantragung elternunabhängiger Sozialhilfe wird angeboten. In Krisenzeiten kann die Geldkarte in der Verwaltung deponiert werden, um eine Rückkehr in Täterkreise zu erschweren.

Der Kontakt zu noch mißbrauchenden Tätern muß problematisiert und abgebrochen werden. Identifizierte Täter dürfen keinen Zugang zu den Wohngruppen haben. Hier spricht das Team der „Therapeutischen Wohngruppen für traumatisierte Frauen" Hausverbote aus. Dies dient der Unterstützung der Klientin in ihren Abgrenzungsversuchen und der Absicherung der gesamten Wohngruppe.

Wie die Sicherheit direkt in jeder Wohngruppe erhöht werden kann, muß auch Thema der Einzelbegleitung und in den Wohngruppengesprächen sein. Von Besuchsregelungen (Wann bekomme/n ich/wir vor wem Angst? Wie ist das in der Wohngruppe mit den anderen Bewohnerinnen zu vereinbaren?) bis hin zu imaginativen Übungen (Imaginationen zum sicheren Ort, zu inneren Helfern, etc.) kann versucht werden, ein möglichst hohes Sicherheitsgefühl in den „eigenen vier Wänden" aufzubauen. Das soziale Umfeld der KlientIn sollte regelmäßig mit ihr nach übergriffigen Beziehungen überprüft werden. Die Tendenz, alte Beziehungsmuster erneut herzustellen, kann KlientInnen in neue gewalttätige, mißbrauchende Kontakte führen. Diese Beziehungsgestaltung muß offen gelegt und etwa durch Verträge zwischen KlientIn und therapeutischer BegleiterIn möglichst beendet werden.

*Verträge* stellen zwischen therapeutischer BegleiterIn und KlientIn eine Absicherung für beide Seiten dar, damit selbstverletzendes und selbstzerstörerisches Verhalten verhindert oder gemildert werden kann. Dabei sollte die TherapeutIn den alten Bewältigungsstrategien mit Respekt begegnen und auch selbstverletzende Verhaltensweisen als eine Form der Schaffung von Sicherheit anerkennen.

Zu einem Gefühl von Sicherheit gehören auch *klare Absprachen* im therapeutischen Setting, zum Beispiel über eine angemessene Frequenz von Einzelgesprächen. Manche KlientInnen benötigen am Anfang des therapeutischen Prozesses und in Krisenzeiten mehr Einzelgesprächstermine pro Woche, um eine subjektive Absicherung zu erfahren. Um eine Distanz zu Themen und zur BezugsbegleiterIn zu wahren, ist bei anderen KlientInnen eine niedrigere Frequenz unterstützender.

Hinzu kommt das Angebot von Kriseninterventionen außerhalb von vereinbarten Gesprächsterminen und am Wochenende.

Weiterhin ist es im betreuten Wohnen möglich, durch Anrufe oder Aufenthalt in den Gruppenräumen nicht nur ein Gefühl von „Hier bin ich sicher!“, sondern auch eine Anbindung an die heutige, reale Welt herzustellen. Da dieses Gefühl der Anbindung und „Hier darf ich sein!“ schnell verloren gehen kann, muß es permanent erneuert werden. Für manche KlientInnen bedeutet das Angebot der Hintergrundbetreuung, sich tagsüber in den Gruppenräumen aufzuhalten, ein Erleben von Schutz, Sicherheit und Entspannung.

Die therapeutische Beziehung ist in der Regel ebenfalls geprägt vom Unsicherheitsempfinden der KlientIn und ihrem Wunsch nach einem „guten“, akzeptierenden und sicheren Kontakt zu ihrer therapeutischen BegleiterIn. Daraus ergeben sich meist eine lange Reihe von „Tests“, ob die BezugsbegleiterIn wirklich nicht gewalttätig, mißbrauchend oder manipulativ ist. Dieses Abtesten kann entsprechend der Anzahl der Alter-Personen einer DIS-KlientIn sehr vielfältig sein. Dadurch daß jedes Alter oder jede Alter-Gruppe sich selbst von der Sicherheit bei der therapeutischen BegleiterIn überzeugen müssen, dauert die Überprüfung sehr lange und manchmal die gesamte Zeit der Begleitung in den betreuten Wohngruppen.

Nicht nur die KlientIn, auch die therapeutische BegleiterIn muß auf ihre Grenzen und ihr Sicherheitsbedürfnis achten. Grenzenlose Angebote von seiten der TherapeutIn oder das Nachgeben bezüglich grenzenloser Forderungen nach intensiven Kontakt brennen die BegleiterIn aus, statt etwa Gefühle von Hilflosigkeit zu beseitigen, und schaffen keinen Raum für Sicherheit.

Speziell im Kontakt mit KlientInnen, die in satanischen oder germanofaschistischen Sekten und/oder organisierten Pornoringen aufgewachsen sind, berichten TherapeutInnen von Phantasien und Ängsten, getötet oder verfolgt zu werden. Zum einen ist das ein Hinweis in Form einer Resonanz im gestalttherapeutischen Sinn, mit welchen Vorstellungen und Ängsten die KlientIn lebt. Zweitens kann dahinter eine realistische Möglichkeit stehen, daß TäterInnen die therapeutischen BegleiterInnen als MitwisserInnen und somit Gefahrenquelle ansehen, die eingeschüchtert und bedroht werden müssen (vgl. Huber, 1995). Drittens kann dies ein Anzeichen sein, daß die TherapeutIn ihre eigenen Grenzen in der therapeutischen Arbeit überschritten, sich eventuell überfordert hat und erst einmal eigene Ressourcen aktivieren, eigene Grenzen respektieren sollte. Die therapeutische BegleiterIn sollte ihre Unsicherheiten und Ängste ernst nehmen und abklären, welche sicherheitsschaffenden Maßnahmen sie ergreifen kann.

Die Wahrnehmung der KlientIn von Sicherheit zwischen System und Umwelt und innerhalb ihres Systems ist fragil bis kaum möglich. Daraus kann sowohl extremes

Mißtrauen, als auch scheinbar extremes Vertrauen resultieren. Dieses scheinbare Vertrauen kann ein Hinweis für ein hohes Anpassungsverhalten der KlientIn in Bezug auf ihr Umfeld sein. Dies ist eine wichtige Überlebensstrategie und meist kein Zeichen für ein Gefühl von Sicherheit in der Beziehung zu anderen Menschen.

Für den Austausch zwischen Organismus und Umweltfeld ergibt sich daher eine wichtige Aufgabe der therapeutischen Begleitung: Die „*Wahrnehmung von Signalen*, die das Eintreten oder Wegfallen einer Bedrohung anzeigen“ (Butollo et al., 1998, S. 227).

**Einige wichtige Ziele der therapeutische Begleitung sind:**

- Bewußtes Wahrnehmen des Gefühls im Spannungsfeld von Sicherheit/Unsicherheit und deren Überprüfung an der aktuellen Realität.
- Toleranz entwickeln gegenüber dem Gefühl der Unsicherheit, da Unsicherheiten Teil des Lebens sind. Für die KlientInnen sind Unsicherheiten schwer zu ertragen, da sie dem Bedürfnis nach völliger Kontrolle entgegenlaufen.
- Innere Sicherheit schafft auch die Verknüpfung von Bekanntem und Vertrauten aus Wahrnehmung und Erinnerung mit anderen Bewußtseins- und Erfahrungsinhalten. So verursachen fraktionierte Selbstanteile und Alter-Personen ohne guten Kontakt miteinander ein Gefühl von Unsicherheit und Angst. Unter anderem deshalb ist die Förderung der Kommunikation und Kooperation zwischen einzelnen Alter-Personen ein wichtiges Ziel der therapeutischen Begleitung.
- Auch Zeitverluste stellen eine Quelle von Unsicherheit und damit verbundene Angst her. Die Akzeptanz jeder Alter-Person und die Stärkung der Kommunikation untereinander verringern Zeitverluste und somit das Gefühl von Unsicherheit.
- Die Wahrnehmung und Stärkung von eigenen Ressourcen der KlientIn und die Förderung von Self-Support.
- Die bewußte Wahrnehmung der unbewußten Herstellung von unsicheren Situationen und Beziehungen fördern.
- Unterstützung bei der Herstellung von sicheren Situationen und Beziehungen.
- Sicherheit wird im Laufe des therapeutischen Prozesses auch geschaffen, indem schwierigen, angstbesetzten Gefühle wie Scham, Kontrollverlust, Schuld u.a. Raum gegeben wird. Hierfür muß die therapeutische Beziehung schon eine relativ stabile Basis des Vertrauens erreicht haben.

- Die Unterstützung der Erfahrung, daß die KlientIn Handlungsmöglichkeiten in der Gegenwart hat und heute nicht in der Opferrolle verharren muß: Zum Beispiel schafft das Hinterlegen von Namen und Handlungen der TäterInnen bei einer RechtsanwältIn, soweit das für die KlientIn möglich ist, Sicherheit gegenüber den Todesandrohungen aus dem Täterkreis und verdeutlicht der KlientIn, daß sie heute die Möglichkeit hat, sich selbst in Sicherheit zu bringen.

Die Arbeit an den Sicherheitsgefühlen der KlientIn bewegt sich immer zwischen den Polen Selbst- und Fremdunterstützung. Unter Fremdunterstützung wird hier etwa das Angebot von Verträgen (Anti-Suizid-Vertrag; Vertrag zur Begrenzung von selbstverletzendem Verhalten; etc.), die Verpflichtung zum Einhalten von Abmachungen (Einzeltermine; Gruppentermine), die Aufrechterhaltung der therapeutischen Beziehung trotz massiver Abwehrreaktionen, die Begleitung zu Terminen und die Unterstützung von Ressourcen verstanden.

Die Fremdunterstützung durch die therapeutische BegleiterIn setzt dabei die Entwicklung einer möglichst vertrauensvollen Beziehung voraus. Dann wirkt das Halten der Beziehung zur BegleiterIn über lange Sicht gesehen unterstützend und angemessene, bewußt eingeforderte Fremdunterstützung wird überhaupt erst möglich. Die Erlaubnis und Ermutigung zur Fremdunterstützung fördert die Selbstunterstützung. Die Kreativität in der Selbstunterstützung wird durch Anregungen von außen erhöht und sollte bewußt gefördert werden. So kann zum Beispiel ein „Notfallkoffer" erarbeitet werden, der Handlungsmöglichkeiten bei Selbstverletzungsdruck beinhaltet und den die KlientIn eigenständig nutzt.

### 2.3.2 Stabilisierung

Das zentrale Ziel der therapeutischen Begleitung im betreuten Wohnen ist die Stabilisierung der KlientIn. Stabilisierung bedeutet dabei eine Milderung des Krisenerlebens der KlientIn, die Möglichkeit den Gefühlen von Ausgeliefertsein und Hilflosigkeit förderliche Aktivität entgegenzusetzen, der Hoffnungslosigkeit Vertrauen in die eigene Stärke und in eine Zukunftsperspektive gegenüberstellen zu können.

Das heißt, daß ein Wechsel von reinen Überlebensstrategien zu bewußten, aktiven, stützenden Bewältigungsstrategien stattfindet. Für DIS-KlientInnen ist dieser Übergang sehr schwierig, da sie in einem komplexen Netz von Überlebensstrategien durch starke Dissoziationen und durch häufig auftretende Intrusionen nur langsam ein Gefühl von Kontrolle über ihr Leben und ihr Befinden erlangen können. Hinzu kommt, daß Stabilität für eine KlientIn mit einer DIS oftmals sowohl ein sichernder, als auch ein verunsichernder Faktor in der therapeutischen Begleitung sein kann.

Eine Klientin reagierte, wenn ihr ihre wachsende Stabilität bewußt wurde, regelmäßig mit massiven Krisen. Eine Zuordnung, wann die Krisen auftauchten, war eine lange Zeit nicht möglich. Der Grund wurde ihr langsam klar: Sie hatte dann das Gefühl, für andere Menschen ebenso wie für sich selbst berechenbarer zu werden. Da früher Berechenbarkeit sehr bedrohlich sein konnte, entwickelte sie hohe Unberechenbarkeit durch häufige Wechsel, Krisen und somit permanente Kontaktabbrüche. Parallel dazu hatte die Klientin große Angst, daß sie nur in massiven Krisen von anderen Menschen gesehen wurde und Unterstützung erhielt. Mit der Zeit konnte sie soviel Vertrauen in ihre therapeutische Begleiterin entwickeln, daß sie (bzw. eine größere Anzahl von Alter-Personen) relativ sicher war, für Stabilität nicht mit Grausamkeit bezahlen zu müssen. Außerdem erfuhr sie, daß sie auch gesehen wurde, wenn sie nicht in einer massiven Krise steckte. Ein weiterer Schritt war die Erkenntnis, daß sie sich selbst nur dann ernst nehmen konnte, wenn das Leid immens groß war. Eine „normale Vergewaltigung" etwa zählte in ihren Augen nichts, im Vergleich zu all dem anderen Leid, das sie erfahren hatte.

Dennoch entsteht durch Instabilität Leid, Angst und Verunsicherung bis hin zu Suizidalität.

Einer der zentralen Gründe für den Einzug in das betreute Wohnen ist das Bedürfnis nach mehr Stabilität, um mit sich und dem Alltag besser zurecht zu kommen und sich eine selbständige Zukunft aufzubauen. Die Arbeit in bezug auf Stabilisierung findet immer im Spannungsfeld zwischen Verunsicherung und Sicherheit, Raum für Weiterentwicklung, statt. Dies gilt sowohl für die gesamte Person, das System, wie auch für einzelne Alter-Personen.

Von Anfang an ist *Krisenmanagement* ein wichtiges Thema in der therapeutischen Begleitung. Ein gutes, individuelles Krisenmanagement schafft Sicherheit und fördert Stabilität, da die KlientIn sich nicht mehr hilflos den überschwemmenden Gefühlen, wie etwa Intrusionen, Panik, Selbstmord- und Selbstverletzungsdruck sowie Aggressionen ausgesetzt fühlt, sondern eigenverantwortlich Maßnahmen zur Sicherung und zur Milderung, bzw. Beendigung der Krise einleiten und durchführen kann.

Neben alltagspraktischen Fragen:

- Welche Notruftelefone gibt es?
- Wohin wende/n ich/wir mich/uns, wenn ich/wir mich/uns massiv verletzt habe/n?
- In welche psychiatrische Klinik kann/können ich/wir mich/uns aufnehmen lassen,

- wenn ich/wir in Gefahr bin/sind, mich/uns zu töten.
- An wen kann/können ich/wir mich/uns sonst noch wenden?

werden Fragen bearbeitet, die helfen, sich selbst zu helfen, die Realität wiederherzustellen und die Situation zu erkennen:

- Was hat die Krise ausgelöst?
- Welche Alter-Personen sind von der Krise betroffen?
- Was benötigen diese Alter, um aus der Krise herauszukommen und sich zu stabilisieren?
- Weiß/wissen ich/wir, daß die Krise zu Ende gehen wird?
- Gibt es etwas, was ich/wir im Moment davon habe/n, in dieser Krise zu stecken?

Ein Teil des Krisenmanagements ist es, den stützenden Rahmen des betreuten Wohnens nutzen zu können und die Grenzen dieses Rahmens mit Unterstützungen außerhalb des betreuten Wohnens zu ergänzen. Für beide Möglichkeiten muß sich die KlientIn selbst die Erlaubnis geben. Oftmals stehen innere Verbote und massive Ängste dagegen. Diese Verbote müssen als Introjekte und vergangene Erfahrungen erkannt und bearbeitet werden.

Stabilisierend wirken sich auch konstante, positive Beziehungserfahrungen aus. Diese kann die KlientIn mit ihrer BezugsbegleiterIn, mit dem Team der Einrichtung, mit MitbewohnerInnen und im weiteren sozialen Umfeld aufbauen. Sie gilt es in der therapeutischen Begleitung zu unterstützen und unter anderem durch Konfliktmanagement zu fördern.

Stabilität bedeutet auch vermehrte emotionale, psychische *Belastbarkeit* der KlientIn im Kontakt mit sich selbst, im Kontakt mit anderen und im Alltag. Die Basis dafür bildet die Arbeit an den *Ressourcen* der KlientIn. Die KlientIn hat es geschafft, bis zu diesem Tag am Leben zu bleiben, mehr oder weniger in dieser Gesellschaft, trotz ihrer Belastungen und Beeinträchtigungen, zu funktionieren, eventuell einen Schulabschluß zu schaffen und sich Unterstützung zu suchen. Sowohl BegleiterIn wie KlientIn sollten diese Leistung achten und unter anderem darauf ihre Suche nach Ressourcen aufbauen (vgl. Kapitel VII.2.3.3). Die Akzeptanz eigener Ressourcen und deren Nutzung schafft Sicherheit in die eigenen Kräfte und fördert damit Stabilität.

Der *Kontakt mit sich selbst und mit der Umwelt*, also die Wahrnehmung und der Aufbau von Verbindungen zwischen unverbundenen Alter-Personen, abgespaltenen Anteilen und dem Austausch mit der Umwelt, wird unter anderem durch folgende weitere Aufgaben und Ziele gestärkt:

- Unterstützung von Kommunikation und Zusammenarbeit der Innenpersonen;
- Unterstützung der KlientIn in ihrem Verständnis und ihrer Wertschätzung für ihre Bewältigungsstrategie des Spaltens;
- die KlientIn in ihrer aktiven Rolle innerhalb und außerhalb ihres Systems bestärken;
- abklären, ob noch Kontakte zu Täterkreisen bestehen;
- Trigger (Auslösereize) erkennen und vermeiden;
- Dissoziationsstopps und Selbstberuhigungsstrategien einüben und selbstverantwortliches Einsetzen lernen;
- Unterstützung bei der Herstellung des „Hier-und-Jetzt“-Bezuges, wenn die Gefahr des „Abgleitens in die Vergangenheit“ droht;
- Unterscheidung von „Heute“, „Vergangenheit“ und „Zukunft“ aller Alter-Personen fördern.
- protektive Strategien stützen und neue Bewältigungsstrategien im Hier-und-Jetzt erarbeiten;
- Ausdruck der gesamten Person und von Alter-Personen mit kreativen Medien fördern (Schreiben, Malen, Gestalten etc.);
- Wahrnehmung und Akzeptanz der sicheren und unsicheren Aspekte des Lebens;
- Wahrnehmung und Akzeptanz der sicheren und unsicheren Alter-Personen und Selbstanteile;
- Empfinden und Wahrnehmen von Unkontrollierbarkeit und von Kontrollierbarkeit der Umwelt, der eigenen Impulse und Anteilen, bzw. Alter-Personen. Wichtig dabei ist die Überprüfung von Realitätsbezug und der Angemessenheit in konkreten Situationen;
- Differenzierung der Wahrnehmung mit dem Ziel, daß auch Gefahren, Ängste und „Schwächen“ wieder wahrgenommen und akzeptiert werden;
- Überprüfung von Selbstbild, Weltbild und Menschenbild begleiten und unterstützen;
- aktuelle Bewältigungsstrategien bewußt wahrnehmen, bearbeiten und Alternativen entwickeln;
- aktuelle Emotionen und Bedürfnisse bewußt wahrnehmen, akzeptieren und zuordnen, wobei kein Fokus auf die Traumata gesetzt wird;
- aus der Position der Erwachsenen heraus Bezüge zwischen der aktuellen Wahrnehmung und Projektionen aus früheren Erfahrungen schaffen, wobei keine Traumaarbeit dabei geleistet werden soll;
- fortwährend den Self-Support und Ressourcen finden, stützen und fördern;
- innere und äußere Grenzen wahrnehmen, akzeptieren und sie gegenüber sich und anderen zulassen, gegebenenfalls durchsetzen. Das bedeutet auch die

bewußte Wahrnehmung der einzelnen Alter-Personen, um sich anschließend wieder aufeinander zubewegen zu können;
- Selbstwahrnehmung in gegenwärtigen Beziehungen zwischen den Alter-Personen und nach außen fördern;
- die Anpassungsleistungen in Bezug auf andere Menschen bewußt wahrnehmen und hinterfragen;
- Arbeit an den Außenbeziehungen unterstützen, indem Bedürfnisse und Ängste gegenüber anderen Menschen wahrgenommen werden; das Nicht-Merken als Schutzmechanismus gewürdigt wird;
- Wahrnehmen und Akzeptanz von Bedürfnissen anderer innerhalb des Systems und anderer im Umfeld;
- Permanente Überprüfung des sicheren, klaren Rahmens der Einrichtung mit steigender Eigenverantwortlichkeit der KlientIn.

Wie eine langsame, sichernde Verankerung auf festem Grund, wirkt sich über die Zeit die Arbeit an Beziehungen innerhalb des Systems, zwischen therapeutischer BegleiterIn und KlientIn und in ihrem sozialen Netzwerk aus. Für jede KlientIn und für ihre Alter-Personen kann diese Auflistung noch verändert und ergänzt werden. So ist eine Stabilisierungsübung wie der „Innere sichere Ort" (vgl. Kapitel VI.4.5) für eine KlientIn durchführbar, für eine andere zu diesem Zeitpunkt nicht. So können auch die meisten Alter-Personen diese Übung als hilfreich erleben, während einige Alter-Personen diesen Ort „verraten", indem sie bedrohliche Szenen oder Menschen an diesen Ort lassen.

Im Zentrum der therapeutischen Begleitung steht immer wieder: Stabilisierung kann sich durch eine tragende therapeutische Beziehung und einen klaren Rahmen bilden und entwickeln, die Grundlage für die heilsame Ko-respondenz zwischen KlientIn und BegleiterIn/TherapeutIn. Und die Einstellung der TherapeutIn zur KlientIn ist bedeutsam: Achtung, Respekt, Glauben-Schenken und die KlientIn dort abholen, wo sie gerade steht.

### 2.3.3 Ressourcen

Ein unterstützendes, stabilisierendes und wachstumsförderndes therapeutisches Vorgehen ist ohne die Arbeit mit und an den Ressourcen der KlientIn nicht möglich. Dies gilt insbesonders für eine Therapie mit traumatisierten Menschen. Traumatische Erlebnisse schneiden Menschen von einem großen Teil ihrer kraftliefernden Quellen ab. Diese gilt es (wieder-) zu entdecken und neu aufzubauen.

Bei KlientInnen, die eine DIS entwickelt haben, ist das Leib-Selbst (vgl. Kapitel V.2.1) als Ganzes, stark geschädigt. Entsprechend sind das Rollen-Selbst, das Ich und die

Identität sehr fragil und ein kohärentes Ich-Gefühl ist nicht vorhanden. Eine Stärkung des gesamten Leib-Selbst ist daher notwendig.

Häufig überwiegt bei den KlientInnen, die sich für das betreute Wohnen entscheiden, zuerst die Sicht auf das, was sie nicht können. Sie mußten sich eingestehen, daß sie Unterstützung in ihrem Alltag benötigen. Ihre Fähigkeiten treten für sie dann oft weit in den Hintergrund oder sie fanden schon vorher keine Anerkennung durch die KlientIn.

So stellt das Bewußtwerden und die Akzeptanz ihrer Ressourcen von Anfang an und während des gesamten therapeutischen Prozesses einen wichtigen Teil der Arbeit der KlientIn dar. Deshalb ist die bewußte Wahrnehmung und Würdigung der Leistung der KlientIn, bis heute überlebt zu haben, besonders wichtig. Die Kreativität, mit der sie die hierfür notwendigen Bewältigungsstrategien gefunden hat, sind beeindruckend. Die therapeutische BegleiterIn unterstützt die Bewußtwerdung der bisherigen Ressourcen und Kreativität.

Zusätzlich kann sie für die KlientIn als „Gedächtnis" fungieren, um die KlientIn in Krisen an ihre Ressourcen zu erinnern, bzw. die Erinnerung der KlientIn zu aktivieren. Eine Klientin konnte sich in massivsten Krisen durch diese Anerkennung und Erinnerung von außen (durch ihre therapeutische Begleiterin) regelmäßig wieder die Sicht auf ihre Ressourcen eröffnen. Dadurch wurde sie wieder selbst handlungsfähig.

Die Arbeit mit vorhandenen Ressourcen und das Entdecken, bzw. Schaffen, neuer Ressourcen stellt einen zentralen Bereich der gesamten therapeutischen Begleitung im betreuten Wohnen dar (vgl. Petzold, 2000; Butollo, 1998). Immer wieder werden folgende Fragen thematisiert:

- ➡ Was kann/können ich/wir?
- ➡ Wie habe/n ich/wir mir/uns früher geholfen?
- ➡ Was fördert mich/uns heute?
- ➡ In welchen Bereichen war/en ich/wir früher aktiv und in welchen Bereichen heute?
- ➡ Wie gestalte/n ich/wir mein/unser Leben heute?
- ➡ Welche Ressourcen finde/n ich/wir in meinem/unserem Umfeld und
- ➡ Wie kann/können ich/wir sie noch verbessern?

Diese Fragen können anhand des Modells der fünf Säulen der Identität (vgl. Kapitel V.3.4) zusammengetragen und überprüft werden. Dabei ist zu beachten, daß, wenn eine innere Kommunikation schon möglich ist, einige Ressourcen von dem System als Ganzes weitgehend anerkannt und angewendet werden und jede Alter-Person zusätzlich eigene Fähigkeiten ausgebildet hat und nutzt.

Für eine Klientin zum Beispiel stellt ihr System von inneren Beschützerinnen, die sich gegenseitig unterstützen, Kraft geben und zum Beispiel Selbstverletzungen anderer Alter-Personen nur bis zu einem gewissen Maß zulassen, eine wichtige Fähigkeit dar. Eine der Beschützerinnen ist dabei in der Lage, durch ihre Gelassenheit und Ruhe auf extreme Anspannung und sogar Panikattacken von einzelnen Alter-Personen beruhigend einzuwirken.

Ressourcenorientiertes Arbeiten setzt also voraus, daß die therapeutische BegleiterIn auch die sogenannten „Störungen" einer KlientIn, wie zum Beispiel selbstverletzendes Verhalten, Eßstörung, Dissoziation, als notwendige und hilfreiche Strategie erkennt und anerkennt. In dieser Auseinandersetzung wird deutlich, daß der Lebenswille der zentrale Antrieb zur Schaffung dieser Bewältigungsstrategien ist (vgl. Temminghoff, 1999). Erst durch die Erarbeitung neuer, aktuell angemessener Bewältigungsstrategien können alte, heute nicht mehr angemessene Strategien Stück für Stück ersetzt werden. Durch die bewußte Wahrnehmung alter Strategien und die Erarbeitung von alternativen Bewältigungsmöglichkeiten entstehen Krisen der KlientIn, die wiederum durch ressourcenorientierte Arbeit aufgefangen werden müssen.

Das Zulassen von Unterstützung von außen, durch die therapeutische BegleiterIn, durch MitbewohnerInnen in der Wohngruppe und andere soziale Bezüge, stellt oftmals eine besonders schwere Aufgabe für DIS-KlientInnen dar. Da andere Menschen durch die Erfahrungen der KlientIn als Bedrohung erlebt werden und „Schwäche-Zeigen" früher meist mit exzessiven Bestrafungsmaßnahmen beantwortet wurde, bedeutet jede Form des Sichanvertrauens, der Nutzung sozialer Ressourcen eine Gefahr und löst eventuell eine existenzielle Krise aus. Gleichzeitig besteht das tiefe Bedürfnis nach zwischenmenschlichem Kontakt und ein Empfinden, ohne diese Kontakte, egal wie sie früher oder heute gestaltet waren und sind, nicht überleben zu können. Diesen Zwiespalt erlebt die therapeutischen BegleiterIn häufig durch die Resonanz: „Hilf mir, sonst sterbe ich!" und: „Wenn du mir hilfst, werde ich oder du sterben!" (vgl. Kapitel VIII). Ein Weg aus diesem Zwiespalt kann das innere Verbot von Schwäche-zeigen sein. So wird Kontakt zu anderen hergestellt, ohne das Gefühl von bedrohlicher Abhängigkeit intensiv erleben zu müssen.

Diese Krisen und Abwehrformen belasten nicht nur die KlientIn, sondern bedeuten auch für die therapeutische BegleiterIn, die Wohngruppe und andere Bezugspersonen eine große Herausforderung. Zur Abwehr der Angst und der Bedrohungsgefühle kann es bei DIS-KlientInnen zu aggressivem und abwertendem Verhalten sich selbst oder anderen Menschen gegenüber kommen. Diesen Angriffen werden Grenzen gesetzt. In den Therapie- und Gruppenräumen sind Selbstverletzung und jeder körperliche Übergriff untersagt. Abwertungen gegenüber anderen werden problematisiert und bearbeitet. In den Wohngruppen sind körperliche Übergriffe ebenfalls untersagt und Abwertungen werden sowohl in Gruppen-, wie auch in Einzelgesprächen bearbeitet.

In der Regel setzen sich die KlientInnen in bezug auf die körperliche Unversehrtheit anderer Menschen selbst Grenzen. Diese Grenzen sollten von der therapeutischen BegleiterIn als Leistung der KlientIn anerkannt, bestätigt und unterstützt werden.

Falls eine KlientIn sich selbst auf dieser körperlichen Ebene keine Grenzen setzen kann, so müssen von der therapeutischen BegleiterIn klare Grenze gesetzt werden.

Verbale Angriffe und Abwertungen von DIS-KlientInnen gegenüber anderen Menschen müssen thematisiert werden und auch auf dieser Ebene müssen Grenzen gesetzt werden. Hierfür muß die KlientIn mit ihrem Verhalten und den Auswirkungen auf andere Menschen konfrontiert und ihr die Verantwortung für ihr Handeln bewußt gemacht werden. Diese Konfrontation muß ressourcenorientiert geschehen. Die sozialen Fähigkeiten des gesamten Systems und einzelner Alter-Personen werden immer wieder ins Bewußtsein gehoben und gestützt.

Wenn eine KlientIn diese Verantwortung nicht (mehr) übernehmen kann oder will, muß ein Klinikaufenthalt (Psychiatrie) oder ein Auszug aus dem teilstationären Wohnen eingeleitet werden.

Weiterhin bildet Ressourcenarbeit in jeder Krise, begleitend zur Traumaarbeit in einer externen ambulanten Psychotherapie und in jeder von außen induzierten, schwierigen Situation einen besonderen Schwerpunkt. Das Ziel der Arbeit an und mit Ressourcen der KlientIn dient ihrem Self-Support, um eine selbständige Lebensführung mit ausreichender Selbstunterstützung und -sicherung und die Nutzung eines sozialen Netzwerkes zu ermöglichen.

### 2.3.4 Konfrontation

Konfrontation bedeutet allgemein die bewußte Auseinandersetzung mit sich widersprechenden Meinungen bzw. Personengruppen. Es heißt auch, jemanden in die Lage zu versetzen, sich mit etwas Unangenehmen auseinanderzusetzen.

Konfrontation findet im gestalttherapeutischen Sinn an der *Grenze* statt: An der Grenze, an der durch unterschiedliche Bedürfnisse eine klare Unterscheidung von Ich und Du erkennbar wird. Und an der inneren Grenze, an der sich das Bedürfnis nach Vermeidung/Abwehr von etwas Unangenehmen mit dem Bedürfnis nach Wachstum trifft.

Alle Menschen werden täglich mit Dingen, Situationen und Personen konfrontiert. Nur teilweise nehmen wir bewußt wahr, wie wir damit umgehen, uns entscheiden dies oder jenes zu tun oder nicht zu tun. Gehen wir in Kontakt und lassen wir uns auf einen Menschen, eine Situation ein, oder vermeiden wir den Kontakt?

Vereinfacht dargestellt sind wir dann mit unserer inneren Dynamik und mit den Bedingungen des Umfeldes konfrontiert. DIS-KlientInnen erfahren auf fünf Ebenen Grenzen und damit auch Konfrontationen mit unterschiedlichen Bedürfnissen:

**Konfrontation mit der eigenen inneren Dynamik:**
- der Gesamtperson, des Systems;
- jede Alter-Person in sich;
- zwischen unterschiedlichen Alters.

**Konfrontation mit dem Umfeld:**
- als Gesamtperson;
- als einzelne Alter-Person.

Diese vereinfachte Darstellung zeigt schon, daß sich die Komplexität bei der Auseinandersetzung und dem Umgang mit Grenzen und Konfrontationen dadurch erhöht. KlientInnen mit ausgeprägten Dissoziationsfähigkeiten unterbrechen zudem den Kontakt oft schon am Beginn des Kontaktprozesses, beim Zulassen einer Empfindung (vgl. Kapitel V.1.2). Eine Möglichkeit der Abwehr ist die Verlagerung der Energie, der Erregung in gewohnte Bahnen und somit in eine andere Aktions- und Erklärungskette.

Für eine DIS-Klientin bedeutete die Wahrnehmung ihrer Stärken und Fähigkeiten Gefahr. Sie hatte im Laufe ihres Lebens gelernt, daß jede Stärke durch Gewalt beantwortet wurde und sie nur Fürsorge und Versorgung erhielt, wenn sie Not überdeutlich nach außen zeigte. Jedes aufkeimende Bedürfnis nach Entdeckung ihrer Stärken und ihres Wachstumspotentials wurde schon vor dem Bewußtwerden in eine unbewußt induzierte Krise (Panikattacken, Abtauchen in Flashbacks) umgeleitet. Diese Krisen bedeuteten für die Klientin zwar viel Leid, waren aber ein wohlbekanntes und damit sicheres Terrain. Sie sah sich ausschließlich als Opfer ihrer Geschichte und ihres Leids und fühlte sich hilflos den Flash-backs und Panikattacken ausgeliefert. Die Wahrnehmung und damit die Konfrontation, daß sie oftmals zur Vermeidung von bestimmten Bedürfnissen und Gefühlen sich selbst in die Krise führte, eröffnete ihr den Weg zur Veränderung.

Die bewußte Berührung eigener, innerer Grenzen stellt also ebenfalls eine Konfrontation dar. Der KlientIn wird deutlich, was ist und wie es sich anfühlt.

In der therapeutischen Begleitung wird die bewußte Wahrnehmung dieser Konflikte gefördert, sie werden thematisiert und differenziert nach den Konzept der fünf Ebenen.

Das bedeutet auch, daß eine Unterscheidung zwischen realen Konflikten durch unterschiedliche Bedürfnisse innerhalb und außerhalb des Systems und den Überlagerungen durch Projektionen, Introjektionen und Retroflektionen stattfindet.

Konfrontationen und intensive Auseinandersetzungen können eine Destabilisierung der KlientIn auslösen. Damit die Gratwanderung zwischen Stabilisierung und Konfrontation gelingen kann, sind die Wahrung der Integrität der KlientIn, die Schaffung eines engen Kontaktes zur KlientIn ohne konfluent oder intrusiv zu sein, wichtige Voraussetzungen.

Die Themen der Konfrontation umfassen die Wahrnehmung, Gefühle, Gedanken und das Verhalten in der Gegenwart. Bezüge zur Vergangenheit können vollzogen werden, um die Sinnhaftigkeit von Verhalten und Bewältigungsstrategien zu verstehen. Jedoch soll keine Vertiefung von Trauma-Inhalten geleistet werden. Vielmehr sollte die aktuelle Situations- und Personenbezogenheit von Problemen, Gefühlen, Reaktionen etc. hergestellt werden.

Die Schaffung von Realitätsbezügen in Verbindung mit Ressourcenarbeit stützt die Handlungsfähigkeit der DIS-KlientIn als Ganzes. Dies kann zum Beispiel die Konfrontation mit einer Diskrepanz zwischen Selbstwahrnehmung und Fremdwahrnehmung sein. Sowohl in Einzelkontakten wie auch in Gruppen können sich unterschiedliche Alter-Personen zeigen, die diese Diskrepanz für das System herstellen oder die selbst diese Diskrepanz in sich haben. So kann etwa eine Alter-Person eine aggressive Atmosphäre herstellen, die dieses Alter selbst nicht wahrnimmt und verwirrt ist, daß andere Menschen auf Distanz gehen. Oder aber eine Alter-Person verbreitet diese Stimmung, und durch einen Wechsel ist ein anderes Alter mit den Konsequenzen, der Distanzierung anderer Menschen, konfrontiert.

Die Konfrontation mit den aktuellen Beziehungsstrukturen einzelner Alter-Personen und des gesamten Systems zu anderen Menschen kann sehr schmerzlich sein. Daher muß sie getragen werden von einer vertrauensvollen Beziehung, Achtung und Wärme zwischen TherapeutIn und KlientIn.

Auch die Konfrontation und die Überprüfung von Überzeugungen und Kognitionen der KlientIn beziehungsweise ihrer Alter-Personen von sich selbst, anderen Menschen und der Welt, benötigt einen achtsamen Umgang der therapeutischen BegleiterIn.

In verschiedenen Phasen des therapeutischen Prozesses im Rahmen des betreuten Wohnens entstehen unterschiedliche Schwerpunkte in den Themen der Konfrontation. Mögliche Themen werden anhand von vier Phasen dargestellt. Die Phasen sind:

1. Vor dem Einzug (Bewerbungs- und Einzugsverfahren)
2. Erste Wochen und Monate (Aufwärmphase)
3. Aktionsphase
4. Abschied und Neuorientierung

Schon *vor dem Einzug* in das betreute Wohnen (Bewerbungs- und Einzugsverfahren) ist die KlientIn als Ganzes und sind alle Alter-Personen damit konfrontiert, daß sie zur Stabilisierung oder weil sie nicht (mehr) alleine wohnen können, in eine therapeutische Wohngruppe einziehen müssen. Das Gefühl sich in Abhängigkeit begeben zu müssen, kann existenzielle Ängste auslösen.

Auf der anderen Seite kann der Weg aus dem vollstationären Bereich hin zu einer teilstationären Wohngruppe, also die Reduktion des Betreuungsbedarfs, eine Konfrontation mit den eigenen Möglichkeiten und Fähigkeiten bedeuten. Dies löst dann eine Krise aus, wenn Stabilisierung und selbstbestimmtere Lebensführung innerpsychisch Bedrohung und Gefahr bedeuten.

Parallel dazu kann die KlientIn vor dem Einzug eine Idealisierung des betreuten Wohnens aufbauen. Die Konfrontation mit der Realität, mit dem Rahmen, der Unterstützung und Begleitung des betreuten Wohnens ist eine Konfrontation mit eigenen Bedürfnissen, Grenzen und Erwartungen.

In den *ersten Wochen und* eventuell *Monaten* nach dem Einzug (Aufwärmphase) sind die Kontakte zu der therapeutischen BegleiterIn, zu den MitbewohnerInnen in der Wohngruppe, der Einrichtung als Ganzes und zu sich und den verschiedenen Alter-Personen von den aus diesen Konfrontationen entstehenden Konflikten besonders geprägt. Zum Beispiel durch folgende Überzeugungen:

- Alles wird gut, da ich/wir jetzt im betreuten Wohnen lebe/n.
- Ich/wir brauche/n keine betreute Wohngruppe, da ich/wir es alleine schaffe/n.
- Meine/unsere Mitbewohnerinnen sind so fremd (oder so toll), ich/wir kann/können nicht mit ihnen leben.
- Ich/wir brauche/n viel mehr Unterstützung, als du mir bieten kannst.
- Der Rahmen der Einrichtung ist mir/uns zu eng / zu weit.
- Dich lasse/n ich/wir nicht mir/uns nahe kommen – du hältst das sowieso nicht aus.

In der Wohngruppe wird die KlientIn direkt mit dem vorhandenen Rahmen, der BezugsbegleiterIn, dem Team und den anderen BewohnerInnen konfrontiert. Die therapeutische BegleiterIn wird in dieser Phase der KlientIn besonders achtsam begegnen, sie soweit wie möglich stabilisieren und die auftauchenden Probleme empathisch begleiten.

Ein wesentliches Thema hierbei sind **Grenzen**:

- Grenzen, die die KlientIn und ihre Alter-Personen gegenüber dem Umfeld wahren oder nicht wahren kann, aber wahren muß.
- Die Grenzen, die zwischen der therapeutischen BegleiterIn und der KlientIn und ihrer einzelnen Alter-Personen mit der noch fehlenden Basis des Vertrauens vorgegeben sind.
- Die Erfahrung von Grenzen zwischen der KlientIn und einzelner Alter-Personen mit den einzelnen Mitbewohnerinnen.
- Die Einrichtung bietet eine Struktur des Tagesablaufs, die Rahmen und damit Begrenzung setzt.

Mit wachsender Dauer, Sicherheit, Stabilisierung und Tragfähigkeit der therapeutischen Beziehung (*Aktionsphase*) kann die therapeutische BegleiterIn gegenüber der KlientIn vermehrt die Art und den Zeitpunkt der Kontaktabbrüche auf allen vier oben genannten Ebenen in der Gegenwart benennen und sie gegebenenfalls mit ihnen konfrontieren.

Hinzu kommt die Konfrontation mit allen existenziellen Gefühlen in ihrer Ambivalenz, wie zum Beispiel:

Autonomie ↔ Abhängigkeit
Haß ↔ Liebe
Grenzen ↔ Offenheit
Mißtrauen ↔ Vertrauen
Selbstabwertung ↔ Selbstvertrauen
Geben ↔ Annehmen

und Fragen nach:

- Glauben und Werten
- Scham
- Schuld

Diese Gefühle, Einstellungen und Fragestellungen müssen ihren Raum in der therapeutischen Begleitung bekommen. Sie sind willkommen und können im Heute bearbeitet werden. Die Konfrontation etwa von Sekten-Überlebenden mit dem Unterschied zwischen den Werten der Sekte und den Werten eines humanistischen Menschenbildes kann massivste Krisen bedeuten und zu hoher Verwirrung führen: „Was ist richtig?“, „Was will ich?“, „Wie kann ich weiterleben, wenn ich selbst gequält und vielleicht getötet habe?“, „Habe ich ein Recht auf Leben und sogar Wachstum?“

Diese Fragen verdeutlichen, daß auch die therapeutische BegleiterIn mit ihrem Glauben, ihren Werten und ihren existenziellen Fragestellungen konfrontiert wird. Begegnet sie der KlientIn offen und zeigt sie sich als Mensch, wird sie gefragt werden, an was sie glaubt, welche Werte sie vertritt, wie ein Mensch mit eigener Schuld umgehen kann und vieles mehr.

Das stellt eine große Herausforderung für die TherapeutIn dar, da sie sich selbst ausführlich und immer wieder neu mit ihrem Glauben und ihren Werten auseinandersetzen und in ihnen verankern muß. Im therapeutischen Kontakt bekommt die Forderung nach *selektiver Offenheit* („Alles was gesagt wird, muß echt sein, aber nicht alles was echt ist, muß gesagt werden.“) der integrativen Gestalttherapie eine besondere Bedeutung. Es geht ja nicht darum, die KlientIn zu bekehren, sondern ihr beizustehen, für sich neue Werte zu finden und Unterstützung zum Beispiel bei der Auseinandersetzung mit Schuld und Scham zu geben.

Nutzt die KlientIn neben der therapeutischen Begleitung in Wohngruppen eine ambulante Psychotherapie, in der sie mit sich (also allen Alter-Personen und deren Geschichte) konfrontiert wird, ist die Aufgabe der Begleitung in der therapeutischen Wohngruppe die Unterstützung der Aufrechterhaltung der notwendigen Sicherheit und Stabilität. Dies bedeutet permanente Unterstützung des Self-Support und Erarbeitung des zur Zeit notwendigen Rahmens (z.B. Frequenz der Einzelgespräche, Verträge etc.). Daneben bleiben die oben schon genannten Themenbereich weiterhin aktuell.

Wenn die KlientIn den Rahmen des betreuten Wohnens für sich nicht mehr angemessen findet, sind die therapeutische BegleiterIn und die KlientIn mit Abschiednehmen (*Abschied und Neuorientierung*) konfrontiert. In dieser Phase nimmt die KlientIn von den Menschen Abschied, denen sie vertrauen gelernt hat und bei denen sie sich, vielleicht das erste Mal in ihrem Leben, sicher gefühlt hat. Das löst tiefe Gefühle von Trauer und Angst vor Einsamkeit aus. Auch alte Gefühle von Verlassen-sein werden noch einmal reaktiviert. Zusätzlich löst der Schritt in etwas Neues, noch Unbekanntes, Angst aus.

### 2.3.5 Integration

Integration, also (Wieder-)Herstellung eines Ganzen, kann bei einer KlientIn mit einer DIS auf verschiedenen Ebenen stattfinden.

Zum einen auf der Ebene der **Eingliederung in die Gesellschaft**, aus der die KlientIn teilweise herausgefallen ist, da sie zum Beispiel Sozialhilfe bezieht und Unterstützung durch eine betreute Wohngruppe in Anspruch nimmt.

In dieser Gesellschaft ein „Psycho“ (Zitat einer Klientin) zu sein, bedeutet oft Ausgrenzung und immer noch Stigmatisierung. Können für eine Zeit oder langfristig ohne besondere Unterstützung die Erwartungen dieser Gesellschaft (Arbeiten, Steuern zahlen und in dieser Gesellschaft funktionieren) nicht erfüllt werden, bekommt die Person oft die Einstellungen von Belastung-Sein, Nichts-Taugen, Nichts-Wert-Sein und Schuldzuweisungen („Wenn du wolltest, könntest du doch!“) zu spüren. Diese Ausgrenzungen und Stigmatisierungen können bei KlientInnen auf eine ähnliche Einstellung von sich selbst treffen und Selbstabwertungen bestätigen. So verstärken sich Minderwertigkeitsgefühle, Gefühle von Anders-Sein und Nicht-dazu-gehören, Gefühle eine SchmarotzerIn zu sein und vieles mehr.

Dadurch und durch die Sehnsucht, endlich ein „normales“ Leben zu führen – selbstständig und ohne großes Leid –, benennen meist die sich in den betreuten Wohngruppen bewerbenden KlientInnen als eines der ersten Ziele für die therapeutische Begleitung die Entwicklung einer beruflichen Perspektive und den Einstieg in die Erwerbsarbeit.

So ist die Auseinandersetzung mit Fähigkeiten und Möglichkeiten der KlientIn, ihrer Belastungsfähigkeit, um einen Berufsalltag und finanzielle Unabhängigkeit zu erreichen, ein zentrales Thema der Begleitung im betreuten Wohnen.

Die therapeutische Begleitung hat hier in erster Linie nicht das Ziel der „Instandhaltung der Gesellschaft auf der Ebene der Anpassung“ (Zinker, 1982, S. 125), sondern dient der Identitätsstiftung und der Stärkung von Ressourcen (vgl. Kapitel V.3.4). Der Weg in die Erwerbsarbeit führt die KlientInnen oft erst einmal über beschützte Arbeitsprojekte oder Erwerbs-/Ausbildungsmöglichkeiten, in denen die KlientInnen etwaige durch Krisen oder Klinikaufenthalte bedingte Fehlzeiten kompensieren können, ohne gleich einen Ausbildungsabbruch oder eine Entlassung zu riskieren. Die berufliche Orientierung und der Weg in eine angemessene Arbeit setzt ein ausreichendes Maß an psychischer Stabilität voraus.

Ein weiterer Aspekt von Integration ist der Aufbau und die Beständigkeit eines verläßlichen **sozialen Netzwerkes**. Das betreute Wohnen bietet durch seine Strukturen die tägliche Auseinandersetzung mit den sozialen Fähigkeiten der KlientIn, die permanent erarbeitet, unterstützt und neu erprobt werden können.

Anpassungs- und Konfliktfähigkeiten werden gefördert und die Schwierigkeiten, die früher zu Abbrüchen von Beziehungen und Bezügen führten, werden sowohl in der therapeutischen Einzelarbeit, als auch in der Wohngruppenarbeit bearbeitet. Dabei werden zentrale Lebensthemen und Polaritäten deutlich, wie zum Beispiel:

Nähe ↔ Distanz
Einlassen ↔ Loslassen
Öffnen ↔ Rückzug
Vertrauen ↔ Mißtrauen
Konfluenz ↔ Konfrontation
Fremdbestimmung ↔ Selbstbestimmung
Grenzen setzen ↔ Grenzen akzeptieren

Integration bedeutet also, sich (das „System") als Teil eines Ganzen, einer Gemeinschaft und in sozialen Bezügen zu erfahren, die Polaritäten und den Raum zwischen den Polen im Kontakt mit anderen wahrzunehmen, zu akzeptieren und angemessene Handlungs- und Bewältigungsstrategien zu entwickeln.

Meist erleben KlientInnen, die eine DIS entwickelt haben, große Einsamkeit und sie haben das Gefühl, daß niemand sie verstehen kann oder will. Dieses Gefühl wird dadurch bestärkt, daß Menschen sich nur schwer das Phänomen von dissoziierten Personen in einem Körper vorstellen können und mit Unverständnis auf das Verhalten von DIS-KlientInnen reagieren. Diese Erfahrung bestätigt die Selbsteinschätzung, daß sie für andere Menschen nicht zu ertragen sind. Zum einen mußten sie in ihrem Leben viel Unverständnis, auch von Unterstützungs-Institutionen und -personen erleben (Bagatellisierungen und Nicht-Glauben ihrer Erfahrungen, Fehldiagnosen wie etwa Schizophrenie oder Borderline, etc.). Gleichzeitig haben die KlientInnen häufig eine Einstellung von: „Ich muß es alleine schaffen!" und: „Ich darf niemandem trauen!" als Bewältigungs- und Sicherungsstrategie entwickelt, weil früher Zugewandtheit von anderen Menschen unzuverläßig, manipulativ und oftmals existentiell bedrohlich war.

Fröhling (1996) beschreibt eine Szene, in der ein Kind von seinem Vater einen Teddy geschenkt bekommt. Nachdem das Kind den Teddy annimmt und sich darüber freut, wird er ihr weggenommen und zerstückelt mit der Drohung, daß das Gleiche mit ihr passieren wird.

Die Erfahrung, daß die Zugehörigkeit zu einer Gruppe nicht gleichzeitig Gewalt, Terror und Selbstaufgabe bedeutet, muß von den KlientInnen erst über lange Zeit erfahren und erarbeitet werden.

Ebenso wie in der ambulanten Psychotherapie steht natürlich auch in der therapeutischen Begleitung in Wohngruppen die **Integration von unterschiedlichen Anteilen** jeder Alter-Person und die **intensive Kooperation** der Alter-Personen untereinander im Mittelpunkt. Hierfür bewegt sich die KlientIn mit Unterstützung der therapeutischen BegleiterIn vom (oft noch diffusen) Empfinden, über die Bewußtheit, in die Bewegung, zum Kontakt, um den berührten Teil von sich mit anderen Teilen in Verbindung zu setzen und letztendlich zu integrieren, damit er losgelassen werden kann und wieder in den Hintergrund tritt (Kontaktprozeßmodell nach Zinker, 1982; vgl. Kapitel V.1.2). Eine Integration findet nur dann statt, wenn zuvor eine Berührung, also ein Kontakt stattgefunden hat.

Eine Klientin konnte mit ihren Alter-Personen, die Aggressionen und Wut gegenüber anderen empfanden, nicht in Kontakt treten. Diese Alters wurden von den anderen kaum empfunden, da immer ein Kontaktabbruch in Form von Zeitverlusten und Amnesiebarrieren der nach außen sich zeigenden Alters stattfand. Zuerst wurden die Zeitverluste bewußt, die in der Regel viel Angst erzeugen. Mit der Zeit konnte sich die Klientin erschließen, daß die Zeitverluste in Situationen auftraten, die eine aggressive Haltung nach außen wahrscheinlich machen und nicht in eine Autoaggression umgewandelt werden konnten. Nach geraumer Zeit konnte eine erste Kontaktaufnahme stattfinden, die zunächst von allen Alters sehr abwertend gegenüber den jeweils anderen Alters gestaltet wurde. Durch diese erste Kommunikation konnten die Schutz- und Vermeidungsstrategien deutlich werden. Es entstand eine Annäherung durch Zuhören der jeweils anderen Seite, in der frühere Erfahrungen langsam an die Oberfläche gelangten und ein Verstehen möglich wurde. Mit wachsender Akzeptanz konnte die Existenz und Motivation der jeweils Anderen angenommen werden, und es entstand eine bewußte Verbindung zwischen den vorher sich ausschließenden Alter-Personen. Eine Integration, hier als Empfinden einer Zugehörigkeit mit gemeinsamer Verantwortung für das System, fand durch die nun wachsende intensive Kooperation statt.

Entsprechend können diese Kontakt-Prozesse, die meist nicht in dieser klaren Form des Modells ablaufen, bei allen vermiedenen oder dissoziierten Anteilen stattfinden. Integration wird zum Beispiel bei verachteten Anteilen, Idealisierungen und generalisierter Abwehr oder Abwertung, unbewußten Körperreaktionen, bedrohlichen Anteilen wie etwa Abgrenzungswünsche oder Abhängigkeitsgefühle, angestrebt.

So wird auch aus *Narrativen*, abgegrenzten und unverbundenen Szenen aus der Biographie, die bisher Muster für Beziehungen und Sich-in-der-Welt-fühlen waren, durch Integration in den Erzähl- und Deutungsfluß des eigenen Lebens eine *Narration*. Die Narration ist die persönliche Deutung des eigenen Entwicklungsprozesses, die Erfahrungen einordbar und sinnhaft werden läßt (vgl. Rahm et al., 1993). Besonders hilfreich in diesen Prozessen sind kreative Medien, Symbolarbeit, achtsame Distanzierungs- und Identifikationsarbeit, Imaginationen und die Arbeit mit Polaritäten.

Dabei ist es wichtig, den self-support der KlientIn zu stützen, Ressourcen weiter zu stärken und auszubauen. Indem sich die KlientIn etwa immer wieder bewußt entscheidet, ob sie eine Arbeit oder ein Thema zum jetzigen Zeitpunkt in dieser Form ausprobieren will und kann, wird es ihr möglich, auch ihre Stärke, Entscheidungsfähigkeit, Selbstverantwortung und ihre Handlungsfähigkeit zu erleben und zu integrieren.

Die Interaktionen in der therapeutischen Beziehung können so einen Modelleffekt darstellen, der außerhalb des therapeutischen Settings weiter vertieft werden kann. Werden dissoziierte oder verleugnete Anteile als integrierte Anteile des Selbst wahrgenommen, akzeptiert und assimiliert, so bildet sich eine Neuordnung des Ganzen, die von der KlientIn als umfassender und stimmiger erlebt wird.

### 2.3.6 Konsolidierung und Neuorientierung

Konsolidierung bedeutet Sicherung und Festigung von ehemals neuen oder veränderten Strukturen. In der Gestalttherapie geht man davon aus, daß sich ein Organismus nach einer Weile der Konsolidierung genug Kraft, Raum und Boden geschaffen hat, um eine erneute Veränderung im Sinne einer Weiterentwicklung zu wagen und anzustreben.

Schon der Entschluß einer KlientIn, in eine betreute Wohngruppe einzuziehen, bedeutet eine Entscheidung und einen Schritt in eine neue Richtung. Entscheidet sich die KlientIn, sich auf den Prozeß einzulassen, finden während des gesamten therapeutischen Prozesses Bewegungen zwischen „Altem“ und „Neuem“ statt.

Die Erprobung von neuen Bewältigungsstrategien werden durch *gestalttherapeutische Experimente*, wie etwa die Arbeit mit dem leeren Stuhl, Identifikation und Dialog, Imaginationen und vielem mehr, unterstützt. Die KlientIn findet ihre individuellen Wege und Ziele, mit sich, anderen Menschen und ihrem Umfeld in für sie angemessener Form umzugehen. Das bedeutet auch, daß sie alte Muster und deren bisherigen subjektiven Bedeutungen losläßt und neue Strategien und Sinnzusammenhänge ergreift, die eine höhere Zufriedenheit, ein Gefühl von größerer Selbst-Bewußtheit, Ganzheit und Selbständigkeit ermöglichen. So erweitert zum Beispiel eine intensive Kooperation oder sogar Fusion der Alter-Personen die Möglichkeiten der DIS-KlientIn, den Alltag und Beziehungen kontinuierlich und mit weniger Brüchen zu gestalten.

Hat sich diese Neuordnung des Ganzen gefestigt, werden Räume und Kräfte freigesetzt, die für eine Suche nach angemessenen Perspektiven in allen Lebensbereichen genutzt werden können. Es entwickeln sich individuelle Antworten z.B. zu den folgenden Fragen und Wünschen:

| | |
|---|---|
| **Wie will/wollen ich/wir wohnen?** | Welche Wohnform ist für mich/uns zur Zeit angemessen? |
| **Welchen Beruf will ich/wollen wir ergreifen?** | Wie können wir (System) uns auf ein Berufsfeld einigen? Welche Arbeits-/ Lernformen sind momentan von mir/uns leistbar und sind ein Schritt in das von mir/uns angestrebte Berufsfeld? |
| **Ich/wir will/wollen selbständig leben!** | Welche Unterstützungsmöglichkeiten benötige/n ich/wir noch, wenn ich/wir aus dem betreuten Wohnen ausziehen? |
| **Ich/wir möchte/n in Zufriedenheit mit mir/uns leben!** | Was benötige/n ich/wir in nächster Zeit dazu, meine Zufriedenheit mit mir/uns zu steigern? |

Ein Resümee, was die KlientIn bisher für sich erreicht hat, wo sie momentan steht und wohin ihr Weg führen könnte, schließt die Gestalt des therapeutischen Prozesses im betreuten Wohnen ab. Auch in dieser Phase ist die Arbeit mit den fünf Säulen der Identität sehr hilfreich.

Die KlientIn empfindet jetzt das Bedürfnis, in eine neue Lebensphase einzutreten und nimmt gleichzeitig Abschied von ihrer therapeutischen BegleiterIn, der Einrichtung mit ihrem stützenden und fordernden Rahmen und den MitbewohnerInnen.

Einen als gut erlebten Abschied zu gestalten, ist für die KlientIn eine große Herausforderung. Daß Abschied traurig und kraftvoll sein kann und nicht die Vernichtung von einem selbst oder der gemeinsam verbrachten Zeit, der Erinnerung bedeutet, kann für KlientInnen mit einer DIS eine neue Erfahrung sein. Entsprechend unterstützt die therapeutische BegleiterIn die Ablösung und das Abschiednehmen der KlientIn und nimmt selbst ebenfalls Abschied. Der Abschluß der Gestalt: „Ich/wir lebe/n im betreuten Wohnen" auf möglichst allen Ebenen ermöglicht und erleichtert den Beginn eines neuen Lebensabschnittes.

Leider wird ein ambulanter Nachkontakt in der Regel nicht finanziert und kann deshalb nur in einem begrenzten Rahmen stattfinden. Für einige KlientInnen ist es wichtig, in der ersten Zeit nach dem Auszug regelmäßigen Kontakt mit ihrer BezugsbegleiterIn und mit der Einrichtung noch zu pflegen. Andere melden sich zum Beispiel nach einem Jahr, um zu erzählen, wie es ihnen geht und was sie für sich in dieser Zeit erreicht haben.

# VIII

# Sekundäre Traumatisierung

*Angelika Vogler und Imke Deistler*

*„Als ich zum ersten Mal einer Frau begegnete, die eine Dissoziative Identitätsstörung als Diagnose aus einer Klinik mitbrachte, konnte ich mir eine therapeutische Begleitung von ihr mit dem Rückhalt des Teams und externer Supervision vorstellen. Aus heutiger Sicht ließ ich mich sehr unbefangen, ja naiv, auf den therapeutischen Prozeß und die therapeutische Beziehung ein.*

*Durch Bücher und Fortbildungen versuchte ich, eine Vorstellung von der Arbeit mit Klientinnen, die eine DIS entwickelt haben, zu bekommen. Währenddessen wuchs die Vertrauensbasis zwischen der Klientin und mir. Je mehr Nähe zwischen der Klientin und mir entstand, desto intensiver erlebte ich das Gefühl unsäglichen Grauens, das mir atmosphärisch begegnete. Alter-Personen der Klientin gaben nur Andeutungen, einzelne Bilder ihres Grauens mit der Zeit preis. Jedoch spielte sich in mir neben Atmosphären von Angst, Bedrohung, Hilflosigkeit und Beschützen-Wollens ganze Szenarien des Schreckens ab.*

*Nicht nur Gefühle von Enge und Angst, auch Bedrohungsgefühle mußte ich permanent auf ihren realistischen Gehalt überprüfen. Ich sicherte meine Wohnung. Es entstanden Bilder, daß ich auf meiner Arbeitsstelle überfallen und getötet werde.*

*Eines Tages stand ich auf dem Balkon des Büros und war sicher, gleich erschossen zu werden. Ich machte meinen Frieden mit der Welt und blieb einfach stehen.*

*Ein anderes Mal malte meine Klientin ein Bild von einer blutigen Gewaltszene mit ihrer Mutter. Frauen als brutale Täterinnen erschütterten meinen Glauben an die Menschheit ebenso, wie die nicht vorstellbare Gewalt, die Menschen in der Lage sind an Menschen auszuführen. Meine Werte und mein Glauben gerieten vollkommen durcheinander, und ich wußte nicht mehr, wie und wo ich wieder festen Boden unter meinen Füßen finden könnte.*

*Am ersten Halloween, ich befand mich auf einem Weiterbildungswochenende, verfolgten mich Bilder, daß meine Klientin in Katakomben brutalen Ritualen ausgesetzt ist, und ich wußte nicht, ob sie nicht tatsächlich wieder in ihre alten Bezüge zurückgekehrt ist. Ich hätte nichts dagegen tun können, falls es so gewesen wäre.*

*Durch die Wucht dieser Gefühle und Bilder war mein ganzes Welt- und Menschenbild erschüttert. Ich selbst geriet in mir ins Wanken und verlor zeitweise den Boden unter meinen Füßen. Mein Team, die externe Supervision und der Kontakt zu anderen Kolleginnen konnten mir jedoch immer wieder Sicherheit, Stabilität und die notwendige Auseinandersetzungsbereitschaft ermöglichen.*

*Kraft und immer wieder innere Ruhe fand ich bei Freundinnen und Freunden, mit denen ich Sport trieb, Feste feierte und oft über Ethik, Glauben, Religion und Werte diskutierte. Sie mußten aber auch einen Teil meines inneren Grauens mittragen, da sie es in meinen Augen sahen. Ich bin ihnen dankbar für ihr Zuhören, Verstehen-Wollen und für ihre Abgrenzung, mit der sie mir zeigten, wann sie auch wieder Distanz zum Thema benötigten.*

*Nur schrittweise konnte ich mich klären, durch eine intensive Auseinandersetzung mit Grenzen, Übertragungsphänomenen, eigenen Resonanzen und Ressourcen.*

*Mit der Zeit wurden mir wieder eigene Grenzen, Grenzen des therapeutischen Settings und Grenzen der Klientin deutlich. In mir wuchs wieder die Achtung und das Vertrauen in meine eigenen Schutz- und Stabilisierungsstrategien und in die Leistung und den Lebenswillen der Klientin, bis heute überlebt zu haben und ihren Weg zu gehen.*

*Die kleinen Schritte im therapeutischen Prozeß bekamen wieder ihren bedeutenden Stellenwert. Mein Respekt vor dem Mut der Klientin, diese Schritte zu gehen, ermöglichte mir auch wieder die Sicht auf die Ressourcen der Klientin. Parallel dazu konnte ich Übertragungsphänomene als solche klarer erkennen und angemessen widerspiegeln.*

*Ich staune immer noch über die Fähigkeiten eines Menschen, mit nicht vorstellbaren Gewalterfahrungen durch eine Vielzahl an Bewältigungsstrategien umzugehen und weiter zu leben. Ich staune darüber, was ein Mensch letztendlich aushalten kann. Ich staune über Babys und Kleinkinder, die über eine große Kreativität verfügen, die ihnen das Überleben in ausweglosen Situationen und Kontexten ermöglicht. Dieses Staunen ist für mich eine wichtige Quelle der Kraft.“*

*(Zitat einer Therapeutin)*

Wenn wir mit KlientInnen arbeiten, öffnen wir uns und lassen uns ein auf sie, auf ihre Geschichte und auf die Themen, die sie mitbringen. Die Arbeit mit schwer traumatisierten Menschen führt oft auch auf der HelferInnen-Seite zu Symptomen, die denen einer Posttraumatischen Belastungsstörung (PTBS) sehr ähneln, so daß man in diesem Zusammenhang üblicherweise von der *Sekundären Traumatisierung*[74] bzw. von der *Sekundären Traumatischen Belastungsstörung* (STBS) der HelferInnen spricht. Polina Hilsenbeck (unveröffentlichtes Manuskript, 2000) führt unter anderem folgende Symptome der STBS auf:

- Schockiertheit und Entsetzen sowie das Gefühl, selbst traumatisiert zu sein;
- Schlafstörungen, Alpträume, Nervosität, Panik-Gefühle;
- soziale Isolation (auch innerhalb des eigenen Teams);

74 Petzold et al. (2000) kritisieren in diesem Zusammenhang die Bezeichnung „Trauma“ und schlagen eine differenziertere Klassifizierung vor, indem sie unterscheiden zwischen der *victimalen traumatischen Erfahrung* (primäre Traumatisierung am „eigenen Leibe“), der *partizipativen traumatischen Erfahrung* (sekundäre Traumatisierung, indem eine Person als ZeugIn eines traumatischen Geschehens anwesend ist) und der *indirekten traumatoformen Belastung* (eine starke emotionale Belastung aufgrund „tertiärer Traumainformationen“ wie sie z.B. bei PsychotherapeutInnen entstehen kann). Da letztere in der Literatur üblicherweise als „Sekundäre Traumatisierung“ bezeichnet wird, haben wir diesen Terminus beibehalten.

- Beziehungsstörungen;
- Belastung oder Vernachlässigung von FreundInnen und/oder Familie;
- herabgesetzte emotionale Belastungsfähigkeit im Privatleben;
- Schuldgefühle, Zeugin zu sein, ohne zu handeln (bystanders guilt); Schuldgefühle, überlebt zu haben bzw. es besser zu haben;
- Gefühl von extremer Schutzlosigkeit und Durchlässigkeit;
- Gefühl der Hoffnungslosigkeit; Gefühl der Sinnlosigkeit in Bezug auf die Arbeit;
- psychosomatische Störungen, Schmerzen;
- dissoziative Phänomene;
- Ekel und Flashbacks von Szenen aus der Biographie der KlientIn bei der eigenen Sexualität;
- Tendenz, in jedem Mann einen Täter zu vermuten, in jedem Kind ein Opfer;
- ungewollte Erinnerungsschübe, Aufdeckung eigener Gewalterfahrungen.

Michaela Huber (1995) zitiert eine Untersuchung von Nancy Perry, die 1993 einen Fragebogen an Mitglieder des ISSD verschickte. Die befragten TherapeutInnen schilderten spezielle Schwierigkeiten, die auf eine weite Verbreitung der STBS[75] schließen lassen. Einige TherapeutInnen erfüllten sämtliche Kriterien der PTBS, über 80 Prozent der Befragten schilderten, bedingt durch die Arbeit mit schwer traumatisierten KlientInnen, unter einem der folgenden Symptome gelitten zu haben (in Huber, 1995, S. 184):

- Angstzustände,
- Schlafstörungen,
- Gefühle von Isolation und Einsamkeit,
- Verfolgungsideen,
- sozialer Rückzug,
- Hypervigilanz (übermäßige Aufmerksamkeit).

Wenn TherapeutInnen beginnen, mit Überlebenden von ritueller Gewalt (d.h. innerhalb von satanischen, faschistoiden Kulten oder der Prostitutions-Szene) zu arbeiten, ist die Wahrscheinlichkeit besonders hoch, eine oder mehrere der oben genannten Reaktionen an sich zu entdecken. Überlebende ritueller Gewalt berichten von psychischer, körperlicher und sexualisierter Gewalt und Folter in unvorstellbarem Ausmaß. In der Regel sind sie mehrfach bis an den Rand des Todes gequält worden, sie wurden ZeugInnen von Tier- und Menschentötungen und mußten häufig auch selbst töten

75 Perry spricht hier von *vicarious traumatisation*, d.h. von *mittelbarer Traumatisierung*.

(vgl. Fröhling, 1996; Smith, 1994). In der Studie von Perry (in Huber, 1995) berichteten TherapeutInnen, die mit Überlebenden von sadistisch-rituellem Mißbrauch arbeiten, die oben genannten Symptome häufiger und länger aufgewiesen zu haben. Die Hälfte der Befragten begab sich deswegen selbst in eine psychotherapeutische Behandlung, zwei Drittel gaben erhebliche Beeinträchtigungen ihres Privatlebens an (Huber, 1995).

Ebenso wie die KlientIn Schutzmechanismen und Bewältigungsstrategien ausgebildet hat, um mit der erlittenen Gewalt leben zu können, gilt es für die TherapeutIn, auf die ihr eigenen inneren und äußeren Strategien zurückzugreifen. Daher sind verschiedene psychohygienische Maßnahmen in der Arbeit mit traumatisierten Menschen unumgänglich:

1. klare Verträge mit KlientInnen (Grenzen setzen);
2. kollegiale Unterstützung;
3. Supervision;
4. individuelle psychohygienische Maßnahmen.

Da das Phänomen der STBS mit großer Regelmäßigkeit auftritt, werden inzwischen bundesweit Seminare zu diesem Thema angeboten. Polina Hilsenbeck (unveröffentlichtes Manuskript, 2000) schlägt TherapeutInnen folgende Formen des Umganges mit der STBS vor:

- die STBS nicht als unprofessionelles Verwickeltsein brandmarken, sondern sich selbst gegenüber legitimieren und sie als Bestandteil der Arbeit mit traumatisierten Menschen ansehen;
- die Symptome nicht reduziert als persönliche Gegenübertragung und Therapiebedürftigkeit verkennen;
- die Resonanzen von der eigenen Biographie abgrenzen und die Resonanzen therapeutisch nutzen (ich kriege eine Ahnung davon, wie es der KlientIn damals ging bzw. jetzt geht; das eigene Erleben der KlientIn zurückspiegeln);
- nicht isoliert arbeiten, sondern kollegiale Unterstützung (Briefing; Supervision etc.) und externe Supervision in Anspruch nehmen;
- sich eine erhöhte Erlaubnis zur Selbstfürsorge geben;
- sich die Erlaubnis geben, nicht jederzeit verfügbar zu sein;
- sich die Ressourcen und Überlebenskräfte der KlientIn verdeutlichen;
- besondere Reinigungs- und Selbstheilungsrituale durchführen, spirituelle Anbindung.

Die von Nancy Perry untersuchten TherapeutInnen gaben folgende Bewältigungsstrategien für die eigene Psychohygiene an (in Huber, 1995, S. 190):

- die Schaffung bzw. Erhaltung eines starken Unterstützungssystems aus Familie, FreundInnen und KollegInnen;
- ständige Selbstüberprüfung und Zentrierung durch eigene Psychotherapie, Entspannungs- und Meditationstechniken;
- Gleichgewicht halten zwischen Privat- und Berufsleben;
- Begrenzung der Zahl dissoziativer KlientInnen;
- persönliche und zeitliche sowie Beziehungsgrenzen zwischen TherapeutIn und KlientIn einhalten;
- realistische Erwartungen an sich selbst als TherapeutIn haben;
- gezielt Hobbys pflegen, die inhaltlich nichts mit der Arbeit zu tun haben;
- sich um die eigene Gesundheit kümmern durch ausreichend Bewegung, Schlaf und gesunde Ernährung.

Veronika Engl (mündl. Mitteilung) sagt es, in Anlehnung an Judith Herman, etwas knapper: „Wer mit traumatisierten Menschen arbeitet, muß drei Dinge unbedingt beherzigen: Erstens: gut essen, zweitens: viel feiern, und drittens: wütend putzen.“

# IX

# Abschließende Bemerkungen

*Angelika Vogler und Imke Deistler*

Diese Arbeit entstand aus dem Bedürfnis, unsere therapeutische Arbeit von einem exzentrischen Standpunkt aus umfassend zu betrachten. Dabei beschäftigte uns von Anfang an auch die Frage, welche Einstellungen, Konzepte, Arbeitsprinzipien und therapeutischen Experimente die Gestalttherapie und die Integrative Therapie zu dem Phänomen der Dissoziativen Identitätsstörung anbieten können.

Zusammen begaben wir uns auf die Reise. Uns begegneten ebenso unsere vergangenen Jahre der therapeutischen Arbeit mit Klientinnen, die Jahre der gestalttherapeutischen Weiterbildung und unsere persönlichen Auseinandersetzungen mit allen Fragen, die durch unsere Arbeit aufgeworfen wurden. Stück für Stück wandelten sich durch diese Auseinandersetzung die bis dahin noch unverbundenen Bilder der unterschiedlichen Landschaften zu einer fließenden Reiseerzählung, unserer Narration.

Heute stehen wir auf einer blühenden Wiese in einer beeindruckenden Landschaft und fühlen uns reich beschenkt.

Einen besonderen Dank und Respekt möchten wir an dieser Stelle unseren Klientinnen aussprechen, die wir ein Stück ihres schweren Weges begleiten durften. Einen großen Teil unserer Eindrücke und Auseinandersetzungen haben wir nicht beschrieben, da sie den Rahmen dieser Arbeit bei weitem gesprengt hätten. So sind wir zum Beispiel nicht näher auf die Besonderheiten von ritualisiertem Mißbrauch, auf den Umgang mit von Tätern induzierten Programmierungen und auf das Problem von noch bestehenden Täterkontakten eingegangen. Eine sehr gute Beschreibung dieser Themen findet sich zum Beispiel bei Michaela Huber (1995) und Ulla Fröhling (1996).

Wir beantworten heute unsere anfängliche Frage folgendermaßen: Die Gestalttherapie und die Integrative Therapie bieten nützliche Erklärungsmodelle und einen guten Hintergrund für die therapeutische Arbeit mit traumatisierten Menschen. Butollo et al. (1998, 1999) und auch Petzold (1999, 2000) beschreiben kreative, identitätsfördernde und integritätswahrende Wege für den „therapeutischen Umgang mit dem Entsetzen" (Butollo et al., 1998). Des Weiteren lassen sich die Modelle der Gestalttherapie und der Integrativen Therapie gut auf die Arbeit mit DIS-KlientInnen übertragen.

Blicken wir in die Zukunft, wohin unsere Reise gehen wird, tauchen Bilder auf von neuen Begegnungen mit Klientinnen, einer stetig sich fortsetzenden Auseinandersetzung mit unserer Praxis und mit einer sich weiterentwickelnden Theorie. So wird sich die Traumaforschung wahrscheinlich in den nächsten Jahren rasant weiterentwickeln, und voraussichtlich sind insbesondere die derzeitigen psychophysiologischen Erkenntnisse der Traumaverarbeitung in wenigen Jahren überholt.

Wir erhoffen uns in den Kreisen der Gestalttherapie und der Integrativen Therapie eine intensive, offene Auseinandersetzung über die Arbeit mit traumatisierten Menschen und speziell auch über die Arbeit mit DIS-KlientInnen.

Durch unseren bisherigen Weg, unsere persönlichen Auseinandersetzungen mit diesem Thema, ist die Welt für uns vielfältiger und farbenreicher geworden, und wir werden unseren Weg erwartungsvoll fortsetzen.

# Literatur


Abraham, K. (1971): Über die Bedeutung sexueller Jugendtraumen für die Symptomatologie der Dementia praecox. In: *Psychoanalytische Studien II*. Frankfurt: Fischer.

Adler, R. (1999): Crowded minds. In: *New Scientist*, 18.12.1999. (Im Internet ist dieser Artikel zu finden unter: www.newscientist/com/ns/19991218/crowdedmin.html)

American Psychiatric Association (1980): *Diagnostic and statistical manual of mental disorders. DSM-III (3rd ed.)*. Washington, DC.

American Psychiatric Association (1994): *Diagnostic and statistical manual of mental disorders. DSM-IV (4th ed.)*. Washington, DC. Author. Deutsche Übersetzung und Bearbeitung von H. Sass (1996). Diagnostisches und statistisches Manual psychischer Störungen DSM-IV. Göttingen: Hogrefe Verlag.

Antonovsky, A. (1997): *Salutogenese*. Tübingen: dgtv-Verlag.

Baulig, V. (1999): Psychoanalytische Wurzeln der Gestalttherapie. In: Fuhr, R., Sreckovic, M., Gremmler-Fuhr (Hrsg.). *Handbuch der Gestalttherapie*. S. 245–262. Göttingen: Hogrefe.

Bernstein, E.M. & Putnam, F.W. (1986): Development, reliability, and validity of a dissociation scale. *The Journal of Nervous and Mental Desease*, 174, 12, 727–735.

Besems, T., van Vugt, G. (1990): *Wo Worte nicht reichen*. München: Kösel.

Boon, S. (1997): The treatment of traumatic memories in DIS: Indications and contra-indications. In: *Dissociation*. Vol. X, Nr. 2. S. 65ff. Deutsche Übersetzung von C. Müller: Die Behandlung traumatischer Erinnerungen bei DIS: Indikationen und Kontraindikationen. In: VIELFALT (1999): *MPS-Info-Brief* Nr. 25, S. 4–28.

Boon, S., Draijer, N. (1993): *Multiple personality disorder in the Netherlands: A study on reliability an validity of the diagnosis*. Amsterdam: Swets and Zeitlinger.

Bowman, E.S. (1996): Delayed memories of child abuse: Part I: An overview of research findings on forgetting, remembering, and corroborating trauma. In: *Dissociation*; Vol. IX, 4/96, S. 221–231.

Bowman, E.S. (1996a): Delayed memories of child abuse: Part II: An overview of research findings on forgetting, remembering, and corroborating trauma. In: *Dissociation*; Vol. IX, 4/96, S. 232ff.

Braun, B.G. (1988): The BASK (behavior, affect, sensation, knowledge) modell of dissociation. In: *Dissociation*. Vol. I, S. 4–15.

Brett, E.A. (2000): Die Klassifikation der posttraumatischen Belastungsstörung. In: Van der Kolk, B.A., McFarlane, A., Weisaeth, L. (Hrsg.). *Traumatic Stress*. S. 131–140. Paderborn: Junfermann.

Bremner, J.D. et al. (1995): MRI-based measures of hippocampal volume in patients with PTSD. In: *American Journal of Psychiatry*. 152, S. 973–981.

Breslau, N. (1998): Epidemilogy of trauma nd postraumatic stress disorder in psychological trauma. In: Yehuda, R. (Hrsg.), S. 1–19. Washington D.C: America Psychiatric Association Press.

Breuer, J. & Freud, S. (1895): *Studien über Hysterie.* Frankfurt: Fischer 1970.

Brownmiller, S. (1978): *Gegen unseren Willen. Vergewaltigung und Männerherrschaft.* Frankfurt: Fischer.

Buber, M. (199713): *Ich und Du.* Heidelberg: Lambert Schneider.

Butollo, W., Krüsmann, M., Hagl, M. (1998): *Leben nach dem Trauma. Über den therapeutischen Umgang mit dem Entsetzen.* München: Pfeiffer.

Buttollo, W., Krüsmann, M., Hagl, M. (1999): *Kreativität und Destruktion posttraumatischer Bewältigung. Forschungsergebnisse und Thesen zum Leben nach dem Trauma.* Stuttart: Pfeiffer.

Chopich, E.J., Paul, M. (1995): *Aussöhnung mit dem inneren Kind.* Freiburg: Bauer.

Chopich, E.J., Paul, M. (1995a): *Das Arbeitsbuch zur Aussöhnung mit dem inneren Kind.* Freiburg: Bauer

Chu, J.A., Dill, D.L. (1990): Dissociative symptoms in relation to childhood physical and sexual abuse. In: *American Journal of Psychiatry.* 147. S. 887–92.

Chu, J.A., Matthews, J.A., Frey, L.M., Ganzel, B. (1996): The nature of traumatic memories of childhood abuse. In: *Dissociation*, Vol. IX, 1/96, S. 2ff.

Clarkson, P., Mackewn, J. (1995): *Frederick S. Perls und die Gestalttherapie.* Köln: Edition Humanistische Psychologie.

Dilling, H., Mombour, W., Schmidt, M.H. (1993): *Internationale Klassifikation psychischer Störungen ICD-10. Übersetzung der ICD-10 (Kap. V) der World Health Organisation.* (1991): Göttingen: Huber.

„Dsanati Dsambolat". (1988): *Ossetisches Märchen.* Basel: Zbinden.

Dulz, B., Lanzoni, N. (1996): Die multiple Persönlichkeit als dissoziative Reaktion bei Borderline-Störungen. *Psychotherapeut.* 4: S. 17–24.

Dulz, B., Schneider, A. (1995): *Borderline-Störungen. Theorie und Therapie.* Stuttgart: Schattauer.

Dunn, G. E., Paolo, A.M., Ryan, J.J., van Fleet, J.N. (1994): Belief in the existence of multiple personality disorder among psychologists and psychiatrists. *Journal of Clinical Psychology.* 50: S. 454–457.

Eckhardt-Henn, A., Hoffmann, S.O. (2000): Dissoziative Störungen. In: Egle, Hoffmann, Joraschky (Hrsg.). *Sexueller Mißbrauch, Mißhandlung, Vernachlässigung. Erkennung und Therapie psychischer und psychosomatischer Folgen* (2. Aufl.). S. 258–270. Stuttgart: Schattauer.

Ellason, J.W., Ross, C.A., Fuchs, D.L. (1996): Lifetime axis I and II comorbidity and childhood trauma history in dissociative identity disorder. In: *Psychiatry.* 59: S. 255–266.

Elliot, M. (Hrsg.) (1995). *Frauen als Täterinnen. Sexueller Mißbrauch an Mädchen und Jungen.* Ruhnmark: Donna vita.

Ende, M. (1993): *Jim Knopf und Lukas der Lokomotivführer.* Stuttgart: Thienemanns.

Ernst, C., (1997): Zu den Problemen der epidemiologischen Erforschung des sexuellen Mißbrauchs. In: Amann, G., Wipplinger, R. (Hrsg.): *Sexueller Mißbrauch. Überblick zu Forschung, Beratung und Therapie. Ein Handbuch.* S. 55–71. Tübingen. dgvt Verlag.

Estés, P.C. (1993): *Die Wolfsfrau. Die Kraft der weiblichen Urinstinkte.* München: Heyne.

Ferenczi, S. (1933): Sprachverwirrung zwischen den Erwachsenen und dem Kind. In: *Bausteine zur Psychoanalyse.* Bd. II. Frankfurt: Fischer.

Fiedler, P. (1997): Dissoziative Identitätsstörung, multiple Persönlichkeit und sexueller Mißbrauch in der Kindheit. In: Amann, G., Wipplinger, R. (Hrsg.): *Sexueller Mißbrauch. Überblick zu Forschung, Beratung und Therapie. Ein Handbuch.* S. 217–234. Tübingen. dgvt Verlag.

Fine, C.G. (1993): A tactical integrationalist perspective on the treatment of multiple personality disorder. In: Kluft, R.P., Fine, C.G. (Hrsg.). *Clincal perspectives in multiple personality disorder.* S. 135–153. Washington DC: American Psychiatric Press.

Fischer, G., Riedesser, P. (19992): *Lehrbuch der Psychotraumatologie.* München: Ernst Reinhardt Verlag (UTB).

Fischer, G., Becker-Fischer, M., Düchting, C. (1998): *Neue Wege der Opferhilfe. Ergebnisse und Verfahrensvorschläge aus dem Kölner Opferhilfe Modell (KOM). Institut für Psychotraumatologie.* (Hrsg.) Ministerium für Arbeit, Soziales und Gesundheit NRW.

Fraser, G.A. (1991): The dissociative table technique. A strategy for working with ego states in dissociative disorders and ego-state therapy. In: *Dissociation.* Vol. IV. Nr. 4. S. 205–213.

Freud, S. (1985): *Briefe an Wilhelm Fliess 1887–1904.* Frankfurt: Fischer.

Freyberger, H.J., Spitzer, C., Stieglitz, E.D. (1999): *Fragebogen zu Dissoziativen Symptomen (FDS). Ein Selbstbeurteilungsverfahren zur syndromalen Diagnostik dissoziativer Phänomene.* Deutsche Adaptation der Dissociative Experience Scale (DES) von E. Bernstein-Carlson und E.W. Putnam. Testmanual. Göttingen: Verlag Hans Huber.

Fröhling, U. (1997): Die deutsche Presse: Einfalt statt Vielfalt. In: VIELFALT e.V. (Hrsg.). *MPS-Infobrief.* Bd. 16, S. 11–16.

Fröhling, U. (1996): *Vater unser in der Hölle. Ein Tatsachenbericht.* Leipzig: Kallmeyer'sche Verlagsbuchhandlung.

Fuhr, R., Gremmler-Fuhr, M. (1995): *Gestalt-Ansatz.* Köln: Edition Humanistische Psychologie.

Gast, U. (2000): Diagnostik und Behandlung Dissoziativer Störungen. In: Lamprecht, F. (Hrsg.). *Praxis der Traumatherapie. Was kann EMDR leisten?* Stuttgart: Pfeiffer bei Klett-Cotta.

Gast, U., Osswald, T., Zündorf, F. (1999): *Das Strukturierte Klinische Interview für DSM-IV Dissoziative Störungen (SKID-D).* Göttingen: Hogrefe.

Goodmann, L. und Peters, J. (1998): Verfolger-Persönlichkeiten und Ego-States: Beschützer, Freunde, Verbündete. In: VIELFALT e.V. (Hrsg.). *MPS-Info-Brief* Nr. 18. S. 11–27. Unautorisierte Übersetzung von C. Müller des Artikels von Goodman und Peters (1995). Persecutory alters and ego states: Prosectors, friends, and allies. In: *Dissociation.* Vol. VIII, Nr. 2, S. 91ff.

Graessner, S., Gurris, N., Prass, C. (Hrsg.) (1996): *Folter. An der Seite der Überlebenden. Unterstützung und Therapien.* München: Beck.

Gremmler-Fuhr, M. (1999): Dialogische Beziehung in der Gestalttherapie. In: Fuhr, R., Sreckovic, M., Gremmler-Fuhr (Hrsg.). *Handbuch der Gestalttherapie.* S. 393–416. Göttingen: Hogrefe.

Gurris, N., Wenk-Ansohn, M. (1997): Folteropfer und Opfer politischer Gewalt. In: Maerker, A. (Hrsg.). *Therapie der posttraumatischen Belastungsstörung.* S. 275–308. Berlin. Springer.

van der Hart, O., Steele, K., Boon, S., Brown, P. (1995): Die Behandlung traumatischer Erinnerungen: Synthese, Bewußtwerdung und Integration. In: *Hypnose und Kognition,* Bd. 12, Heft 2, S. 34–67. Übersetzung des englischen Artikels The Treatment of traumatic Memories: Synthesis, Realisation and Integration. In: *Dissociation.* Vol. VI, Nr. 2/3, 1993.

Herman, J.L. (1993): *Die Narben der Gewalt. Traumatische Erfahrungen verstehen und überwinden.* München: Kindler.

Herman, J.L., van der Kolk, B.A. (1987): Traumatic antecedents of borderline personality disorder. In: Van der Kolk, B.A. (Hrsg.) *Psychological trauma.* S. 111–126. Washington DC: American Psychiatric Press.

Heyne, C. (1993): *Täterinnen. Offene und verdeckte Aggression von Frauen.* Zürich: Kreuz Verlag.

Hilsenbeck, P. (2000): *Sekundäre Traumatisierung.* (unveröffentlichtes Manuskript).

Hirsch, M. (1993): Inzest und Psychoanalyse. In: Ramin, G. (Hrsg.). *Inzest und sexueller Mißbrauch. Beratung und Therapie. Ein Handbuch.* S. 105–128. Paderborn: Junfermann.

Hirsch, M. (2000): Vernachlässigung, Mißhandlung, Mißbrauch im Rahmen einer psychoanalytischen Traumatologie. In: Egle, Hoffmann, Joraschky (Hrsg.). *Sexueller Mißbrauch, Mißhandlung, Vernachlässigung.*

*Erkennung und Therapie psychischer und psychosomatischer Folgen* (2. Aufl.). S. 126–139. Stuttgart: Schattauer.

Hofmann, A. (1999): *EMDR in der Therapie psychotraumatischer Belastungssyndrome.* Stuttgart: Thieme.

Hoffmann, S.O., Eckhardt-Henn, A. (2000): Von der Hysterie zur Histrionischen Persönlichkeitsstörung: ein historischer und konzeptueller Überblick. In: Kernberg, O. et al. (Hrsg.). *Persönlichkeitsstörungen: Theorie und Therapie PTT.* Bd. 3/2000, S. 128–137. Schattauer.

Horowitz (1997): Persönlichkeitsstile und Belastungsfolgen. Integrative psychodynamisch-kognitive Psychotherapie. In: Maerker, A. (Hrsg.): *Therapie der posttraumatischen Belastungsstörung.* S. 145–178. Berlin: Springer.

Huber, M. (1995): *Multiple Persönlichkeiten.* Frankfurt: Fischer.

International Society for the Study of Dissociation ISSD (1997). *ISSD-Richtlinien für die Behandlung der Dissoziativen Identitätsstörung (Multiple Persönlichkeitsstörung) bei Erwachsenen.*

Janet, P. (1889): *L'Automatisme psychologique.* Felix Alcan, Paris. Neuausgabe (1973): Paris: Societé Pierre Janet.

Joraschky, P. (2000): Die Auswirkungen von Vernachlässigung, Mißhandlung, Mißbrauch auf Selbstwert und Körperbild. In: Egle, Hoffmann, Joraschky (Hrsg.): *Sexueller Mißbrauch, Mißhandlung, Vernachlässigung. Erkennung und Therapie psychischer und psychosomatischer Folgen* (2. Aufl.). S. 140–153. Stuttgart: Schattauer.

Kames, H. (1992): Ein Fragebogen zur Erfassung der fünf Säulen der Identität (FESI). In: *Integrative Therapie.* Nr. 4, S. 363–386.

Kardiner, A. (1941): *The traumatic neuroses of war.* New York: Hoeber.

Kavemann, B. (1991): Sexuelle Gewalt gegen Mädchen. Ausdruck struktureller Gewalt und Wegbereiter weiterer Gewalterfahrungen. In: *Wege zur Veränderung. Parteiliche Prävention von sexueller Gewalt gegen Mädchen.* Fachtagung. Bezug über Notruf und Beratung für vergewaltigte Mädchen und Frauen Kiel.

Kavemann, B. (1994): *Was bedeutet Parteilichkeit in der Arbeit gegen sexuelle Gewalt? Wo steht die feministische Diskussion heute?* Unveröffentlichter Vortrag im Rahmen einer Veranstaltung vom Notruf und Beratung für vergewaltigte Frauen und Mädchen Lübeck.

Kavemann, B., Lohstöter, I. (1984): *Väter als Täter. Sexuelle Gewalt gegen Mädchen.* Reinbek: Rowohlt.

Kernberg, O.F. (1993): *Psychodydamische Therapie bei Borderline-Patienten.* Bern: Huber.

Kernberg, O.F. (1999): Persönlichkeitsentwicklung und Trauma. In: Kernberg, O. et al. (Hrsg.): *Persönlichkeitsstörungen: Theorie und Therapie PTT.* Bd. 1/99, S. 5–15. Schattauer.

Kirby, J.S., Chu, J.A., Dill, D.L. (1993): Correlates of dissociative symptomatology in patients with physical and sexual abuse histories. In: *Compr. Psychiatry.* 34. S. 258–263.

Kluft, R.P. (1987): First-rank symptoms as a diagnostic clue to multiple personality disorder. *American Journal of Psychiatry.* 144: S. 293–298.

Kluft, R.P. (1993): Clinical approaches to the integration of personality disorder. In: Kluft, R.P., Fine, C.G. (Hrsg.). *Clinical perspectives of multiple personality Disorder.* S. 101–133. Washington D.C.: American Psychiatric Press.

Kluft, R.P. (1996): Treating the traumatic memories of patients with dissociative identity disorder. *American Journal of Psychiatry.* 153: S. 103–110.Kohut, H. (1976): *Narzißmus.* Frankfurt: Suhrkamp.

van der Kolk, B.A. (1999): Das Trauma in der Borderline-Persönlichkeit. In: Kernberg, O. et al. (Hrsg.). *Persönlichkeitsstörungen: Theorie und Therapie PTT.* Bd. 1/99, S. 21–29. Schattauer.

van der Kolk, B.A. (2000): Der Körper vergißt nicht. Ansätze einer Psychophysiologie der posttraumatischen Belastungsstörung. In: In: van der Kolk, B.A., McFarlane, A., Weisaeth, L. (Hrsg.). *Traumatic Stress.* S. 195–220. Paderborn: Junfermann.

van der Kolk, B.A. und Saporta, J. (1993): Multiple personality disorder and posttraumatic stress disorder. In: Wilson, J.P., Raphael, B. (Hrsg.). *International handbook of traumatic stress syndroms.*

van der Kolk, B.A., van der Hart, O., Marmar, C.R. (2000): Dissoziation und Informationsverarbeitung beim posttraumatischen Belastungssyndrom. In: Van der Kolk, B.A., McFarlane, A., Weisaeth, L. (Hrsg.): *Traumatic Stress.* S. 241–261. Paderborn: Junfermann.

van der Kolk, B.A., Mc. Farlane, A.C., van der Hart, O. (2000): Ein allgemeiner Ansatz zur Behandlung der posttraumatischen Belastungsstörung. In: Van der Kolk, B.A., McFarlane, A., Weisaeth, L. (Hrsg.): *Traumatic Stress.* S. 309–330. Paderborn: Junfermann.

van der Kolk, B.A., Perry, J.C., Herman, J.L. (1991): Childhood origins of self-destructive behavior. In: *American Journal of Psychiatry.* 148. S. 417–421.

Krüll, M. (1979): *Freud und sein Vater. Die Enstehung der Psychoanalyse und Freuds ungelöste Vaterbindung.* München: Beck.

Krutzenbichler, S. (2000): Sexueller Mißbrauch als Thema der Psychoanalyse von Freud bis zur Gegenwart. In: Egle, Hoffmann, Joraschky (Hrsg.): *Sexueller Mißbrauch, Mißhandlung, Vernachlässigung. Erkennung und Therapie psychischer und psychosomatischer Folgen* (2. Aufl.). S. 115–125. Stuttgart: Schattauer.

Lamprecht, F. (Hrsg.) (2000): *Praxis der Traumatherapie. Was kann EMDR leisten?* Stuttgart: Pfeiffer bei Klett-Cotta.

Lankton, C.H., Lankton, S.R. (2000): *Geschichten mit Zauberkraft. Die Arbeit mit Metaphern in der Psychotherapie.* Stuttgart: Pfeiffer bei Klett-Cotta.

Lansen, J. (1996): Was tut „es“ mit uns? In: Graessner, S., Gurris, N., Prass, C. (Hrsg.): *Folter. An der Seite der Überlebenden. Unterstützung und Therapien.* S. 253–290. München: Beck.

Levine, P.A. (1998): *Trauma-Heilung. Das Erwachen des Tigers.* Essen: Synthesis.

Lewin, K. (1969): *Grundzüge der topologischen Psychologie.* Stuttgart: Hans Huber.

Lifton, R.J. (1980): The concept of the survivors. In: Dimsdale, J.E. (Hrsg.): *Survivors, Victims, and Perpetrators: Essays on the Nazi holocaust.* S. 113–126. New York: Hemisphere Publishers.

Lorke, B., Ehlert, M. (1987): Vergewaltigung von Frauen. Psychodynamik und Therapie. In: *Wege zum Menschen,* Jahrg. 39, Heft 6, S. 346–367. Göttingen: Vanderhoeck & Ruprecht.

Maass, A., West. S.G., Clark, R.D. (1985): Soziale Einflüsse von Minoritäten in Gruppen. In: Frey, D., Irle, M.: *Theorien der Sozialpsychologie. Band 2: Gruppen- und Lerntheorien* (S. 65–93). Göttingen: Huber.

Maerker, A. (1997): *Therapie der posttraumatischen Belastungsstörungen.* Dresden: Springer.

Manfield, P. (Hrsg.) (2000): *Innovative EMDR-Ansätze. Die Anwendungsfelder von EMDR.* Paderborn: Junfermann.

Marya, S. (1999): *Schmetterlingsfrauen. Ein Selbsthilfebuch für Frauen mit multipler Persönlichkeit.* München: Frauenoffensive.

Masson, J.M. (1986): *Was hat man dir, du armes Kind, getan? Sigmund Freuds Unterdrückung der Verführungstheorie.* Reinbek: Rowohlt.

de Mause, L. (Hrsg.) (1989): *Hört ich die Kinder weinen. Eine psychogenetische Geschichte der Kindheit.* Frankfurt: Suhrkamp.

Mentzos, S. (1984): *Neurotische Konfliktverarbeitung. Einführung in die psychoanalytische Neurosenlehre unter Berücksichtigung neuer Perspektiven.* Frankfurt: Fischer.

Mentzos, S. (1996): *Hysterie.* Frankfurt: Fischer.

Müller, B. (1999): Ein kategoriales Modell gestalttherapeutischer Diagnostik. In: Fuhr, R., Sreckovic, M., Gremmler-Fuhr (Hrsg.): *Handbuch der Gestalttherapie.* S. 647–671. Göttingen: Hogrefe.

Overkamp, B., Hofmann, A., Huber, M., Dammann, G. (1998): Dissoziative Identitätsstörung (DIS) – eine Persönlichkeitsstörung? In: *Homepage der International Society for the Study of Dissociation – Deutsche Sektion. www.dissoc.de/issd/issd37.*

Peichl, J. (1997): Psychotherapeutische Techniken bei traumabedingten Störungen – eine Zwischenbilanz. In: Kernberg, O. et al. (Hrsg.). *Persönlichkeitsstörungen: Theorie und Therapie PTT.* Bd. 3/97, S. 103–112. Schattauer.

Perls, F. S. (1974): *Gestalttherapie in Aktion.* Stuttgart: Klett Verlag.

Petzold, H. (1999): Gestalttherapie aus Sicht der Integrativen Therapie. In: Fuhr, R., Sreckovic, M., Gremmler-Fuhr (Hrsg.). *Handbuch der Gestalttherapie.* S. 319–328. Göttingen: Hogrefe.

Petzold., H., Wolf, H.U., Landgrebe, B., Josic, Stefan, A. (2000): Integrative Traumatherapie – Modelle und Konzepte für die Behandlung von Patienten mit posttraumatischer Belastungsstörung. In: van der Kolk et al. (Hrsg.): *Traumatic Stress.* S. 445–579. Paderborn: Junfermann.

Pfeiffer, C., Wetzels, P. (1995): *Sexuelle Gewalt gegen Frauen im öffentlichen und privaten Raum. Ergebnisse einer KFN-Opferbefragung 1992. Forschungsbericht.* Kriminologisches Institut Niedersachsen. Hannover.

PSYCHOLOGIE HEUTE (1996): Die 100 Gesichter der Hysterie. Streit um die Modediagnose „Multiple Persönlichkeitsstörung." 4/96.

Putnam, F.W. (1989): *Diagnosis and treatment of multiple personality disorder.* New York/London: The Guilford Press.

Putnam, F.W., Guroff, J.J., Silberman, E.K., Barban, L. & Post, R.M. (1986): The clinical phenomenology of multiple personalitiy disorder: 100 recent cases. *Journal of Clinical Psychiatriy,* 47: 285–293.

Rahm, D., Otte, H., Bosse, S. Ruhe-Hollenbach, H. (1993): *Einführung in die Integrative Therapie.* Paderborn: Junfermann.

Reemtsma, J.P. (1999): Trauma-Aspekte der ambivalenten Karriere eines Konzepts. In: Kernberg, O. et al. (Hrsg.): *Persönlichkeitsstörungen: Theorie und Therapie PTT.* Bd. 4/99, S. 207–214. Schattauer.

Reddemann, L. (2001): *Imagination als heilsame Kraft. Zur Behandlung von Traumafolgen mit ressourchenorientierten Verfahren.* Stuttgart: Pfeiffer bei Klett-Cotta.

Reddemann, L. (1998): Umgang mit Täterintrojekten: „Bitte verzeiht mir Eure Sünden." In: Kernberg, O. et al. (Hrsg.): *Persönlichkeitsstörungen: Theorie und Therapie PTT.* Bd. 2/98, S. 90–97. Schattauer.

Reddemann, L. (1998a): Traumaexpositionstechniken. Die Fahrstuhltechnik. In: Kernberg, O. et al. (Hrsg.): *Persönlichkeitsstörungen: Theorie und Therapie PTT.* Bd. 3/97, S. 84–87. Schattauer.

Reddemann, L., Sachsse, U. (1997): Stabilisierung. In: Kernberg, O. et al. (Hrsg.). *Persönlichkeitsstörungen: Theorie und Therapie PTT.* Bd. 3/97, S. 113–147. Schattauer.

Reddemann, L., Sachsse, U. (1999): Trauma first! In: Kernberg, O. et al. (Hrsg.). *Persönlichkeitsstörungen: Theorie und Therapie PTT.* Bd. 1/99, S. 16-20. Schattauer.

Reddemann, L., Sachsse, U. (2000): Traumazentrierte imaginative Therapie. In: Egle, Hoffmann, Joraschky (Hrsg.): *Sexueller Mißbrauch, Mißhandlung, Vernachlässigung. Erkennung und Therapie psychischer und psychosomatischer Folgen* (2. Aufl.). S. 375–390. Stuttgart: Schattauer.

Röhling, K. (1999): *Zuhören allein reicht nicht. Das Beratungskonzept des Kieler Frauennotrufs im Spiegel der Nutzerinnen.* Kiel.

Rogers, Carl (1972): *Die klientenzentrierte Gesprächspsychotherapie.* München: Kindler.

Ross, C.A. (1989): *Multiple personality disorder. Diagnosis, clinical features, and treatment.* New York: Wiley.

Ross, C.A., Joshi, S. (1994): Schneiderian symptoms and childhood trauma in the General Population. *Comprehensive Psychiatry.* 31(2), S. 269–273.

Ross, C.A., Anderson, G., Fleischer, W.P., Norton, G.R. (1991): The frequency of multiple personality disorder among psychiatric inpatients. In: *American Journal of Psychiatry.* 148: S. 1717–1720.

Rothbaum, B.O. (1997): A controlled study of eye movement desensitization and reprocessing for posttraumatic stress disordered sexual assault victims. In: *Bulletin of the Menninger Clinic.* 61, S. 317–334.

Rothbaum, B.O. und Foa, E.B. (1997): Kognitiv-behavioral Therapie der posttraumatischen Belastungsstörung. Formen und Wirksamkeit. In: Maerker, A. (Hrsg.): *Therapie der posttraumatischen Belastungsstörung.* S. 103–122. Berlin: Springer. [Gekürzte Fassung des Artikels in: van der Kolk et al. (Hrsg.): *Traumatic Stress.*]

Rothbaum, B.O. und Foa, E.B. (2000): Kognitiv-behaviorale Therapie der posttraumatischen Belastungsstörung. In: van der Kolk et al. (Hrsg.): *Traumatic Stress.* S. 341-358. Paderborn: Junfermann.

Sachsse, U. (1994): *Selbstverletzendes Verhalten: Psychodynamik – Psychotherapie.* Göttingen: Vandenhoeck & Ruprecht.

Sachsse, U. (1998): Traumaexpositionstechniken. Die Bildschirm-Technik (Screen-Technik). In: Kernberg, O. et al. (Hrsg.): *Persönlichkeitsstörungen: Theorie und Therapie PTT.* Bd. 2/98, S. 77–83. Schattauer.

Sands, S.H. (1994): What is dissociated? In: *Dissociation.* Vol. VII, Nr. 3, S. 145ff.

Schneider, P. (1994): *Ich bin Wir. Die Multiple Persönlichkeit.* Edition Humanistische Psychiatrie, Bd. 3.

Schreiber, F.R. (1976): *Sybil. Persönlichkeitsspaltung einer Frau.* Frankfurt: Fischer.

Shapiro, F. (1999): EMDR – Grundlagen und Praxis. Paderborn: Junfermann.

Shapiro, F., Silk-Forrest, M. (1998): *EMDR in Aktion. Die neue Kurzzeittherapie in der Praxis.* Paderborn: Junfermann.

Shengold, L. (1995): *Soul murder. Seelenmord – Die Auswirkungen von Mißbrauch und Vernachlässigung in der Kindheit.* Frankfurt: Brandes und Apsel.

Shin, L. M., McNally, R.J., Kosslyn, S.M. et al. (1999): Regional cerebral blood flow during script driven imagery in childhood sexual abuserelated PTSD. A PET investigation. *American Journal of Psychiatry.* 156. S. 575–584.

Smith, M. (1994): *Gewalt und sexueller Mißbrauch in Sekten.* Zürich: Kreuz.

SPIEGEL (1995): „Modischer Wahn". 12/95. S. 197-97.

Steil, R., Ehlers, A., Clark, D.M. (1997): Kognitive Aspekte bei der Behandlung der posttraumatischen Belastungsstörung. In: Maerker, A. (Hrsg.): *Therapie der postraumatischen Belastungsstörung.* S. 123–144.

Steinberg, M. (1993): *Inverviewers guide to the structured clinical interview for DSM-IV dissociative disorders (SCID-D).* Washington, DC: American Psychiatric Press.

Sullivan, H. (1980): *Die interpersonale Theorie der Psychiatrie.* Frankfurt: Fischer.

Swett, C., Halpert, M. (1993): Reported history of physical and sexual abuse in relation to dissociation and other symptomatology in women psychiatric inpatients. In: *Journal of Interpersonal Violence.* 8. S. 545–555.

Teegen, F. (1997): Behandlung dissoziativer Symptome – Ein kognitiv-behavioraler Ansatz. In: Amann, G., Wipplinger, R. (Hrsg.): *Sexueller Mißbrauch. Überblick zu Forschung, Beratung und Therapie. Ein Handbuch.* S. 537–557. Tübingen. dgvt Verlag.

Temminghoff, W. (1999): *Eine-Sein! Viele-Sein! Eine werden?* Bonn: Psychiatrie-Verlag.

Terr, L. (1995): *Schreckliches Vergessen, heilsames Erinnern. Traumatische Erfahrungen drängen ans Licht.* München: Kindler.

Teschke, D. (1999): *Diagnostik.* (unveröffentlichtes Manuskript.)

Tölle, R. (199410): *Psychiatrie.* Berlin: Springer.

Tolkien, J.R. (1957, 1994): *Der Hobbit.* 13. Aufl. Recklinghausen: Georg Bittner.

Veith, M., Müller, C. (1998): PatientInnen-Vollmachten als hilfreiches Instrument zur Kontrolle der Angst vor unerwünschten Kontakten. In: VIELFALT e.V. (Hrsg.): *MPS-Info-Brief.* Nr. 20. S. 12–17.

VIELFALT e.V. (2000): (Hrsg.): *MPS-Info-Brief.* Nr. 27.

Votsmeier, A. (1999): Grundsätze der Gestalttherapie bei strukturellen Störungen. In: Fuhr, R., Sreckovic, M., Gremmler-Fuhr (Hrsg.): *Handbuch der Gestalttherapie.* S. 715–732. Göttingen: Hogrefe.

Waller, N.G., Putnam, F.W., Carlson, E.B. (1996): *Types of dissoziation and dissoziativ types. A taxometric analyses of dissociative experiences. Psychological Methods.* Bd. 1. S. 300–321.

Watkins, J.G., Watkins, H.H. (1988): The management of malevolent ego states in multiple personality disorder. In: *Dissociation.* 1 (1), S. 67–72.

Wendt, Dirk (1989): *Allgemeine Psychologie. Eine Einführung.* Stuttgart: Kohlhammer.

Wenninger, K. (1997): Behandlung erwachsener Opfer sexuellen Kindesmißbrauchs. In: Maerker, A. (Hrsg.). *Therapie der posttraumatischen Belastungsstörung.* S. 229–250. Berlin. Springer.

Wetzels, P. (1997): *Zur Epidemiologie physischer und sexueller Gewalterfahrungen in der Kindheit.* KFN Forschungsberichte Nr. 59. Hannover: Kriminologisches Forschungsinstitut Niedersachsen.

Wildwasser Bielefeld (Hrsg.) (1994): *Wir sind viele.*

Williams, L. (1992). Adult memories of childhood abuse: Preliminary findings from a longitudinal study. *The Advisor.* Bd. 5, S. 19–20.

Wilson, J.P., Lindy, J.D. (1994): (Hrsg.). *Countertransference in the treatment of PTSD.* New York: Guilford Press.

Wilson, S.A., Becker, L.A., Tinker, R.H. (1995): Eye movement desensitization and reprocessing (EMDR). Treatment for psychologically traumatized individuals. In: *Journal of Consulting and Clinical Psychology.* Vol. 63. Nr. 6. S. 928–937.

Wiltschko, J. (1992): *Haben Sie schon einmal ein „Selbst" gesehen?* (Unveröffentlichtes Manuskript, zu beziehen im Deutschen Ausbildungsinstitut für Focusing-Therapie DAF)

Wolf, U. (1999): Psychotherapeutische Unterstützung bei Trauma und Gewalt. In: Fuhr, R., Sreckovic, M., Gremmler-Fuhr (Hrsg.): *Handbuch der Gestalttherapie.* S. 827–838. Göttingen: Hogrefe.

Wurmser, L. (2000): Psychoanalytische Behandlung – Trauma, Konflikt und Teufelskreis. In: Egle, Hoffmann, Joraschky (Hrsg.): *Sexueller Mißbrauch, Mißhandlung, Vernachlässigung. Erkennung und Therapie psychischer und psychosomatischer Folgen* (2. Aufl.). S. 361-374. Stuttgart: Schattauer.

Zinker, J. (1982): *Gestalttherapie als kreativer Prozeß.* Paderborn: Junfermann.

# Personen- und Stichwortregister


**A**
*Abraham, K.* 23
Abreaktion, spontane 172
Abschied 260
Absprachen, klare 240
Abwehrmechanismen 111
*Adler, R.* 78, 194
Affektregulation 186
Alter 14, 88
Amnesie 48
Amnesie, dissoziative 35, 43, 48
amnestisch 32
Amygdala 76ff
Anästhesierung, archaische 112
Anker 184
Anpassung 232
*Antonovsky, A.* 83
Arbeit und Leistung 128
*Asch, S.* 194
awareness 175, 187, 201

**B**
BASK-Modell 200, 208
Be shallow! 138, 165
Bedürfnisse 107, 120
Begleitungsarbeit, therapeutische 221
*Bernstein, E.M.* 54
betreutes Wohnen 219
Bewältigungsstrategien 11, 96f, 104, 243
Bewußtheit 122, 236
Bewußtseinsarbeit 227
Beziehung, therapeutische 131
Beziehungsstörung 164
blaming the victim 188
Blockierung 103
*Boon, S.* 22, 174, 198
Borderline-Störung 17, 22, 27, 30, 35
*Bowman, E.S.* 28, 35
*Braun, B.G.* 200
*Bremner, J.D.* 77
*Breslau, N.* 81
*Brownmiller, S.* 25
*Buber, M.* 131
*Buotollo, W.* 97, 100, 131ff, 139, 160, 201, 228, 237f, 242, 248, 271

**C, D**
*Chopich, E.J.* 26
*Chu, J.A.* 28, 43, 78
*Clarkson, P.* 73
Cluster 213
Co-Bewußtheit 145, 212
DDIS 29, 54
DDNOS 29, 50, 55
Depersonalisation 43f, 49
Derealisation 44, 49
DES 54
DESMOS 34, 56
Dialektik des Traumas 68
Differenzierungsarbeit, emotionale 229, 236
*Dilling, H.* 19, 32
Dissoziation 42, 45, 73, 96f, 103, 107, 111, 206
Dissoziation, peritraumatische 43, 45, 67, 75
DSM-III 25
DSM-IV 26, 33, 37, 52, 68
*Dulz, B.* 26, 30
*Dunn, G.E.* 19

**E**
*Eckhardt-Henn, A.* 36, 43ff
Ego-States 5, 196
Eingliederung 256
*Ellason, J.W.* 20, 32
EMDR 203ff
*Ende, M.* 190
Engagement, partielles 161

Erinnerung 110
Erlebnisaktivierung 230
*Ernst, C.* 35
*Estés, P.C.* 190
Experimente, gestalttherapeutische 259
Externalisierung 190, 192
Exzentrizität 117, 234

**F**
False Memory Bewegung 24, 27
FDS 29, 54
feministischer Ansatz 220
*Ferenczi, S.* 24, 71f
*Fiedler, P.* 23, 36
Figur 102
*Fischer, G.* 33, 46, 66f, 81, 146f, 206
Fragment 55, 88
*Fraser, G.A.* 168
*Freud, S.* 23f
*Freyberger, H.J.* 20, 23, 29, 38, 54
*Fröhling, U.* 21, 27, 102, 257, 266, 271
Fugue, dissoziative 50
fünf Säulen der Identität 124, 236
Fusion 138f, 145, 212f

**G**
*Gast, U.* 21, 29, 43, 46, 48, 54, 56, 193
Gedächtnis 49
Gegenübertragung 163
Gestalt 102, 132, 260
Gestalten, unabgeschlossene 97, 132, 227
Gestalttherapie 95, 97, 142
Gewalt, rituelle 21
Gewalt, sexualisierte 14, 25
Glauben 128
*Goodman, L.* 192ff, 196f
*Graessner, S.* 100
*Gremmler-Fuhr, M.* 142
Grenzen 250, 254
Grobrasteranalyse 122
Grounding-Techniken 181, 207
Grundvertrauen 228, 236
*Gurris, N.* 34

**H**
Handeln 110
Hartmann-Kottek-Schröder, L. 120f
*Herman, J.* 24f, 34, 67, 137, 155, 202, 206
Hier-und-Jetzt 131, 235
Hippocampus 77ff
*Hirsch, M.* 23f
histrionisch 20, 28
*Hofmann, A.* 34, 75, 79, 204ff
Homöostase 73
*Huber, M.* 17, 20ff, 60, 67, 88, 92, 102, 138, 147, 165, 169f, 172f, 185f, 193, 200, 208f, 211, 213f, 241, 265ff, 271
Hysterie 20, 24

**I, J**
iatrogen 19
ICD-10 13, 19, 26, 37, 49, 51
Ich 108, 110
Identifikation mit dem Aggressor 24, 71f, 191
Identität 109f
Imagination 181f
Informationsverarbeitung 76
Innenpersonen 59
Innere Tisch Konferenzen 168
Integration 110, 138ff, 212f, 256, 258
Integrative Therapie 98
Integrität 252
Intersubjektivität 143
Intrusionen 70, 79, 180, 182, 185, 203
ISSD 19, 140, 148, 213
*Janet, P.* 22ff, 79, 137, 154, 174, 206
*Joraschky, P.* 30

**K**
*Kames, H.* 125
*Kavemann, B.* 25, 147
*Kernberg, O.* 30, 166
*Kirby, J.S.* 44
*Kluft, R.P.* 138, 198
kognitive Schemata 187
*Kohut, H.* 46, 164
Komorbididtät 30
Konfluenz 98, 114
Konfrontation 250
Konklusionen 180
Konsolidierung 259
Kontakt 108, 111, 116, 245
Kontakt, intersubjektiver 101
Kontaktprozeß 73, 97, 122, 131, 251, 258
Kontaktprozeßmodell 102, 120
Kontaktzyklus 113, 117
Kontext und Kontinuum 99, 106, 124
Kontext, sozialer 127

Kontinuumshypothese 43
Konversion 20
Konversionsstörungen 37
Konversionssyndrom 50
Ko-respondenz 106, 110, 117, 120, 122, 143, 160, 168, 230ff, 247
Ko-respondenzprozeß 99
Kreativität 230, 248
Krisenmanagement 244
*Krüll, M.* 24

**L**
*Lamprecht F.* 181, 200, 203
*Lankton, C.H.* 191
Lateralisierung 77
Lebenswelt 101
Leiblichkeit 126
Leib-Selbst 109, 247
Leinwandtechnik 185, 203, 207
*Levine, P.* 67, 187
*Lewin, K.* 175
Limbisches System 75
living will 178
Locus of Control 83f, 188
*Lorke, B.* 71, 82, 178

**M**
man made desaster 81
*Manfield, P.* 203
*Marya, S.* 102, 125
*Mead, H.* 187
*Mentzos, S.* 20, 31, 142
*Müller, C.* 177f
multipel 14
Multiple Persönlichkeitsstörung (MPS) 13

**N, O**
Narration 129, 258
Netzwerk, soziales 230, 256
NLP 185
Normen 128
Notfall-Koffer 181
Ödipuskomplex 24
Offenheit, selektive 161, 255
Organismus-Umweltfeld 95, 102, 106, 120, 233
*Overkamp, B.* 21, 30, 32, 35, 52, 65, 88, 180

**P**
Parteilichkeit 146
*Peichl, J.* 179f
*Perls, F.* 139
Persönlichkeitsentfaltung 230
Persönlichkeitsstörung, histrionische 32
Persönlichkeitsstörung, nazißtische 17, 28
*Petzold, H.* 13, 84ff, 95, 137, 143, 153f, 168, 227, 229, 248, 364, 271
Posttraumatische Belastungsstörung (PTBS) 25, 31, 33, 66, 84
Posttraumatische Belastungsstörung, komplexe 17, 34
Potential, kreatives 234
Prävalenzrate 20
*Prince, M.* 23
Projektion 95, 98
Prozeß, therapeutischer 116
Psychoedukation 178, 191
*Putnam, F.W.* 17, 65

**R**
*Rahm, D.* 95, 99, 104f, 106, 109, 111, 113, 118, 124, 138, 143, 153f, 162, 187, 226ff, 230
Reaktionsphasen 69
*Reddemann, L.* 31, 71, 100, 137, 166f, 171, 175, 182ff, 186f, 190f, 203, 211
Regression 235
Regression, archaische 114
Reinfantilisierung 71f
Resonanz 117f
response-ability 161, 174
Ressourcen 124, 245, 247
Retroflektion 98
Retroflexion, archaische 113
*Rogers, C.* 144
*Röhling, K.* 83f, 147
Rollen-Selbst 108f
*Ross, C.A.* 17, 21, 23, 29, 42, 52, 54, 65, 193, 196
*Rothbaum, B.O.* 200

**S**
*Sachsse, U.* 171, 182f, 186
Salutogenese 83
*Sands, S.* 163, 192f
Säulen der Identität 117
Schizophrenie 22f, 53
*Schneider, P.* 46
SCID-10 54
SCID-D 29
Selbst 139

Selbstbestimmung 237
Selbstfürsorge 229
Selbstverletzungen 171
self-support 179, 231
*Shapiro, F.* 203
*Shengold, L.* 192
*Shin, L.M.* 77
sicherer Ort 183, 210f, 214, 240
Sicherheit 237, 239
Sicherheiten, materielle 127
Sinnfindung 227
Sinnhaftigkeit 252
*Smith, M.* 21, 59f
Solidaritätserfahrung 230
Spaltung 46, 109
Spaltung, archaische 111
Stabilisierung 225, 236, 237, 243
State 88
*Steinberg, M.* 29, 54
Stimulierungen, schädigende 107
Störungen, dissoziative 37, 48
Störungen, Entstehung von 97
Streßmodell, beziehungstheoretisch begründetes 106
Strukturmodell, entwicklungs-theoretisches 106, 108
*Swett, C.* 44
Switch 53, 78

**T**

Täterintrojekte 71, 189
*Teegen, F.* 44
*Temminghoff, W.* 22, 27, 46, 151, 101, 213f, 249
*Teschke, D.* 103
tetradisches Modell 153
Tiefung 138
*Tolkien, J.R.* 190
*Tölle, R.* 42, 52
Trauma 66
Traumaexposition 186, 199
Traumasynthese 209, 211
Traumatisierung, sekundäre 163, 264
Trauma-Zange 67, 74, 84
Tresor 209
Tresor, innerer 185
Tresortechnik 207
Trigger 77, 88

**U, V**

Überlebensstrategie 104f, 220
Übertragung 162f, 165
Übertragungs-/Gegenübertragungsphänomene 95
Umweltfeld 99
*van der Hart, O.* 22, 158, 174, 180, 200, 206f, 209ff
*van der Kolk, B.* 22, 31, 33, 43, 45, 77f, 176, 179, 188, 197, 200
*Veith, M.* 176ff
Verdrängung 45
Verführungstheorie 23, 72
Verlaufsmodell 81f, 84
Vermeidungsreaktion 98
Verstehen, emotionales 227
vier Grundfähigkeiten 226, 232
vier Wege der Heilung 226, 232, 235
Viktimisierung, sekundäre 71
Vollmachten 176
*Votsmeier, A.* 31, 97f

**W–Z**

Wahrnehmung 110, 115ff, 120, 131
*Watkins, J.G.* 196
*Wenninger, K.* 181
Werte 128
*Williams, L.* 35
*Wolf, U.* 179
*Zinker, J.* 102f, 132